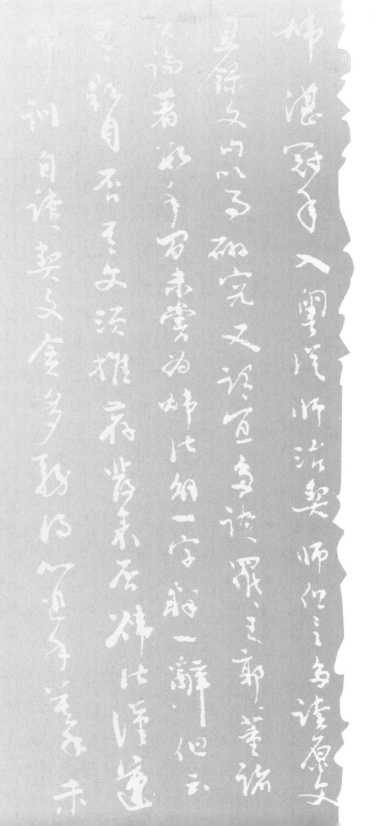

三鉴斋语言文字论集

陈炜湛 著

中山大学出版社
·广州·

版权所有　翻印必究

图书在版编目（CIP）数据

三鉴斋语言文字论集／陈炜湛著．—广州：中山大学出版社，2022.12
ISBN 978-7-306-07699-1

Ⅰ．①三… Ⅱ．①陈… Ⅲ．①汉字—文字学—文集 Ⅳ．①H12-53

中国版本图书馆 CIP 数据核字（2022）第 257831 号

出 版 人：王天琪
责任编辑：裴大泉
装帧设计：曾　斌
责任校对：佟　新　周明恩
责任技编：靳晓虹
出版发行：中山大学出版社
电　　话：编辑部 020-84110283，84113349，84111997，84110779，84110776
　　　　　发行部 020-84111998，84111981，84111160
地　　址：广州市新港西路 135 号
邮　　编：510275　传　真：020-84036565
网　　址：http：//www.zsup.com.cn　E-mail：zdcbs@mail.sysu.edu.cn
印 刷 者：佛山市浩文彩色印刷有限公司
规　　格：787mm×1092mm　1/16　27.25 印张　415 千字
版次印次：2022 年 12 月第 1 版　2022 年 12 月第 1 次印刷
定　　价：139.00 元

如发现本书因印装质量影响阅读，请与出版社发行部联系调换

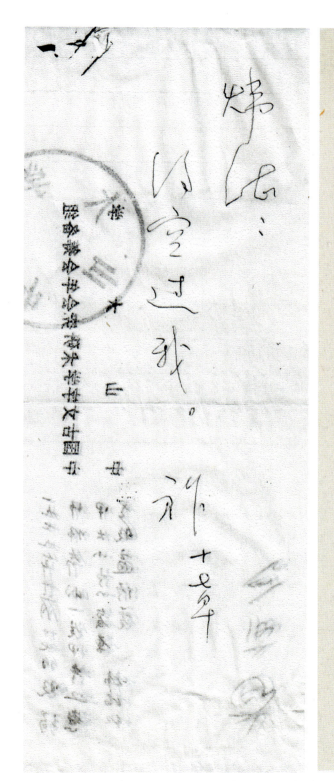

图版一　商承祚先生给作者的几张便条（图版一至图版三）

炜湛弟：

今年下半年（月末它）在安阳召开商史研究会，邀我写文章，我久已未搞甲骨，恐怕它熟于此道的，请我写搞一文，如何？

祁 3.22.

我再看了三遍，加以改动，望抄正后送出。

我师言言董部属草

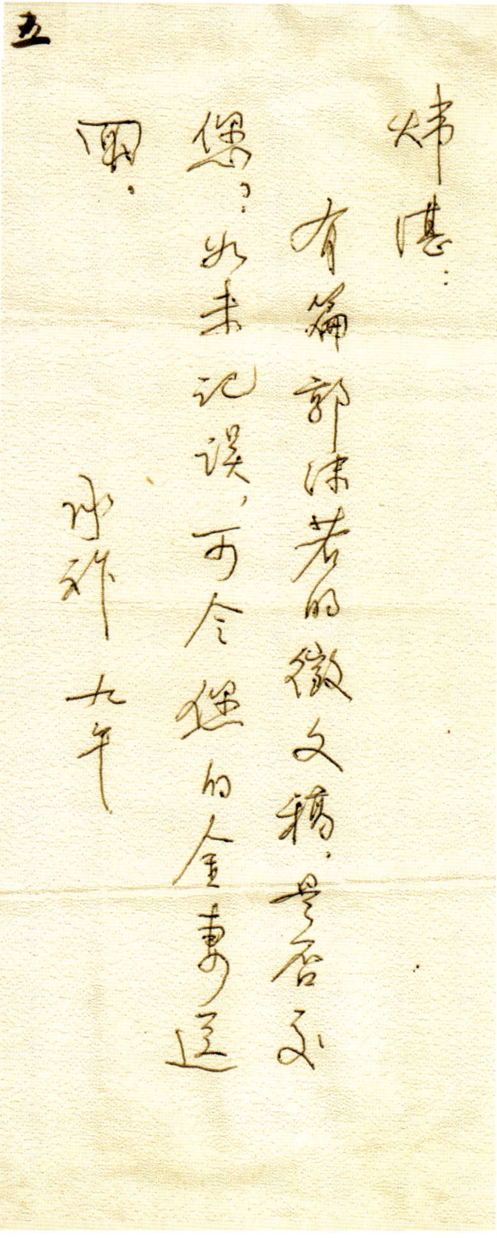

五

炜湛：

有篇郭沫若的徵文稿，先启玉

偿？如未记误，可令姪向金专送

回。

小祁 九十

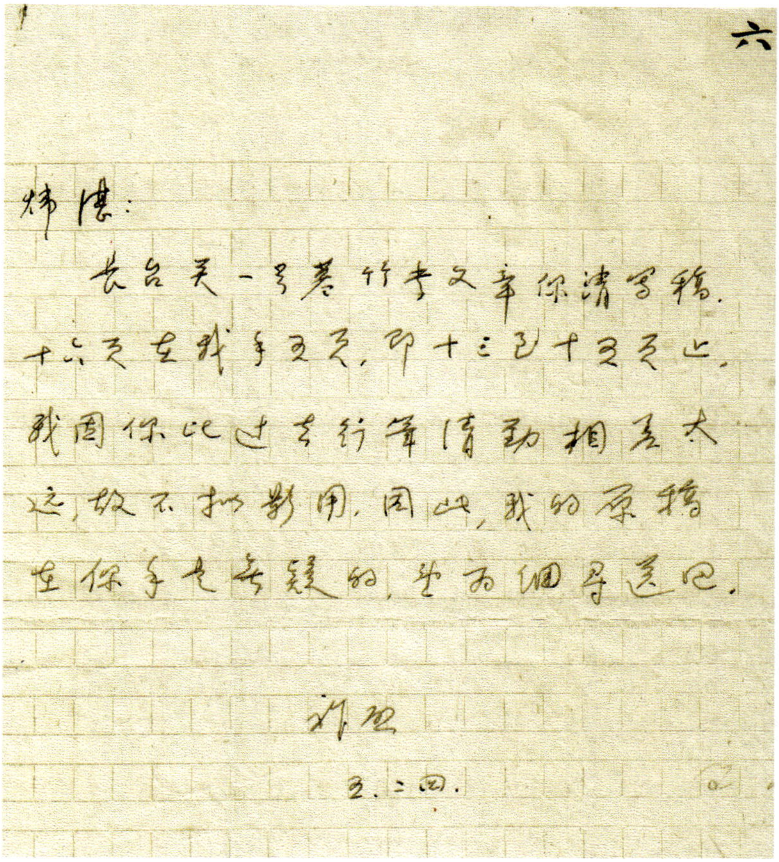

六

炜湛：

长台关一号墓竹书又承你清写稿

十六支在我手头尽，即十三及十三支此。

我因你以过去行笔清劲相差太

远，故不拟影用。因此，我的原稿

在你手无问题的，尚希细寻送回。

祁 廷

3.二四.

图版三

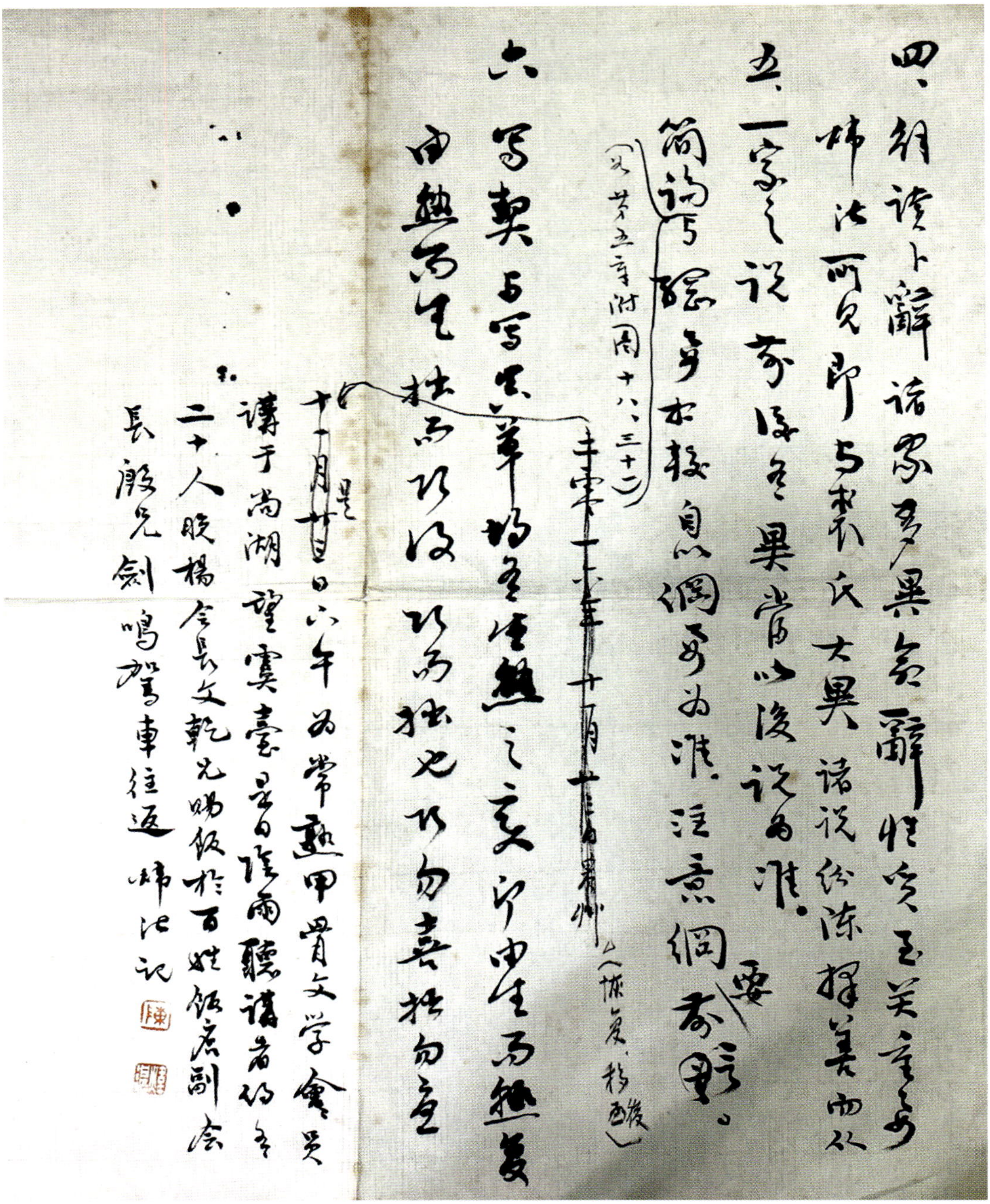

图版四　作者手稿《治契者言》之一

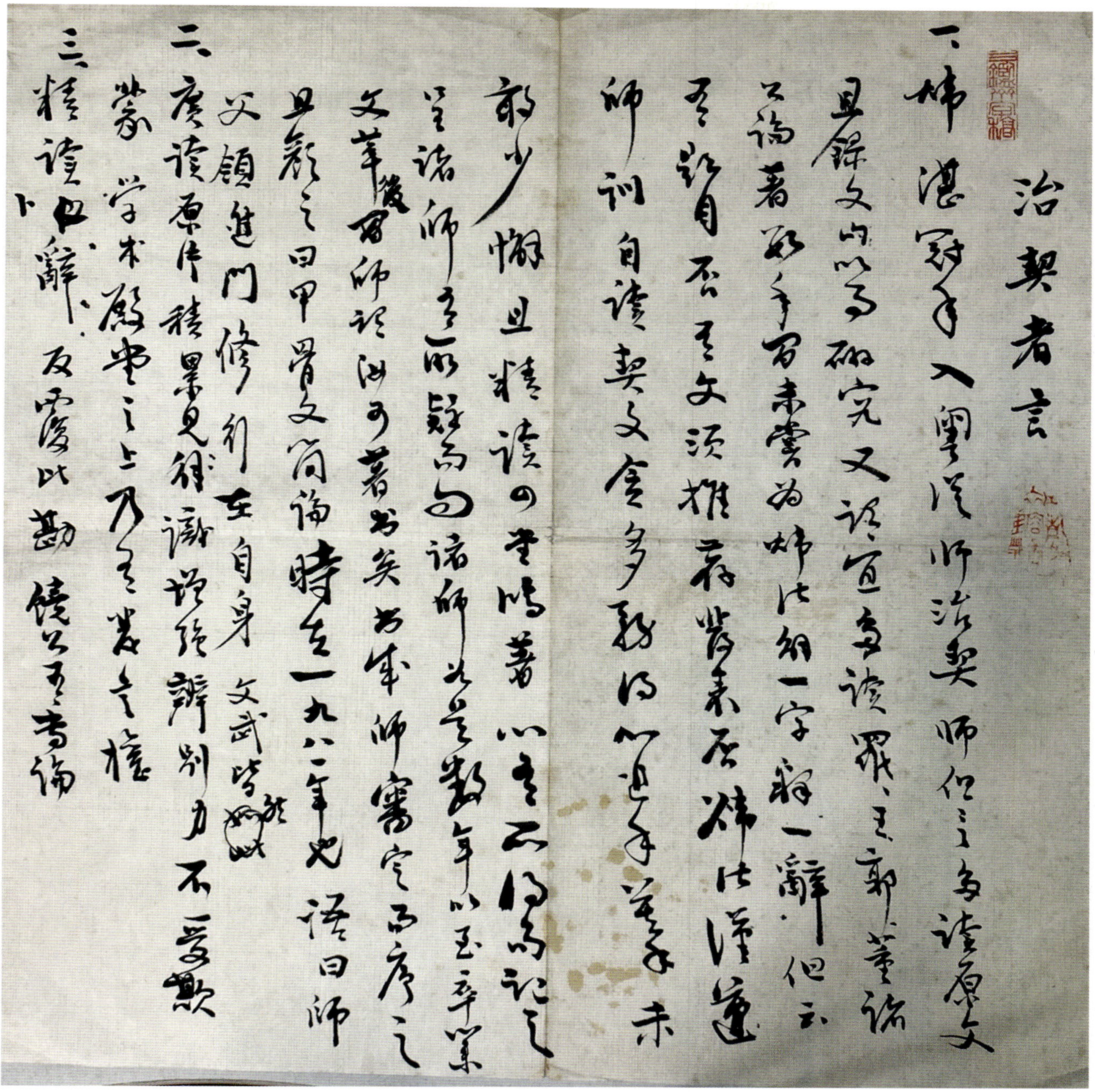

治契者言

一、佛法寂而入實須師指點。師但云多請原文且錄文以助了解完又請百多讀眾;于郭董諦之論著既手百束雲為姊此初一字辭。但云云歸否是文須推若紫耒居姊此深邃師訓自讀是又食多動的何足于谁未

二、郭少懶旦精讀的書鳴著以本云很以記之呈語師言而疑為口語師此每年以圣辛家文革後習師諸州子著若矣為年師寓室而房之旦能之日甲胃文有論時至一九八二年也語曰師父領進門修行在自身 文武皆然

三、廣讀原作精墨夏術讀諸經辨別力不妥欺蒙學本厭中之上不是世之檔

三、精讀中辭 友需此勘 饒公至者偏

图版五 作者手稿《治契者言》之二

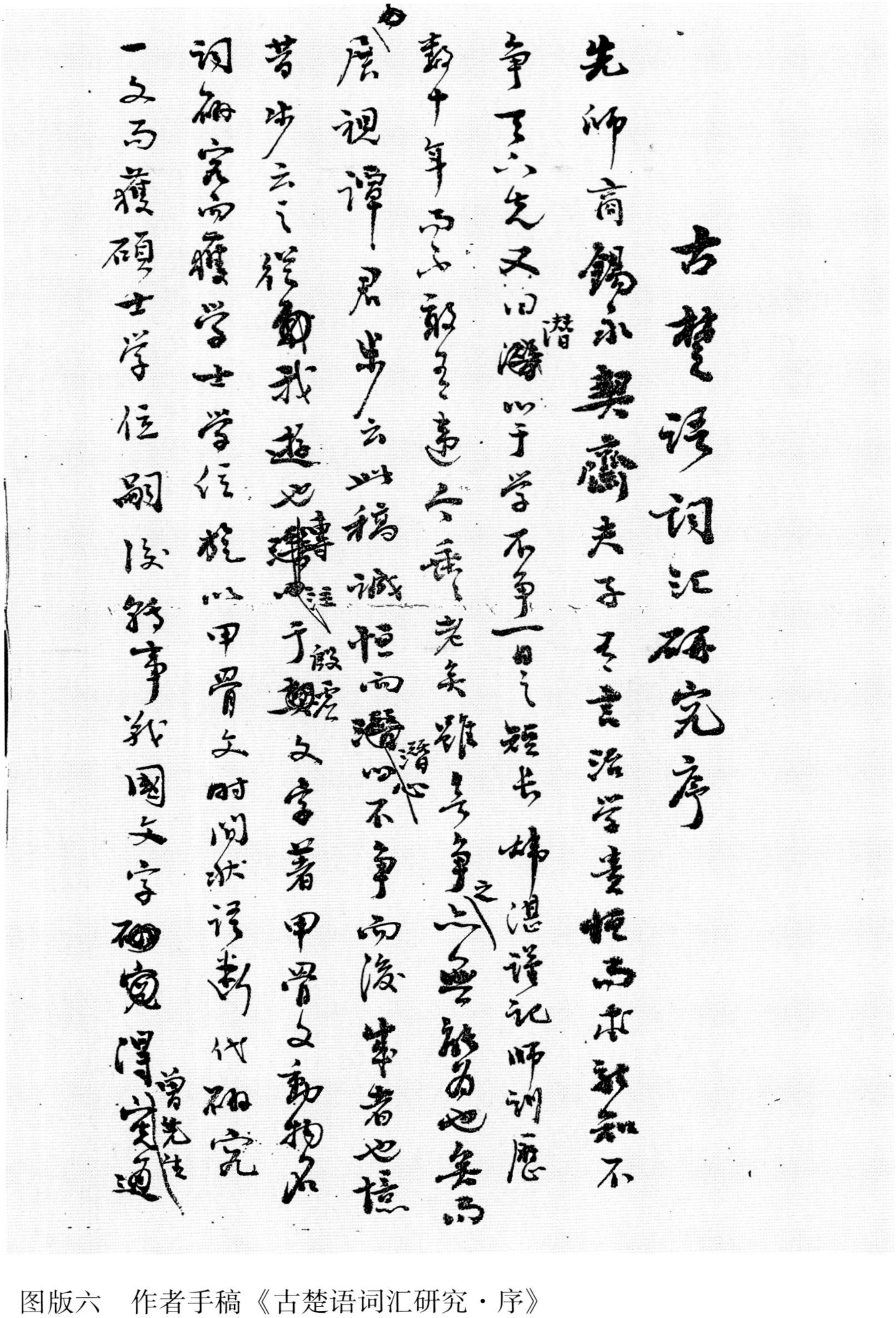

古楚语词汇研究序

先师商锡永契斋夫子平素言治学慎而求新知不章平六先又曰游以于学而年一日之短长姊退谋记师训虑斡十年而必有得之乘大难亏身之亲能勉也余从后视谭君步云此稿诚恒而潜心不苟向深笃者也忆昔步云之从勤我逊此搏注殷虚文字著甲骨文新稽名词研完而艰学士学位於以甲骨文时问状诊断代研完一又马获硕士学位嗣後於事乎国文字研究得幽邃通

曾宪通

图版六　作者手稿《古楚语词汇研究·序》

弁　言

　　本书原名《陈炜湛语言文字论集》，由上海古籍出版社印行于二零零五年，迄今已十有七年。兹将当年失收者与十余年间新作者计十九文增入，易为今名。承中山大学出版社垂青，重新编辑出版。所增诸文，或载诸报刊，或宣读于学术会议，仅《〈石味居印粹〉序》与《〈水浒传〉所见吴语说略》二文为尚未发表者。前年春夏间尝应《书画史记》及《中山大学学报》之请接受访谈，分别答八问、十四问，皆由学棣谭步云整理后刊出。兹列为本书附录一、附录二，以飨读者，又列论著简目为附录三，则聊为读者查考之资。

　　书中容有粗疏芜陋，谬误失当处，深望博雅君子不吝赐教，是所至祷。

　　二零二二年九月二十二日岁次壬寅秋分前一日陈炜湛写于中山大学三鉴斋，时年八十有五

目　　录

《陈炜湛语言文字论集》自序 …………………………………………（1）
论传统语言学的分合及其在新条件下的发展 …………………………（3）
许学管窥 …………………………………………………………………（12）
论王筠对文字学的贡献及其治学特色 …………………………………（21）
清代杰出的古文字学家吴大澂 …………………………………………（38）
商承祚先生与简牍学 ……………………………………………………（51）
甲骨文的发现与《说文解字》研究 ……………………………………（63）
读《说文》小记（五则） ………………………………………………（68）
战国以前竹简蠡测 ………………………………………………………（75）
《穆天子传》疑难字句研究 ……………………………………………（85）
包山楚简研究 ……………………………………………………………（93）
郭店楚简的启示
　　——读《郭店楚墓竹简》札记 ……………………………………（111）
诅楚文献疑 ………………………………………………………………（122）
碧落碑研究 ………………………………………………………………（138）
碧落碑中之古文考 ………………………………………………………（152）
战国楚简"见"字说 ……………………………………………………（168）
书法美学漫谈 ……………………………………………………………（179）
古文字与篆刻 ……………………………………………………………（192）
书家与学者 ………………………………………………………………（201）
请正确书写古文字
　　——向书法家进一言 ………………………………………………（205）
甲骨文书法之我见 ………………………………………………………（210）

关于唐写本陆机《文赋》 ……………………………………（212）

我对汉字前途问题的一些看法 …………………………………（217）

    附录　在汉字问题学术讨论会第一次专题讨论会上的发言 ………（226）

书法家与简化字

    ——纪念《汉字简化方案》公布35周年 ………………………（228）

愿文改之声传遍中华大地 ………………………………………（234）

社会用字规范化与领导垂范 ……………………………………（236）

论汉字规范化的全民性 …………………………………………（250）

《昭雪汉字百年冤案——安子介汉字科学体系》评析 …………（257）

汉字简化始于甲骨文说 …………………………………………（275）

萧肖考辨

    ——兼论姓氏用字规范 ……………………………………（284）

新世纪的钟声

    ——《国家通行语言文字法》读后 ………………………（289）

关于推行规范汉字的几点建议 …………………………………（293）

花东卜辞时代之上限有可能及于小乙说（提纲） ……………（296）

高山仰止

    ——忆陈望道先生二三事 …………………………………（298）

怀念容庚先生 ……………………………………………………（302）

忆容庚师 …………………………………………………………（305）

关于《先师容希白先生遗训》的一些说明 ……………………（313）

论容庚精神

    ——为纪念容庚师一百二十周年诞辰而作 ………………（319）

商承祚教授的治学道路 …………………………………………（327）

悼念吾师商承祚先生 ……………………………………………（332）

夕阳红胜火

    ——商承祚先生晚年生活片断 ……………………………（336）

商师契斋四绝 …………………………………………………………（341）

记先师商承祚先生写给我的几张便条 ……………………………（349）

岭南松柏　容商二老 ………………………………………………（353）

我如何教古文字学 …………………………………………………（359）

《水浒传》所见吴语说略 …………………………………………（365）

《文字训诂论集》序 ………………………………………………（381）

《文字训诂论集》的启示
　　——学习姚炳祺先生的治学精神 ……………………………（384）

《广东历代书家研究丛书·商承祚》序 …………………………（386）

《籁寂轩印存》序 …………………………………………………（388）

《古楚语词汇研究》序 ……………………………………………（390）

《学步斋文集》序 …………………………………………………（392）

《石味居印粹》序 …………………………………………………（394）

附录一　答《书画史记》主编彭一超八问 ………………………（395）

附录二　答学棣谭步云十四问（二零二零年七月）……………（403）

附录三　陈炜湛著作简目 …………………………………………（421）

《陈炜湛语言文字论集》自序

先贤有言，治学既忌杂，亦忌窄。杂则不专，精力分散，难望有成。窄则局于一隅，孤陋寡闻，不成气候。然则何谓杂，何谓窄，实亦因人而异，且杂与博，窄与专亦难截然分清。我自问才智平平，能力有限，确不敢擅自涉足诸多领域，但又不甘自缚手足，终生仅与甲骨文为伴，只与古文字打交道。且语言文字有古有今，错综复杂，如何以古为鉴，用之于今，也颇值得研究、探索。是以我的研究虽以甲骨文为主，但也稍稍旁及古文字学的其他分支以及文字的书写（书法）与规范乃至语文现代化的相关问题。总体而言，仍未出语言文字学的范畴。收入本书的文章，便是我二十余年间于甲骨文外"旁及"的结果与见证。就其内容而言，大致有四个方面：一、传统语言学及学术史，二、竹简、石刻文字，三、书法篆刻，四、语文现代化。此外，还有一组文章，记述的是前辈大师对我的教诲与指导和我所忆及的大师们治学为人的一些侧面。1986年冬，在北京西山举行的汉字问题学术讨论会上，蒙殷焕先前辈不弃，赐我四字，曰"学有本源"。收录这组文章，用意与编《甲骨文论集》时将三篇研读先师论著之心得收入全同，即志师承而寄缅怀之忱，复以示学之本源也。

卷内诸文，若问"题目"从何得来，则又有几种不同的缘由。一、平日静心读书的积累。先有点滴心得体会，而后约而为文，拟一题目。如关于包山与郭店楚简、《穆天子传》、《诅楚文》、碧落碑以及《文赋》诸文。二、他人命题，恰合己意。《商承祚先生与简牍学》堪为代表。三、学术灵感，"心血来潮",如骨鲠在喉,不吐不快。关于汉字简化与规范化的文章大体属此类。四、发现明显谬误的对立面,非争非鸣不可者。关于汉字"冤案"的评析,萧、肖二字之考辨便属此类。五、应邀就某题目作学术讲演,退而删繁就简,整理为文。《书法美学漫谈》一文即由此而来。不论何种缘由作文,所论容有不当,然执笔之时均未敢草率从事也。此次辑而为集,为存原貌,仅作文字上的校订,内容则不加改易。关于《诅楚文》之争议,则别撰补记附诸文末,以谢论辩者。

  限于学识,书内之疏漏错误恐仍不少,切盼读者不吝赐教,俾得日后改正之,是所至祷也。

陈炜湛序于广州中山大学三鉴斋

2005 年 1 月 7 日

论传统语言学的分合及其在新条件下的发展

我国传统语言学，素称小学，民国以来又被人们视为国学的重要组成部分或曰核心部分。从小学的角度说，这门学问发端于先秦，创立于两汉，全盛并终结于清代。民国以来，现代语言学渐占主导地位；新中国成立后，在相当长的时期内，传统语言学的各个组成部分——习惯地分为文字学（含古文字学①）、音韵学、训诂学三个部分，均呈式微之势。直到打倒"四人帮"之后，随着科学的春天的来临，传统语言学才出现了新的转机。1978年12月，中国古文字研究会率先成立于长春，并举行首届学术讨论会；1981年5月和10月，中国训诂学研究会和中国音韵学研究会又相继成立于武汉。近10年来，三个研究会分别举行了多次年会及学术讨论会，取得了许多令人瞩目的研究成果，初步展现了令人欣喜的前景。为了进一步振兴国学，使之在新的历史时期有较大的发展和突破，1988年4月，广州高等院校部分从事文字、音韵、训诂学教学和研究的同志经过反复酝酿，成立了广州国学研究社，推举李新魁、曾宪通两位教授为正副社长。这实在是件大好事，在中国语言学史上值得大书一笔。为此，本文拟就传统语言学走过的道路及现状来论证今日成立国学研究社，倡导各学科互相渗透、联合攻关的必要性，论证传统语言学在新条件下蓬勃发展

---

① 古文字学旧称金石学，就其研究对象而言，可理解为文字学的一部分。近代以来古文字学发展为一门独立的学科，但与音韵、训诂仍有极密切的关系，故本文把它和文字学同归于传统语言学的范畴。

的可能性,以此就教于研究社诸同志及关心国学前途的读者。

为了论述的方便,我们不妨先简要回顾一下历史。

传统语言学——小学之所以能形成并成为国学的重要组成部分,是由汉语的记录形式——方块汉字的特性决定的。汉字形音义之间错综复杂的矛盾以及字形、字音、字义各自的演变决定了对文字的研究成为语言学的先驱,其中对字义的解释尤其首当其冲,成为通读经典的首要条件。汉字由篆书演变为隶书——即所谓隶变之后,文字便有今古之分,字形与字义的联系更其微弱、隐晦,二者的矛盾更为突出,致使经书更为难读。又由于古文经的发现,汉代的儒家经典也有了今文古文之分。为了解经,出现了以《尔雅》为首的义书和以《说文解字》为首的字书。诚如胡奇光同志所指出,中国传统语言学从一开始就以汉字形音义三者的关系为研究核心,就是为解释经典服务的,它以研究古代语言文字为主。当初也无所谓文字学、音韵学、训诂学。一部《说文解字》便既分析字形又解释字义,有时又兼及字音(如言"读若"、"读为")以明假借。至东汉末年,随着梵文的输入,受梵文字母的影响,产生了孙炎的《尔雅音义》,用反切拼音注字;魏晋以降,考究声律,出现了韵书,由此逐渐分化出音韵之学。宋代以后,才明确地将"小学"分为训诂之学、偏旁之学及字书之学、音韵之学,分别以《尔雅》、《说文解字》、《广韵》为代表著作[①]。

"小学"到了清代乾嘉年间,确已登峰造极。关于清代的学术成就,论者甚多,毋须多说,这里需要着重指出的是:在这一时代,文字、音韵,训诂之学在一些学者手上又"合"起来了。综博《说文》之学、《尔雅》和《方言》之学、古韵唐韵之学三者,"得其条贯"者始于休宁戴震(章炳麟语)。正是由于出现了戴震、段玉裁、王念孙、郝懿行、朱骏声等一批学者,精通文字、音韵、训诂三者,并把它们结合起来,做到形音义三者互推求,实现了新的"综合",小学才达到了前所未有的高峰,产生了许多值得后人称道的辉煌巨

[①] 胡奇光:《中国小学史》,上海人民出版社,1987年,第2-3页。

著。清代小学的成功，实乃各分支学科——文字学、音韵学、训诂学三者互相渗透密切结合的结果。这是中国语言学史上极可宝贵的经验之一，很值得我们借鉴。

这里，有必要对"终结"之说稍作讨论。所谓终结，从时间上说，主要是指为解经服务的小学结束于封建社会的最后一个王朝——清。从学科本身而言，则是指以下三点：①既已登峰造极，方法也已用尽，便难再前进（段玉裁等人的以经考字、以字考经、以群经校一经、以许注许；王念孙父子等强调以音求义，据上下文校字释义；江永、戴震、江有诰等倡导据《诗经》用韵及《说文》谐声偏旁以考求古音，都是很好的方法）。②学术思想大转变。道光咸丰以后，经学研究的动向，是反对东汉古文经学而恢复西汉今文经学，不讲求名物训诂而注重微言大义，"反对古文经学之日就是小学衰落之时"[①]。③新学科兴起，重心转移。随着甲骨文的出土，文字研究的重心迅速转向古文字，以《说文》为中心的"许学"也即宣告终结；由于西学东渐，逐渐形成文法学、文体改革、文字改革等语文新潮，成为语文研究的重心所在。所以，说传统语言学——小学"终结于清代"，是有特殊含义的。终结者，告一段落之谓也，它绝不等于消亡。

可以肯定，传统语言学是无论如何也不会消亡的。只要方块汉字存在一天，其形音义之间的矛盾便存在一天；只要以方块汉字记录的古代典籍存在一日，解读这些典籍的学问也须存在一日。事实上，民国以来，不论音韵学、文字学还是训诂学，在新的形势下亦有发展，取得不少成就。如音韵学方面关于上古音韵部、声类、声调的研究及音值的拟测就日趋严密，已非清人可比；文字学方面对字形字义的分析，对汉字形体结构及其演变的研究，就其实质而言，不仅超过了段玉裁，而且已远远超过了许慎；训诂学方面对古书疑义的辨析、对古汉语词汇的考证以及方言的调查研究也均有进展。不过，这些成就往往不记在"小学"的账上罢了。再则，专家多而通才少，兼文字音韵训诂三

---

① 胡奇光：《中国小学史》，第 230 页。

者而得其条贯者虽有而不多，故从总体看，几十年间的成就还形不成足以与清代抗衡的新的高峰。

历史上正反两方面的经验业已表明，要使传统语言学有新的突破，巨大的发展，三个分支学科之互相渗透，紧密结合，在新的条件下——高层次上实现新的综合，乃是首要条件。而从现实考察，传统语言学的几个分支学科也已到了非互相渗透、取长补短不可的地步了，它们在各自发展过程中都碰到了许多无法克服的困难。下面试举例说明之。

（1）音韵学。请以古音研究为例。古音研究中，目前存在许多难以统一的分歧，单靠老办法（如《诗经》用韵与谐声偏旁）已难奏效。据李新魁同志《汉语音韵学研究概况及展望》所论，目前"有较大分歧"的问题便有九个，如：古韵到底该分为多少部，一部之中的元音只能有一个还是可以有发音相近的几个，是否同部一定是主要元音相同，元音是否有长短或松紧之分；上古有没有介音，介音有多少。有没有复辅音，复辅音结合的范围及规律如何；上古音的声调到底有多少个，有没有去声，上声、入声的分类和音值如何；等等。在谈到"今后如何进一步开展上古音研究"时，李文提出四点意见，其第一点即为："必须充分利用古文字学研究的成果，把对古文字的研究与古音的研究结合起来，把古文字（如甲骨文、金文、战国文字、秦汉文字）所提供的材料和所展示的问题，运用到古音的研究上来，特别是谐声系统和假借字系列必须进行新的、更深入的研究，找出确切的、较为完整的体系，为古音的研究提供更加强有力的佐证。"[①] 这是当代音韵学家的意见，非常中肯。因为目前的古音研究，大体上还是依靠《诗经》用韵与《说文》谐声偏旁，而《诗经》音既非一时一地之音，《说文》谐声也是历史的堆积，时、地矛盾同样突出；据《切韵》、《广韵》上推古音，也不能恰如其分地反映周秦古音的现实。与此相对，地下出土的文字材料，既未经后人窜改，时间、地点的范围

[①] 李新魁：《汉语音韵学研究概况及展望》，《音韵学研究》第一辑，中华书局，1984年。

又较确定（如殷虚卜辞、西周金文、云梦秦简、临沂汉简），实在是研究古音的绝好材料。有些资料，古文字学者司空见惯，熟视无睹，可是一旦用音韵学的眼光加以审视，就成了古音研究的宝贝，或为成说提供佐证，或引起对成说的怀疑，成为新的研究线索。如冬与终，立与位，女与汝，古文字中均同字，直到临沂汉简还是终作冬，位作立，汝作女，可见仍是同音字，但目前所见的一些上古音字表却并不在同一的音韵位置上①。出现这样的矛盾倒是好事，或是修订上古音字表，或是对古文字资料作出合理的解释，二者必居其一。

（2）训诂学。从近年来出版的若干训诂学著作，大都停留在阐述前人的训诂经验、方法、条例、术语上（这当然是必要的）来看，如何吸收当代语言学的先进理论和科学方法，吸收相关学科的研究成果，使训诂学更为科学化、系统化，仍是极为艰巨的任务。以往的训诂学注重上古汉语的研究，今人虽有开拓新领域之说（如汉魏六朝以来方俗词语的研究），或提出新的课题（如译语研究），但号召还不力，实践者也还不多。目前训诂学中的"形训"和"义训"大体上仍是围着《说文》、《尔雅》转，以汉代人之是非为是非，如《说文》、《尔雅》错了也只得跟着错下去。如对"禽"与"兽"，便只能说"二足而羽谓之禽，四足而毛谓之兽"。其实禽兽二字的形与义古今变异很大，《尔雅》、《说文》的解释均有失误②。有些字，虽然古训无误，但若不追溯其古形，也难知其所以然。如"自"，《说文》："鼻也，象鼻形。""自"之本义为鼻，典籍无证，段玉裁认为"用自为鼻者绝少"。在古文字学者看来，"自"为鼻之象形毫无可疑，可在一些训诂学家看来，至今仍是不可思议，只能"以俟识者解之"。又如败北之"北"与南北之"北"，用法殊异，要圆满

---

① 参见赵诚《商代音系探索》，《音韵学研究》第一辑。关于这六个字的上古音与中古音，可参看郭锡良编《汉字古音手册》（北京大学出版社1986年）及丁声树编《古今字音对照手册》（中华书局，1981年10月新1版）二书。
② 说详拙著《汉字古今谈·禽兽小考》，语文出版社，1988年8月第1版，第110—115页。

解释这一现象，也非单靠训诂学所能济事①。再如训诂学著作中常常谈到的"反训"，以反义词互相解释，始于《尔雅》，郭璞谓"美恶不嫌同名"，当代有的学者则说"从这种反义相训中，我们可以看到古代训诂也有一点朴素的辩证法"②。其实，若从文字学的角度考察，"反训"多有可疑，像"乱，治也"，"臭，香也"之类便是明显的错误，今日沿用，不免显得陈旧。对于"反训"，当然不能全盘否定，但涉及具体词例时就有不少值得重新考虑的问题。由于汉字的特殊性，语音变异与字形无关，一个词又有多种记录形式（一音同义多词），或分化为若干个同义近义词。如不从语音上考察——借助音韵学的原理，对多音词、同源词的考辨同样会困难重重。

（3）文字学（古文字学）。试以甲骨文研究为例。我在《甲骨文简论》的最后一章最后一节"对今后甲骨文研究的展望与设想"中提出过八个方面的问题，谈到"通过甲骨文研究上古汉语"时曾说："必须结合可靠的文献资料，深入研究卜辞（及记事刻辞）的文法、词汇，还要积极想办法研究其语音。突破这一难关，单靠古文字学家不行，还要靠音韵学家的努力，二者互相配合，方可奏效。"③ 这是就总的方面说的。甲骨文许多"《说文》所无"之字，形体结构可以辨明，字义字音则难以确定。特别是由两个偏旁以上下结构或左右结构组成的字，即使估计它们是形声字，也难以决定其何为声符（声旁）何为义符（形旁）。有些常用字，似乎形音义都清楚，但到了具体的卜辞文句里，其音其义却又显得不怎么清楚了。如"鼎"，除用为贞卜之"贞"外，还常见于命辞，用法很复杂，既是名词，又可作动词，有时似乎又是副词，词义迄未考定，以致一位外国学者专门写了文章来华问"鼎"④。与此相

---

① 说详拙著《汉字古今谈·败北与南北》，语文出版社，1988年8月第1版，第116—119页。
② 见周大璞《训诂学要略》，湖北人民出版社，1984年10月第2版，第116页。
③ 见拙著《甲骨文简论》，上海古籍出版社，1987年5月第1版，第230页。
④ 高岛谦一：《问"鼎"》，中国古文字研究会第四届年会论文，载《古文字研究》第九辑，中华书局，1984年1月第1版。

关的"贞",《说文》解释为"卜问也",当是其古义,与典籍有关资料也能相合,可近年来一些外国人提出,"贞"是贞测、拟测之意,于是引出甲骨卜辞之命辞是否为问句的大问题。国内也有学者表示赞同。像这类牵涉到对卜辞性质的认识,带有全局性、根本性的大问题,光从古文字学的角度,从字形分析的角度,自然是很难解决的,它需要有训诂学、音韵学的帮助。再如"龙"字,甲骨文亦屡见,除用作人名(龙甲)外,常称"有龙"、"不其龙"、"鼎龙",显然不是指神话传说中的龙,那它又是什么字的假借呢?离开音韵学,一筹莫展;运用音韵学原理去"破读",有人读为宠,有人读为凶,还有人读为眈,各有所据。如何正确运用音韵学原理,运用并检验古音研究的成果,很尖锐地摆在我们面前,无法回避。

音韵学、训诂学、文字学的上述实例说明,学科之间的联合、渗透,确是刻不容缓。

所谓联合、渗透,说到底,是个"合"的问题。实际上,在学术研究领域里,从宏观考察,学科的分化与综合是经常出现的现象。一般而言,为研究方便,常取分的形式,以解决其具体、特殊的问题。但是分久必合。唯有同一学科各个分支或相邻学科之间的"合",方能研究共同性的问题、规律性的问题,以便在更高层次上进行概括归纳,丰富原有的学科理论与体系。这种分合现象即使在某一分支学科中也是经常出现的。试以古文字字典的编纂为例。清末吴大澂著《说文古籀补》,取综合法,凡有可补《说文》古籀之未备者,不论金石陶玺货布,兼收并蓄。20世纪以来,在罗振玉、王国维倡导下,古文字研究多取"分类法",学者多专治一种或两种古文字,所编工具书则是某一种古文字的字汇,如《殷虚文字类编》、《金文编》、《甲骨文编》等。每一部书都很专,都有其学术价值,但每一部书都不能反映古文字的全貌,也不能圆满反映某一时代(时期)的文字使用实际。80年代以来出版的《汉语古文字字形表》、《古文字类编》二书,凡属商周古文字而有代表性的,不论甲骨铜器竹帛玉石陶玺货布,一概收录。从表面上看,似乎回复到了《说文古籀补》的收字原则,是倒退。其实大不然。经过"分"之后的"合",已进入一个新的层次，达到一个新的境界了。与此相应，在分门别类深入研究的基础上，加以综合概括，新的古文字学也比原来的要丰富得多、深刻得多了。

在具体的研究实践中，还往往有这样的情形：由于研究对象的特殊性，本来似乎毫不相干的学科马上显得关系密切，出现了"联合攻关"的必要性。如50年代在安徽寿县发现楚国的鄂君启节（计舟节二、车节三）。其铭文牵涉到战国时代楚国水陆两路许多水名、地名；70年代湖北随县曾侯乙墓出土的钟磬铭文牵涉到音乐乐理，对这两宗古文字材料的研究，就需要历史地理学、音乐史的帮助，就要求研究者具备这些方面的知识，或有这些方面的专家参与此事。否则，就无法圆满释读这些铭刻，正确认识它们所包含的内容。

越是要解决大的难题，牵涉面越是广泛，越是需要多种学科的联合。同一学科由合而分，又由分而合，如此否定之否定，螺旋形上升，乃是学术研究发展的规律之一。文字学（古文字学）、音韵学、训诂学——传统语言学的几个组成部分结合起来，以全面研究古代语言文字，探明其演变轨迹为目标，联合攻关，其功效自非三者之中任何一个分支所可比拟。所谓联合，可以是三方面的学者共同研究大家关心的问题——从不同的角度研究同一个问题，也可以是研究者综合运用三方面的知识、手段以解决疑难问题。后者尤为重要。我国语言学界的现状之一，就是精通文字音韵训诂三者，一身而三任焉的学者越来越少。为了改变这种状况，提倡学者互相学习，学科互相渗透，希望音韵学家、训诂学家也研究商周古文字资料，文字学家、古文字学家也研究古音及古书训释问题，便显得十分必要了。广州国学研究社的成立，正是为此。

以研究上古汉语语言文字为中心的广州国学研究社成立后，一些朋友提出了一个耐人寻味的问题：你们搞的国学与旧的国学是一回事吗？与清代的朴学是一回事吗？

既称国学，新旧之间总有联系，既有新旧，当然也就有所区别。所谓联系，有两方面的含义：一是研究对象的一致性，即均以古代的语言文字、古代的语文事实为研究对象。二是指继承性。新国学继承并发扬旧国学（朴学）的优良传统，如形音义结合互推求，实事求是，无征不信等；新国学以旧国学已取得的研究成果为自己的基础，由此出发以求新的突破。至于区别，主要有以下三个方面：

（1）目的。旧国学以解经、明经为目的，"训诂声音明而小学明，小学明而经学明"（王念孙《说文解字注序》）。新国学则于"明经"——读通古籍之外，还要进而达到"上古汉语明"和"古代社会文化明"，并且努力做到古为今用，为建设今日社会主义精神文明服务。

（2）方法。旧国学的方法"不外以字考经，以经考字"（戴震语），段玉裁注《说文解字》，即取此二语而已（陈焕《说文解字注跋》）。段氏又强调以许注许，形音义互推求，王念孙强调因声求义及据上下文释义等，都是在同一平面上爬梳，有其合理正确的部分，理应继承一。新国学则强调形音义三结合，考释文字、探索字源词族，都要兼及形音义三者作综合考察。而且，尤其重要的是，新国学以辩证唯物论、历史唯物论作为自己的向导，作为自己的方法论基础。这是旧国学所无法比拟的。

（3）资料。旧国学以文献典籍——群经为研究资料，新国学则除群经之外还有大量的出土文献（如甲骨文、金文、竹帛文、石刻文等）作为研究资料，可将传世的与地下出土的两种研究资料结合起来相互参证。此外，新国学还注重活的语言资料——方言的收集与整理，作为研究古代语言、文字的参考。

新国学比起旧国学来，既有新的目标，又有先进的方法和极为丰富的新资料，在客观上确已具备了取得超越旧国学的研究成果，出现新的学术繁荣局面的条件。换言之，传统语言学——"小学"在今后再出现一个黄金时代是有可能的。剩下的问题便是并世学者们的主观努力了。愿这样的学术繁荣局面早日到来，愿广州国学研究社为它的到来而努力奋斗，作出自己应有的贡献。

1988年6月5日在广州国学研究社讲，7月据讲稿整理成文，9月修订。

（原载《学术研究》1989年第1期）

许学管窥

东汉许慎所撰《说文解字》（以下简称《说文》）是第一部系统分析汉字形体结构，说解其意义的字书，是我国语言学史上的一部辉煌巨著，在历史上产生过巨大的影响。它开创了据形系联归纳汉字的部首制，为其后词典、字典的编纂奠定了基础；它保存了大量的古文字资料，既是汉代人所见小篆及古文籀文的总集，又是进而研究商周古文字的钥匙和桥梁。它为九千三百多个篆文所作的解释包含着极为丰富的内容，天地鬼神、山川草木、鸟兽虫鱼、杂物奇怪、王制礼仪、世间人事，无不涉及，故又是研究古代社会、古代语言的绝好材料。但是，随着时代的变迁，《说文》屡经传钞、翻刻，难免讹误错漏，于是逐渐出现了版本、校勘的问题；同时，如何理解许慎对文字的"说"、"解"原意并给予恰当评价，如何认识《说文》所提供的语言、文字资料，并加以利用，也都成了问题，需要学者们研究、探讨了。易言之，《说文》由于其特殊的重要性，又是历代学者倾注精力研究的对象。对《说文》及其作者的研究也就成了一门学问，称为"《说文》学"，人们通常称之为"许学"。

同其他学问一样，许学也有个逐渐形成的过程，时兴时衰的历史。

根据许慎自叙，《说文》一书作于汉和帝永元十二年（公元 100 年）。建光元年（公元 121 年）由其子许冲奏上朝廷。时当东汉中叶。其后经三国、晋而隋、唐，《说文》由备受重视而渐趋冷落。《说文》面世后，郑玄注《周礼》、《仪礼》、《礼记》，应劭著《风俗通义》，晋灼注《汉书》均先后称引之；在《说文》的启示下，晋·吕忱撰《字林》六卷补其漏略，梁·顾野王撰《玉篇》三十卷广其部类。梁·庾俨默作《演说文》一卷,《隋书·经籍志》并著录《说文音隐》四卷,均为许书而作。之后,陆德明撰《经典释文》,孔颖达、贾公彦等撰五经(《诗》、《书》、《礼》、《易》、《春秋》)的《正义》,李善注《文选》,亦均援据《说文》,诠释字义。这些,都是在学者中"备受重视"的证明。但是,《说文》所"说"乃小篆,其时隶书行之已久;东汉以后,草书、楷书、行书等书体又大大发展起来,特别是楷书,成为新的规范字体,《说文》在读书人中流传的面也就随之逐渐缩小。兼以魏晋以后音韵之学盛行,事章句者传训诂,工词藻者资声韵,《说文》与一般的读书人已无多大的关系。后来经赵郡人书法家李阳冰于大历年间(766—779年)将《说文》重新整理,刊定为二十卷,许学又一度中兴。又由于李氏自恃过甚,自以为篆书"斯翁之后,直至小生",乃"修正笔法",对许书颇有改动,并喜欢讲些与许慎不同的意见,千百年来竟担了个"窜乱"、"擅改"的罪名。其实,从徐锴《说文解字系传》"祛妄"卷所列五十六文之"妄"看,真正经李阳冰改动的篆文仅"页"、"矛"二篆,又"巢"、"要"二字未见李阳冰之说,其"以师心之独见破先儒之祖述"者五十二字,有"破"错的,也有说对的(如对龠、封、亥等字的解释)。可见李氏对《说文》确实下过一番功夫,他"是第一个敢于对许慎的说解大胆提出怀疑,并明白地表达自己不同见解的学者"[①]。

李阳冰刊定的《说文》,今已不传。现在能看到的唐写本《说文》,只存木部残卷一百八十八字,其篆与今本相异者有五字(今本相、栿、椎、橄、槽,唐写本作杞、樕、桦、**繁**、**槀**),说解则与今本大同小异。此卷经学者据唐代避讳之例考证,知当写于唐元和十五年(820年)穆宗登极之岁,尚在改元长庆之前。

到了南唐、宋初,由于徐锴及其兄徐铉二人对《说文》的研究、重校,《说文》得以再度流传。徐锴,字楚金,南唐时任秘书省正字、内史舍人,著

---

① 姚孝遂:《许慎与说文解字》,中华书局,1983年7月第1版第52页。

《说文解字系传》四十卷，世称小徐本。其中通释三十卷，"考先贤之微言，畅许氏之玄旨"；部叙二卷，论五百四十部"始一终亥"据形系联之道；通论三卷，以天地人文日月山谷喜怒好恶……即意义为序论述各字本原；祛妄一卷，专"祛"李阳冰之"妄"，纠其误说；又类聚、错综、疑义、分述各一卷。书中发表个人见解甚多。他并曾以《切韵》四声为序，将《说文》重新编次为《说文解字韵谱》，以备翻检。锴兄铉，字鼎臣，亦精小学，工篆隶，由南唐入仕宋，为太子率更令，累官散骑常侍，尝奉诏与句中正、葛湍、王惟恭等同校《说文》，世称大徐本。凡许慎注义序例中所载而诸部不见者，为之补录；又有经典相承传写以及时俗常用而《说文》不载者，作为"新附"列入各部之末。凡《说文》具有正体而时俗讹变者，则于注中说明之。每字之下又据孙愐《唐韵》加注反切，使之皆有正确读音。二者相校，铉书简当，间失穿凿，锴多创见，但多巧说衍文。篆文繁略、次序、说解也微有差异，据田吴炤《说文二徐笺异》所列，二本有差异者计一千二百零七条，优绌互见。但经过徐氏兄弟的努力，《说文》总算基本上恢复了原貌。我们今日之所以能看到"始一终亥"本《说文》，确多赖二徐之力，其于许学，功不可没。

然而，在二徐之后，许学又受到多方面的挑战，经受着严峻的考验。总的来说，宋人重理学，轻汉学，藐视许学，视文字为游戏，随意立说摆布之。其间突出的代表人物有三个。一个是政治家王安石（介甫），晚年作《字说》二十四卷，将《说文》抛在一边，全不管六书原理，而以己意说文字，望文生义，信口开河。如以富为同田、波为水之皮、坡为土之皮，诗为寺人之言、讼为言之于公、盟为歃血自明、伶乃为人所令、笃为以竹鞭马等，虽偶有可取者（如贫为分贝），但多属杜撰谬说。王氏为求新奇而不惜穿凿附会，又甚自信，而且凭借政治势力推行其说，故在当时颇为流行，学者莫敢不传习。另一个是史学家郑樵（1103—1162），以其博洽傲睨一时，所作《六书略》，凭臆说独断、随意否定许慎旧说。其中的"起一成文图"、"因文成象图"更把一些字与字之间的关系弄得离奇古怪，又反过来诋諆许氏"仅知象形谐声二书以成《说文》"。此王郑二人，"皆以巧说邪辞，蛊惑后世，遂开数百年向壁虚造、望文生训之陋习"①。再一个也是史学家，叫李焘（1115—1184），将《说文》次序打乱，改编为《说文解字五音韵谱》三十卷，依《集韵》次第起东终甲，据形系联的字书一变而为韵书。而且，书中所注反切，也多有窜乱。此书一流行，以讹传讹，竟至有人以为许慎旧本便是如此，"始一终亥"之本反鲜为人知。

在元明两代，《说文》同样被随意改动，许学不仅未得发展，反遭到许多歪曲、误解。元戴侗《六书故》，包希鲁《说文解字补义》，杨桓《六书统》、《六书溯原》，周伯琦《说文字原》、《六书正讹》等书，不仅改变《说文》原有分部，而且增删篆文，随意立说。这些书皆与《说文》有关，而且打着"六书"、"字原"等旗号，虽不能说全无是处，但毕竟错误百出，无益于许学。像《六书正讹》一书，所谓"正"与"讹"，便缺乏统一的标准，而且喜欢杜撰篆文，而后再据以批评《说文》，将《说文》所载篆文定为"讹"或"俗"。如说"夆"为正，"降"为俗；"䟪"为正，"武"为讹；"斉"为正，"齌"为俗；"策"为通用，"冊"为俗；以"笑"为正，"𥬇"为俗；又改"秃"为从儿从禾声，改"妾"为从立从女，改"故"为从久古声，如此等等，简直是把"正""讹"颠倒，是非混淆了。这是元代的情形。到了明代，情况更糟，几乎无善可述。丁福保《说文解字诂林·自叙》对此有扼要述评，虽过于严厉，大体上却是正确的；沈兼士以"空疏"二字概括明代文字之学，可谓确论②。

这种每下愈况之景象，至清代便一扫而光。由于政治上的原因，学者们都转向经史之学，埋首学术。学者们普遍认为，"训诂声音明而小学明，小学明而经学明"；欲求三代之遗，舍许氏无所适从，故都以通《说文》为读古书之锁钥。是以对《说文》的研究成为学术界一时之风尚。许学于是大盛于世，学者辈出，论著如云。

---

① 丁福保：《说文解字诂林·自叙》，上海医学书局，1928年。
② 沈兼士：《影印元至治本郑樵六书略序》。

首先，学者们对大徐本《说文解字》及小徐本《说文解字系传》作了大量的校勘、研究工作，使之尽量恢复"始一终亥"的原貌，尽量符合许慎原意。在这方面，钮树玉有"校录"，严可均有"校议"，段玉裁有《汲古阁说文订》，朱士端有《说文校定本》，均为大徐本而作；祁寯藻（淳甫）、李兆洛（申耆）、承培元、夏灏、苗夔等人为恢复小徐本原貌，亦耗费多年心血。对于二徐本之间的差异也有学者注意研究，比较得失。二徐本《说文》经校订后重印行世；已使许书重放光辉。读书之人，几于家置一编。

其次，在二徐本《说文》的基础上，许多学者穷毕生精力进行全面研究，加以注释、分析，著名的"说文四大家"即段玉裁、桂馥、王筠、朱骏声便是杰出代表，他们对许学均有重要贡献。

段玉裁（1735—1815），字若膺，号茂堂，江苏金坛人。乾隆举人。他是戴震的弟子，是乾嘉学派中的著名学者，一生著述三十余种，《说文解字注》是其代表作，是他大半生心血的结晶。从属稿到刻印，前后达四十年。这是后世公认的解释《说文》的权威性著作。此书在阐明许书体例方面，在语言文字学理论方面，都有杰出的贡献。并能提出许多新的看法修订前说，对词汇学、词义学的研究极有裨益。与他同时代的小学家王念孙，对此书极为推崇，认为自许慎之后，"盖千七百年来无此作矣"①。用今天的眼光来看这部书，自非十全十美，亦有其缺点、错误。主要在于段氏盲目尊许和过于自信。但通观全书，所作注文百分之九十五以上至今仍然是正确的。

桂馥（1736—1805），字冬卉，号未谷，山东曲阜人。乾隆进士。著《说文解字义证》五十卷，每字之下胪列古籍，旁征博引，不下己意，令读者触类自通。从表面看，此书征引群书，或数则，或十数则，不加取舍，似乎杂然纷陈，良莠并存。实际上，正如王筠所说："桂氏书征引虽富，脉络贯通。前说未尽，则以后说补苴之，前说有误，则以后说辨正之。凡所称引，皆有次第，

---

① 王念孙：《说文解字注序》。

取足达许说而止。故专胪古籍，不下己意也。"① 除义证外，本书还做了不少订讹补遗工作。

王筠（1784—1854），字贯山，号菉友，山东安丘人。道光举人。他以二十年工夫著《说文释例》二十卷，详释《说文》体例，条分缕析，疏通其意，对读者阅读许书，理解许氏原意很有帮助。王氏又著有《说文句读》和《文字蒙求》，前者参考段桂二氏之书，删繁举要，参以己意；后者分象形指事会意形声四类解释小篆二千余字，均便于初学者。有清一代文字学者逾百，王筠是最注意普及工作的一个学者。

朱骏声（1788—1858），字丰芑，号允倩，江苏吴县人。著《说文通训定声》，以丰、升、临、谦、颐、孚、小、需、豫、随、解、履、泰、乾、屯、坤、鼎、壮十八卦名分为十八部，排列篆文（除许书原有篆文外，另补入七千余字），解释字义后，详论其转注假借用法。不过，朱氏所谓转注是本无其字，依声记事者；所谓假借是本有其字，依声不必记事者，与许说不同。此书是从音韵角度研究《说文》的一部巨著，其征引广博，足为读者左右获取之资，并可由此而明声义相通之理。

上述四家之书，体大思精，各有特色，使许学大放异彩。特别是段氏《说文解字注》，影响尤为深远。围绕着这部著作，又出现了一批"订补"、"札记"、"考证"、"笺"、"匡谬"之类的专书，如王绍兰《说文段注订补》，钮树玉《段氏说文注订》、桂馥《说文段注钞案》、冯桂芬《说文段注考证》、龚自珍《说文段注札记》、徐承庆《说文段注匡谬》、徐灏《说文解字注笺》等等，虽然瑕瑜互见，亦各有独到之处，可谓段氏诤友。

第三，清代学者对许学的各个侧面展开了深入的专题研究，先后涌现出一大批论著（包括随笔、札记、专著）。关于许慎生平、著作，有严可均《许君事迹考》、陶方琦《许君年表考》、《许君年表》、诸可宝《许君疑年录》等专文考证，又有陈寿祺的《五经异义疏证》、皮锡瑞的《驳五经异义疏证》、孙

---

① 王筠：《说文释例自序》。

冯翼辑刻的《许叔重淮南子注》、陶方琦的《淮南许注异同诂》、叶德辉的《辑许慎淮南间诂》等专书。关于唐写本木部残卷，有莫友芝作的《笺异》。关于大徐本的新附字，则有钮树玉的《说文新附考》及《续考》、王筠的《说文新附校正》、毛际盛的《说文新附通谊》、钱大昭的《说文新补新附考证》、郑珍的《说文新附考》等书。关于《说文》所引经籍文句，则有吴玉搢的《说文引经考》，邵瑛《说文解字群经正字》，吴云蒸《说文引经异字》，陈瑑《说文引经考证》、《说文引经互异说》，雷浚《说文引经例辨》，承培元《说文引经证例》，柳荣宗《说文引经考异》，郭庆藩《说文经字正谊》等书为之考辨。关于《说文》未收之字，又有郑珍《说文逸字》、李祯《说文逸字辨证》、张行孚《说文逸字识误》、张鸣珂《说文逸字考》、雷浚《说文外编》等书。关于六书理论，以及对有关文字的训释考证，专著专文更是不计其数，散见于各家文集或丛书之中。像钱大昕"《说文》举一反三之例"、"《说文》连上篆字为句"、"唐人引《说文》不皆可信"等说即以札记形式写入《十驾斋养新录》，是颇关重要的发现。

第四，在尊许的同时，又有一些学者对《说文》提出怀疑或补正许说。继明末清初的大学问家顾炎武在《日知录·说文》中提出三条可疑之理，对若干字的训释提出批评之后，孔广居著《说文疑疑》二卷，张行孚作《说文发疑》六卷，俞樾作《儿笘录》，吴大澂撰《说文古籀补》、《字说》，于许说均有所批评、补正。顾氏指出："今之学者，能取其大而弃其小，择其是而违其非，乃可谓善学《说文》者欤。"[①] 这一点，即便在今日，也很有现实意义。

总之，许学在清代确是盛极一时。当然，由于时代的关系，许学毕竟局限在"小学"——文字、音韵、训诂的范围内，并无人从理论上对《说文》的价值、功用以及许慎所用的方法加以系统而科学的阐述；也并无人能根据比小篆更古的文字资料对《说文》作认真的清理、透彻的批评。至清末民初，有章（炳麟）、黄（侃）一派学者出，把许学发展为语言文字之学，使《说文》

---

① 顾炎武：《日知录》卷二十一《说文》。

成为沟通古今汉语的阶梯;又有罗(振玉)、王(国维)一派学者出,乃能根据新出土的甲骨文纠正《说文》中的错误,使以《说文》为中心的"小学"扩展而为对先秦古文字的研究、对汉字演变规律的探索。有了这两派学者的努力,使全面、正确地评价《说文》成为可能,既不盲目尊许,又不随意疑许、非许;使许学在语言学、古文字学、历史学等方面能发挥日益重要的作用。

1928年,丁福保主持编纂的《说文解字诂林》影印出版,这是集许学之大成的大型工具书。此书收录许学论著一百八十二种,一千零三十六卷,作者共二百五十四人。每字之下,剪辑各家之说,极便读者参考。十五篇正文(每篇分上下)之前后,复益以《前编》、《后编》。《前编》为引用各书叙跋、六书总论、《说文》总论,以及有关《说文》字数、分部、古文或体、许君事迹等方面的论述。《后编》为《说文》逸字及外编。此外,还有《补编》、《附编》(《六书音韵表》)及通检。全书六十册。一九三二年,又搜遗补漏,刊印《补遗》十六册。这部巨著的出版,为人们学习和研究《说文》,全面了解许学,提供了极大的方便。丁氏宏扬许学,继往开来,乃继二徐、段桂王朱之后的又一位许学大功臣。

《说文解字诂林》出版后,虽然古文字学日益发达,许多学者的兴趣已转移到对甲骨文、金文及竹帛、石刻、货布、陶玺文字的研究,但学术界对《说文》的研究并未中断,仍时有论著发表。新中国成立后,许学又走上了新的发展阶段。虽然在十年"文革"期间,《说文》曾遭到过火的指责与批判[①],有过曲折,但很快成为过去。《说文》作为沟通古今语言文字的阶梯,作为研究商周文字的钥匙与桥梁,这一基本的事实,正在为越来越多的人包括广大青年学生所认识和重视。近年来,又出现了不少关于许学的专文、专书。其中陆宗达先生著的《说文解字通论》(1981年10月,北京出版社)和姚孝遂先生著

---

① 笔者与友人合作之《〈说文解字〉中的尊孔复古思想必须批判》一文(载《光明日报》1974年12月25日)即为"过火"之作,其中不少说法是错误的。后来,有些文章不点名地批评了该文的错误,笔者乐于接受。本文实际上也是对该文的自我批评,故特附注于此。

的《许慎与说文解字》(1983年7月,中华书局)二书持论客观公允、各具特色,在一定程度上代表了当前《说文》研究的新水平,反映了许学的新发展,值得有志于许学者仔细一读。

(原载《说文解字研究》,中国许慎研究学会编,河南大学出版社,1991年8月第1版)

论王筠对文字学的贡献及其治学特色

王筠，字贯山，号菉友，山东安邱人，生于清乾隆四十九年，卒于咸丰四年（即1784—1854），清代中期著名文字学家，为《说文》四大家之一，素与段（玉裁）、桂（馥）、朱（骏声）齐名，其对文字学的贡献亦至巨，在中国文字学史上有其独特之地位。以往对《说文》四大家的研究、论述多偏重于段，其次是桂，而对王（及朱）则论述者较少，对其学术成就的肯定也显得不够充分。这是颇为令人遗憾的。本文拟以王氏主要论著《说文释例》、《说文句读》等为依据，就王氏对文字学的贡献及其治学特色，作些探讨，提出些粗浅的看法，以求正于同道及对此有兴趣的读者。

一、王筠的生平及主要著作

王筠生于乾嘉之世，成名于道光年间，关于其生平与著作，《清国史》儒林传有简略记载：

> 王筠，字贯山，山东安邱人，道光元年举人。游京师三十年，与汉阳叶志诜、道州何绍基、晋江陈庆镛、日照许瀚商榷今古。后官山西乡宁县知县。乡宁在万山中，民朴事简，讼至立判，暇则把一编不去手。权徐沟，再权曲沃，地号繁剧，二县皆治，然亦未尝废学。少喜篆籀，及长，博涉经史，尤长于《说文》。……著《说

文释例》二十卷，释例云者，……犹杜元凯之于《春秋》也。又以二徐书多草略……乃采桂段诸家之说著《说文句读》三十卷。句读云者，用张尔岐《仪礼郑注句读》之名，谓汉人经说率名章句，此书疏解许说无章可言，故曰句读也。笃治《说文》之学垂三十年，其书独辟门径，折衷一是，不依傍于人。论者以为许氏之功臣，桂段之劲敌。其后吴县潘祖荫见其书，谓筠书晚出，乃集厥成，补弊救偏，为功尤巨云。又有《说文系传校录》三十卷，《文字蒙求》四卷。他著有《毛诗重言》一卷附《毛诗双声叠韵说》一卷，《夏小正正义》四卷，《弟子职正音》一卷，《正字略》一卷，《蛾术编》、《禹贡正字》、《读仪礼郑注句读刊误》、《四书说略》。咸丰四年卒，年七十一。同治四年子彦侗由礼部进呈所著《释例》、《句读》二书，奉旨览。①

王筠众多著作之中，影响最大者为《说文释例》、《说文句读》二书，可视为其文字学之代表作。《文字蒙求》则为其注重文字教学、普及文字学理论、普及文字知识之代表作。在具体讨论王氏对文字学的贡献之前，先扼要介绍、评价一下这三部著作显然是必要的。

《说文释例》，二十卷。自序作于道光丁酉即十七年（1837）。此为全面、系统阐述《说文》体例之专书。关于六书理论之阐述解释、关于《说文》收录篆文及重文（或体）之体例、说解字形字义之正例与变例，关于《说文》之校勘等，为本书之主要内容。王氏之文字学理论、《说文》研究之主要成果均体现于本书，其中同部重文、异部重文例，分别精细，确不可易②。又有存疑"六卷"（卷十五至二十），凡篆形之可疑者，字音字义之可疑者，许氏说解及段氏注文之可疑可补者，王氏均详其所见，析而论之，甚见功力。潘祖荫

---

① 《清国史》（中华书局1993年影印嘉业堂钞本），第十二册，儒林传下，卷三十。
② 周祖谟语，说见《中国大百科全书·语言文字》（北京，中国大百科全书出版社，1988年2月，第396页。）周氏之前，于鬯尝谓此两篇"至精至确、铸成铁案"（见《说文解字诂林》前编上）。近年单周尧对此提出异议，认为《说文释例》之同部重文，"谓其道夫先路则可，谓其至精至确则不可也"。见其所著《读王筠〈说文释例·同部重文篇〉札记》一文，载《古文字研究》第17辑（中华书局，1989年）。

校阅《说文句读》后所作《书后》云："君（炜案：指王筠）之学积精全在释例，标举分别，疏通证明，能启洨长未传奥旨。"

《说文句读》三十卷。自序作于道光庚戌即三十年（公元1850年）。此为《说文释例》后之又一力作，在段、桂诸书基础上博采慎择，便于读者阅读并理解《说文》。王氏对字形的分析、字义的训释，其独创特见，具见于本书，且与《释例》相呼应，互为表里。自序称本书与段注不尽同者有五事：一曰删篆。篆文重出者，录之而后删，惟讹误字，既有不重之本，径删之。二曰一贯。"许君于字必先说其义，继说其形，末说其音而非分离乖隔也"。本书即据此判断引者校者之正误而定取舍。三曰反经。"《说文》所引经典字多不同，句限亦异，固有讹误增加，而其为古本者甚多，岂可习非胜是，以屡经窜易之今本訾汉儒授受之旧文乎？"四曰正雅。即据《说文》以正《尔雅》之讹误。五曰特识。"后、身、侗、愃等字，许君之说前无古人，是乃历考经文，并非偏执己见，不可不以经正传，破从来之误者也。"此五事亦其不同凡响处。卷首列"凡例"二十七条，实为本书著述取舍之原则，在在体现著者"持平心，求实义"，实事求是、一丝不苟之精神，值得称道，亦值得今人借鉴。

《文字蒙求》，四卷。自序作于道光十八年戊戌（公元1838年）。编撰此书，旨在便于儿童初学文字，但本书之价值远不止此。此乃作者在深入研究基础上的"浅出"之作，儿童固可借以识字，知其然复知其所以然；成年人亦可借以获取文字学的基本知识，在通俗的形式中接受新的研究成果。就理论言，此书为王氏六书理论之具体化；就实践言，此系王氏文字学之普及版，乃学习文字学的一部很好的入门书。

二、王筠对文字学的贡献之一：六书理论的继承与发展

中国传统文字学的理论核心为六书。王筠对文字学的贡献首先在于理论，他继承并发展了汉以来的六书理论，提出了许多新的见解，在中国文字学的理

论体系中增添了新的内容。

六书名称及次序，向有郑、班、许三家之异。王筠《说文释例》卷一《六书总说》详论三家之得失，论证名称当从许氏《说文序》，而次序则以班书为是，即先象形，次指事。其说曰：

> 六书次弟，自唐以来，易其先后者，凡数十家，要以班书为是。象形、指事，皆独体也，而有物然后有事，故宜以象形居首。会意、形声，皆合体也，而会意两体皆义，形声则声中大半无义，且俗书多形声，其会意者，千百之一二耳，即此足知其先后矣。转注假借在四者之中，而先后亦不可淆者，转注合数字为一义，假借分一字为数义也。故以六书，分为三耦论之。象形实，指事虚，物有形，事无形也。会意实，形声虚，合二三字以为意，而其义已备，形声则不能赅备，……转注实，假借虚，考自成为考，老自成为老，其训互通而各有专义也……若夫令为号令而借为令善，长为长久而借为君长，须于上下文法求之，不能据字而直说之，故为虚也。凡变乱班书之次者，皆不察其虚实者也。

此三耦虚实之论，前无古人，后启来者，六书次序得以论定，王氏之功也。近世虽有学者仍持指事先于象形之说，毕竟只是少数，且所谓"指事"乃指以刻划符号表抽象之义如数目字（一二三三）之类。就有指事符号之指事字而言，则莫不以象形为基础而"指"其"事"，孰实孰虚，孰先孰后，诚如王氏所论，不可易也。王氏又曰：

> 班志列象声于象意之后，胜于许君列形声于会意之前，何也？形声一门，兼象形、指事、会意以为声，于省声尤可见矣。肘从肉寸会意，故纣酎等字从肘省得声，苟不先有会意之肘，将何以为声乎？

从省声的角度进一步论证会意先于形声，同样不可移易。

乾隆时代著名学者戴震（东原）《答江慎修论小学书》提出了"四体二用"之说，认为象形、指事、会意、形声（戴称谐声）"四者书之体，止此矣";转注、假借"乃所以用文字者,其大两端也。"段玉裁继承并发挥戴震之说,指出:"六书者,文字声音义理之总汇也。有指事、象形、形声、会意,而字形尽于此矣。字各有音,而声音尽于此矣。有转注假借,而字义尽于此矣。……赵宋以后言六书者匈襟狭隘,不知转注、假借所以包括诂训之全,谓六书为仓颉造字六法,说转注多不可通。"是以戴氏之说最为合理,"圣人复起,不易斯言矣"①。可谓推崇备至。戴段关于六书性质的这一理论,王筠不仅接受了,继承了,而且提出新的见解使之有所发展,这便是《六书总说》中的经纬说,实即结构论。王氏曰:

> 筠案此书名以《说文解字》者,说其文,解其字也。《通志》曰"独体为文,合体为字"是也。观乎天文,观乎人文,而文生也。天文者,自然而成,有形可象者也。人文者,人之所为,有事可指者也。故文统象形、指事二体。字者孳乳而寝多也,合数字以成一字者皆是,即会意形声二体也,四者为经,造字之本也。转注假借为纬,用字之法也。或疑既分经纬,即不得名曰六书。不知六书之名,后贤所定,非皇颉先定此例而后造字也,犹之左氏释春秋例,皆以意逆志,比类而得其情,非孔子作春秋先有此例。(诗有六义,亦以风雅颂为经,赋比兴为纬。)

王筠继戴之后,进一步论证转注假借为用字之法,不可将六书视为造字六法。他还从《说文》内部寻找证明,即从许君的说解看,"言象形矣";"云从某从某,即是言会意矣";"云从某某声,即是言形声矣";"而指事惟于上下二字言之,仍不出叙所言之外";"若夫转注假借,全书未尝言及"。这当然不能说许慎"明于象形谐声昧于其余者"。而是说,从字形分析,"全书未尝言及"何字为转注,何字为假借。"至于转注、假借,为形、事、意、声四者之纬"。又说:"老从人毛匕,则会意也。考从老省丂声,则形声也。以此推之,凡转注字皆然。故知转注、假借,即在形、事、意、声四者之中,乃用字之例,非

---

① 段玉裁:《说文解字注》(上海古籍出版社,1981年10月,第755页)。

造字之本。"这是立足于字形结构的分析而得出的科学结论。百余年来,这一结论已为大多数学者所接受。有些人反对戴段之说,坚持六书皆造字之法,但谁也举不出何种结构方式为转注字,何种结构方式为假借字。有王筠经纬说即结构论补充与支持,令戴段之体用论益臻完善,诚"圣人复起"而不易也。

与六书性质紧密相关的是文字形声义三者的关系以及在造字与用字过程中的作用问题。在这方面,王筠的见解更富有独创性。他认为:"一字之蕴,形声义尽之,即六书之名,亦可以形声义统之。即如天字,一大其形也,颠其义也,他前切其声也。兼明之而一字之蕴义矣。象形,形也;指事、会意,义也;形声、转注、假借,皆声也。"这是说,就单字而言,形声义三者兼明,才算真正掌握了它的"蕴",真正称得上认识了它;就六书种类而言,象形以形为主,指事会意偏重于义,其余则侧重于声。如此说来,似乎王筠三者并重而只是在不同场合各有侧重而已。其实非也。形声义三者之中,他最重视声的作用。其说曰:

> ……是以假借者一字而数义,何为其数义也,口中之声同也。转注者数字而一义,何为其数字也,口中之声不同也。故其始也,呼为天地,即造天地字以寄其声;呼为人物,即造人物字以寄其声。是声者造字之本也。及其后也,有是声即以声配形而为字,形声一门之所以广也。综四方之异,极古今之变,则转注之所以分著其声也。无其字而取同声之字以表之,即有其字而亦取同声之字以通之,则假借之所以荟萃其声也。是声者用字之极也。声之时用大矣哉。

又于《说文释例》卷三《形声》篇曰:

> 夫声之来也,与天地同始。未有文字以前先有是声,依声以造字,而声即寓文字之内。

议论如此详明,如此透彻,在中国文字学史上实不多见。此前段玉裁在《六书音均表·六书说》中首言"文字起于声音",得到钱大昕、戴震的肯定①。王筠此段文字在某种意义上也可视为对段说的继承与发展,但他明确提出"声者造字之本也","声者用字之极也",对声音作了最充分的肯定,把声放到了"本"与"极"的位置上,却包含了极重要的语言学思想,不可等闲视之。它涉及文字与有声语言的关系问题:有声音即有语言方有文字,文字实为声音之所寄者,直白言之,文字乃记录语言之符号也。王筠的见解与现代语言学理论是一致的,是对文字学理论的又一重要贡献。

三、王筠对文字学的贡献之二:《说文》体例研究

段玉裁作《说文解字注》,其杰出贡献之一便是阐明许书体例以及所以作书之旨,被誉为与许氏"心心相印"。王念孙谓"盖千七百年来无此作矣"段注确是当之无愧。段氏阐明了《说文》始一终亥、据形系联的分部原则,同部之内以义相从的收字原则;阐明了许氏说解文字体例及"读若"、"一曰"、"省声"、"省"、"亦声"、"阙"等术语的含义,于读者准确理解许书原意,正确把握文字本义帮助极大。许氏后千七百年有段氏此注,为许学之幸,亦读者之幸。

但段氏阐述《说文》体例,属随文附注,分散于各卷各字之下,既不系统,亦难称全面。王筠研究和阐述《说文》体例,后于段氏,而且以段氏为基础,然较段氏为系统、全面。《说文释例·序》自述其研究《说文》体例,成一家之言的经过云:

> 筠少喜篆籀,不辨正俗,年近三十,读《说文》而乐之,每见一本,必读一过,

---

① 胡奇光:《试论段玉裁语言学思想的特点》,《复旦学报》增刊语言文字专辑,1980年9月,第95—100页。

……积二十年然后于古人制作之意，许君著书之体，千余年传写变乱之故，鼎臣以私意窜改之谬，犁然辨晢，具于胸中。爰始条分缕析，为之疏通其意，体例所拘，无由沿袭前人，为吾一家之言而已。

名曰"释例"，然其所"释"又岂止"例"而已哉，它是对《说文》体例的穷尽性研究的成果。这首先表现在，书中所释之"例"囊括《说文》分部、列篆（列文）、说解、引经等各个方面，可谓包罗万象，纳于一编。而且，不少"例"还分正例与变例，如"象形，正例一而其类五，变例十"，"会意，正例三，变例十二"，"读若"又分"读若直指"、"读若本义"、"读同"、"读若引谚"等项；不少"例"为前人所未尝言及者，除上文提到的同部重文、异部重文外，诸如"籀文好重叠"，"叠文同异"，"非字者不出于说解"等项亦皆是。其次，王筠对每一"例"的阐述，也带有穷尽性，即在此"例"内再条分缕析，将有关条目集中在一起予以解释。如卷八释"叠文同异"云："凡叠三成文者，未有不与本字异音异义者矣，其叠二成文，则音义异者固多而同者亦有之，似徐氏未留心，而唐韵亦本未留心也。"遂区为二类，先举祘、珏、艸、廿、誩、友、哥、林、棘、炎、门、圭等音义并异者凡五十字为一类，谓"皆先说字义后说字形，或有读若以说其义，晓然明白，无可疑也"；次举𣦼、㸚、从、棘、祘、卯、屾、豩、所、林、𩛩十一字为一类，"盖音义与本字同者也"。而后又附论叠三成文者卉、品、羴、森、聶、磊、焱、淼、惢、蠱、姦、劦、轟等字，谓"除羴惢等字不论，其余由数目取义者，或曰众，或曰多，或曰群，皆不言三……可知即至十百千万皆以三概之也。……然则凡数多者，皆可约略而计以三也。故知三也者无尽之词也。"次又论𦫳、𣊫、𡘋非叠四成文：𦫳字从二艸，非从四屮；𣊫从二吅，非从四口；疑𡘋非字。"要而言之，叠四不成文也"。无异于一篇专题论文。整部《释例》，实质上乃数十篇专论之结集也。借用王念孙当年评段注之言，谓"盖千七百年来鲜此作矣"，绝非过论也。

对于许书说文解字体例及专用术语的解释，由于段氏为随文附注，王氏为穷尽性研究，故段氏虽多卓见，王氏却往往比段氏更为深入细致，能发段氏所未发。如对"一曰"的阐述，段注谓"凡一曰，有言义者，有言形者，有言声者"（祝字注），"凡义有两歧者，出'一曰'之例"（禋字注），"许书之'一曰'有谓别一义者，有谓别一名者"（楚字注），颇具概括性，诚如郭在贻所言，其筚路蓝缕之功不可没①。但王筠研究了全部"一曰"的文例后，却有重要发现：

> 案此二字，为许君本文者盖寡。其为后人附益者，一种也，合《字林》于《说文》而以一曰区别之者，又一种也。其或两本不同，校者汇集为一，则所谓一曰者，犹今人校书云一本作某也，是又一种也。余向也奉为圭臬，今思得之，爽然自失，愿读者勿为所愚。（《说文释例》卷十《一曰》）

这是段玉裁未曾想到的。段氏曾指出：趡赽二字之次序及说解（均有"一曰"）"盖浅人所乱"，遁下"一曰逃也""盖浅人所增"，又于骚下删"扰也一曰"四字，谓浅人所增，但也仅此数例而已。王筠对"一曰"云云加以分析辨正者计有禋、祐、珥、玫、芋、蔫、葷、草、胖、嗛、喈、唬、**趡**、遁、达、迭、逑、遽、很、足、诋、鞼、**閔**、贞、肝、**眕**、羿、**鷗**、**閣**、胏、剽、**鱃**、觜、平、**盉**、食、**餧**、**啬**、榛、棂、粟、昧、旭、昌、**癃**、**痕**、供、假、儗、并、裂、**袤**、辰、履、屦、歗、烦、颒、**崀**、廑、礛、易、骠、骚、腾、**騼**、吴、牵、囿、洵、**廲**、怒、悼、泽、演、涓、洼、渎、**瀳**、捉、搜、擣、**搚**、拲、**撠**、捲、撚、**妣**、妗、嫌、**婚**、**毁**、瓻、纴、綖、繫、**繻**、**屎**、赢、里、劫、铫、钤、**衝**、**陪**、醒等一百十一例，其中可肯定为许书原文或许书本文而经改易者仅草、**趡**、达、迭、贞、胏、**鱃**、觜、并、易、洼、捉等十余字，其余则均不足尽信。在这个问题上，王筠的观察和分析显然要比段氏深入

---

① 郭在贻：《训诂丛稿·说文段注对说文学的贡献》（上海古籍出版社，1985年2月，第374页）

得多，细致得多，他对段氏有肯定，也有批评，肯定出自真心，批评也不含糊。肯定者如：

> 趋下云趬趋也，一曰行皃。段氏说是也。
> 遁下云一曰逃也。此后人移遯下说于此也，茂堂说是。
> 骚下云扰也，一曰摩马，此亦校异文，段氏删上四字，甚快。
> （案段说已见前引）

批评者如：

> 拊下云手椎也，一曰筑也。此一曰盖后增，椎之亦不必徒手，言手椎者，为其字从手也。段氏谓筑者必用筑，以此区为二义，受其愚也。
> 婠下云俛伏也，一曰伏意。此校异文耳。段氏据《集韵》、《类篇》改伏为服。夫悦服必俛伏矣，良由误谓一曰尽出许君手，故勉强为之分别也。
> 里字下，小徐本有一曰土声也，本属乖剌，段氏改土为士，尤谬。韵会不引，然引从甲土，亦误。
> 钤下云钤䥯，大犁也（《广韵》引此），一曰类相。此亦校异文，犁相一物也。段氏不察而强以人牛分之，误。……

可谓是非分明，清清楚楚，一以学术为重也。

王筠对《说文》体例研究的贡献还在于，他在对许书全面把握、融会贯通的基础上，进一步对篆文补、删、移、改，对说解文字也有根据地加以调整或删改，以尽量恢复许书原貌。此即根据对《说文》体例的研究反过来对今本《说文》校补删正。当然，这是极严肃的事，草率不得。事实上，王筠也是慎重为之的。《释例》卷十二《挩文》、《衍文》，卷十三《误字》、《补篆》、《纠徐》、《钞存》及卷十五至二十的《存疑》诸篇，实际上已超出"释例"的范畴，而多属所谓校补删正者，既有学术价值，又有现实意义。但王氏在目录"挩文"下注曰："以下皆臆说"，意谓不敢自是。如《补篆》篇议补艸部从䇂之篆文五十五文,又补见于《说文》正文者八十一文,无可附之正文者十文,古文通用者二十三文。此为据《说文》而补《说文》,所补有篆文,亦有古籀。其卷末之《补正》复据金文补若干文。这便提出了一个重要思路:《说文》尚有可补者,其所载古籀尤大有可补者。如此"臆说",又岂可等闲视之!它无异于提示读者,可编一部《说文古籀补》,以补许书之不足。不过,著《说文句读》时,王筠并未实行其补篆的主张,似乎有意将此事留待后人为之。而且,对篆文的删、移、改,都非常慎重,或特予标识,或以注文说明之,俾读者辨其当否。以《释例》为基础而著成之《句读》,兼采各家之长,比前出诸书更符合许书体例,更接近许书原貌,它是王氏说文体例研究主要成果的具体化。

四、王筠对文字学的贡献之三:字义训释

在字义训释方面,迄今为止,段注仍是权威性著作,其贡献为最大,这可说是公认的了。桂馥的《说文解字义证》虽"正误发疑不及段注"(李慈铭语),基本上是述而不作,但毕竟是引据浩博,敷佐许说,发挥旁通,对理解许书原意,极有帮助。王筠以段桂之书为津梁,取其长而避其短,另辟蹊径,深入研究,在这一方面同样作出了令人瞩目的贡献,受到学者们的普遍重视与赞扬。在当代学者中,八十年代以来,就笔者所见而言,便有王力、姚孝遂、濮之珍、胡奇光等人先后在其著作中肯定了王筠训释字义的贡献。

王力先生于1981年出版的《中国语言学史》中说:"王筠的研究《说文》,虽然主要在于整理,但是他在字形、字义方面,也有一些创见。"所举例字有:甘、维、底。王先生认为王筠释甘所从的"一"为象所含之物,"这在字形解释上就比许慎高明";"王筠以'纮'即维,问题才搞清楚了"[①]。

---

① 王力:《中国语言学史》,山西人民出版社,1981年8月,第132—133页。

姚孝遂先生 1983 年出版《许慎与说文解字》，书中盛赞王筠"利用当时金石铭刻之学的研究成果，用古文字来推求文字的本来面目"；"纠正了《说文》错误的说解，从这个角度来说，他'轶出许君之前'，这是事实，并不夸张"。所举例字有：折、止、木、蕲、琼、哭、也。姚先生说，王筠关于这些字的意见"都是对的"，"类此者在他的著作中还有很多，都可以纠正《说文》的误解"①。

濮之珍师所著《中国语言学史》出版于 1987 年，书中说："王筠研究《说文》，在'释例'方面，即概括《说文》体例方面，是十分精彩的，另外在解释字形、字义方面也有创见。"所举例字有：甘、底。②

胡奇光学兄著有《中国小学史》，亦出版于 1987 年，书中称赞《说文句读》"全书的宗旨是便于初学诵习，因而讲求释义的知识性，趣味性"，并指出"值得注意的苗头"，"一是较为自觉地求证于金文"，"二是较为自觉地用语法术语来解释"。所举例字有：趄、楷模、鬲、略。③

学者们大都注意到王筠利用金文分析字形、字义，并以此纠正许段的错误。这无疑是正确的。不过，尚有需要补充者二：其一，段玉裁作《说文解字注》时也已注意及此，他对《说文》古籀之外的早期文字资料，也是重视的，并非采取怀疑以至漠视的态度。说"在四大家之中，只有王筠能作到这一点"④，并不恰当。事实上，段氏不仅征引过《历代钟鼎彝器款识》、《汗简》、《古文四声韵》、《博古图录》以及石鼓文等古文字资料，而且对有些资料还作过深入研究，正因为如此，他的一些注文竟与古文字相合，令人钦佩不已。对此，李中生已撰专文详述⑤。与段氏不同者在于，王筠更为自觉，更为广泛地征引金文以说解篆文之形义，其成绩更为可观；而且，王氏明列其证，段氏则

---

① 姚孝遂：《许慎与说文解字》，中华书局，1983 年 7 月，第 59—61 页。
② 濮之珍：《中国语言学史》，上海古籍出版社，1987 年 10 月，第 439 页。
③ 胡奇光：《中国小学史》，上海人民出版社，1987 年 11 月，第 276—278 页。
④ 姚孝遂：《许慎与说文解字》，中华书局，1983 年 7 月，第 59 页。
⑤ 李中生：《段玉裁与金石铭刻之学》，《学术研究》1988 年第 3 期，第 80—83 页。

往往隐其证，但云古文如何如何。特别是对一些"象形"字的解释，许、段据小篆说解，难免支离其形而不如人意，王则直接援引金文，谓乃整体象形，极为清楚明白。除上引姚胡二书所举止、木、鬲外，余如豆、矢、鼎、虎等字皆是其例。王释会意字亦然，如射、旦等字。观《释例》、《句读》所频频征引者，《积古斋钟鼎彝器款识》与《筠清馆金石录》二书似王氏常置案头，须臾不离者也。其二，王筠不仅利用金文纠正前人误说，而且还为段说作补证，从而证成其说。如《释例》卷十九：

  段氏以或国为周时古今字，妙悟也。积古斋宗周钟铭 南或 释为南国， 保三或 释为保三国，南宫方鼎 先 南或 释为先相南国，皆其证。（炜案："保三国"当释保四国或保四域，四字蚀泐为三。金文国确多作或，不从口。除宗周钟外，毛公鼎、保卣、班簋等均可证。南宫方鼎先下一字原书作 多 ，不从木。）

只是例较少见。

  值得注意的是，在运用或借助文法术语以解释文字，区分字义方面，王筠也比段玉裁更自觉，更有成效。王筠常用的术语是"动字"、"静字"，除胡书所举之略字外，余如说蔕、盖、堑诸字：

  蔕，瓜当也。（卷一，艸中部）
  《句读》：……筠案：蔕盖后起之专字，古盖借疐字。《曲礼》之言削瓜也，曰士疐之。郑注：去疐而已，知疐是物名。然疏谓之脱华处，似非。《释木》：枣栗曰疐之。枣栗固无脱华处也。孙叔然注曰：疐之，去柢也。是以静字作动字也。《集韵》蔕与柢疐同音，说疐曰去本也，意与叔然同。盖疐即蔕矣。盖，苫也。（卷一，艸中部）
  《句读》：《释器》：白盖谓之苫。苫，盖物名，而苫之盖之，用为动字。堑，斩刍。（卷一，艸部）
  《句读》：谓既斩 之当名为堑也。《诗·鸳鸯》"摧之秣之"。笺：摧，今堑字也。案：堑本静字，此则以为动字也。

再如说"折断":

> 《句读》卷二补正：𣂚，断也。折断二字，各有两音两义，而皆相呼应。《广韵》十七辥曰：折，旨热切，拗折，是动字，谓人折之也。又曰：折，常列切，断而犹连也，是静字，谓自折也。二十九换：断，丁贯切，决断，亦动字。《诗》"无折我树杞"，"是断是迁"，是也。二十四缓：断，都管徒管二切，绝也，亦静字。《月令》"视折审断"，是也。从斤断艸。此说字形，亦以为动字，盖折断二字，皆以斤为主也。

此外，如《释例》卷十五说茨与葺，分析都很透彻。所谓动字，即今之动词，而静字则相当于今之名词或形容词（王氏称"形容之词"）。王筠又以"虚"、"实"区分字（词）之大类，称"实字"、"虚字"（《释例》卷十七），并认为实先于虚："然古人造字，不为文词而起，必无所用虚字。如之者出也，焉者乌也，然者火也，而者毛也，皆古人之实字，后人借为虚字耳。"（《释例》卷十八）这就将某些字的字义引申或假借与由实而虚的转变结合起来了。

王筠训释字义还善于借助活的语言，即方言俗语。段氏往往取证于吴语，王筠则采择齐鲁之地的北方方言，二人各以熟悉之方言注许，乃能各有贡献而前后辉映。试以卷一艸部之例比较之：

> 薁，婴薁也。
> 《句读》：见《豳风》毛传。即山蒲桃。
> 蘬，艸也。
> 段注：《释艸》曰：蔜䔺蒌。未知许断句如此否。
> 《句读》：《释草》蔜䔺蒌一切从艸，讹。此即鸡肠艸。
> 蒔，更别种。
> 段注：方言曰：蒔，立也，蒔，更也。《尧典》：播时百穀。郑读时为蒔。今江苏人移秧插田中曰蒔秧。

段氏注薁字二百余言,颇为繁复,注蘡字虽简略,但不得要领。王筠分别以山蒲桃、鸡肠艹注之,确是直截了当(桂氏义证亦曾提及,然仍以征引典籍为主)。至于蒔字,则又以段说为是。顺便说一句,在训释字义方面,王筠确有不如段氏之处,许多字的解释远逊于段氏,比段注退步了;但他批评段氏又有若干是正确的,有胜于段氏之处,本文论王氏于文字学之贡献,故主要言其胜段处。

王筠援引齐鲁方言,常直言"吾乡",则可视为其时安邱话词语,除文字学价值外,亦为可贵之方言资料。如《释例》卷十五云,"吾乡以绳绞秋秸而连缀之谓之薄,亦以秋秸或苇为窄";"吾乡俗语多存古音,古圣先贤之遗泽也,呼家为姑,今渐改为哥,呼箕为其,则不改也,呼山蜂为山蓬,蜂窠为蓬科……";卷十六云,"然秋鳸窃蓝,棘鳸窃丹,吾乡多有","吾乡于鹅之苍翼者犹蒙雁名矣";卷十七云,"吾乡今用黍穰作帚,而呼之则曰苕帚也";卷十八云,"然吾乡俗语温之曰燂之,呼为似廉切,不呼似林切";卷十九云,"然吾乡有姎姎之语,无姥姎之语","窃疑吾乡谚语所谓氏叶者,盖氏之古义也","吾乡至今言甃井矣";卷二十云,"吾乡谓衣之当肩者破,补而缝之曰组(音旦),补它所则曰绽","吾乡谓衣小坼,对合缝之,近似织补者然,谓之缠","吾乡锄方而镢长,皆所以发土",等等,不烦枚举,惟不知今日之安邱话尚如是乎。

五、王筠的治学特色

王筠治文字学,治《说文》,借鉴段桂而独辟蹊径,自成一家。与清代乾嘉以来的文字学家(或称《说文》家)相比,作为"四大家"之一的王筠,堪称"段桂之劲敌"者,其治学亦别具特色,值得认真探讨、总结而借鉴之。窃以为其特色主要有三:以整理为主;求创新,有锋芒;注意普及。兹分别述之如次:

1. 以整理为主。王筠研究《说文》，以多年精力研究其体例，校核篆文及说解文字，力图恢复许书原貌。是以其主要精力在于整理，在整理中发现问题，研究问题，以便正确理解许书说解原意，进而正确理解文字的结构及意义，正确把握六书理论。他以《说文》为整理、研究对象，几乎对全书每个字（篆文及说解）都做过研究，都考虑过它是否许君原文抑或后人误补。试观《释例》第一至十四卷各篇，莫不以全书为整理对象，莫不以恢复许书原貌，正确分析文字结构及意义为目的。其征引金文、援据方言，主旨亦在于此。其所撰《释例》、《句读》，究其实质，即是整理之成果。说他是"许氏之功臣"，其根据亦在乎此。

2. 求创新，有锋芒。整理不等于守旧，更不等于墨守陈说，无所作为。整理之中有所发现，有所创新，方为成功之整理。王筠整理《说文》，正是如此。其时段桂二人治《说文》，已名重天下，无异权威。王筠尊重但不迷信权威，力求创新，走出自己的学术道路。《释例·自序》尝以饱暖为喻，言其"为吾一家之言"之志，《句读·自序》又坦言"不喜夺人之席、剿人之说"，而与段玉裁"分道扬镳"，是皆力求创新以别于他人他书之意也。不依傍于他人论著，不盲从附和，一切经过仔细研究，深思熟虑，乃能对前贤论著乃至许慎原著作出是非取舍之判断，此判断容或不当乃至错误，但毕竟是经自己研究后所作出，至少可自圆其说，非随声附和，随人俯仰者可比。观《释例》、《句读》可知，王筠极有主见，亦甚有锋芒，绝非四平八稳、钝刀割肉、不痛不痒之文字所可比拟。王氏批评二徐、批评段氏多直言其非，指摘其谬，笔下毫不留情，即便对于许君亦不乏驳难之辞，可谓尊许而不讳其误。王氏笔锋所向，不论古今，皆在褒贬之列。是以读王氏书，多有痛快感，少闻学究味。治学如此，著书如此，委实不易。若无巨大之学术勇气，若无坚定之自信，焉得臻此境界。无畏又源于无私。王氏《释例》卷末之《记》颇能体现此种精神："……且著书者每勇于驳古人，而怯于驳今人，谓今人徒党众盛，将群起而与我为难也。然使群起难我，我由之讲其非以趋于是，则我愈有所得矣。或以非义之词相难，则人皆见之，吾亦无所失矣。"既敢于批评，便不怕反批评，相信读者能辨别,人间有公道;坦然无所惧。即以今日而论,又何尝不需要这种精神。

3. 注意普及。有清一代文字学家,最注重文字教学,注意普及,且能深入浅出要言不烦者,当推王筠。王筠著书,较能接受友人意见,多为读者着想。其研究力求深入有创新,其著述则简明扼要,晓畅易读。即如《文字蒙求》(原名《字学蒙求》)一书,便是采纳了陈山嵋提出的"执简驭繁"的主张,充分考虑了少年儿童的特点编著而成的。是书四卷,以象形、指事、会意、形声为序,精选二千零三十六文以楷篆对照而解释之,确属"约而易操"。而且,"说解取其简,或直不加注","篆文间依钟鼎,以说文传写有讹也","恒见字不加音切,不欲其繁也"(王筠《自序》),均极有利于初学者。此书有数十年研究成果作后盾,故既有可靠之学术性,又生动活泼、简明易懂。再如《说文句读》,王筠编撰之初,"取茂堂及严铁桥、桂未谷三君子所辑加之手集者,或增或删或改,以便初学诵习",本含有普及性质。后来陈山嵋、陈颂南二人向他建议,荟萃段桂严钮等人著作,"以省我辈目力,以为后学南针",王筠"于是本志变化,博观约取"(《说文句读·自序》)而成此书。写作中友人(读者)的意见起了很大的作用。所以,这部专著对专家而言是学术著作,对于一般读者来说同样易于接受而并不显得艰深难懂。王力先生说:"'说文'四大家当中,王筠是唯一注意文字学的普及工作的。不但《文字蒙求》是很好的一部入门书,即以《释例》、《句读》而论,也是比较适宜于初学的。我们在评价王氏在语言学上的贡献时,应该充分估计到这一点。"[①] 显然,从治学特色的角度看,同样应该充分估计到这一点。

1997 年 8 月写于广州中山大学三鉴斋

(原载《第五届清代学术研讨会论文集》,1997 年 11 月,高雄)

---

① 王力:《中国语言学史》,山西人民出版社,1981 年 8 月,第 133 页。

清代杰出的古文字学家吴大澂

古文字学在元明两代衰落了近四百年，至清乾嘉之际，随着朴学的兴起，又呈中兴之势。乾隆十四年十一月即诏尚书梁诗正、蒋溥等人率同内廷翰林仿《博古图》体例编纂《西清古鉴》一书，十六年五月告成，二十年刻就。凡四十卷，摹录古器六十七种；一千五百二十九器，虽时代下及汉唐，仍以商周彝器为多。三十年后，又命王杰、董诰等修纂内府续得诸器为《西清续鉴》，于乾隆五十八年写定，计甲编二十卷，收器六十四种，九百四十四器；乙编二十卷，收器五十一种，九百器。此外还有《宁寿鉴古》十六卷，收器五十三种，七百零一器，也编纂于乾隆年间。这几部书在绘图、摹铭、考释、鉴别、断代、类次等方面都存在不少问题①，有些地方还远逊于《博古图》，但它们的编纂成书，也说明了朝廷对此学的重视，正是古文字学（或云金石学）摆脱停顿状态，复趋繁荣的标志。此后百余年间，金石文字日出不穷，古器藏家日多，考证研讨之风日盛，至晚清而蔚为大观。阮元、潘祖荫、陈介祺、王懿荣、刘燕庭、陈庆镛、吴云、端方、丁麟年、吴东发、吴荣光、徐同柏、朱善旂、吕调阳、吴式芬、方濬益、刘心源、莫友芝、吴大澂、刘鹗、孙诒让等人或富收藏、或精鉴别、或长考释，大都有所著述，对古文字古器物的研究都有

---

① 对此，容庚师已有详论，见所著《清代吉金书籍述评（上）》，载《学术研究》1962年第2期。近年刘雨同志编纂有《乾隆四鉴综理表》一书（中华书局，1989年4月），对这几部书中的有铭青铜器的定名、字数、时代、著录、释文等作了综合整理，读者可参看。

不同程度的贡献。其中最有代表性的杰出学者当推吴大澂和孙诒让。晚清的古文字学是以他们的成就为主要标志的。孙稍后于吴，治学较广，贡献多方，学术界亦多有评论；而于吴则较少论及。故本文姑先就吴大澂的古文字研究作一评述。

一

吴大澂，字止敬，又字清卿，号恒轩，又号愙斋、白云山樵、白云病叟，生于道光十五年，卒于光绪二十八年，终年六十八岁（公元 1835—1902）。吴县人。青年时代师事陈奂（硕甫），研读段注《说文》，学作小篆，并开始收集金石拓本。又曾肄业于紫阳书院，从俞樾治学。三十四岁（同治七年）中进士，授翰林院庶吉士，从此踏上仕途，先后任翰林院编修、陕甘学政、河南河北道员、钦差督办宁古塔等处防务、都察院左副都御使、广东巡抚、河东河道总督、湖南巡抚等职。光绪二十年（甲午），中日交战，吴大澂以花甲之年电请率湘军出关督战，乃奉旨"帮办刘坤一军务"。翌年一战败北，革职留任。旋又开缺归里。光绪二十四年，随着戊戌政变的失败，翁同龢罢归，吴大澂也被清廷加以"居心狡诈，言大而夸，遇事粉饰，声名恶劣"的罪名，"着即革职，永不叙用"。不几年，即病殁于家。总其一生，从政多年，当过京官，任过封疆大吏，管过教育，办过外交，练过兵，打过仗，治过河道，也曾多次办赈救灾，是清政府中一名干练的官员；其学问则博综汉宋，孜孜于古文字之学，兼精书画诗赋，实是个多才多艺的学者。而且，他是一面从政，一面治学，二者有机地交织在一起的。关于他政治军事上的功过得失，当由史学家们去评判，不在本文论述之列。从学术的角度考察，则吴氏从少年学篆起以至病笃易箦，他的一生确与古文字学结下了不解之缘，无论在京都或边陲，在关内或关外，都注意收集研究资料，稍有闲暇，即从事文字考释，著书立说。吴氏《自订年谱》、《皇华纪程》（未刊）及致师友书信（如《吴愙斋尺牍》）对此均有反映，而顾廷龙《吴愙斋先生年谱》一书记述尤详①。如著名的《说文古籀补》一书即着手于督办宁古塔等处防务之时，而《字说》中的若干文章及《愙斋集古录》的部分释文则写定于奉命会勘中俄边界之际。

与历史上许多学者相似，吴大澂其实也是一个"业余"的古文字学家，其主要精力并不能专注于此。但即便业余为之，所取得的成就亦足令人惊叹。其一生著述，已刊者有十七种，未刊者二十余种（据《吴愙斋先生年谱》）。其中关于古文字学的著述，除著名的《说文古籀补》、《字说》、《愙斋集古录》三种外，其已刊者还有：

《恒轩所见所藏吉金录》（光绪十一年家刊本）

《愙斋集古录释文賸稿》（民国八年四月初版）

《十六金符斋印存》（光绪十四年）

《古玉图考》（光绪十五年）

《千玺斋玺选》（光绪十五年）

《权衡度量实验考》（光绪二十年）

《周秦两汉名人印考》（上虞罗氏影印本）

《续百家姓印谱》（民国五年罗氏影印本）

《愙斋砖瓦录》（民国八年西泠印社）

《吴愙斋尺牍》（民国廿七年国立北平图书馆金石丛编之一）

而其未刊者或属稿而未竟者还有《古陶文字释》、《簠斋藏陶考释》、《愙斋藏封泥考释》、《论古杂议》、《积古斋钟鼎彝器款识校录》等。其中《古陶文字释》一书当作于光绪三、四年间，稿成后曾寄陈介祺看过，陈氏于光绪四年二月二十七日覆书云："大著《古陶文字释》四卷，二千年来古文字未发之藏，祺之世及见之，祺之友能读之，真至幸矣。"② 陶文有考释，始于此书，实有

---

① 此书为燕京学报专号之一，哈佛燕京学社，民国二十四年三月。本文有关吴大澂的生平史料，皆引自此书。

② 见《簠斋尺牍》（致吴大澂）第四册。

椎轮之功，奈何迄今下落不明，不知稿本在吴抑在鲁。倘有朝一日重现人间，得以刊布，必大有益于古陶文之研究。

二

吴氏诸多古文字著作之中，集中反映其学术水平、体现其对古文字学的贡献，对当时及后世有巨大影响者，自然要数《说文古籀补》一书了。此书从收集资料到写定付梓，前后近三十年。其自叙成书经过云："大澂笃嗜古文，童而习之，积三十年，搜罗不倦。丰岐京洛之野，足迹所至，地不爱宝。又获交当代博物君子，扩我见闻，相与折中，以求其是。师友所遗拓墨片纸。珍若球图。研精究微，辨及瘢肘，爰取古彝器文择其显而易见视而可识者得三千五百余字，汇录成编，参以故训，附以己意，名曰《说文古籀补》。"

此书写定于光绪九年夏秋间，刻成行世当在光绪十年。卷首有潘祖荫序、自序及凡例十二则。十余年后在湖南巡抚任上复加增订，并补入陈介祺序，于光绪二十四年重刊，各卷字数（正文重文）均有增加，附录则相应减少。计初版正文一千一百三十六字，重二千三百四十一字，补遗六十二字，重三十八字，附录五百四十二字，重一百四十二字；增订本正文一千四百零九字，重三千三百四十五字，附录五百三十六字，重一百十九字，正编所录单字较初刊本增加二百七十三字。

《说文古籀补》在中国古文字学发展史上是具有划时代意义的著作，其最重要的贡献在于理论上的突破，认识上的飞跃。在此之前，学者们对古文字的研究皆依附于《说文》，奉之为圭臬。文字学家们对《说文》都是注、校、考、证以及释例、句读之类，引经据典以证其必是乃至曲为之解。偶有学者提出怀疑，也仅是"疑"而已。认为《说文》亦有遗漏，宜据周秦实物上所见文字加以补充或纠正者，则始于吴氏，始于此书。吴氏自序云："窃谓许氏以壁中书为古文，疑皆周末七国时所作，言语异声，文字异形，非复孔子六经之旧简。虽存篆籀之迹，实多讹伪之形。"这是乾嘉以来戴、段、桂、王诸公想都不敢想的问题。又云："百余年来古金文字日出不穷，援甲证乙，真赝厘然，审择既精，推阐益广，穿凿傅会之蔽日久自彰，见多自确。有许书所引之古籀不类周礼六书者，有古器习见之形体不载于《说文》者，撮其大略，可以类推。……可知古器习见之字即成周通用之文，……然则郡国所出鼎彝许氏实未之见，而鲁恭王所得壁经又皆战国时诡更变乱之字，至以文考文王文人读为宁考宁王宁人，宜许氏之不获见古籀真迹也。"这些话，同样是《说文》家们所从来不敢说的。吴大澂认为《说文》不是完备无缺，许慎更不能迷信，理应以古金文字以及古玺、货币、陶文等来补充乃至纠正《说文》。吴氏不但为《说文》增补古文、籀文，而且还把《说文》失收之字附于相应各部之后，如卷六邑部后列都、䣙、邱、邢、鄭等二十余字，卷七疒部后列瘦、疣、痒、疕等三十余字，卷十二门部后列䦾、閔，女部后列嬻、嬾、织、婑、妇，均逐字注明"《说文》无此字"或"《说文》所无"。诚如马国权同志所论："在长时期绝对服从《说文》说解的当时，这实在是个革命。"① 这样，就打破了定许说于一尊的局面，古文字研究开始跳出《说文》的圈子，不再一味围着它转了。吴氏此书开了据切实可靠的古文字以纠正《说文》的先例。后来罗振玉著《殷商贞卜文字考》、《殷虚书契考释》，据甲骨文以"纠正许书之违失"，正是继承并发挥了《说文古籀补》这一精髓的结果。

《说文古籀补》虽以"补"名书，实际上开创了古文字专业字典的体例，乃嗣后各类古文字工具书的滥觞。在此之前，虽也曾出现过几种有关金文的字典，如《考古图释文》（宋吕大临）、《增广钟鼎篆韵》（元杨钩）、《钟鼎字源》（清汪立名），但均按韵部编排，有类韵书而字书特点不明显，兼以释字临摹多沿讹袭谬，确无可观②。吴氏此书则首先恢复《说文》始一终亥、据形系联的部首制这一优良传统，以与韵书相区别，同时根据古籀（古文字）形

---

① 马国权：《金文字典述评》，《中华文史论丛》第 4 辑，1980 年。
② 马国权：《金文字典述评》，《中华文史论丛》第 4 辑，1980 年。

义的特殊性及其与小篆的异同，区别诸种情况，妥为处置。卷首所列十二条凡例，实即处理古文字材料的具体办法，现摘录其要点如下：

（1）古器所见之字有与许书字体小异者（如庙、悫、复、宴、保、昧、射、鬲、俘），可证小篆传写之讹，间有与许书所载古籀文同者亦并摹录。

（2）古器通用之字，有与许书诂训不合者（如且、诃、必、屯、井、者、生），一字二解者，分隶两部，注明某字重文。

（3）所编之字皆据原拓本去伪存真，手自摹写，未见拓本者概不采录。

（4）分别部居悉依许氏原书。许书所无之字附于各部之末。

（5）诂训有采笺传注疏语，有袭许氏原解，有以己意附益者，不复分别详注。其与他说异者称某氏说以别之。

（6）古书有相通之字，多见于《经典释文》，今称某某字相通，皆本经说。

（7）称古文以为某字者皆合观诸器铭，考其文义，确而可据，疑者阙之。别撰《古字说》（按：即《字说》）一卷以证明之，兹不备引。

（8）异体字作为重文，附本字下，以见古文字之变化不一，繁简不同。间有晚周之器，其文不类古籀者，亦秦燔以前之字，为许氏之所取，故并存之。

（9）所引古器名有释字未当，姑仍旧名者，有旧释误而更易今名者，其不可识之字则以篆文标其名。

（10）古器中象形字如牺形兕形鸡形立戈形立旗形子荷贝形之类，概不采入。

（11）旧释有可从而未能尽确，己意有所见而未为定论者别为附录一卷。

（12）前人旧释心知其非不能求其是者以及古文奇字不可识者列入附录。

第（11）（12）两条相近，都是阙疑待问之意。这些"凡例"所体现的重要原则大都为本世纪以来《金文编》、《殷墟文字类编》、《古玺文字征》、《甲骨文编》、《古匋文春录》等工具书所继承。即以容庚师撰的《金文编》而论，第一至第四版所列《凡例》虽略有差异，但其主要部分却与《说文古籀补》

是一致的。如：集录以彝器款识为主；摹写之字根据拓本或影印本；按《说文》编次，《说文》所无之字附于各部之末；考释文字，间采各家之说；通用（孳乳）之字分隶两字，注明某字重见；不识之字或考释待商榷者为附录。所异者，《说文古籀补》凡例（10）所谓概不采入之象形字《金文编》称之为图形（图像）文字，编为附录（上）。

《说文古籀补》凡"晚周"文字不论金石陶玺泉币均兼收并蓄，颇有庞杂之嫌，尝为学者病。其实吴氏此书主"综合"，凡有可"补"者悉予采入；《金文编》等书主"分析"，专收集某类器物上的文字，功用本不相同。近十年来出版的《汉语古文字字形表》、《古文字类编》等书又由"分"转"综"，集各类古文字于一编，便于比较、研究，在新的条件下又回复到《说文古籀补》的收字原则上去了。当然，经此否定之否定，远胜往昔，但细细想来，吴氏实有创"例"之功，确不可没。

《说文古籀补》在考字释义方面独到之见甚多。如：释邵钟之 ![] 为乔，云"从高上曲"；说古文朝潮为一字；说缓绾为一字，蔡姞簋（吴称龙姞敦）绰绾即《说文》之绰缓；读毛公鼎"以乃族干吾王"之干吾为扞敔即捍御，引《书·酒诰》"罔敢湎于酒"释毛公鼎之 ![] 为湎；释 ![] 为眉，释 ![] 为四匹合文。又如释智鼎之 ![] 为到，谓"古到字从人不从刀"，纠正《说文》"从至刀声"之误。又如释降字（卷十四）曰："古降字从𨸏从二足迹形，陟降二字相对，二止前行为陟，倒行为降。后人但知止为足迹，不知 ![] ![] 皆足迹也。自 ![] 变为夊， ![] 变为 ![] ， ![] 变为 ![] ，古义亡而 ![] 、 ![] 、 ![] 等字皆失其解矣。"从而纠正《说文》"从𨸏夅声"之误。又如释 ![] 为羞曰："古羞字从又献羊，许氏说进也。小篆从丑，非是。"此外如释 ![] 、释媿、释 ![] 、释埵、释褒等均极精到，发前人所未发，为《金文编》所采纳。书中又多处征引清代一些知名学者的见解，例如引徐同柏说，释父辛爵 ![] 为福，释应公鼎之 ![] 为奄；引陈介祺说，释天君鼎 ![] 仕斤戈 ![] 为斤；引阮元说，释国差 ![] （吴称齐侯甔）之 ![] 为差，释智鼎之 ![] 为智，释父丁鼎 ![] 为酊；又据张廷济说，释 ![] ![] 为凫，引杨沂孙说释彝……所以，此书不仅是吴氏多年潜心研究的结晶，而且也反映了当时学术界的研究水平，实乃晚清古文字研究的一座里程碑。容庚师评之为"字书空前的著作"①，并非过论。

与《说文古籀补》一书互为表里，也几乎同一时期属稿的，则是《字说》。如前所述，此卷部分篇章写定于会勘中俄边界之时，故卷首题"赐进士出身会办北洋事宜都察院左副都御史吴大澂撰"。共收短文三十二篇，所说之字有帝、王、叔、韶（召）、沙、釿、奚、爿、枑、客、铄、举（舁）、出反、工敃（舁素）、讹䌛、葡（服）、世（丗枼）、兄况、干吾、别、文、夷（？）、屍、拜（𢪙）、鞭、瑚、尨（𤜼）、靮、载、缓、沐沫等。其中有些文章现在看来已属误说，如说出反为纳屦解屦，释𤜼为尨之类，但大部分文章至今仍然是正确的或有重要参考价值的。对于这些已详为训释之字，《说文古籀补》一般仅补字形，不再诠释。只有少数字仍稍加解释，如王、世、叔、枑、沙、釿、夷等。也有此卷有说而《说文古籀补》中不见其字的，如靮、爿、别、屍、瑚，其旨盖在阐明该字之古义或假借。此卷未说及之字，吴氏有所见，则详注之于《说文古籀补》，除前引诸字外，余如对、扑、郐、烝、涉、聖、聼、或、戉、疆、錞、兽、薛等。以此二书合观，可知吴氏考释古文字之概，其定形释义，确能"语许君所未尽语，通经典所不易通"（潘祖荫语），达到一个新的境界。吴氏这两部著作预告着，以《说文》为中心的小学，一切围绕《说文》转的时代快要结束了。

三

《说文古籀补》之所以能具有如此高的学术价值，除了吴氏本身的卓识、当时学术界的进步这两个因素外，还有第三个因素：吴氏所接触的古器物古文字材料远远超过了前人。与许多古文字学家一样，吴大澂十分注重原始资料的

---

① 容庚：《清代吉金书籍述评（下）》，《学术研究》1962 年第 3 期。

收集和整理。据《年谱》所记述，他一生收藏商、周、秦、汉铜器在三百件以上，从师友处收集的铭文拓本则更多。同治年间，潘祖荫编撰《攀古楼彝器款识》一书，吴大澂为之绘图、摹款，自留四十三器，后益以在陕西等地所得古器物，于光绪十一年编为《恒轩所见所藏吉金录》二册，计收一百三十六器（汉器三十六），其中自藏六十八器，馀为潘祖荫、刘喜海、杨信卿、李慎、陈介祺、王懿荣、宋金鉴、方鼎录、袁保恒、蒋凤藻等人所藏器。此书皆据原器而绘刻，图工而说少，器不分商周，不记大小尺寸，无考证，唯孟鼎一器有释文。书中偶有失误。

此后复广事搜罗，将所藏所得铭文拓本编为《集古录》，并于奉命会勘中俄边界期间书写释文及考释。罢官归家后，拟编定为十四卷，详加考释后付之石印。但只写了一部分释文和标题，便患风痿病，右手不能举，未及完稿而卒。现传《愙斋集古录》乃其侄本善请门人王同愈等据遗稿整理而成。凡二十六册，首册有总目，每册有细目。据容庚师细为核算，实收商周九百二十七器，秦十九器，汉七十九器，晋一器，共一千零二十六器。每一铭文均注明何人藏器或愙斋自藏。从书中所记拓本来源可知，许多精品取自海内南北各藏家，此书实"集"晚清金文精华之大成。计有藏器收入本书之藏家有：潘祖荫（攀古楼）、陈介祺（簠斋）、张廷济（清仪阁）、李山农、吕尧仙、王懿荣、阮元（积古斋）、嘉兴姚氏、汉阳叶氏（平安馆）、新安程氏（木庵）、苏亿年、顾子嘉、沈韵初、沈仲复、朱建卿、吴云（平斋、两罍轩）、钱献之、陈粟园、杨信卿、朱椒堂、刘喜海、毕秋帆、徐子静、吴荣光（筠清馆）、孙春山、尹伯圜以及不详姓氏的"陕西贾人"、"长安贾人"等，约三十余家，其中潘陈二氏藏器收入最多。

为编《集古录》，吴大澂在会勘边界期间，陆续为所藏金文拓本撰写释文或考释，长短详略不一，且多增删涂改，多属草稿性质。吴氏殁后，这些手稿遂被编为《愙斋集古录释文賸稿》二册。计所释之器有钟十七器，鼎八十五器，敦三十一器，壶一器，凡一百三十四器。《集古录》再版时将《賸稿》附于其后。以《賸稿》与《集古录》相校，有释文及考释全同者如子璋钟、叔氏钟、鲁邍钟、己侯钟、虘钟等；有些器则《集古录》仅有释文而考释未移入或有删削，如大鼎、周窦鼎、亚形父己鼎、史颂鼎等；有些器则有较大改动，如毛公鼎、趠鼎等。《賸稿》对于研究、释读有关铭文至今仍有参考价值。

除了青铜器外，举凡古陶、瓦当、古玺文字以及兵器、封泥文字，吴大澂也竭力搜罗研究。特别是战国古陶，光绪初大量出于齐鲁之地，陈介祺收集最早最富，而每有所得，必拓寄吴氏，请为考释，先后寄二千余纸。吴氏除著《古陶文字释》四卷外，又著《三代秦汉古陶文字考》（未竟），小序云："潍县陈寿卿前辈介祺所得三代古陶文字至八百余种，至精之文，不减彝器，有可证《说文》及吉金文字者。又得残瓦量，有始皇诏书字，向来金石家未见未闻，殊可宝贵。录而释之，以备搜辑古文字者一助云。"吴氏古陶文的研究成果对于编著《说文古籀补》之有助益，是不言而喻的。

令人十分惋惜的是，甲骨文出土之时，吴大澂已病重，未及得见。倘假以天年，使令得观此三千年前之殷虚遗文，其《字说》、《说文古籀补》固当另进一层境界，则可断言也。

四

对于吴大澂在古文字古器物方面的学术成就，在其生前与身后，均有崇高评价。

同治十二年八月，吴大澂任陕甘学政，离京之前，文学家李慈铭为吴氏手拓古器款识及所绘图册题五律二首，其一曰："当代论金石，潘（伯寅侍郎）陈（寿卿编修）古癖推。翰林谁继起，吾子擅清才。余艺兼图绘，高斋足鼎罍。读书期有用，都赵等舆台。"

光绪九年冬与十年春，潘祖荫、陈介祺分别为《说文古籀补》作序，备极推崇。潘序云："余谓清卿振荒如富彦国，治军如戚元敬，而其于金石彝器文字之好又不止如吕大临、翟耆年、赵明诚、薛尚功也。"陈序则谓吴氏"溯许书之原，快学者之睹，使上古造字之义，尚有可寻，起叔重而质之，亦当谓实获我心，况汉以后乎？曰许氏之功臣也可，曰仓圣之功臣也可，后之学者述而明之，必基乎此矣"。

吴大澂病逝后，师相翁同龢为挽一联云："文武兼资，南海北海；汉宋一贯，经师人师。"又挽四字云："一卧沧江。"俞越撰墓志铭，述其一生业绩，铭末以"卓哉斯人，当代所希"颂之。

吴氏死后十五年，即民国六年，罗振玉得见《愙斋集古录》，序之曰："……盖中承于古文所诣至深，天资超绝。曩读所作《字说》每为之解颐。盖我朝古金文之学至中承而中兴也。"又十八年后，顾廷龙编《吴愙斋先生年谱》，于叙例中论吴氏学术成就云："综先生之研讨古文字、古器物，冥心远绍，直接商周。凡其所戞然独造者，今日以出土文物之繁，皆得证而成之，谓非继往开来之一人乎？出其余绪，从事书画，亦卓然为一代大家，流播海内外，莫不与拱璧同珍。"翌年，顾颉刚序此书曰："若夫学术文章，则先生已成功矣。古文古器之研究本小学目录之旁支，而四十年来蔚成大国，倘非先生开创于前，纵有西洋考古学之输入，其基础之奠定能若是速乎？今日言古文古器之学者多矣，孰不受灌溉于先生之书，又谁能逾越先生之建树者？使之生当今日，古物日出而不穷，则成功又将何若？夫以先生取材之广，求证之密，察理之神，为自有金石学以来之第一人，此岂浮夸卤莽者所能为哉！"

上述评价，措辞虽有不同，有些说法也不无偏颇之处，但基本精神是正确的：吴大澂继往开来，是清代一名杰出的古文字学家，也是晚清古文字学家的杰出代表。那么，吴氏之后，究竟有没有人能"逾越"他的建树呢？当然是有的。由于甲骨文的出土，罗振玉、王国维等人在文字考释方面就"逾越"了吴氏的建树。由于商周彝器的出土，金文研究的不断深入，容庚师初版于民国十四年的《金文编》便"逾越"了《说文古籀补》。不过，逾越吴氏之建树者，又莫不受灌溉于吴氏之书，这同样是非常清楚的。

附记：

正文写完，意犹未尽。吴氏治古文字，值得吾辈借鉴学习者实不在少。愚见所及，至少有三端，特附记之如下：

（一）吴大澂研究古文字，注重与书法实践相结合。他自幼习篆，基础扎实。中年以后所作篆书极享盛誉。致师友书信，多用大篆，人皆宝之。徐珂《清稗类钞》有云："吴县吴清卿中丞大澂工篆籀，官翰林，尝书《五经》、《说文》，平时作札与人，均用古籀。其师潘文勤（即祖荫）得之最多。不半年成四巨册。一日谒文勤，坐甫定，即言曰：'老弟以后写信，还宜稍从潦草，我半年付裱，所费已不赀矣。'越数日复柬之曰：'老弟古文大篆，精妙无比，俯首下拜，必传必传，兄不能也。'"（《吴愙斋先生年谱》引）潘祖荫还说："吾弟近来篆书，迥然非时人所能梦见。……今吾弟篆书直春秋时王朝书也。本朝二百年篆书无及之者，盖皆不欲于款识中求之耳。"光绪三年，吴大澂四十三岁，访杨沂孙（咏春）于常熟虞山，纵谈古籀文之学，杨劝吴专学大篆，可一振汉唐以后篆学委靡之习。从款识中求篆书之法，乃使吴氏篆书远迈汉唐而直追周秦，成一代大家。今有其篆书本《论语》、《孝经》传世。吴氏经验证明，写——临池实践，实在是学习古文字的一个重要方法，对古文字研究也有促进作用、调节作用。而研究愈深入，体会也愈深刻，又反过来促进书艺的提高。古文字学家与书法家，吴大澂一身而二任，他的成功对古文字爱好者或书法爱好者无疑都有启迪。

（二）吴大澂以从政余暇治古文字，于戎马倥偬中著书立说，在同时代的学者中固属佼佼者，作为封疆大吏，其精神尤为可贵。他的研究实践，无论对我们今日从事古文字研究的专业工作者而言，还是对身居高位的行政领导人而言，均不无有益的启示。吴氏在湖南所作《谒胡文忠祠》诗云："世间万巧不如实。"在致陈介祺的书信中又云："凡事以真为贵，真好古则有真知，真爱民则有实惠"。这"实"、"真"二字颇能体现其为人与为文的风格。今日研究古文字，仍然十分需要这种求实和真好古的精神。

（三）吴大澂的实践证明：一个人在学术上有所建树，学术交流、互相切磋是重要因素之一。独学无友，闭门造车，便难望有成。《说文古籀补》撰集的经过以及初版十五年后的增补重版都清楚地说明，古文字工具书（特别是字典之类）的编纂或订补之是否有大的进步，乃至有所突破，实取决于三个方面：（1）有大量的新资料足资"补"或"增"；（2）学术界研究有进展、有突破；（3）编者有真知灼见，能充分驾驭新资料，鉴别并吸收学术界的新成果。三者实缺一不可。近年来编写工具书成为一时风尚，但真能符合上述三条者委实极少，这是值得我们认真注意的。

1988 年 5 月初稿，

1991 年 2 月修订。

（原载《古文字研究》第二十辑，中华书局，2000 年 3 月）

商承祚先生与简牍学

今年 3 月 11 日即农历正月二十八日，是先师商承祚先生百年诞辰。

今年 5 月 12 日，是商承祚先生逝世十一周年。

为了纪念这位著名的古文字学家、考古学家、书法家、教育家，弘扬其学术成就，表彰其对学术文化及文博事业的贡献，中山大学、中国古文字研究会、广州市番禺区政府将联合举行纪念商承祚先生百年诞辰暨中国古文字学学术研讨会，中华书局将出版《古文字研究》纪念专号；经国家文物局批准，北京故宫博物院将举办商承祚先生捐献文物展；中山大学、中国文物学会、中国殷商文化学会等学术团体还将举行纪念座谈会，并出版纪念文集。这些纪念活动，在学术文化界和人民群众中将产生深远影响，对后学者们将起到很大的启迪、教育和激励作用。

作为商先生的弟子，炜湛在先生仙逝后曾撰《悼念吾师商承祚先生》一文［《中山大学校报校友专刊（增）》第二期，1991．7］，以寄哀思。二年后，应长春《古籍整理与研究》杂志编者嘱，又撰《商承祚先生学术成就述要》一文，略述先生在古文字学及考古学方面的突出成就（此文修订稿亦将收入《古文字研究》纪念专号）。前年复撰《夕阳红胜火——商承祚先生晚年生活片断》一文（收入《走近中大》，四川人民出版社，2000 年 1 月），以申缅怀之忱。限于篇幅与体例，上述小文关于先生之简牍研究及成就虽略有涉及，均未能详述，不无遗憾。今承中国文化大学文学院院长兼史学系主任孙同勋教授不弃，邀请出席第二届简帛学术讨论会，并命以本题撰文。如此盛情厚谊，敢不应命！兹就商先生在简牍资料的收集、整理、研究以及用之于书艺方面的业绩，谨述所见，并藉以纪念先生诞生一百周年与逝世十一周年。

商先生字锡永，号契斋，广东番禺人。他出生于书香门第，幼承家学。早年负笈天津，拜罗振玉（叔言）为师，以《殷虚文字类编》（1923）一书名世。又有《殷契佚存》（1933）、《十二家吉金图录》（1935）等著作，为世所重。中年以后，研究兴趣与重点逐渐转向战国秦汉文字特别是楚文化楚文字，其《长沙古物闻见记》（1939）、《石刻篆文编》（1957）等著作即饮誉学林。商先生早年收藏过居延汉木简一函五枚，著录于《居延汉简甲编·附录》①。自20世纪50年代起，着力于战国楚竹简研究，孜孜不倦，以至逝世，前后逾三十年，遗著《战国楚竹简汇编》（以下简称《汇编》）是其主要成果。期间又曾参与整理临沂银雀山汉简，实地考察长沙马王堆、江陵凤凰山汉简、木牍，并以极大热情研读云梦睡虎地秦简。可以说商先生自壮年以至晚年，与战国秦汉简牍文字结下了不解之缘。

从时间上说，商先生整理、研究楚简，可分前、中、后三个时期：50年代初至1974年为前期，1975年至1981年为中期，1982年至逝世为后期。兹分别述之如下。

一、前期（1952—1974）：收集湘、豫、鄂三地出土楚竹简原材料，予以初步拼复，摹写简文并作释文

我国自上世纪50年代初，以迄60年代中，先后在湖南长沙、河南信阳、湖北江陵出土七批战国楚竹简，计八百余枚，引起了一向注重楚文字、楚文化的商先生的莫大兴趣，遂倾注精力开展楚简研究工作。这七批竹简出土于六座

---

① 见曾宪通《居延汉简研究二题·契斋所藏居延汉简考述》，载《简帛研究》第二辑，法律出版社，1996年9月第1版。

墓葬：

1. 湖南长沙五里牌四百零六号墓，1952 年出土。
2. 湖南长沙仰天湖二十五号墓，1953 年出土。
3. 湖南长沙杨家湾六号墓，1954 年出土。
4. 河南信阳长台关一号墓，竹简两组，1957 年出土。
5. 湖北江陵望山一号墓，1965 年出土。
6. 江陵望山二号墓，1966 年出土。

最初，商先生是根据发掘单位及学界友人提供的竹简照片及临写本从事研究，未见原简实物，总是隔了一层，诸多疑惑，无法解决。为了简文摹本准确无误，如实反映原简文字风貌，也为了核对简文（遣策）与殉葬实物的关系，他乃于 1961 年 11 月北上考察，至豫、京两地目验原简，校改摹本。当时随行的曾宪通兄在三十七年后回忆起来，其情其景，尚历历在目。他说：

> 1961 年深秋，商承祚教授带领王子超同志和我到郑州和北京摹校信阳楚墓出土的竹简，当时正值经济困难时期，每天靠大蒜送玉米粥糊口。一向养尊处优的商先生毫无怨言，起早摸黑地往返于地下库房与资料室之间，全身心地投入工作。商先生对残简拼接和临摹十分用心，有很丰富的经验。他认为残简拼接要注意内部条件与外部条件的协调，内部条件指字形和文意，同一个字的用笔体势往往因人而异，同篇文章的文气必然上下联贯，属于同一写手所写的字而又上下文意通达无碍是拼接残简最基本的条件，再参照字形的大小、字距的疏密和残简断口的形状，以及相关的花纹色泽等外部条件，即可作出判断了。商先生说："具备这些条件的拼复工作，是往往可以做到十拿九稳的。"商先生对简文的临摹则主张主观与客观相结合，先无我然后才有我。……商先生的这些理论和方法，为我们日后整理竹简打下了可靠的基础。①

---

① 曾宪通：《我和古文字研究》，载《学林春秋》三编下册（张世林编），朝华出版社，1999 年 12 月第 1 版。

商先生早期整理竹简的辛劳于此可见。这次考察,在河南省文物工作队和北京历史博物馆进行实物核校工作,共一个月,得到两单位的大力支持,照了原大相片,带回广州研究。

1963年8月,年逾耳顺的商先生又再度北上考察。这次考察有两方面内容,一为结合研究生实习,参观各地博物馆所藏青铜器、兵器等珍贵文物,一为复校信阳出土竹简。此次考察,炜湛作为研究生有幸随行(随行的还有王子超先生及研究生张振林、孙稚雏、杨五铭),耳提面命,亲聆教诲。对商先生研究楚简的热忱与执着的事业心,一丝不苟、谨严治学的精神感受尤深。不论在郑州还是在北京,核对竹简简文时,商先生总是一手执简,一手持放大镜,仔细观察,虽铢丝之微,毫发之异也悉心研究,审慎取舍。除了据原简校改摹本外,还再次根据竹简遣策所记核对墓中出土器物,逐件制作卡片,抄录有关资料(这些琐事由我们几个研究生协助完成)。

这次考察历时近两个月。期间,还发生了意外的不幸之事。8月26日抵合肥,下榻稻香楼。翌晨用早餐时,商先生突然接到学校发来的加急电报:老父(衍鎏先生,前清末科探花)急病,命回广州。商先生心忧如焚,本拟即乘飞机经沪返穗,但经联系,由沪至穗机票已售罄,只得于28日先飞北京,再由京飞穗。27日,商先生按原计划在安徽省博物馆参观考察了一天,对楚器文字尤其留心,晚上对我们作临别讲话,安排以后的工作,并嘱先至郑州等候。商先生回到广州,老父已驾鹤仙逝。料理完后事,于9月12日飞抵郑州,又全身心地投入到工作中了。

这次考察期间,商先生还应邀作了几次学术报告,介绍自己楚简研究的进展情况。一次是8月23日上午在湖南省博物馆作《关于楚文字》的学术报告,听讲者除该馆工作人员外,还有湖南省历史考古研究所及湖南师院历史系的先生。报告内容主要有:一、楚文字的特点,二、楚文字的渊源,三、如何研究楚文字,四、竹简考释举例,五、关于缯书问题,六、如何学习文字学。在这次报告中,他首次指出,信阳出土竹简甲组凡一百二十二段,最低限度不少于十八条简,可能是四编,每简长一尺九寸。再一次是24日下午应湖南师院之请，作学术报告（此次由王子超先生随往，炜湛等遵命在住处休息，故未能聆听）。第三次是 9 月 15 日，在河南省博物馆接待室，报告采取座谈的方式，姚馆长主持。博物馆事先出了十二道题，商先生遂以此为纲，逐题讲解。其中"信阳楚墓出土竹简的价值及其内容"则是讲解的重点。第四次是 9 月 20 日下午应邀在西北大学历史系作报告，题为《关于信阳楚竹简的几个问题》。通过这几次报告，商先生实际上以口头形式在小范围内公布了自己楚简研究的初期成果。

二次考察归来后，商先生很快将信阳楚简摹本最后校定，写好释文，于翌年 4 月晒蓝成册，题以《信阳出土战国楚竹简摹本》，作为"未定稿"分贻有关文博单位并学界友人，征求意见，以期"将来集中各方面的意见，博采通说"，加以补苴改正而定稿。卷前有手书行书体序言一篇，凡四页，约千又五百言。炜湛有幸，获赐一册，珍藏至今，此乃商先生前期楚简研究实物见证之一。

1965 年冬至次年春，江陵望山先后出土两批楚竹简，一为墓主人的疾病杂事札记，一为遣策。商先生得悉后，同样产生了强烈的研究兴趣，立即列入自己的研究范围。据《望山楚简》谭维四先生序所述，竹简出土后，商先生与罗福颐先生等曾先后应邀专程至湖北省博物馆，"对这两批竹简进行临摹、考释、研究等工作。当年所取得的初步成果，除罗福颐先生所临摹的部分文字摹本曾在《文物》月刊 1966 年第 5 期上公开发表以外，诸位先生还以向我馆工作人员作学术报告等方式作了对内发表。"[①] "诸位先生"之一便是商先生。而商先生则在上世纪 70 年代中将此两批竹简的全部摹本及释文寄给了该馆。

由鄂返穗不久，"文革"爆发，商先生的楚简研究也被迫中断，只能"忙里偷闲"，利用间隙时间翻阅竹简照片，摹写简文。

1972 年，国家稍稍安定，商先生以古稀之年率先恢复研究工作，楚简研

---

① 湖北省文物考古研究所、北京大学中文系编：《望山楚简》，中华书局，1995 年 6 月第 1 版。

究重新提上日程。至 1974 年底，七批竹简的摹本及释文初稿全部完成，为中后期研究打下了坚实基础。

二、中期（1975—1981）：培养人才，组织并领导中山大学楚简整理小组，继续拼接复校简文，予以考释，编印《战国楚简研究》，编著《汇编》书稿

1975 年春节前，炜湛回常熟省亲。节后不久，便接到商先生 2 月 17 日的亲笔信，信中说道：

> 半年以来，研究室发生了些令人不愉快的事，以是啧有烦言。在京与宪通初步议论下，研究室工作须加重新调整和整顿，要集中力量将七批战国竹简在半年之内打好基础，那就要全体投入是项工作。文物局同意，学校领导同意，并大力支持，但我和宪通三月上旬仍须赴京（炜湛谨案：其时商先生与宪通兄应邀在京参与汉代简帛整理工作）。在此前要开几次会，将工作分配。因此你必须于本月底赶回广州。……

炜湛当然遵命，依时赶回，接受楚简研究任务。当时商先生领导的楚简整理小组成员还有张振林、曾宪通、孙稚雏和马国权、张维持诸先生。在商先生领导并直接参预下，整理工作顺利进行。在原有摹本、释文的基础上继续整理拼复，将八百余枚竹简缀合为五百三十多枚，各批竹简的考释也相继写出初稿。当然，经过集思广益的研究，有些原来不识的字被释出来了，不少摹本释文作了改动，句读也不同了，对各批竹简的整体认识也有所不同。商先生每闻这些"不同"之处（如读戈人为贱人，铺面改释为铺首，说晶岁为一岁），总是很高兴，认为是研究有进展、有进步的表现，立即予以采纳。

1976 年夏，七十四岁高龄的商先生又亲至荆州考察江陵凤凰山汉简木牍、

纪南城及望山楚墓群，嗣后又至湖北省博物馆，复校望山所出楚简。时值酷暑，商先生终日挥汗工作，从不言倦。此次考察及复核工作，炜湛及张振林、孙稚雏随行，前后约半月（因应邀摹写凤凰山简牍，炜湛等于是年春先至荆州）。

随着研究工作的进展，商先生又决定陆续将研究成果编印为《战国楚简研究》，寄赠学界人士及文博单位；征求意见。从 1975 年至 1977 年共印六期，其主要内容有两个方面：一是以整理小组名义写的三篇论文和七批竹简的考释，二是小组成员以个人名义撰写的一组文章。不论是"集体"的还是"个人"的稿子，商先生均悉心审阅，斟酌再三。以整理小组名义写的文章，在油印稿本的基础上修改后正式发表：

1. 《一篇浸透着奴隶主思想的反面教材——读信阳长台关出土的竹书》，刊《文物》1976 年第 6 期。

2. 《江陵昭固墓若干问题的探讨》，刊《中山大学学报》（社会科学版）1977 年第 2 期。

3. 《战国楚竹简概述》，刊《中山大学学报》（社会科学版）1978 年第 4 期。

其中第一篇受当时"评法批儒"潮流的影响，于学术之外不免打有时代烙印；第二篇是对望山一号墓墓主人身份、墓葬年代、竹简性质及意义的论述；第三篇是对七批竹简的总体认识，本是《汇编》的前言初稿。以个人名义撰写的文章后来也大都陆续在刊物上发表了。

在油印稿的基础上加工修改，又于 1978 年冬完成《汇编》书稿。书稿分三部分：前言，七批竹简的照片、摹本和分简释文、考释。原拟由文物出版社出版，但因体例、格式等诸多技术性问题，往返商讨，耗去数年岁月而未能面世。

三、后期（1982—1991）：修订《汇编》书稿

1982 年春，文物出版社的编辑将《汇编》书稿又交回到商先生手上，让商先生再细阅一过，进一步修改定稿，以期从速出版。于是商先生以耄耋之年继续修订书稿。主要是对文字考释的修订。由于年事日高，只能时作时辍。大致于 1985 年定稿。是年春，商先生携稿至香港锦园小住，得闲再予整理，4 月间，以行书体手书一纸"记"此：

> 今年三月上旬，来香江小憩，在月余期间，将七批楚竹简撤（徹）底整理，数年意愿，目的到达，实属快事。……本文一如既往，出自己意，且多补充，一得之愚，希读者为之是正。
>
> 战国七雄，以楚文化为盛，史籍所论，莫若竹简自述，词义典雅，书法俊逸，余颇爱好，三致意焉。乃将之类为文字编，并行于世，庶有助于书法爱好者。
>
> 一九八五年四月记于锦园

事实上，1985 年 4 月"记"后，仍在不断修订，至于何时由何家出版社出版，似乎已不重要了。目睹商先生晚年修订书稿情景的志醰兄写道：

> 在定稿过程中，父亲夙兴夜寐，覃研潜修，从文字到内容，逐条逐句，细加审订，有的字形临摹更改，不下十数次。考证文字也反复锤炼，与初稿相比，几乎面目全非，但他还不满意，十余年来（炜湛案，此当指 1978 年以来），日夜汲汲于此，未尝或渝，以期完善。
>
> 但在事实上，只要不停顿地研究，进步不断，将永远没有一本自认为达到十全十美境地的著作，因此父亲生前终未能付之剞劂。①

---

① 详见《战国楚竹简汇编》所载商志醰《后记》，齐鲁书社，1995 年 11 月第 1 版。

商先生晚年对书稿的缮写始终坚持两条：毛笔正楷，繁体字。而且对书手的要求也高，一般的小楷看不上眼。《汇编》定稿时，以小楷见长的廖蕴玉先生已年老退休，难当此缮写之任。炜湛亦曾应命缮写过信阳竹书的考释，商先生看后认为过于拘谨，不如以前之"清劲"，遂搁置不用。理想书手难得，也是此书迟迟未能出版的原因之一。

1991年5月12日下午六时，九十高龄的商先生溘然辞世，倾注多年心血之《汇编》遂成遗稿。在志醰兄的努力下，在香港中山大学高等学术研究中心基金会、北山堂基金会和学界友人的资助与支持下，此书终于在四年之后由齐鲁书社以八开本精装影印行世。全书由张守中研究员誊写，卷首依次为商先生像及研究楚简的照片，商先生行书和楚简摹本手迹，前言，凡例。每批楚简均分照片、摹本释文与考释三部分，卷末为字表，后记。

从以上叙述已约略可见，商先生整理、研究楚竹简，与他研究甲骨文、金文、石刻篆文、楚帛书等资料的学术风格是完全一致的。首先，极端重视原材料的整理与摹写，认为此乃研究工作的基础与出发点，如摹写有误，则考释全不可信。如长沙仰天湖楚简第三十六简有䇖字，中部笔画在照片上不甚明显，而在简上可辨，商先生乃隶定为笷。考释并谓："朱德熙将此字辗转解释为押或匣，不可信。"（《汇编》第七三页）第二，力求平正。他长于考释古文字，但不识之字不妄释，不明之义不妄言，尤不轻言音韵。炜湛常闻商先生之言曰：不论写字、做文章、为人，平正最重要，也最难做到，须知平正才见真实工夫①。定稿时，"文革"期间评法批儒的烙印全部清除，原有考释文字，凡有违平正之旨者亦予删除。如论特色，《汇编》一书至少有二：其一为摹本精审，经得起覆核检校；其二即在持论平正，尽管因各人见解之异，释文不无可商之处，但本书总是据事实立论，不作穿凿附会之谈；第三，注重真知灼见，不争天下先。此为商先生一贯学风：每有新材料出土，并不急于发表文章，而是埋首研究，要有新意才命笔。信阳长台关一号墓所出两批竹简，商先生经数

---

① 详见拙文《商承祚教授的治学道路》，《文物天地》1987年第1期。

年研究，已颇有成果，但在"文革"前，未发表一个字，只是在北上考察期间作了几场报告（见上文）；他的摹本、释文完全可以单独成书，以他的地位与声望，出版面世绝不成问题，但他只是晒蓝成册以征求意见而已。因为他觉得许多问题尚未解决，有待研究。他的研究成果，生前以他个人名义刊出者仅《"韦编三绝"中的韦字音义必须明确》一文①，根据出土竹简编组情况，论定韦读纬，韦编即编竹简的横线，与兽皮无涉。余则皆写入其遗著《汇编》中。

为整理、研究战国楚竹简，商先生前后倾注了三十多年的心血，成了他晚年生活的重要组成部分。遗憾的是，商先生生前，荆门包山等地楚简虽已出土，仅有简略报道，无缘得见；至于轰动一时的荆门郭店楚简则尚沉睡地下，无从闻问。以荆门包山、郭店所出楚简校读《汇编》，诚可拾遗补阙，改释若干字。如据郭店简，便可释信阳竹书一号简最后一字为贤，读信阳竹书十三号简之"虐闻周公"为"吾闻周公"（此类补释，尚容另文详之）。但从另一方面看，包山、郭店等新出土的楚简文字也证明《汇编》对楚简文字的摹释绝大部分是可信的。有些特殊的简文，商先生当年凭文义予以推定，似有证据不足之嫌，如信阳竹书第二简之"周公岁然作❈曰"，❈不见于前出古文字材料，与印相近而绝非印，商先生释为色，读整句为"周公猝然作色曰"。今郭店楚简正有此字，作❈❈❈，曰"爱则玉色，玉色则形"，"见贤人则玉色，玉色则形"（《五行》13、14），曰"形于中发于色"（《成之闻之》24），与信阳简恰可互证。再如望山一号墓竹简之𠂤字，凡十余见，均与卜筮之事有关，不见前出古文字资料，《汇编》直释为"即贞之省"（页二二五，贞误写为𠂤，字表〈二五页〉不误），并无确证。不意此形既屡见于包山楚简（第20，197，213，228等），复数见于郭店楚简（《老子甲》13，《老子乙》11，《缁衣》3、9），证明释贞至确。相信随着时间的推移，《汇编》一书的学术价值将日益彰显于世，读者通过本书必会充分了解和肯定商先生在这方面所取得的成就和作出的贡献，商先生在九泉之下亦当倍感欣慰。

---

① 是文刊于《大公报在港复刊三十周年纪念文集》，1978年。

如果说对于战国楚竹简，商先生是以学者的眼光与学识加以整理与研究的话；那么，对于湖北云梦出土的秦竹简，商先生则是以书家的眼光与修养加以钻研和品味的。学者与书家，商先生一身而二任焉。将古文字研究与书法实践紧密结合，本是中国古文字学的优良传统，也是商先生身体力行的一贯主张。1975年冬，云梦秦简千余枚出土，秦隶大显于世，商先生见到这批材料，欣喜无比，他在书法方面的兴趣，立即转移到秦隶，用力至勤。他从书法的角度研究秦隶与篆书的关系，分析秦隶的结构，体会其用笔特点，并将研究心得融会贯通，用之于书法实践。从此，他的书法作品，又于甲骨文、金文、小篆、隶书（八分）之外，多了一种秦隶。他写的秦隶，结体严整，笔力劲峭，古朴雅致又易辨认，在书坛独树一帜，亦堪称一绝。辞世前十余年间，凡为人题字、题辞、题签、书碑匾、写招牌，几乎均以秦隶为之。现今中山大学校园——康乐园内，一些重要建筑物的题字，商先生之手迹亦以秦隶居多，如"陈嘉庚纪念堂"、"哲生堂"、"梁銶琚堂"、"中山大学高等学术研究中心"、"英东体育馆"、"惺亭"、怀士堂的"记"。1984年夏，高明县新县城落成，立碑于灵龟塔下，碑文八百余字，乃商先生手书秦隶，当时即为新城增色，而今已成往来行人揣摩欣赏之瑰宝。

商先生于1981年出版其书法作品集《商承祚篆隶册》，内含四种字体：甲骨文、金文、小篆、秦隶。其中以金文书体为多。秦隶约占十分之一。翌年夏至香港度假，"端居多暇"，又写成《商承祚秦隶册》，与《商承祚篆隶册》并行于世。此册计有书法作品四十一件，凡九十二页。书作内容广泛，有节录秦简原文者（《为吏之道》），有易汉简为秦隶者（《孙膑兵法月战篇》节录），有录古籍者（《荀子》），有书唐宋明清及今人诗词语录者，且有自作诗、联、题辞多种。许多书作后附行书跋语，与秦隶相映成趣。卷首有手书前言一篇，略云：

> 曩读罗师振玉叔言的《流沙坠简》，知西汉初有的文字仍多具篆体，因而冥想由秦小篆至汉隶这段过渡期间隶书当已产生，其篆体当更甚。乃以无征不信，问题未决。

一九七五年十二月湖北省博物馆在云梦睡虎地发掘秦墓十二座，其中第十一号墓出土竹简千余枚，在三万二千多字中除去半数以上的重文尚得万余独体字，从此秦隶大显于世，六十年前之遐想，一朝见证，快何如之？

　　秦隶生小篆是否废而不用？我认为是不偏废的。于公文，呈上用篆，对下用隶，……遂名此种专用于下属的字为隶书，班固谓因"施之于徒隶"，故谓为隶书，其说不可信。

　　……乃取《睡虎地秦竹简》反复读之，深知由小篆而汉隶，其间的秦隶百分之九十未脱离篆体，亦有不少横画和擦笔已蓄挑势，此后汉隶将之扩张，字形结构又追求方整，以致气质日下，至东汉而秦隶亡。……

　　草木的草字，以往我认为始自西汉晚期，前此则作艸，今知始皇时草字已产生。复有一发现，即简文中世字皆作枽，未见他用。至借为树叶之葉则是后来的事，及葉字行，仍把枽读作葉，人们将一个朝代的中期说成"中葉"，是不对的，应曰"中枽（世）"。

　　秦简在用词方面，若遇当日无其字时则用借字。（炜湛谨案：用借字殆当时书手习惯使然）如眉、何、知、事、乡作麋、可、智、吏、卿。册中用到这些字时皆照简文书写，不为改易，以存其真。未有之字，则取偏旁相配合。两者皆无，始予创造。……

此册影印于香港（雅历柯式印刷有限公司承印），内地仅在广州古籍书店代售过若干册，流传较少。许多书法爱好者知其名而无缘寓目，引为憾事。愿日后重印之，以宏扬秦隶而广流传焉。

2002年3月写于岭南三鉴斋

（原载《简帛研究汇刊》第二辑即《第二届简帛学术讨论会论文集》，2004年5月，台北）

甲骨文的发现与《说文解字》研究

清末王懿荣发现甲骨文,中国学术史从此揭开崭新的一页,传统语言文字学也进入一个新阶段。

在此之前,有清一代小学以《说文解字》(简称《说文》)为中心,奉为圭臬,《说文》之学乃大盛,读书之人几乎家置一部。《说文》具有至高无上之权威,虽偶有学者疑之,亦止于疑,不敢妄言其非。杰出的古文字学家吴大澂著《说文古籀补》,认为《说文》不是完备无缺,许说不能迷信,理应以古金文字以及古玺、货币、陶文等补其未备。又有《字说》一书,创见甚多。吴较戴(震)、段(玉裁)、桂(馥)、王(筠)诸公前进了一大步。但吴氏之功,主要在"补"而对许君之说解仍鲜有批评,最多是据古金文另立一说而已。吴氏二书对定《说文》于一尊的局面稍有影响,距"打破"则尚远。[①]

甲骨文被发现并为世人所知之后,情况便急速变化。由于甲骨文出土,中国文字的源头便一下子上溯到了商代(盘庚迁殷之后),学者眼界大开:孔子所未见,许君所不知的最古的文字,赫然在目!此实二千多年来惊天动地之大事。于是治文字者可直接以甲骨文为研究对象,而以《说文》为释读甲骨文的钥匙与桥梁。应该说,学者之所以能辨认甲骨文,《说文》一书起了很大作用。若无《说文》,释读甲骨文便不可思议。但另一方面,随着研究的展开,甲骨文证明:"《说文》并非无误,许君确有不少误解误释者,以往《说文》

[①] 详见拙文《清代杰出的古文字学家吴大澂》,《古文字研究》第20辑,中华书局,2000年;又载《陈炜湛语言文字论集》,上海古籍出版社,2005年10月第1版。

家们的'注'、'笺'、'句读'、'释例'等曲为之解，实属徒劳。"① 罗振玉《殷商贞卜文字考》（正名第二）"纠正许书之违失"凡四十余条，《殷虚书契考释》第五章文字部分又续有所正（如"丞"、"为"、"午"、"射"、"王"等字）。罗氏之后仍陆续有学者根据甲骨文（及古金文）纠正许氏之误解误释。这就打破了定许说于一尊的局面。在研究方法上便是：尊重并依靠《说文》以释读甲骨文，又不为《说文》所束缚，而利用比小篆古老得多的甲骨文反过来纠正《说文》的某些错误。"一尊"局面的打破，《说文》中若干错误被纠正，对许学而言，其实是大好事。对《说文》的迷信状态结束后，实事求是地研究、评价《说文》成为可能，从此，《说文》研究出现了新契机，进入了新的历史阶段。

甲骨文证明《说文》有误，破其"一尊"局面，并不影响该书在中国语言文字学史上的崇高地位，并不影响许慎的字圣地位。一条一条胪列起来，似乎错误甚多，俯拾即是。但就总体而言，所占比例仍极小。《说文》收录篆文9353文，重文1163文，共10516文。经过一百多年研究，甲骨文字之可识并见于《说文》者一千二百字左右（据《甲骨文字典》），其中可据以证明许君说解有误者（误说字形、误解字义）究竟有多少，至今尚无精确而权威之统计，据笔者粗略估计，有一百多字，加上其他古文字资料的验证，许书之误亦不足二百。就算有二百字，那又是何概念？经过一千九百年的流传，经过甲骨文（及其他古文字）之检验，说明许氏对文字的说与解，98%乃至99%是正确的，其错误仅占1%～2%，这是何等伟大之著作！许君之为"字圣"，当之无愧！今人若我辈的所谓"著作"，能"流传"多少年？能否自诩千年之后仍是98%～99%正确？极力诋毁《说文》的某先生，其"著作"便错误百出，为真正的古文字学者所不齿。

这一基本事实说明，不能因甲骨文证明《说文》有误而肆意夸大，盲目

---

① 参拙文《从语言文字学的角度看王懿荣发现甲骨文的伟大意义》，《汕头大学学报》，2001年第3期；又载《甲骨文论集》，上海古籍出版社，2003年12月第1版。

非许，更不可贬损《说文》。以往凡夸大《说文》错误，肆意贬损《说文》的观点都是错误的。二十世纪七十年代初评法批儒期间，受极"左"思潮影响，我与同事合写过批判许慎"尊孔复古"的文章（容师谓"射许慎一箭"），虽不属这一类，但也有观点错误，因汉人尊孔，无可非议，"复古"一说，并不成立。后作《许学管窥》一文①，实有自我批评性质。

若谓甲骨文之发现与《说文》研究的关系仅在于证明《说文》有误，打破其"一尊"局面，则又是大错特错。

必须着重指出，由于甲骨文的发现及深入研究，更从正面证明《说文》是部不朽巨著，许慎是伟大的文字学家。这可以从以下三方面加以说明。

一、关于六书理论。此为文字学之核心，许君根据对小篆形体的分析而提出的六书理论，以及戴、段提出的四体二用说，由于甲骨文的发现而得到充分的证明。就文字结构而言，甲骨文的基本结构亦不出象形、指事、会意、形声四种，假借字大量存在。这就是说"六书理论对甲骨文基本上还是适用的，对于分析和考释甲骨文还是有用的。""六书理论仍基本上适用于甲骨文。"② 易言之，甲骨文证明，《说文》的理论基础是正确的，不容怀疑，更不必舍此而另立名目。

二、《说文》保存了大量的古文字字形，不见于传世典籍，由于甲骨文的发现而得到证明。如屮部屮，口部喬，辛部辛，奴部齐，步部步，以及孔、𠬝、㚔、𠬝、蒿、叀（此六字亦见于金文）等字，裘锡圭《〈说文〉与出土古文字》③ 一文言之颇详，此从略。

三、《说文》保存了许多文字的古本义，对字形分析的古说，不见用于传世典籍，却与甲骨文相合，由卜辞文例而得证明，下面试举数例以明之。

卷一，一部："天，颠也。至高无上，从一大。"徐锴《系传》三十三

---

① 载《说文解字研究》第 1 辑，河南大学出版社，1991 年；又载《陈炜湛语言文字论集》，上海古籍出版社，2005 年 10 月第 1 版。
② 说详《甲骨文简论》，上海古籍出版社，1987 年 5 月第 1 版。
③ 载《说文解字研究》第 1 辑，河南大学出版社，1991 年。

（通论卷上）云："《易》曰：天一地二，《老子》曰：天大地大，故于文一大为天。天之为言颠也无所与高也。"从哲学的角度说天，与许本意不合。段注："颠者，人之顶也，以为凡高之称。"合于许意，但无书证。桂馥《义证》举例甚多，无一例可证"天，颠也"即指人之顶。甲骨文天作🙎，正象人之头顶形，虽多与大同义，亦有用其本义之辞："弗疾朕天。"（《乙编》9067）

卷四，自部："自，鼻也。象鼻形。"小篆作𦣹，似乎不大象鼻形。徐锴《系传》："自又鼻之声然。"段注："……许谓自与鼻义同音同，而用自为鼻者绝少也。"桂馥《义证》无书证。自之为鼻，段、桂二家只能从《说文》内部即许君对其他字的说解中找到证明：皇下云："自读若鼻"，䏡下云"自知臭香所食也。"皋下云"自言皋人蹙鼻苦辛之忧。"博学若段、桂，举不出一条书证。甲骨文出土后，许君"自，鼻也，象鼻形"之说便得到证实，甲骨文自作🯅，正象鼻形，且有卜辞为证："贞：有疾自，唯有它？贞：有疾自，不唯有它？"（《乙编》6385，《合集》11506）①。

卷四，𠬪部："受，相付也，从𠬪，舟省声。"小篆"受"作𠭧，说𦨻为舟省声，颇不易解。段氏坚信，"舟省声盖许必有所受之"。不信许说者乃谓受本从有𠦪（盘）𠬪会相付之意，乃会意字，从舟者乃其讹变，于是有从舟从凡（盘）之争。甲骨文受为常见字，中皆从舟作🯁，可证许说小篆为舟省声至确。

卷七，鼎部："鼎，三足两耳和五味之宝器也。……象析木以炊也。籀文以鼎为贞字……"大小徐本及段注本解说各异，难辨正误。今有甲骨文为证，知鼎为象形字，三足两耳为其基本特征，除少数见于命辞之鼎外，凡见于前辞者均借用为贞字。"象析木以炊"、"贞省声"固非，但小徐本"古文以贞为鼎，籀文以鼎为贞"则当为许书原文，概括了古代鼎贞二字使用情况，事实是，甲骨文以鼎为贞，金文以贞为鼎。

无论从宏观（理论、体系）考察，还是从微观（对具体字的说与解）探

---

① 说详拙著《古文字趣谈·倒楣的鼻子》上海古籍出版社，2005年12月第1版。

究，均足证明，《说文》虽有1%～2%的错误，仍不失为不朽之巨著，许君乃名副其实的字圣。这样的评价是破除迷信之后得出的，无论哪派（罗〈振玉〉、王〈国维〉；章〈太炎〉、黄〈侃〉）学者都应该承认的。如章、黄一派学者（弟子及再传三传弟子）应承认《说文》确有误；罗、王一派学者（弟子及再传三传弟子）应承认《说文》98%～99%正确。这是二十世纪达到的基本共识。

甲骨文发现后的百余年研究史还从正反两方面证明：熟悉、熟读《说文》，是学习、研究甲骨文的前提，《说文》是释读甲骨文的主要武器。拘泥于《说文》，以《说文》（小篆）之是非为是非，固然不利于甲骨文之考释（如出、☆、﹩诸字即不可识）；倘若抛开《说文》，置许说于不顾，必将一事（字）无成。洋人不明此理，致多谬误。近二十余年关于卜辞命辞性质的论争（疑问句、陈述句）可谓一证。我反对洋人谬说，主要靠两条，一是靠《左传》，"卜以决疑，不疑何卜"，再就是靠《说文》："贞，卜问也。"（已故胡厚宣先生亦如此）

在今后的岁月中，谁想从事甲骨文研究，最好先熟习《说文》，打好基础；谁想深入研究《说文》，最好以一定精力关注甲骨文（及其他出土古文字）研究成果，勿再陷于盲目崇拜状态。甲骨文（及其他出土文字）与《说文》合则俱美，离则互伤，治文字学、古文字学者务必将二者相结合，千万不可厚此薄彼或重此轻彼。（参见裘文《〈说文〉与出土古文字》。）

应附带说明，当今有人既不读《说文》，又不读甲骨文，却要从甲骨文讲到简化汉字，反对文字改革，反对语文现代化，还居然著书立说，此类不学无术之辈，则与骗子无异，与严格意义上的学问、学术无关。

2001年7月初稿　2010年12月修订

附记：本文初稿曾在广东省中国语言学会2000—2001学术年会（广东湛江）上宣读。

（原刊《田野春秋：庆祝詹伯慧教授八十华诞暨从教五十八周年纪念文集》，甘于恩主编，暨南大学出版社，2011年6月）

读《说文》小记（五则）

一、说　起

　　起，小篆作󰀀，从走，巳声。《说文》古文作󰀀，从辵。段玉裁注曰："五经文字云从辰巳之巳，是。《字鉴》从戊己之己，非也。"锡永师《说文中之古文考》、胡小石《说文古文考》（收入《胡小石论文集三编》）论从走从辵皆行动意，古可通用，甚详。今案新蔡葛陵楚墓所出竹简屡见从走己声之起，作󰀀（乙二 6），󰀀（零 238）诸形，又有从辵己声之󰀀（甲三 126 零 95）。按其文例，多用于两干支之间，如："庚申之昏以起辛酉之日祷之。"（甲三 109）又，郭店楚墓竹简《老子》甲篇第 31 简亦有󰀀，文曰："哉（奇）勿（物）慫（滋）起。"包山楚简第 164 简则作󰀀，用为人名。据楚简乃知起或可从辵，其从己声则无可疑也。小篆从巳声，殆汉人写讹，段说不可据也。高明、葛英会《古陶文字徵》第 229 页录有󰀀（《陶文编》2.9）释起。案此字右半似为卩，释起可商，或本当作󰀀，陶工误之为󰀀欤？

二、哭笑补说

《说文》有"哭"而无"笑",段氏补从竹从犬之"笑"于竹部算篆后。

十余年前,尝作《且问"哭""笑"为哪般》一文,曾感慨于古文字材料里"却不见这哭笑二字",且断言"甲骨文里没有,金文里没有,战国时的竹简、帛书、玺印、陶文里也没有,要直到长沙马王堆汉墓帛书里才出现哭字"。(《汉字古今谈》,语文出版社,1988年8月,又收入新版《古文字趣谈》,上海古籍出版社2006年5月第2次印刷)。今案此说实误,应予改正,故为补说如次。

1942年出土于长沙的战国楚帛书边文即丙篇里就有 茇 字。此字形在1964年锡永师《战国楚帛书述略》一文所附摹本中便极清晰,其上乃"为邦"二字,亦甚清楚。只是锡永师文"帛书文字铨释"部分未予考释。曾宪通兄作于七十年代末正式发表于八十年代初的《楚月名初探》一文,已经释帛书此字为笑(《中山大学学报》1980年第1期;《古文字研究》第5辑,1981年;又收入《曾宪通学术文集》,汕头大学出版社,2002年)。后来宪通兄与选堂先生合著《楚帛书》(中华书局香港分局,1985年),亦释此字为笑。

以古文字学常理分析,帛书之 茇,上从艸,下从犬,隶定为芙,无可争议,而古文字从艸从竹每可通用无别,则芙即后世之笑亦即筊,足可论定,实毋须多事考证。或释帛书之芙为莽之异体,当读如墓,可谓舍近求远也。"……其□取(娶)女,为邦笑",文从字顺,若读为"为邦墓",实不知所云矣。继《楚帛书》之后在撰集《长沙楚帛书文字编》时,宪通兄复于芙字下详为考证,并举《战国策·韩策》"恃楚之虚名,轻绝强秦之敌,必为天下笑矣"为证,谓"为天下笑"与"为邦笑"同意。又于《楚帛书文字新订》一文之"取女为邦笑"增补"为……笑"书证多种,以相印证。如是,帛书之芙便是后世哭笑之笑,遂成定论。

《汉字古今谈》出版不久，楚简《老子》便于1993年在湖北荆门市郭店一号墓出土，并于1998年正式出版面世。其乙篇有云："上士昏（闻）道，堇（勤）能行于其中，中士昏（闻）道，若昏（闻）若亡（无），下士昏（闻）道，大芺之，弗大芺，不足以为道矣。"前后二芺字，皆作芺，与帛书同。非笑（笑）莫属。与《老子》同时出土的《性自命出》亦两见从艸从犬之芺字，同样非释笑不可。是战国竹简上也有笑字。

十分值得注意的是，战国竹帛文所见之芺形，尚可追溯至甲骨文。《殷虚文字甲编》第1798片即有芺字，艸中下所从亦是犬，乃地名。屈万里《释文》疑是莽之初文，孙海波《甲骨文编》归诸附录上，编号为3080。今得竹帛为证，乃知亦当释笑也。

岂但如此，据新近出版的《上海博物馆藏战国楚竹书（五）》知，战国楚地还有笑的异体字存在。该书《竞建内之》篇第8简有"今内之不得百生（姓），外之为诸侯獣"句，獣，从兆，从犬，陈佩芬《考释》"疑读为笑"。今案獣读为笑甚是，"为诸侯笑"，与"为天下笑"同意，见《韩非子·十过》（前述曾文引）。曾文"颇疑'笑'字本从犬，从艸得声"。今得獣字，乃知从艸从兆实皆声符（兆与笑古音同在宵部，艸古音在幽部），战国之"笑"本为形声字也。之所以从犬，则诚如段公所言，古人以犬事喻人事耳，本不足奇，后世易艸为竹，讹犬为夭，遂成莫可名状匪夷所思之笑，沿用至今。

与笑相对而同样从犬的哭字在战国楚简亦已出现。前引《性自命出》第29至30简便两见哭字："凡至乐必悲，哭亦悲，皆至其情也。……哭之敨（动）心也……"字写作哭，从犬，从叩，极清楚。楚简之后，马王堆汉墓帛书之前，云梦睡虎地所出秦简《日书》也三见哭字，作哭哭哭（参张守中《睡虎地秦简文字编》，文物出版社，1994年）。又，据高明《古陶文字徵》所录，则古陶文中亦已两见哭字（见该书第48页），上叩下犬，结构方式与竹简同。

综上所述，就哭笑二字而言，可作简要补说：笑本作芺，最早见于甲骨文，又见于竹帛文；哭则最早见于战国竹书及陶文。它们确实无疑地存身于汉字体系，至少也有两千三百多年了。

三、说 忥

《说文》心部有忻而无忥，忥，见于近世出土之湖北郭店楚简与河南葛陵楚简，其义皆与训"闓也"之忻异。郭店楚简《性自命出》第32简云："凡乐思而句（后）忥。"第41简云："唯宜（义）道为忥忠，唯恶不仁为忥宜（义）。"忥用为近。葛陵楚简则忥福连言，甲一11云"忥福于北方"、甲一21云"忥福于卲王献惠王柬大王"，乙三5云"忥福于司祸司禖司骰各一痒（牂）"，是其例。考金文祈多从队斯声，"用祈多福"、"用祈眉寿"、"以祈眉寿"为常见嘏辞（见张亚初《殷周金文集成引得》第971至972页），简文之忥福，实即祈福，忥用为祈也。

考《说文》心部诸字，所从声旁相同而心之位置有异者，多分为二字，如：怡与怠，忠与忡，恭与恭，慕与慔，愚与惆，忩与忔，怒与恕，皆音同或音近而义异，不相混淆（《说文》以后新增之此类声同心"异"而义别者亦至多，具见《玉篇》、《辞海》、《汉语大字典》诸字书）。忥与忻亦同此理，忥实为《说文》所失收者。又案，若依勇之古文从心作恿之例推之，则视忥为祈之古文亦无不可。盖祈本发自内心之愿望，其从心作忥，与顺之作愻，欲之作愈，喜之作憙，哀之作衰（见郭店楚简），皆属合乎情理者也。

四、说 畏

畏，小篆作畏。《说文》卷九甶部："畏，恶也。从甶，虎省，鬼头而虎爪，可畏也。"段注："虎上体省而儿不省，儿者似人足而有爪也。"畏下又有古文作畏，许谓"古文省"，段谓"下象爪形"。案验诸甲骨文、金文，知许说段注皆有未安。甲骨文畏作畏诸形，实从鬼持丨之状，丨者攴也，鬼而执攴，可畏之至。金文亦屡见畏字，盂鼎作▨▨，曰"畏天畏"；毛公鼎作▨▨，鬼形略变而仍持攴，曰"敃天疾畏"，又曰"夙夕敬念天畏不賜"；齹镈又作▨，曰"余弥心畏諲"；王孙钟复增攴作▨，曰"畏鬾趫="，形虽小异，要皆从鬼而与虎形无涉。小篆所从之▨，实割裂▨形所致，所从之凵乃丨形之写失。所谓古文▨（《汗简》引作▨，与小徐本同），则尤失之又失矣。

考郭店楚简屡见上鬼下心之愳，作▨▨形，论其结构，当即《说文》䰰之重文愧；论其字义，则同畏，或读为威。其义同畏者，如《性自命出》第52－53 简云"未型（刑）而民▨，又（有）心▨者也"，第60 简云"凡于迲毋▨毋蜀（独）言"；《老子》甲篇第9 简"▨四孴（邻）"，丙篇第1 简云"其即（次）▨之"；《尊德义》第33 简云"不釐则亡▨"，皆是其例。其义如威者，则见于《缁衣》第45 简之称"▨义"，第30 简之称"敬尔▨义"（引《诗·大雅·抑》句，今本诗作"敬尔威仪"）。上述诸例之▨，《郭店楚墓竹简》之释文、张光裕主编之《郭店楚简研究文字编》、张守中《郭店楚简文字编》均隶定为愳，视为《说文》所无字，并误。今案愳即愧，实乃畏之"古文"，乃楚地通行之异体字也，之所以从心者，强调内心之畏惧（"恶也"），犹前述忞、㥁、惪等为祈、顺、勇等古文之比。《说文》厕愧于䰰下作为䰰之重文或另有所据，至谓"从耻省"，则于古无证。甲骨文有▨二形，见于残辞，义不能明，是否即䰰，尚有可疑。金文䰰字屡见，然皆用为姓。吴大澂曰："《左传》：狄人伐廧咎氏，获其二女，叔隗季隗。昭王奔齐，王复之，又通于隗氏。隗与䰰通，后世借为惭愧字而䰰之本义废矣。"（《金文编》卷十二䰰字条下引）从心之愧仅见于陈肪簋，作▨，云"□鞾愧忌"，义复与畏同。

包山楚简又屡见鬼下从止从心之▨▨，实亦畏之异文（《包山楚简》释文及《包山楚简文字编》均释为愳，应正）。《汗简》畏下收有▨形（与前引▨同出《义云章》），鬼下从止似从心之讹。包山简则鬼下既从止复增心，显系加繁所致。其第172、173，183，192 诸简称"畏王（之）坨人"、"畏王偌室"，"畏王"当即威王，第176 简"邵媛之人畣亡畏"，则以亡（无）畏为人名。

五、说一、二、三之古文弌、弍、弎

《说文》一字下有弌，谓"古文一"，二字下有弍，谓"古文二"，三字下有弎，谓"古文三"。众所周知，甲骨文、西周金文之一、二、三皆以积画为之，未见有从弋之古文弌、弍、弎。段玉裁于"古文一"下注曰："一二三之本古文明矣，何以更出弌弍弎也？盖所谓即古文而异者，当谓之古文奇字。"按据《说文叙》，许书所谓古文，实有广狭二义，广义者乃泛指秦烧灭经书以前之文字，狭义者乃指"孔子壁中书"之类战国文字。而所谓"奇字"，一见于卷八部首"儿"篆下，云"古文奇字人也"，又见卷十二"无"篆下，谓"奇字無也"。可见二者有别。段氏谓弌弍弎为古文奇字，与许书原意不尽相符。吴大澂《说文古籀补》卷十二"二弍"条下"补"入从戈之弍一文，注云："㠯君𨓏二字如此。此六国特异文，非古文也。"容师《金文编》、商师《说文中之古文考》、胡小石《说文古文考》亦均引此以证二之古文弍，胡氏并详论古戈弋可相通互用，弌即弌。商师曰："弌弍乃当时之别体，非古文之正也。吴禅国山碑一亦作弌，可知汉晋间弌字犹盛行。"又曰："一二三笔画简略，书写之时，不能与它字相称，至晚周遂增弋戈以填密之。汉开母庙石阙及袁安袁敞碑一二皆作一二，末笔垂脚，取姿态与它字等齐之一证。"湖北郭店楚简弌字五见，弍字二见（一作戌，从戊从二），可证《说文》所录弌弍确为战国时之"别体"，仅传写稍异耳。兹录其文例如下，以资参证：

1. ……则民德弌。（《缁衣》16–17）
2. 淑人君子，其义（仪）弌也。（《缁衣》39；今本《诗·曹风·鸤鸠》作"淑人君子，其仪一兮"。）
3. 四海之内，其眚（性）弌也。（《性自命出》9）
4. 君子于此弌𢿢者亡所法。（《六德》40）

5. 穷达以时，德行弌也。(《穷达以时》14)
6. 名弌勿（物）参（三）。(《语丛三》67)
7. 上帝贤女（汝），毋戍尔心。(《五行》48；今本《诗·大雅·大明》作"上帝临女，无贰尔心。")

又据郭店楚简，知战国时楚地"一"尚有别体作"罷"者，见于《五行》篇第16简："淑人君子，其义罷也。能为罷，然句（后）能为君子。"《郭店楚墓竹简》编著者据帛书本及今本《诗》以证"罷"当读作"一"，甚是。准此，则鄂君启节之"岁罷返"一语，似可改读"岁一返"，即一岁中往返一次，较原读"岁能返"为长。

《说文》所录三之古文弌，至今仍无证，当俟诸异日。

（曾在中国文字学会第四届学术年会上宣读，西安陕西师范大学，2007年8月。原载《古文字论坛》第1辑，中山大学出版社，2015年1月）

战国以前竹简蠡测

我国在战国及秦汉时代用竹简书写典籍，由于考古发掘所得实物的证明，已毫无疑问。至于战国以前乃至商代是否也使用竹简，因尚无实物出土，一般学者大都只是笼统地作些推论。《战国楚竹简概述》（以下简称《概述》）一文说："甲骨文、金文中的册字就像将若干条竹（木）简用两道组绳编缀成一页书之状；典字则像置册于几上，可见商周之际已有简册。"① 该文主要谈战国楚竹简，于"商周之际已有简册"之说仅有此数语提及，未予充分论证。事实上，从文献资料看，战国以前亦多用竹简；商周之际除甲骨文、金文之类刻或铸的文字外，当同时有竹简之类手写体的文字存在，其时之有简册，亦可论定。现就管见所及，列证于后，希冀能补《概述》之所未及。其疏漏谬误之处，敬请读者指正。

一、商初有册有典

《书·多士》云："惟尔知，惟殷先人有册有典，殷革夏命"（着重号为笔者所加，下同）。这是周人灭商后教训殷之"顽民"之语，意即殷之祖先就有册有典，记载着商汤推翻夏桀，取而代之的史实。这一记述说明，早在商代初

---

① 文见《中山大学学报》（哲学社会科学版）1978 年第 4 期。

期，竹（木）简就已作为官方文书使用了①。

　　商初有册有典，有文书档案资料，当是情理中事。按我国文字体系在夏代中期当已基本形成，相传夏末"桀将亡，太史令终古执其图书而奔于商"②。既然夏桀有"太史"，有"图书"，则商汤当亦有太史，有图书（《史记·殷本纪》即谓伊尹既丑有夏，复归于亳。入自北门，遇女鸠、女房，作《女鸠》、《女房》）；伐桀灭夏这样的大革命自当载诸典册，以图流芳后世。流传至今的商书中，第一篇即为《汤誓》，虽非作于伐桀之时，可能是后人的追述，或系后世重编，但所记汤伐桀的史实极为清楚明白，汤列举的伐桀理由也极充分，绝不可能是毫无所本的凭空捏造。除《汤誓》外，《书序》谓还有《夏社》、《疑至》、《臣扈》、《典宝》诸篇（均佚），还有《仲虺之诰》、《汤诰》（二文晚出古文有）、《明居》（佚），均与伐桀有关。这些篇章，或存或佚，虽不能确指何篇是商初所作，但也无法否认其中有商初的文献。《书·多士》"有册有典，殷革夏命"云云，指的也许就是这些后世亡佚的篇章。

　　商初有册有典，在甲骨文和古金文中也可得到证明。甲骨文的册字作 ▨▨▨ 诸形，常称册祝（《甲》743），作册（《乙》4629 反），再册（《乙》1713），更册用（《粹》1），大都与祭祀有关。甲骨文中还有从系的册字，写作 ▨（《粹》496），当与编册有关，郭沫若同志疑是编之古字。金文册字亦屡见，写法与甲骨文同。甲骨文的典则写作 ▨，象双手捧册置于"="上，"="乃亓（丌，即几）之省略，又或作 ▨▨，象双手捧册之状。卜辞屡见"工典"之语，义同贡典，亦即祭祀时献其典册以致其祝告之词。金文典字下多从丌，从丌与从▨古每通用不别。甲骨文中的"册"和"典"，绝不是凭空产生的，而是现实生活中的册和典的形象化的反映。

　　问题在于，"册"的本义是什么？是否就是编联起来的竹简？《说文》：

---

① 旅美学者钱存训亦有此说，见所著 Written on Bamboo and Silk（《书于竹帛》），芝加哥大学出版社，1962 年版，1969 年第 3 次印刷，第 91 页。
② 《太平御览》卷六一八引《吕氏春秋·先识览》。说详拙文《汉字起源试论》，载《中山大学学报》（哲学社会科学版）1978 年第 1 期。

"册，符命也，诸侯进受于王者也。象其札一长一短，中有二编之形。"此谓册是将若干条简（札）编联起来的"符命"。许慎所言或是汉制，但册源于竹简（札），则自许慎以后，以至段玉裁、王筠、桂馥、朱骏声等小学家及罗振玉、王国维等古文字学家，均主此说，未闻有异议。唯董作宾则曾立异说，他认为"册字最初所象之形非简非札，实为龟版"。他从"积极"和"消极"两方面来加以证明：

  第一，自积极方面证之。吾人既知商人贞卜所用之龟，其大小，长短，曾无两甲以上之相同者，又知其必有装订成册之事，则此龟版之一长一短，参差不齐，又有孔以贯韦编，甚似册字之形状。而"册"，当然为其象形之字也。
  第二，自消极方面证之。《仪礼·聘礼疏》引《郑氏论语序》云"《易》、《诗》、《书》、《春秋》、《礼》、《乐》册，皆二尺四寸，《孝经》谦，半之，《论语》八寸策者，三分居一，又谦焉。"是古代简策虽有长短之异，而其于一种书，一册书中，策之长短必同。如"六经"之册，皆二尺四寸，《孝经》十二寸，《论语》八寸，是也。简牍与札，在一册之中，其形制大小长短必相同。而册字之所象，乃一长一短，则非简非札，可断言也。

于是得出结论说："……册，象编成龟版之册，而典又为两手奉此龟册而藏之之形。盖其上所从之⊞仍为长短不齐之龟版也。""……每册之龟版为六枚，可以断言。又典字所从之册，最多者有六版，作▦形，亦是一证。"①

  尽管董氏是研究甲骨文颇有影响的学者，但他此说无论从"积极"方面或"消极"方面看，均不能成立。董氏积极方面的证据是"龟版之一长一短，参差不齐，又有孔以贯韦编，甚似册字之形状"。而他所谓有"孔"者乃残甲，孔又在断处，仅"余其半"，不足为据。而殷虚出土完备之龟甲数以百计，既未闻有"以贯韦编"之孔，亦未见有丝毫编组之痕，董说之不能成立，亦于此可见。至于《仪礼·聘礼疏》引《郑氏论语序》所言"六经"、《孝

---

① 董作宾：《商代龟卜之推测》，载《安阳发掘报告》第1期。

经》、《论语》简册之长度，虽不可尽信，但并不妨害册为编简之形。倒是董氏所谓"简牍与札在一册之中，其形制大小必相同"这一断语，验以战国楚竹简，即不攻自破。信阳长台关出土的遣策30简，大都完整，其长度为68、67、65、62、61厘米不等，并不截然划一；望山2号墓出土的遣策完整者5简，其长度也略有差异，可见每册书中简的长短实未必同。郑氏所云，只是说明某一种书中每乙册的竹简大体上的长度而已。

董说之误根源在于错认"册入"（甽∧）为册六，于是主观臆测，以为册即是龟版编缀而成。其实甲骨文入作∧，六作∧或∩，决不相混。董氏后来在《殷虚文字甲编自序》中也说："十年前我曾误解了'册六'，以为甲骨就是殷代的简册，这毛病是过于'尊题'。"

要之，从文献分析，商初当已有典册，亦即使用竹简；而甲骨文及古金文之册、典，实是当时将竹简编联后的形象。

二、周初书祷文于简册

《书·金縢》记叙周灭商后武王病重，周公为之祷于先王，而后"纳册"于金縢的故事。原文是这样的："既克商二年，王有疾，弗豫。二公曰：我其为王穆卜。周公曰：未可以戚我先王。公乃自以为功，为三坛同墠，为坛于南方，北面，周公立焉。植璧秉珪，乃告太王、王季、文王。史乃册祝曰：惟尔元孙某……乃卜三龟，一习吉，启籥见书，乃并是吉。……公归，乃纳册于金縢之匮中。王翼日乃瘳。"后来成王"启金縢之书，乃得周公自以为功代武王之说。王执书以泣曰：其勿穆卜。昔公勤劳王家，惟予冲人弗及知。"值得注意的是，"册祝"这件事是在"卜三龟"之前，即史官捧册读完祷文之后才卜龟，此亦可证"册"与"龟"实风马牛不相及。

关于周公纳册于金縢这一段故事，《史记·鲁周公世家》亦有详细记述，情节大同小异，祷文内容亦有出入，但同样谈到"史策（册）祝曰"如何如何，同样谈到"周公藏其策金縢匮中，诫守者勿敢言"，同样谈到周公卒后"成王与大夫朝服以开金縢书"，"乃得周公所自以为功代武王之说"，"成王执书以泣"。

从《书·金縢》与《史记·鲁周公世家》的记载，我们可以看出，周初亦用简册书祷文。"史册祝曰"云云，就是向先王诵读册书上的祝辞。所谓"纳册于金縢之匮"，也就是把载有祷辞之册秘藏起来。成王"执书而泣"，所执之"书"也就是周公纳于金縢之册，这是从上下文即可明了的，绝对不是占卜的龟版。

周初亦有"作册"之名，屡见于古书及青铜器。如《书·洛诰》云："王命作册逸祝册。"逸为作册之名，祝册亦即《金縢》所谓之册祝。《书·毕命序》云："康王命作册毕分居里，成周郊，作毕命。"睘卣云"王姜命作册睘安夷"，伯吴尊盖云"宰朏右作册吴入门"等，皆是其例。孙诒让、王国维谓作册为内史之异名，而内史实执政之一人，乃枢要之任，"职在书王命与制禄命官，与太师同秉国政"[①]，后以司职为官名曰"作册"。

三、西周书王命于竹简

《诗·小雅·出车》第四章："昔我往矣，黍稷方华。今我来思，雨雪载途。王事多难，不遑启居。岂不怀归，畏此简书。"据蔡邕《谏伐鲜卑议》："周宣王命南仲吉甫攘狁，威蛮荆"（见《全后汉文》卷七三），此诗乃周宣王时作品。本诗这一章描述一个远征者归途的心理状态。由于"王事多难"，不得不随师远征。他极望早日回到故乡，但又畏惧"简书"，故仍不得还。诗中所称"简书"，实际上就是竹简，上面书有出征时君王的敕命，若半途而还，是谓违命，要治罪的，所以说"畏"。《毛传》以戒命释简书，谓"邻国

---

① 《观堂集林》卷六《释史》。

有急，以简书相告，则奔命救之"。《左传》闵公元年管敬仲劝齐侯救邢，引此诗"岂不怀归，畏此简书"，谓"简书，同恶相恤之谓也"，则进一步把简书看作盟书。马瑞辰《毛诗传笺通释》卷十七直谓"简书即盟书之假借"，并辗转加以证明。其实，这都是误解。《正义》说"有事书之于简，谓之简书"，最为直截了当。"畏此简书"，是特指"此"（这一）载有王命的简书，并非一般的简书。若是所谓盟书之类，双方本是平等关系，并不是君臣上下之间的统治隶属关系，对于出征者来说，更不存在畏与不畏的问题。《毛传》所谓"以简书相告"，实乃讨救兵的紧急文书，因书于竹简，故亦称简书。

四、春秋普遍使用竹简

古代典籍如《诗》、《书》、《礼》、《易》、《乐》等，均用竹简书写。孔子读《易》而韦编三绝，这也足以证明，孔子当时读到的典籍是写在简上的。

除典籍和文学著作外，当时史官记史，用的也是竹简。《左传·襄公二十五年》记齐崔杼杀庄公后齐太史被杀之事曰："辛巳，公与大夫及莒子盟。大史书曰：'崔杼弑其君。'崔子杀之。其弟嗣书而死者二人，其弟又书，乃舍之。南史氏闻大史尽死，执简以往，闻既书矣，乃还。"这是说太史兄弟三人为了尊重事实而皆被杀，为南史氏所闻，执简而往，决心拼着一死，必须把崔杼弑君逆行书之于简，昭告世人和后世。

比崔杼之事略早几年，《左传·襄公二十年》还有"诸侯之策"的记载："甯惠子疾，召悼子曰：'吾得罪于君，悔而无及也，名藏在诸侯之策，曰：孙林父、甯殖出其君。君入则掩之。若能掩之，则吾子也。'悼子许诺。"（《北堂书钞》卷一零四引此，文句稍有出入）因甯惠子于襄公十四年逐卫献公，故云"得罪于君"。此事殆各诸侯国均有记载，故云"名藏在诸侯之策"，使甯惠子临终还感到害怕，希望能掩其恶名。

此外，春秋时代，还以竹简书刑法，史称竹刑。《左传》定公九年："郑驯**歂**杀邓析，而用其竹刑。"杜注："邓析，郑大夫，欲改郑所铸旧制，不受君命而私造刑法，书之于竹简，故云竹刑。"①

五、笔削更书之证

战国竹简如信阳长台关遣策、望山一号墓竹简的简面上均有以刀刮削之迹，有的笔划还可辨认（详见《概述》）。这种因误书而将字削去的做法，犹如今日的修改文章，为古今之常事。《史记·孔子世家》说，孔子作春秋时"笔则笔，削则削，子夏之徒不能赞一辞"。所谓削，是以刀削去简上他认为不妥当的文字；所谓笔，是对内容有所增益，以笔就而书之。《国语·鲁语》记有鲁宣公时里革更书逐莒太子仆一事，亦足为佐证。其时莒太子仆杀了莒纪公，携宝投鲁，鲁宣公派人给季文子下了一道文书："夫莒太子不惮以吾故杀其君，而以其宝来。其爱我甚矣。为我予之邑。今日必授，无逆命矣。"不料路上碰到鲁国的太史里革，就把这道文书改成："夫莒太子杀其君而窃其宝来，不识穷固又求自迩，为我流之于夷。今日必通，无逆命矣。"宣公原书35字，更改之后为34字，仅少一字，而且改动也并不太大。首句削去"不惮以吾故"五字，改"以其宝"为"窃其宝"。二句"其爱我甚矣"五字削去，易为"不识穷固又求自迩"。三句"予之邑"改为"流之于夷"。末句"授"改为"通"。真是有削有笔。若按战国楚简的长度与字数（见《概述》）来推断，则里革所更之书，一简已足，其长度殆在45厘米至60厘米之间。

---

① 《册府元龟》卷六零九刑法部则称："郑简公时子产相郑，铸刑书（铸刑法于鼎也），其后大夫邓析改郑所铸旧制，造刑法，书之于竹简。"

六、战国时人尚可见"先王"遗册

春秋及春秋以前的竹简,我们虽未能见到实物,但其在战国时代尚流传于世则可断言。战国时代的学者还可看到"先王"、"圣贤"们传下来的简册典籍,墨翟便是其中之一。《墨子》曾屡屡提到先世竹帛问题:

> 古者圣王既审尚贤,欲以为政,故书之竹帛,琢之盘盂,以遗后世子孙。(《尚贤》下)
>
> 古者圣王必以鬼神为其务。鬼神厚矣,又恐后世子孙不能知之,故书之竹帛,传遗后世子孙;咸恐其腐蠹绝灭,后世子孙不得而记,故琢于盘盂,镂之金石以重之。(《明鬼》)
>
> 子墨子曰:"吾非与之并世同时,亲闻其声,见其色也。以其所书于竹帛,镂于金石,琢于盘盂,传遗后世子孙者知之。"(《兼爱》下)

"书于竹帛"与镂之金石,琢于盘盂并提,这是讲的"古者圣王"之事。这些文字,墨子见到,与其同时之人当亦有机会见到。《鲁问》记墨子与鲁阳文君对话,则谈的是当时情形:

> 墨子谓鲁阳文君曰:"攻其邻国,杀其民人,取其牛马粟米货财,则书之于竹帛,镂之于金石,以为铭于钟鼎,传遗后世子孙曰'莫若我多'。今贱人也亦攻其邻家,杀其民人,取其狗豕食粮衣裘,亦书之竹帛,以为铭于席豆,以遗后世子孙曰'莫若我多',其可乎?"

于此可见"书于竹帛"乃寻常普通之事,国君贱人皆可为之。竹帛并提,亦见于《韩非子·安危》:"先王寄理于竹帛,其道顺,故后世服。"帛之用为书写材料,不知始于何时。近世出土的帛书,最早为战国时代的楚帛书。墨子、韩非子诸人之所以竹帛并提，一则他们所见先世古籍是书于竹帛的，再则竹帛在当时广泛使用为书写材料，故概乎言之。

七、余论与展望

　　我国古代中原地区气候温和，盛产各种竹子。在新石器时代晚期，竹类分布于黄河流域直到东部沿海地区①。甲骨卜辞并有田猎"获象"（《前》3·31·3）以及方国贡象（《后》下5·11："□其来象"）的记载，说明商代气候也适宜于象的生存。在春秋时代，黄河流域的卫、晋、齐、秦等北方诸国（相当于现在河南、山西、山东、陕西等省），也盛产竹子。嗣后可能因气候变迁，使竹的种植地区向南推移，然而这些地区的某些地方至今仍有竹子。正因古代黄河流域盛产竹，古人对于竹的特性、用途也是熟知的。竹，由于其清新秀丽，成了古代诗人咏歌的对象，如《诗·卫风·淇奥》便将竹与君子相媲美（"瞻彼淇奥，绿竹猗猗，有匪君子，如切如磋，如琢如磨"）。竹，由于其具备多种性能，也就具有多种用途，既可用作建筑材料，编制各种器具，又可用以制作乐器（笙、箫、笛）、武器（弓箭），还可作为书写材料。既然古代中原地区遍地有竹，价廉物美，取之甚易，"截竹为筒，破以为牒"，总比契龟甲、镂金石、铭钟鼎、琢盘盂容易得多，古人以竹简书写典籍，记载历史，传递命令，也就理所当然了。

　　综上所述，战国以前竹简乃是广泛使用的，应是大量存在的。那么，何以至今不见一简？这原因当然是多方面的。初时制作不精，不知"汗简"，故易朽蠹，不若钟鼎盘盂之可长留于世，此其一。秦始皇焚书，"史官非秦记皆烧

---

① 参见竺可桢《中国近五千年来气候变迁的初步研究》，载《考古学报》1972年第1期。

之","非博士官所职,天下敢有藏诗、书、百家语者,悉诣守、尉杂烧之"①,给简册典籍造成空前大浩劫,此其二。历史上或有出土,但盗墓者只知攫取金银财宝,不识竹简,因而"烧策以照取宝物"② 者当是普遍现象,非独盗发汲冢者为然,此其三。但即此三者,也不能说明地下没有战国以前的竹简被埋藏着,不能否认今后会有春秋时代乃至商周之际的竹简出土。相反,可以预料,在地下还沉睡着相当数量的古代简册。随着考古事业的发展,它们总有一天会像信阳、江陵、长沙等地的楚简,云梦的秦简,临沂的汉简一样破土而出,重见天日,以它们自身的存在来说明商周之际的简册制度。

1978 年 11 月初稿
1979 年 6 月修订

(原载《中山大学学报》1980 年第 4 期)

---

① 《史记·秦始皇本纪》。
② 《晋书·束皙传》。

《穆天子传》疑难字句研究

《穆天子传》六卷，是著名汲冢竹书之一，出土于晋武帝咸宁五年（公元279年）。因同时出土的还有《竹书纪年》，得据以考定为战国魏襄王时物。此书经荀勖整理、释以今文，乃得流传于世，其功至巨，不可磨灭。其整理之法，现在看来，亦可借鉴。如简残或蚀泐不可辨处以方框表示，不识或疑难之字则照录其形而以楷体书之，留待后人研究。这也就是阙疑待问精神。正因为如此，事隔一千七百余年之后，现代读者阅读此书，还能从字里行间依稀看出些魏简文字的风貌。

据荀勖序称，《穆天子传》"皆竹简，素丝编"，以勖所考定古尺度其简，"长二尺四寸，以墨书，一简四十字。"想来荀氏是据实物即原简进行整理、释读的。荀氏所见，有无错简，史无记载，不得其详。荀氏之后，千七百余年来未闻有学者怀疑及此，更未闻有对荀氏所不识或误释之字加以考释或纠正者。半个多世纪前，于省吾先生作《〈穆天子传〉新证》（刊于《考古》社刊第六期），据典籍及文物资料，举证三十条，涉及文字考订者约三分之一。在古文字资料大量出土，研究日益深入的今天，用古文字学的眼光研读这部书，在接受先贤这笔文化遗产的同时，补其阙，纠其误，颇有必要。本文即拟在这方面稍作努力，旨在抛砖引玉，深望读者不吝赐教。

一、赐七萃之士战

卷一："犬戎□胡觞天子于当水之阳，天子乃乐□赐七萃之士戰（战）。"郭璞注："萃，集也，聚也，亦犹传有（七）舆大夫，皆聚集有智力者为王之爪牙也。"传中王赐某人以某物之语屡见，"赐……战"则唯此一例。新版《辞源》释"七萃"为"七支精干的队伍，指周王的禁卫军"。言王有七支队伍随行，实与传文不合（传中另有"六师"指军队）；"赐"七支队伍"战"，更与文意不合。穆王巡行天下，时有狩猎之举，从无与某方某国之战事。细玩传文，"七萃之士"紧随于王，人数不多，如云："天子大飨正公诸侯王吏七萃之士于平衍之中"（卷二）；"七萃之士高奔戎刺其左骖之颈，取其青血以饮天子"（卷三）；"七萃之士高奔戎请捕虎必全之"（卷五）；"七萃之士䙨豫上谏于天子，'（卷六），等等，均足为证。因疑今本"七"为"甲"之误释，古七、甲同形，战国时代分别尚不严格（也可能魏地仍七、甲无别），"七萃之士"实当为"甲萃之士"，即全副武装之卫士也。"戰"或系單（单）之误释，古单干同字，《虘鼎》有"攻狊无敌"之语，是单孳乳为战（见《金文编》卷二）。愚意原简当为"赐甲萃之士单"，谓临行前赐之武器以随王行也。于省吾先生谓战字本应作獸，即獸（狩），"然则'赐七萃之士战'者，谓准予七萃之士以狩猎也"。于说似亦可通，故录之以供参考。

二、漆 澤

卷一："癸酉天子舍于漆（一本作漆）澤。"末二字不识，漆似漆而非漆。案同卷又云："甲辰天子猎于渗泽。"卷二云："甲子天子北征舍于珠泽。"卷三云："天子四日休于蕕泽。"卷六云："戊寅舍于河上。""庚辰舍于茅尺"，文例皆相类似。是漆澤亦当为地名。澤从水从睪，实亦泽字，睪乃䍐之讹也。所从爫为𠂇之讹，干实𢆉之省，从日从目又每可通，《邕子甗》䍐作🐾，《伯公父匜》䍐作🐾可证。《汗简》卷上之二目部🐾释泽，疑简文亦作此形或与此近。

三、华 也

卷一："天子嘉之，赐以左佩华也。"郭注："玉華之佩，佩之精也。"是以"华也"为佩之饰，至为牵强。今案"左佩华也"当是二物而非一事。古文字它也同字，"也"实即匜，金文多有其例（见新版《金文编》页八四三、八七七）。故简文"华也"当读"华匜"，意即花纹精美之匜。

四、山 陜

卷三："白云在天，山陜自出。"陜下郭注云："陵字。"案验以金文，《陵方罍》陵作🐾，《散盘》陵作🐾，传文原简殆作🐾或🐾，确系陵字。荀氏不识，遂楷写作陜，右半似从山、人、心矣。

五、迁

卷三："嘉命不迁。"迁，亦见卷五，当即遷（迁）字之省。《汗简》卷上之一廾部有🐾释仙（即僊），《古文四声韵》卷二仙韵遷作🐾，可证。又，《何尊》遷作🐾，《三体石经》（僖公）遷作🐾，所从之覀均省卩。

六、瀺 瓄

卷三："天子北游于瀺子之泽，智氏之夫献酒百□于天子，天子赐之狗瓄采。"瀺、瓄字不识，瓄又见于卷四，称玲瓄。按瀺当是浸之异构，简文作▦，左上之又移于右下则为▦。《汗简》卷中之一宀部▦释浸，《古文四声韵》卷四沁部浸作▦▦▦，可为参证。小篆作▦，简文省宀。瓄，疑系璋字之讹。考从玉之字，其右半部分中笔下垂而可弯曲者，唯有章。章，《曾侯乙镈》作▦，《颂鼎》作▦，《史颂簋》作▦，楚帛书作▦，信阳楚简作▦，《石鼓》作▦。简文之璋或作▦若▦，章之顶部若有残损或墨色浅淡，模糊不清，则易误认为▦，再加隶定，楷化，便成瓄了。狗璋采，当是器物之名或玉名。又，卷四有"瓄采"，瓄疑亦璋之异体，偏旁圣实系王即玉。

七、遵

卷三："甲辰至于积山之遵。"末字不识。案此字所从之▦实象一人形即▦，其顶非从山，下亦不从刀。简文原字殆作▦或▦▦当是道字之繁。道，《散盘》作▦，《曾伯簠》作▦，可为佐证。

A、浚、氾

卷四："乃遂南征，东还。丙戌，至于长浚、重氾氏之西疆。丁亥，天子升于长浚，乃遂東征。庚寅，至于重氾氏。"浚、氾二字不识。重氾氏又作重氏。按㴌之右旁实不从山。当与火连作☒若☒或☒，乃深之所从。深，《汗简》卷中之一宀部作☒，之二火部作☒，《古文四声韵》卷二侵韵作☒☒☒诸形，其中☒录自古孝经，与简文最为接近。是简文㴌，原字当作☒，实深字之异构也（省宀）。☒之右半所从舌（一本作击）乃是玉。玉，甲骨文作☒☒，《说文》古文作☒，《汗简》卷上之一玉部诸字所从皆作☒。☒之左右羡画向底部靠近则作☒，设书写不慎则作舌若击或击矣。是☒或☒即瑝字无疑，当是从玉邕声。此字《说文》失收。

九、鰢

卷四："天子觞重☒（瑝）之人鰢黧，乃赐之黄金……鰢黧乃膜拜而受。乙丑，天子东征，鰢黧送天子至于长沙之山。"鰢黧数见，据上下文，知为人名，角即角，鰢即鳏，字亦见曹全碑"抚育鳏寡"，《北海相景君铭》"元元鳏寡，蒙祐以宁。"清顾蔼吉《隶辨·山韵》："鳏，即鳏字，变鱼从角。"（《汉语大字典》第六册页三九三一引）按据传文，知战国即有鳏字，与训"鱼也"的鳏本不同字。偏旁角古文字多作☒☒之形，稍变其形则作☒☒，复与鱼近，后人不辨，遂与从鱼之鳏相混，而赋鳏以"男子无妻"之义。

十、斬

卷四："䣙伯絮觞天子于澡泽之上，斬多之汭。"斬字不识。按此字本为会意字，四、人、戈三者当连为一体，作☒，即伐之异体（甲骨文有☒☒诸形，《甲骨文字典》亦释伐，可证）。复加义符斤（斧也）作☒或☒，强调其杀戮之义。是斬本伐字之繁，荀氏予以割裂而隶定，遂致不可识。伐多，当是古水名。

十一、防

卷五："乃宿于防。"防，当即房，从户、方声。小篆作房，简文易上下结构为左右并列，是为小异。《汗简》卷下之一户部房即作防，《古文四声韵》卷二阳韵房字下收防防防三形，均与简文同。

十二、关于古文异体

卷中保留不少古文异体，致使一些普通文句亦有疑难之处，于一般读者颇为不便，于古文字研究却有参考价值，可据此了解战国魏地的一些用字习惯。兹将卷中所见古文异体字摘录如下（据《汉魏丛书》本）：

峕（峙） 珤（寶—宝） 於乎（嗚呼） 塋葵（葬） 喪（喪） 亓丌（其） 虘（虛）

其中最常见者为珤、丌二字。

十三、关于缺文

卷中缺文颇多，不论缺字多少，概以方框为志。但卷一之首"饮天子蠲山之上……"，卷五之首"寶处，曰天子四日休于濩泽……"，卷六之首"之虚皇帝之间乃□"显非该卷首简，却并无标志。疑当年整理之时已有错简。即以今本所见方框示缺处而论，亦有两种情形值得研究。

一为文义完整，上下相接，中间不当有缺文者。如卷三之首段："吉日甲子天子宾于西王母，乃执白圭玄璧，以见西王母，好献锦组百纯，□组三百纯。'西王母再拜受之□乙丑天子觞西王母瑶池之上……"这段文字，标有两处缺文。按依文例，"组"上仅缺一字，或系字迹模胡，笔画残缺以致不可识者。"乙丑"前之空缺则颇可疑。"西王母再拜受之"与"乙丑天子觞西王母于瑶池之上"二者句意均完整、不当有缺文。且"吉日"至"受之"计四十字，恰好写满一简，不当云"缺"。甲子与乙丑干支相继，事亦相续，不当云缺。又，"乙丑"以下至"西王母之山还归丌□"凡一百十二字，可写三简。据此推算，此卷首四简前后相续，中间仅有一字残损不可识，但并无缺文，只是第四简简足残去，约八字。今本"受之"与"乙丑"间之方框当非荀氏黄纸本所有，而系后世传抄之误。再如卷五："……十虞。东虞曰兔臺，西虞曰栎丘，南虞曰□富丘，北虞曰相其，御虞曰□"依文例，東西南北四虞依次而言，"曰"下均应为二字，"南虞曰富丘"辞意已足，曰下不当有缺文。疑此处适为竹简编组处，以组绳朽断，留有痕迹，遂误以为文字而不可识，于是缺之。此论若然，则卷中当不止此例也。

一为据上下文可判断所缺字数甚或可予补足者。除上文涉及者外，下列文句中所缺即皆仅一字：

1. 卷一："癸丑天子大朝于燕□之山河水之阿。"同卷云"河宗伯夭逆天子燕然之山……"，知此处"燕"下所缺必为"然"字。

2. 卷二："献酒百□于天子。"郭注：百下脱盛酒器名。按同卷有"献酒千斛于天子"之语，知此所缺当亦为"斛"字。又卷三："智氏之夫献酒百□于天子。"所缺亦为斛字。

3. 卷二："曰春山百兽之所聚也，飞鸟之所楼也。爰有□兽，食虎豹如麋，而载骨盘□，始如麤小头大鼻。爰有赤豹……爰有白鸟……"兽上盘下皆一字之缺，兽上当为"青"、"黑"之类颜色字，盘下则当为"盂"字，盘盂连文，古书恒见。

又如卷一"天子之宝万金□宝百金士之宝五十金"句，万金之下诚如郭注所言，所缺当为"诸侯之宝千金，大夫之"九字。

至于无法确定所缺字数者，如卷一"乙丑天子西济于河□爰有温谷乐都"、"用伸□八骏之乘"、"民□氏譬□何谋于乐"等，前后文义不贯，自然难以读懂读通。遇有此类缺文，不可强为之解，唯有俟诸异日新资料的发现或出土，俾得比较研究而通读之。

十四、待　问

荀氏根据简文形体结构以楷书写定而留待后人辨识之字约四十余，本文所论不过四分之一，至今不识者尚多，谨录之以俟高明：

漆 蕢（疑蔓） 无 瓆 衒 氩 简 嵐（疑阆） 纐 鼺 齨 蘢（郭注：古骥字） 卤 囪 殈 偮 謟 臩 豒 戠 逇 毯 曹 襚 璃 鬻 槀 阋（即窓疑亦宁） 龌（丛刊本作粓） 皀（扈？）

1992 年 10 月初稿
1995 年 7 月修订

附记：本文曾在中国古文字研究会第九次年会上宣读（1992.11，南京）

（原载《中山大学学报》1996 年第 3 期）

包山楚简研究

湖北荆门包山楚简文字极有特色。作为战国楚简文字，它具有战国文字所共有的特征，如一字异形，笔画简省增繁并存等，人所共知，毋庸多说。但细观包山简文，即不难发现，其字体结构、书写风格确是另有其特点，它既不同于河南信阳、湖南长沙两地楚简，也有异于同一地区的江陵望山的楚简，在楚地文字中可谓别具一格。许多字的写法，是这批竹简所独有的。最突出的是干支字，尤其显得多姿多彩，极为引人注目。

天干十字，包山竹简除丁、庚二字较少见外，其余八字均屡见。甲字与甲骨文之报甲及金文兮甲盘、甲盉、弭叔簋诸器之甲相似，几无例外，而且均以四笔写成田田，或缺上面一笔，则成凵；有的中间"十"与四周相接，与"田"亦相近。又由于书于竹简，右侧适当简边，以致上下两笔不相接而呈田匚诸形。甲与田之别，主要在于前者右边不封口而后者上下两笔于下面相接仅左上角起笔处略有间隙。甲字在包山简中出现近百次，至为醒目。乙字多作乙乙形，收笔均向上，偶作乙，有如韩非所谓"自环为厶"之状。丙字多作丙，增口，与望山竹简同，偶作丙（丙辰：丙丙225①），为特殊写法。丁字三见，作刀刀形。戊字除作戊外，又常作戊戊戊，亦为特殊写法。己字或两笔书就作己己，或分三笔：己己，区分至为明显。庚字仅三见，用作天干者二，分别作

---

① 此指《包山楚简》第225简，下同。《包山楚简》，湖北省荆沙铁路考古队编，文物出版社，1991年10月第1版。本文所引包山楚简文字皆出此书。

䍒䍒。辛字屡见，多作䍒，末笔（一短横）稍变肥厚，则成䍒 䍒状。壬字以王形居多，中作短横，偶作王，亦作王或壬状。癸字亦常见，作䍒䍒䍒等状，尤为此批竹简之独特写法，若非有地支字与之搭配，直不知其为何字矣。

地支十二字，包山楚简共见十一个，缺首字"子"（包山楚简只见子某或公子某之"子"）。这十一个地支字的写法，也有不少是这批竹简所特有的：如卯作䍒䍒䍒；辰作䍒䍒䍒䍒䍒䍒䍒诸形，异体至多而皆增日；已作䍒䍒或䍒，首部或虚或实；午作䍒䍒䍒；申作䍒䍒䍒；酉作䍒，中从木，或作䍒，移木于䍒上，偶亦作䍒；戌多作䍒䍒，或作䍒，则与楚帛书同；亥作䍒䍒䍒䍒诸形。

包山楚简大部分为文书与卜筮祭祷记录，多具记事性质，记时则必称某某之岁某月某日，一月之内复以干支序其先后，故干支字实为这批竹简之常用字，其使用频率为目今所见楚文字资料中最高者。

为醒目起见，兹将包山楚简所见干支以"甲子—癸亥"为序列为一表，以便观览（见附图一：包山楚简干支表）。由此干支表可见，从甲子至癸亥六十日中，包山简共出现甲日五个，乙日六个，丙日五个，丁日两个，戊日五个，己日六个，庚日一个，辛日五个，壬日五个，癸日六个，共四十六个干支日名。每一干支日名，一般都有几种写法。

令人感到奇怪的是，尽管使用频率甚高，但这批竹简中不见五"子"——甲子、丙子、戊子、庚子、壬子；丁、庚二字亦甚少见（仅见丁巳、丁亥、庚午三日）。这究竟是由于材料本身尚不够丰富以致未见出现呢，还是与当时楚地风俗或宜忌有关，颇值得作进一步的探讨。与此相关而可资参考的是，楚帛书有"壬子"与"丙子"，见于丙篇，云"壬子、丙子凶。"《淮南子·天文训》曰："壬子干丙子，雹。""丙子干壬子，星坠。"此可为帛文所言"凶"之注脚①。又，江陵望山一号楚墓有"甲子"，凡五见于残简，其二称"甲子之日"，其一称"甲子䍒"，似有乖异之意。如是，则"子"日在楚地或为不吉之日，故楚人著名籍、诉讼、受期、卜筮祭祷均避之。这样的

---

① 参见曾宪通《长沙楚帛书文字编》，中华书局，1993年2月第1版，第9页。

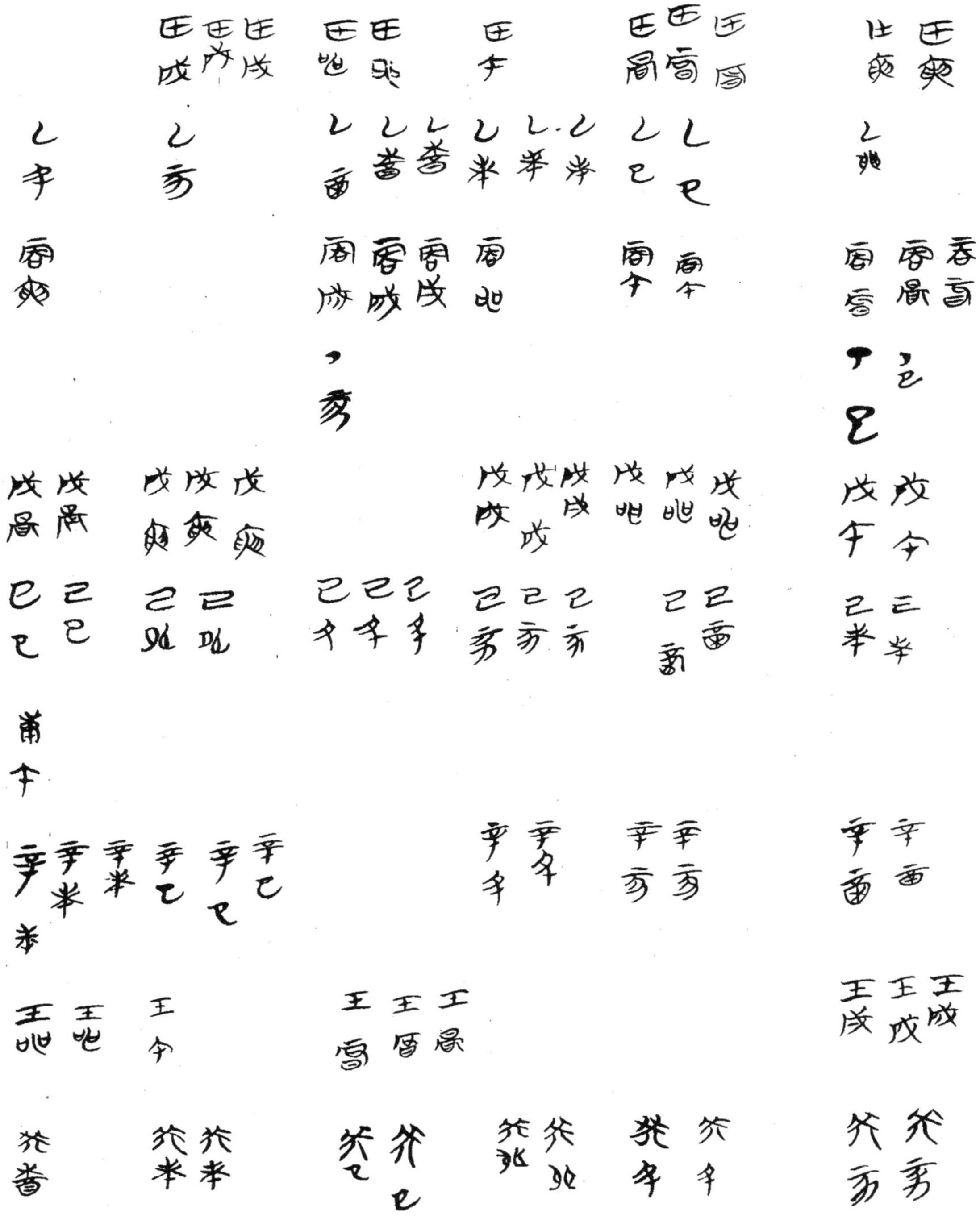

附图一　包山楚简干支表

解释当然算不得圆满。笔者目前只能揭示这一古怪现象，提出来向民俗学家和古史专家请教。

二、关于合文

两种合文形式同时并存，此亦包山楚简特色之一。古文字合文常见，甲骨文及早期金文皆无合文符号。至战国，则多用合文符号，即以二短横示之，与重文符号同，须据文义辨之。楚简亦多见之。包山楚简不仅合文数量多，而且同为合文，既可施二短横以示意，亦可不加符号，二者并存。其施合文符号于右下角者，以之岁、之月、之日、小人、大夫、十月为最常见：

二字合文而无合文符号者，如一夫作☒，分别见于第3、7、8、10诸简（第142简析书作☒，可证）；之人作☒☒，分别见于第176、177简。第149简"一邑"七见，"一赛"四见，均合文，分别作☒☒之形而无符号标志。第228简"之月"三见，均合文，其一即无合文符号（此亦可能属遗漏）。有一些词语，在包山简中只见合文形式而无析书形式，除上述"一邑"、"一赛"外，又如"小人"一语，分别见于第120、121、125、136及140—145（反）各简，计十六见，皆合文，无一例外。其中第144简，"小人"五见，其四作☒，其一作☒，右下角与左下角各施二短横，乃合文而兼重文形式，尤为此包山竹简所特有者。再如"十月"一语，分别见于16反、43、44、47、59—62、64—76、98、140、176、190、193等简，皆合文，作☒☒☒诸形，无析书者；"大夫"一语，分别见于12、15、41、65、94、128、130、141、157、188诸简，皆合文，作☒☒☒等形，亦不见有析书之例。这种只合不分的书写形式，当是该地（荆门）"约定俗成"而通行的一种书写习惯。

既然合文与析书并存，且合文之标志符号亦可有可无，那么，循此以求，不能排除有一些合体字实属二字合文而未加合文符号的可能。易言之，当还可能辨认出一些无合文符号的二字合文来。如第205简云："能祷於邵王🔲，大🔲，馈之。"邵王下一字释文径释为犧，无说。今按此实戠牛二字合文，唯无合文符号耳。第203简云："能祷於邵王戠牛馈之"，文例与此同；又224简称"与祷於新王父、司马子音，戠牛馈之"，214简称"赛祷邵王，戠牛馈之"，240、243简称"🔲祷邵王，戠牛馈之"，戠牛二字析书，可为证。202简亦有🔲，与貓连言，亦以视为戠牛合文为宜。又如237简有🔲，243简作🔲，皆称"🔲祷大水一△"，释文释为膚。237简又有🔲，释文释为𦠫。考释引《仪礼·少牢馈食礼》"雍人倫膚九"为说，谓"𦠫似指羊的脅革肉"。按上引🔲🔲下部从牛甚明，释膚于形未安，疑系膚牛二字合文。膚牛，当与直牛、戠牛同例，为牛之一种。即便不以合文目之，亦当释为犧，与𦠫分别是牛、羊之"脅革肉"也。

包山楚简中较普遍的情况是，一些常用词语，如之岁、之月、之日、躬身、享月、夒月、之所等，既可合文，亦可析书，两者并存，而采用合文抑析书形式书写，则全取决于书手的习惯或爱好。细读简文，不难明白，为何若干相连之简合文甚多，而另一组简文竟无一例合文：此乃书手不同之故也。这，在卜筮简中最为显著。

卜筮简（197—250）共五十四简，从内容看，可分为若干组，每组一简至五简不等。而从字体结构、书写风格看，则显系出自众手。197—208十二简似为一人所书，这些简中之岁一般不合文，之月、亯月、躬身、白犬多作合文形式，仅个别析书，戠牛合文析书并见。书体一般较紧凑，篆意亦浓。而从209简起，以至217简止，凡九简，即为另一番情形。这九简所记乃无緅致胙于戉鄒之岁夏層之月乙丑之日事，其中之岁固然不合书，之月、之日、白犬、躬身、戠牛等语亦均析书，不见一例合文。这九简笔画较粗、字体较大、字距虽疏密不等，各字却均匀称，风格一致，可视另一人所书。218—225凡八简，所记为同年夒月己酉之日事，之岁合文，之日或析书或合文，夒月皆析书，字体风格前后亦有异，可能系二人乃至三人所书（可细分为三组：218—220，221—223，224—225）。前后相较，中间九简便显得格外与众不同了。

第 226—248 简，凡十组二十三简，所记皆为"大司马悼愲将楚邦之师徒以救郙之岁䊷屎之月己卯之日"卜筮祭祷之事，有的恣肆奔放，信笔书写，熟练之中给人以浓笔重彩而又快捷舒畅之感；有的则循规蹈矩，一笔一画之间给人以轻盈秀丽、一丝不苟之感，前者有如后世之行书，后者有如后世之楷书，粗粗区分，至少为两人所书：甲：226—227，232—238，245—248；乙：228—231，239—244。表现在合文方面，两人书风亦有明显差异。书手甲（姑亦以甲乙名之），凡之岁、之月、之日均合文书之，其合文符号多作粗壮之肥笔；书手乙，之岁二字均析书，之月二字或合书或析书，仅之日二字皆合书，而合文符号多作均匀之两短横。试以 226 与 228 简为例，比较如次：

包山楚简保存了大量的战国楚人的手写体文字，而且保存了当时（公元前 322—316 年）当地（今湖北荆门）各个书手（或当称书家）的书风，个性鲜明，异彩纷呈，这是它有别于其他楚地竹简之所在，也是令今日读者分外重视、喜爱的重要原因之一。

三、隶变的趋势

隶变非从小篆始，随着云梦秦简的出土，已成定论。但它究竟从何开始，还有待深入研究，目前尚无一致的意见。在这方面，包山楚简这些手写体文字，也给人以有益的启示：隶变现象实际上在战国中晚期已经萌芽。因为这批竹简文字虽然仍属于篆书范畴，但却已清晰地显示出了由篆变隶的趋势。在一些书手的笔下，许多字的结构虽仍不得不遵循篆书的规矩，但从运笔特别是起笔收笔看，或重起轻收（多数），或轻起重收（少数），不仅有波势，有挑法，而且横画有顿，纵笔多呈弧形，弯斜之后顺势有提钩，实际上已极少篆意。有些字甚至连结构也不循篆书规矩，而开后世隶书之先河了。如3简的少、玉、之等字，12简的大夫（合文）、子等字，56、60简的司字，62简的下字，90简的少字，106、109、110、111、112、113、114等简的金字，126简的大夫（合文）、父字，138简（反）的可字，189、190等简的加、公等字，220简的下、吉、少等字，226简的王、吉、少、上等字，以及常见的之月（合文）、九月、八月等，都足证明这一点。（见附图二：隶变趋势举例）

这种隶变趋势，也同样体现在前引干支字中。像甲、乙、戊、己、辛、癸、丑、寅、午、未、戌、亥等字，也都是徒有篆书之框架而无多少篆意了。（见前附干支表）

再从个别书手"草率急就"而成的简文看，当时民间或半官方的手写体确以快捷为原则，而很少考虑其是否符合篆书笔法、原则。157简堪称典型，此简正面五十六字（合文一，重文三），反面十七字，共七十三字，无论从结构或用笔哪个方面看，都是篆意甚少而隶意颇多。

当然，这种隶变的趋势并非在其他楚地文字中一点不存在。郭沫若先生、饶宗颐先生在论及楚帛书时，曾先后指出，帛书文字"体式简略，形态扁平，接近于后来的隶书"；"帛书结构在篆隶之间，形体为古文，而行笔则为隶势"[①]。最近，曾宪通同志在论及湖南楚帛书和楚简文字书法时又着重指出：长沙简帛文字起笔重而收笔轻，笔道富有弹性；用笔方圆兼备，灵活多变，结

---

① 郭说见《古代文字之辩证的发展》，《考古学报》1972年第1期；饶说见其与曾宪通合著之《楚帛书》，中华书局香港分局，1985年9月出版。

体不平不直,内圆外方;波势挑法已见端倪①。这些见解无疑都是正确的。相比之下,可以说,包山竹简之隶势更为显著,与后世隶书更为接近。这是无可争辩的事实。这一客观事实表明,设若七雄争战中不是秦灭六国而是楚灭六国,以楚文字为基础统一文字,或因势利导,顺其自然,或以行政力量推行,"罢其不与楚文合者",则汉字同样会走上隶变的道路,绝不会停留在"大篆"或"古文"阶段,这是可以断言的。如其这样,则汉字发展史以及文字学自当改写了。

四、仆、见日与小人

包山楚简文字,对汉语词汇史的研究也颇为重要。简文词汇丰富,有的为某些词语的"源"提供了更早的书证,有的可与时代相若的传世文献互证,有的是简文所特有的新词,空前绝后,可补文献之不足,尤为珍贵。这里要谈的作为谦称的"仆"、"小人"与作为敬称的"见日"便是一例。

（仆），《说文》云:"给事者,从人菐,菐亦声。"古文从臣作𦦪。甲骨文是否有仆字,尚有争议。金文仆字屡见,结构与小篆同,不见有从臣者。包山简仆正作𦦪𦦪,从臣,与《说文》所载古文同。文献有臣仆一语,《春秋公羊传·襄公二十七年》:"则是臣仆庶孽之事也。"注:"臣仆,从者也。"或称仆臣,《书·冏命》:"仆臣正,厥后克正,仆臣谀,厥后自圣。"扬雄《太仆》:"仆臣可驾,敢告执皂。"疑本作𦦪或𦦪,实一字,汉人误读,乃有仆臣或臣仆

---

① 曾宪通《湖南楚帛书和楚简文字书法浅析》,稿本,将刊于《西泠艺苑》。[按,该文后改名《战国楚地简帛文字书法浅析》,提交长沙三国吴简暨百年来简帛发现与研究国际学术研讨会（2001年8月16—19日）,并收入《长沙三国吴简暨百年来简帛发现与研究国际学术研讨会论文集》（中华书局,2005年）,又收入氏著《古文字与出土文献丛考》（中山大学出版社,2005年）和《曾宪通自选集》（中山大学出版社,2017年）。]

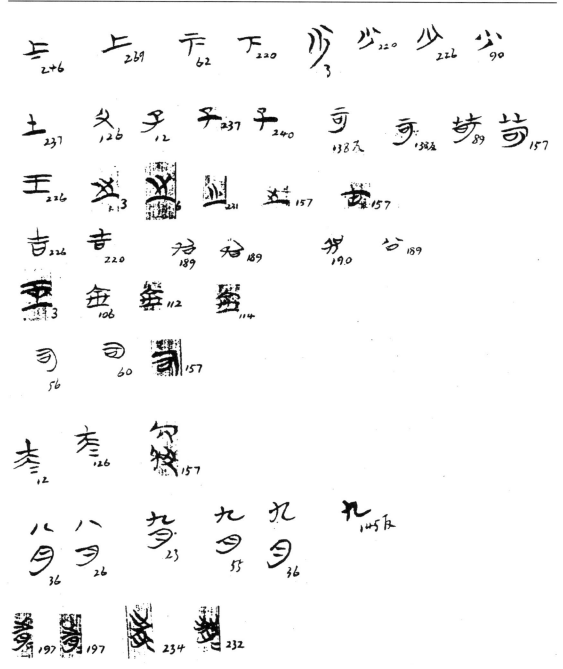

附图二　隶变趋势举例

之语。论理，包山简之🗚亦有仆臣二字合文之可能，但既不见"仆臣"析书之佐证，其下又无合文符号，故仍以理解为"从臣从仆"（增形符以表意）为宜。

简文"仆"为言者谦称，与表示尊称之"见日"相对，见于同一组竹简。试观以下文例：

（1）仆五师宵馆之司败若敢告见日：邵行大夫叴夸执仆之倌登虏……而无古（故）。仆以告君王，君王諨仆於子左尹……不敢不告见日。（15—17）

（2）秦競夫人之人余庆坦尻陰郂之东鄭之里，敢告于见日：阴人苟冒、趄卯以宋客盛公🗚之岁習屦之月癸巳之日并杀仆之兄昒，仆以诰告子郚公……仆不敢不告於见日。（132—135）

（3）仆军造言之，见日以阴人余庆之告諨仆，命遷为之剘（断）。……见日命一执事人至（致）命，以行古漱上恒，仆徛之以至（致）命。（137 反）

例（1）仆与五师宵馆之司败若为同位语，司败为官名，若为人名。例（3）仆与军亦为同位语，军即他简之湯公競军。若、余庆、军均自称仆。此三例皆见于文书简（例〈1〉为集箸言，〈2〉〈3〉为刑事）。目下所见各类语文工具书，如《辞源》、《辞海》、《汉语大字典》以及日人所编《大汉和辞典》，仆字条下均有"谦称"或"谦词"这一义项，所引书证，莫不以《汉书·司马迁传》所录《报任安书》诸"仆"为源[①]。但《史记·太史公自序》则自称太史公而不称仆，与《汉书》异。与司马迁有关的是，其外孙杨恽（字子幼）《报孙会宗书》："故道不同，不相为谋，今子尚安得以卿大夫之制而责仆哉！"（《文选》卷四十一）是从文献言，汉武帝以后，"仆"方用为谦称。今得新出土之包山楚简，则知此谦称之用，实由来已久，可上溯至战国矣。

---

① 《报任安书》中司马迁自称仆，其例至多。兹摘引若干例如下：仆非敢如是也/若仆大质已亏缺/仆又薄从上上雍/仆闻之/仆赖先人绪业/乡者仆亦尝厕下大夫之列/仆少负不羁之才，长无乡曲之誉/仆以为戴盆何以望天/夫仆与李陵俱居门下/少卿视仆于妻子何如哉/况若仆之不得已乎/仆窃不逊/仆诚已著此书/仆以口语遇遭此祸。

"见日"一语，不见典籍，亦不见于其他出土文献。以简文文义度之，乃是"仆"所谒见告状，可与君王相见，地位颇为显赫者。编者云"从简文内容看，指左尹"，可信。左尹既可传王命，王也直接向左尹交代需办之事，当系楚之大臣。日，古可喻帝王。《礼·昏义》："故天子之与后，犹日之与月。"《史记·魏其武安侯列传》："魏其之举以吴楚，武安之贵在日月之际。"皆以日、月分喻皇帝皇后。后世又有"日兄"一词，为帝王之弟妹称呼帝王之语，又以日君喻君主，以日毂喻帝王车驾，以日边喻帝王左右或京都附近，以日下喻京师，以日月相（肩胛红痣）为极贵之相，以日重光喻太子，以天无二日喻国无二主，土无二王等，都说明自汉以来，日可指君王。见日，意即可经常见到君王的人，实即指君王左右之大臣。左尹被尊称为见日，也从另一侧面反映其地位之高。按理此语不应为包山楚简所独有，相信在今后新出土的古文字资料中还会有所发现。

"小人"一语，文书简（疋狱）所屡见，且皆合文书之（说见前），亦为诉讼者之自称。试录简文数则于下：

（4）……下蔡山阳里人邻倖言於昜城公羗罪、大渔尹屈遨、郫昜莫嚣臧㿝、余羸。倖言胃（谓）：小人不信㹂马，小人信卡下蔡㘝里人雇女返、东邻里人场贾……（121）

（5）东敔公余卑、敔司马阳牛皆曰：郘昜之酷侚黄齐黄䵣皆以甘固之臭月死於小人之敔，邵戊之笑邑。（125）

（6）东周之客无绖归柞於栈郢之岁，十月辛巳之日罩□尹酉䈞与劉判君之司马奉为皆告城，言胃（谓）：小人各政於小人之地，无譓。（140）

（7）……秦大夫怼之州里公周瘀言於左尹与鄬公赐……瘀言曰：甲辰之日小人之州人君夫人之敀愴之徇一夫，遊趣之州迚，小人㭒（将）敦之，夫自伤，小人女獸（兽—守）之，以告。（141—142）

（8）臭月乙巳之日，鄝或鷖敔郫君之昜邑人黄钦言於左尹与鄬公赐……钦言曰：郘迨尹僑执小人於君夫人故愴，甲辰之日小人取愴之刀以解小人之桎，小人逃至州迚，州人㭒敦小人，小人信以刀伤，州人女以小人告。（143—144）

（9）九月甲申之日司豊之客须□箸言谓：小人以八月甲戌之日余月寋之諴人□□贆曾客之□金十两又一两。（145 反）

上引简文表明，诉讼中自称小人者有两类人：一为无官无职者，如里人邦倄、邑人黄钦；一为位卑职微者，如东敔公余卑、敔司马阳牛、州里公周瘀、司豊之客须某。简文所谓小人，有如后世百姓见官於公堂之上自称小民、草民，衙役小吏言于县令知府自称卑职、属下，自属谦称。

先秦典籍中小人一语屡见，但均含贬义，如《书·无逸》："高宗时，旧劳于外，爰暨小人。"《易·系辞下》："小人不耻不仁，不畏不义。"《论语》尤多以小人与君子对举，视小人为卑微不足道、无道德理想可言之贱民。樊迟欲学稼、学圃，即被孔子骂为小人（《子路》篇："小人哉樊须也。"）。孔门弟子无一人自称小人者。与包山简"小人"之义相近者，则见于《左传·隐公元年》："颖考叔为颖谷封人，闻之，有献于公。公赐之食，食舍肉。公问之，对曰：'小人有母，皆尝小人之食矣，未尝君之羹，请以遗之。'" 此为颖考叔与郑庄公对话时之谦称，惜仅一见，颇有孤证之嫌。

战国中晚期楚地下级官吏谦称仆或小人，尊称地位显赫之官员为见日；无官职之平民里人，面对官员则谦称小人——这是包山楚简给人们的又一新知识。

五、特殊的记数方式

古汉语事物数量的表示方式，一般可分三种，即一、数词置名词前，不用单位词（或称量词），如五牛，三羊，十牢；二、置数词于名词后，亦不用单位词，如牛五、羊三、豕一；三、数词置名词后，再加单位词，如马四匹、贝十朋。与此相关者为零数表示方式，古汉语一般也有两种方式，一为整数与零数间加又（㞢、有）字，如十又六人，旬又二日，十有二年，二为直接结合，不加又字，如十二月，七十二君，十八益（镒）。对此二者，王力《汉语史稿》、《汉语语法史》及潘允中《汉语语法史概要》等书均有详细叙述，验诸传世文献及以往出土文物皆然。关于前者，包山竹简常见的形式是数词置名词前不用单位词，如：五牛、五豕（246），一白犬（208，233），二卵缶、二迅缶、一汤鼎（265）；亦有数词置名词后且加单位词的，如：備玉一环（213），黄金四益（镒，112），黄金五益（117），黄金十益（105、106、108、109），足金六匀（钧，129）；至于数词置名词后而不用单位词的形式，则极少见，仅得一例：

……登人所渐（疑用作斩）木四百先（疑为"失"之误）于郑君之地……其百又八十先于□地……（140 正、反）

关于零数的表示方式，包山楚简颇为奇特：整数与零数之间不加"又"，而在整数与零数之后均加单位词，其例不少，兹录之如次：

越异之黄金三十益（镒）二益（107）
越异之黄金十益一益四两（111）
越异之株金一百益二益四两（115）
越异之金十益一益四两（119）
凡二百人十一人（137）

这种表示方式，既不见于传世文献，亦不见于卜辞、金文；前出各批楚竹简亦无如是用法，当是战国时期楚地特殊的方言现象，值得治汉语史及方言学者关注。

至于整数与零数之间加"又"者，也有整数与零数后各加单位词之例：

……金十两又一两（145 反）

此种形式，亦见于曾侯乙墓竹简（如第 120 简："凡**轩**车十乘又三乘。"），同样值得治汉语史及方言的学者关注。这种语言现象，在汉语发展史上犹如昙花一现，未能为历史所继承，而为历史所淘汰了。

六、方位词的排列次序

方位词东、西、南、北，如并见一辞（一简、一铭），其排列次序如何，亦是饶有趣味的问题之一。今人常称"东南西北"，或"东西南北"，以东为首，乃自甲骨文以来之传统次序。甲骨文四方风名（《合》14295）、四土（《粹》907）、四戈（《甲》622）均有同见一版之例，皆以东、南、西、北为序，以东为首。《佚》956（《戬》26、4）贞四方受禾，其次序为东、北、西、[南]，亦以东为首。西周以至战国金石文字未见有东、南、西、北并见同一铭刻之例，而今于包山楚简中得之，且其排列次序与甲骨文大异。简文云：

（10）□□之田，南与**郙**君佢疆，东与**蔆**君佢疆，北与**鄝易**佢疆，西与**鄱**君佢疆。（153）

（11）王所舍新大厩以**雩蘆**之田，南与**郙**君执疆，东与**蔆**君执疆，北与**鄝易**执疆，西与**鄱**君执疆。（154）

两简相连，所言皆为某某之田四方之疆界，而方位之次序皆为南、东、北、西。此二简完整无缺，文意亦至为清晰，它说明楚人的方位观念实乃以南为首，与商代以东为首者异。首者上也，始也。这与楚地出土古图以南为上的情况正好相合①。此二简也为楚帛书的摆法应"以南为上"，即以八行为正，十三行为倒，提供了新的佐证，证明李学勤、饶宗颐、曾宪通等先生之说

---

① 参见李学勤《论楚帛书中的天象》，《湖南考古辑刊》第 1 集，1982 年。

可信①。

　　东南西北，为顺时针一周；南东北西，则为逆时针一周，二者刚好相反。荆楚文化颇多特殊处，此方位之次序，亦其一也。那么，楚人为何以南为上？这是有待进一步探讨的问题。可以指出的是，这种观念可能与楚人居处南方而又自高自大——问鼎及自称为王是其表现形式——的传统有关。但不管怎么说，荆楚终究不敌华夏，仅见于楚竹简的"南东北西"也终究敌不过"东南西北"，为历史所淘汰了，从商代开始的以东为首的观念成了几千年来中华民族根深蒂固的传统观念之一。

七、简文考释拾零

　　《包山楚简》面世后，就文字考释与之商榷的文章颇多，有的在学术会议上宣读，有的已在刊物上发表②，这也反映了学者们对这批竹简的重视。这些商榷性文章大都言之有据，有助于对简文的正确理解；有的与原释不分上下，原释虽非，新说亦未必是；也有的是原释正确而被目为错误的。对于后者，有

---

① 饶、曾之说见二人合著《楚帛书》，中华书局香港分局，1985年9月出版。李说见《论楚帛书中的天象》一文。
② 在中国古文字研究会第九次年会（1992.11，南京）上，关于包山楚简的论文有十余篇，其中专论文字考释者有：黄盛璋《〈包山楚简〉辨证、决疑与发覆》，汤余惠《包山楚简读后记》，黄锡全《〈包山楚简〉释文校释》，刘钊《包山楚简文字考释》，李天虹《〈包山楚简〉释文补正35则》。会后汤文刊于《考古与文物》1993年第2期，略有删改。
　在第二届国际中国古文字学研讨会（1993.10，香港）上，关于包山楚简考释的论文有：曾宪通《包山卜筮简考释（七篇）》，李家浩《包山楚简研究（五篇）》，袁国华《〈包山楚简〉文字考释》，陈松长《〈包山楚简〉遣策释文订补》。
　在刊物上发表的论文，则有刘信芳《包山楚简遣策考释拾零》，林沄《读包山楚简札记七则》，夏渌《读〈包山楚简〉偶记》，分别刊于《江汉考古》1992年第1、4期，1993年第2期。

必要予以辩正。此外，还有一些字的考释不尽妥当而未见有商榷者，也须加以讨论。兹就管见所及，简述如下：

㕢 2，3 释文（指《包山楚简》一书之释文，下同）照录其形，考释（即该书之考释部分，下同）谓"地名，字不识。"态度谨慎。或以甲骨文粦作 燊 燊 为据，谓简文左旁为从粦省。按此字左旁分明从大，上加八。甲骨文从八者屡见，多加于豕、鱼、虎、隹之上（具见（《甲骨文编》、《甲骨文字典》），究属何义，至今不明，也有可能是羡画，无义。此字之八如属羡画，则以释㕢为是，否则，仍当隶作㕢。或谓此象以刀分解人形，亦属臆测，不足信。

典 3，5，7，11，12，13，16 此字简文屡见，释文释典，正确；考释隶定为 棥，似上半从林，则非。或谓此乃箕字，读为籍，尤非。按简文实从册从丌，非从林，中山王𧵦壶嗣字所从之册作 ᵐ，可证；望山二号墓楚简"车舆（舆）器之典"作 典，与此近是，所从亦为册而非林。

邔 22 释文释郘，不误。字亦见鄂君启节舟节。或谓当释鄂。按此字从邑从巳不从云，古文字云巳二字区分至为清楚。金文巳作 ㇏ ㇏ ㇏ 诸形，首部作空廓状，简文多作 ㇏，与金文同；间作 ㇏（辛巳，34），首部填实，则与此字之所从同，可为佐证。

徿 142 𦒞 144 释文照录其形，无说，谨慎。或谓二字当系一字之异体，甚是；唯谓"所从之帀，为席字之省体"，字"可释遮"，则殊可疑。言帀为席省，是误认 丱 为 廿，再因席为遮省声而径释"从席省"之 𦒞 为遮，尤令人费解。今案此字之 帀 实乃市之异构，所从 丱 乃之而非廿，与席庶皆无涉。字当释迊。关于战国文字中的"市"，裘锡圭同志考证甚详①，可信。

冢 94 释文隶定为冢，考释作"冢，塚字"。或谓此即蒙之初文。按此字构形清楚，下从豕如为豕，上从 ⺕ 为尹（61 简尹作 ⺕ 可证），并不从 冖 或 冃，隶定之当为 豂，与冢蒙均无涉。简文云："苟𦙂讼圣豂之大夫軛㠯以赐田。"以文例推之，圣豂当为地名。

---

① 裘锡圭《战国文字中的"市"》，《考古学报》1980 年第 3 期。

🗎66 释文释串。按67 简有🗎（兹），此为其半而从两点，则为玄字。《汗简》卷上之二"玄"正作🗎🗎（分别引自碧落碑与华岳碑），可为参证。

🗎83 释文释合。按此乃會字异体。蔡子匜作🗎，會始鬲作🗎，趞亥鼎作🗎，楚帛书作🗎，可为参证。此中从曰，是为小异。简文曰："谓杀衰昜公會"，是为人名。又，此字亦见于210 简，作🗎，中从口，释文释會；又见于遣策，作🗎（259，263）与楚帛书同。

🗎88 释文释道。按此字构形清楚，右从各，当释徣（即徦，格也）。简文称"阳徣"，为地名。此字又见 94、159 简，作🗎🗎，释文、字表均释徣，不误。

🗎88 释文隶定作🗎，考释谓"䖵为蜀之省形"。案此字右半即蜀，并非省形；左半不从臣，而作🗎，实为今（从口为增饰加繁，与中山王鼎今字同构），侯马盟书作🗎，三体石经作🗎可证。是此字当隶定为🗎，即䗐，简文为人名。

🗎200 🗎202 🗎204 释文隶定作豟，正确；读作腊，可备一说。考释又以为即臘字，并引《周礼·天官》之"腊人"为"臘人"，引《仪礼·既夕礼》之"鱼腊鲜兽"为"鱼臘鲜兽"，则大误。腊（xi），思积切，昔韵心母；臘（la），卢盍切，盍韵来母，二者形音义皆有别。简文常称"哉豟"，与哉中同例，疑亦豕名，而与训干肉之腊无涉也。又，210 简称"遬祷社一全豟"，与"一全狶"同例，可证豟非指干肉之腊而乃豕名。

🗎22 释文释剔，谓"借作傷字"。按24 简有🗎，142 简有🗎，隶作傷；30 简有🗎，隶作剔；144 简有🗎，隶作戧，其义皆与傷同。《说文》："傷，创也。从人，𥏻省声。"又；"𥏻，伤也。从矢，傷省声。"是傷𥏻同义，唯孰为孰省则许君已懵然。《古文四声韵》卷二阳部傷即从矢作🗎🗎，而《汗简》又以𣥺为傷（引碧落碑）。甲骨文、金文皆无伤字。简文傷、剔、戧并见，义皆为伤。疑剔为傷本字，从刀、昜声，乃以刀致創也。从戈从矢者为异体（从戈或从矢与从刀同义，皆致創之器也），从人者为写讹，以古文字从刀与从人形近易讹（如旂鼎"初"字所从之刀即类人形）。《说文》之"傷"属后起，实从人，𥏻声，不当云𥏻省声。

䈰157 释文释籔。按此字既不从宀，亦不从戈，实乃从竹省，𠂇为竹之半也，同简筭字两见，所从之竹皆作艸，223 简"笿"所从竹作艸，可证。楚字从竹从艸者省其半常见。此字亦见鄂君启节，舟节作䈰，车节作䈰，商先生亦隶定为䈰，从竹，从箴省口，释䈰，即后世之箴。是简文此字亦可释箴。

冠219 释文隶定作冠，考释谓"从宀从元，读作冠。简文云：遣（归）△缛于二天子。"读冠似文义无碍。然此字上部从尹不从宀，字尚不识。遣策"相（箱）尾之器所以行"首列"一桂冠"（259），考释读为獬冠，亦属可疑。

凷237 凷243 释文释为山，无说。按此字从土在凵中，凷也。《说文》有此字："凷，墣也。从土凵，凵屈象形。塊，俗凷字。"（段注，据小徐本）是即今块字。

1994 年 5 月初稿

（原载《容庚先生百年诞辰纪念文集》，广东人民出版社，1998 年 4 月）

郭店楚简的启示
——读《郭店楚墓竹简》札记

1993年冬在湖北荆门市郭店一号墓出土的七百三十枚战国楚竹简（通称郭店楚简），共一万二千余字，均为传抄的儒道两家学派的著作①。就内容言，这批竹简的学术价值远远超过前此各地所出楚简，其于古文献及哲学史、思想史研究的重大意义已为海内外学术界所公认，短短数年间出版、发表的大量论著便是明证。就文字本身言，这批竹简大部分完整，字皆清晰可辨，且有上下文文义可考，为古文字学、文字学提供了极为丰富而珍贵的研究资料，其学术价值同样不容低估。在识字释义方面，海内外学人所刊论文也已琳琅满目，精采纷呈。笔者就诸家考定之字稍作推究，便觉得益良多，感触亦殊深。感触之一便是：战国楚地民间使用文字相当自由亦相当混乱，然而自由与混乱之中又显示出革新的活力和趋简避繁的总趋势。

---

① 荆门市博物馆：《郭店楚墓竹简》，文物出版社，1998年5月第1版。编者将这批竹简整理为十六篇：老子（甲、乙、丙），太乙生水，缁衣，鲁穆公问子思，穷达以时，五行，唐虞之道，忠信之道，成之闻之，尊德义，性自命出，六德，语丛一，语丛二，语丛三，语丛四。本文引述郭店楚简，均据此书而注其篇名，必要时注出该篇竹简编号，如《老子甲》1即指《老子》甲篇第1简。

一

　　郭店楚简有两个字特别引起我的注意："余"、"后",颇值得一说。

　　先说"余"。《太乙生水》14云："……者有余于下,不足于下者有余于上。"二"余"字既非人称代词,亦非姓,而确为后世"有馀"之"馀",无可争议。此字亦见于《成之闻之》36："君子曰:从允释过,则先者余,来者信。"又见于《老子乙》16："修之家,其德有余。"①

　　考甲骨文、金文未见"馀"字。战国楚地亦有余无馀,馀当属后起字（睡虎地秦简有之）。《说文》："余,语之舒也,从八,舍省声。"又："馀,饶也,从食,余声。""饶,饱也,从食,尧声。"段注："饶者,甚饱之词也,引以为凡甚之称。"桂馥《义证》："饶也者,《孟子》:'子不通工易事以羡补不足,则农有馀粟,女有馀布',通作余。《周礼·委人》:'凡其余聚以待颁物',注云:余当为馀,谓县郡畜聚之物。"可见汉代以后已不明余与馀的先后关系。1956年国务院公布的《汉字简化方案》将馀简化为余,是颇受非议的简化字之一,原因是如此一简化,与文言中的第一人称代词"余"合二为一,批评者便认为容易混淆。1986年重新发表《简化字总表》时还特别对脚注内容作了补充:"在余和馀意义可能混淆时仍用馀,如文言句'馀年无多'。"当时自然无法知道战国楚简的情形,馀简化为余完全是从俗,不意竟与郭店楚简暗合,说明此"俗"渊源有自,岂不快哉！

　　次说"后"。此字简文仅二见:

---

① 余增口作**舍**,释文（指《郭店楚墓竹简》之释文,下同）释为舍,读为徐。按此字所从之口实为增饰,无义,与丙辰等字增口而义不变者同,仍以释余为宜。又,为减少印刷困难,简文中的假借字、异体字,若非本文讨论对象,引用时径易为本字、正字。

正其身然后正世。《唐虞之道》3

禹治水，益治火，后稷治土。《唐虞之道》10

二例并见一篇，一称然后，一称后稷。前者显然为"後"之假借，与今日之简化字同。后者即古书常见的君后之后。简文"后"又多作"句（勾）"，借"句"为"后"：

能为一，然句能为君子。《五行》16

然句能至哀。《五行》17

知道而句知行。《尊德义》9

有生有知，而句好恶生。《语丛一》9

知己而句知人，知人而句知礼，知礼而句知行，其知博然句知命。《语丛一》26—28

其例至多，不烦枚举。简文亦有"後"字，与"先""前""进"诸字相对：

圣人之在民前也，以身後之。《老子甲》3

先後之相随也。《老子甲》3

子胥前多功後戮死，非其智衰也。《穷达以时》9—10

进，莫敢不进，後，莫敢不後。《五行》46

其先也不若其後也。《成之闻之》36

后与句（勾）古韵部相同（后，匣母侯部；句见母侯部），简文写法亦相近，用句为后，不难理解。甚至将句（勾后）视为后（后）之写讹亦未尝不可。后与後则音同而义相关联。《说文》："后，继体君也。"段注："《释诂》、《毛传》皆曰：后，君也，许知为继体君者，后之言後也，开创之君在先，继体之君在後也，析言之如是，浑言之则不别矣。……经传多假后为後，《大射》注引《孝经说》曰：后者後也，此谓后即後之假借。"段氏所谓"经传多假后为後"，《礼记》堪为代表。如其中《大学》、《冠义》、《昏义》、《乡饮酒义》、《聘义》、《曾子问》、《礼运》诸篇即"而后"多见，"而後"少见，可证。而且，既有二者并见一句之例（《乡饮酒义》："出尊长养老，而后成教，成教而後国可安也。"），复有一句之中后字两见而其用各别之证（《昏义》："故天子与后，犹日之与月，阴之与阳，相须而后成者也。"），"后""後"的使用情况与郭店楚简基本相同。以"后"（勾）代"後"，始于战国楚简，经传沿袭之，可谓"古本如是"，并无混乱之虞。今复以"后"作为"後"的简化字，实属顺理成章，关于简化字"后"的一切责难、非议，皆可休矣！

除余、后二字外，今日通行之简化字合于郭店楚简者还有"弃"、"尔"、"吁"诸字。"弃"见于《穷达以时》、《老子甲》，写作𠓂，为《说文》古文所本。"尔"见于《缁衣》、《五行》、《忠信之道》、《六德》诸篇，或用为第二人称代词，或用为语气词，字亦见于《说文》（卷二，八部）。"吁"见于（《语丛二》，一作𠳿，一作吁，字亦见于《说文》（卷二，口部）。此三字历来无异议，可略而不论。

二

战国之时，"田畴异亩，车涂异轨，律令异法，衣冠异制，言语异声，文字异形"（《说文序》），就文字而言，实为大变化、大发展时期。新字大量涌现，原有之字又产生诸多变体，今日观之，纷繁复杂，混乱得很。但在当时，作为民间手书体的竹简文字，书手们用以抄写名家论著，却似乎得心应手，顺畅无滞。郭店楚简可贵之处不仅在于它充分反映了其时楚地文字的风貌，更在于它展示了其时楚人创造和革新文字的活力。尽管有些"创造"或"革新"似属无理乃至谬误（详下文），但应该承认，简文中有些字较西周金文及后世之小篆简易，又符合六书原理，确属成功的创新，且可为《说文》古文之补。

试举例说之如次。

例一，㥜（顺）。金文有从页从川之顺，见何尊。亦有从心从川之㥜，见中山王䯧壶。简文作㥜。《缁衣》12："有共（梏）德行，四方㥜之。"《诗·大雅·抑》有"有觉德行，四国顺之"句，可证㥜即顺。《说文》："顺，理也，从页川。"段注："人自顶以至踵，顺之至也，川之流，顺之至也，故字从页川会意。"按此从川心亦为会意，顺逆皆先由于心而后见于行，人心归顺如川之流，方为顺之至，故字从心川会意。

例二，恅（過〈过〉）。简文有"過"字，见于《语从三》52："善日過我，我日過善。"又有恅，从心，化声，用如過，《性自命出》49—50云："慎，仁之方也，然而其恅不恶，速，谋之方也，有恅则咎。人不慎，斯有恅，信矣……苟以其情，虽恅不恶。"同篇55又云："行之不恅，知道者也。"《说文》："過，度也，从辵，咼声。"咼古见母歌部，化古晓母歌部，二者同部而声母皆属喉音。简文恅与過皆为形声字，恅主要指人之过错，实较简易。

例三，伓（倍）。《说文》："倍，反也。从人，咅声。"段注："此倍之本义。《中庸》'为下不倍'，《缁衣》'信以结之，则民不倍'，《论语》'斯远鄙倍'，皆是也。引申之，为倍文之倍……又引申之为加倍之倍。"简文无倍而有伓。伓，从人，不声。《老子甲》1云："绝智弃辩，民利百伓。"义为加倍之倍。《穷达以时》14："善伓己也。"《忠信之道》2—4："忠人亡讹，信人不伓。君子如此，故不皇生，不伓死也……至忠亡讹，至信不伓。"段注所引《缁衣》简文正作"信以结之，则民不伓"。（《缁衣》25）诸"伓"义皆为反。是伓与倍音义皆同而早于倍，实为倍之古文。

例四：仚（拙）。简文仅一见："大巧若仚。"（《老子乙》14，帛书甲本仚作拙）《说文》："拙，不巧也。从手，出声。"简文不从手而从人，盖人之巧拙多与手有关而不限于手也。仚当是拙之古文。

例五：悔（谋）。《说文》谓"虑难曰谋"，于小篆之外收录古文二：一从口母声，一从古文言母声。简文亦从母声而易形符为心，盖谋略、图谋皆自心出故也。其例如《老子甲》25"其未兆也易悔也"。《缁衣》21—23"故君不与小**悔**大……毋以小**悔**败大作",《语丛二》38"凡**悔**,已道者也",《语丛四》13"不与智**悔**,是谓自欺",诸"**悔**"之义皆为谋画,图谋。字亦见《中山王**響**鼎》:"**悔**虑是从。"是**悔**为谋之又一古文而较为简省者。又简文**悔**亦可用为诲,《六德》20"或从而教**悔**之,谓之圣"句之"**悔**"即是。

例六:**桷**(辅)。此字屡见于《太乙生水》(1—4):"太乙生水,水反**桷**太乙,是以成天,天反**桷**太乙,是以成地。……神明复相**桷**也……阴阳复相**桷**也……四时复**桷**也……沧热复相**桷**也……湿燥复相**桷**也成岁而止。"又见于《老子丙》13:"是以能**桷**万物之自然而弗敢为。"**桷**,从木,甫声,从文义看,必是辅之异体(或古文)无疑。金文从车之辅屡见,多为官名,惟中山王**響**壶称"辅相厥身",为辅助义。简文无辅而用**桷**,当亦楚俗也。(信阳长台关楚简与包山楚简亦均无辅而有**桷**字,前者义不详,后者用为人名。)

此外,愚(《说文》勇之古文)、諆(欺)、依(哀)、憙(喜)、寵(寵—宠)等字亦当为楚地所创造、流行的"异形"字,合于六书原理,今日读者也不难理解。

三

郭店楚简展示于今日读者面前的战国楚地文字风貌,还有一重要方面:许多字直接以声表义——若干形声字在这批传抄的儒道两家典籍中并无所谓形旁(或曰义符)。其使用频率较高者有勿、胃、寺、戈、古等字,兹亦依次述之。

勿(物)。《说文》:"物,万物也。牛为大物,天地之数起于牵牛,故从牛,勿声。"按甲骨文物字专用于祭祀之辞,为杂色牛之专称(见《甲骨文编》卷二)。金文未见物字,简文亦无,凡物、万物、事物之物,均作勿,不从牛,无一例外。如《老子甲》勿字十见,称"万勿"者六(12、13、14、17、19、24),称"奇勿"、"法勿"者各一(31);《语丛一》勿字十一见,称凡勿、有勿、亡勿,勿均为名词"物"。同时,简文勿亦用为否定副词,如

《性自命出》59"凡悦人勿吝也",61"已则勿复言也",较少见①。

胃（谓）。《说文》："谓,报也。从言,胃声。"简文均不从言,称"胃之"、"之胃"、"是胃",见于《老子甲》、《老子乙》、《太乙生水》、《五行》、《性自命出》、《六德》诸篇者四十余处。吉日壬午剑"谓之少虞",谓亦不从言,与简文同。

寺（诗）。《说文》："诗,志也,从言,寺声。𡗜,古文诗省。"简文从言之诗仅一见,即《语丛一》38"诗所以会古今之志也者"句,其余均以寺为诗。《缁衣》全篇引诗十九处,均称寺员（云）,无一例外,上海博物馆藏楚竹书《孔子诗论》诗字多作𧥜,止下从言,与《说文》古文近;《缁衣》引诗称𧥜员,则与此近,然皆不作"从言寺声"之诗②。

戋（贱）。贫贱之贱,简文凡六见,仅一例从贝（《成之闻之》17"福而贫𧶠则民欲其福之大也"）,其余五例均仅作戋（《老子甲》29"不可得而贵亦不可得而𢦏";《缁衣》17—18"大人不亲其所贤而信其所𢦏";又44"轻绝贫𢦏而厚绝富贵";《成之闻之》34"朝廷之位,让而处𢦏";《性自命出》53"𢦏而民贵之有德者也"）。信阳长台关一号楚墓竹简第一组（文章）第1、2简云："𢦏人刚愎,天𢦏于刑。""𢦏人格上,则刑戮至。"③ 戋人即贱人,与郭店楚简可互证,说明戋为楚地通用字形。

古（故）。金文有故字,见班簋、邓公簋等器,或不从攵,以古为故,见于盂鼎："古天翼临子","古丧师已"。简文无"故",凡表承递、转折语气之故莫不以古为之。其例多达八十余,如《老子甲》便有"古天下莫能与之争"（5）,"是以圣人亡为古亡败,亡执古亡遊"（11）,"是古圣人能辅为万勿之自然"（12）等八例,《老子丙》亦有"古大道废安有仁义"（2—3）,"古吉事

---

① 参见张光裕《郭店楚简研究第一卷·文字编》,艺文印书馆,1998年第1版。本文有关简文单字使用频率的统计俱以此书为据,特此说明,以后不再注。

② 马承源主编：《上海博物馆藏战国楚竹书（一）》,上海古籍出版社,2001年11月第1版。

③ 商承祚：《战国楚竹简汇编》,齐鲁书社,1995年11月第1版。

上左，丧事上右"（8）等七例，《缁衣》则有"古上之好恶不可不慎也"（15），"古君子多闻齐而守之"（38）等十二例。

此外，攸（修）、蜀（镯—独）、韦〈韋〉（讳〈諱〉）、可（何）、禺（隅）、义〈義〉（仪〈儀〉）、者（诸）、匋（陶）、昜（扬〈揚〉）等字也都是直接以声表义，与之相应的形声字简文中了无踪影。又如好恶、美恶之恶简文凡三十三见，仅二例有形旁心，三十一例皆径作亞。

当然，与直接以声表义相反，后世常见的重床叠架式的形声字在郭店楚简中也已并不鲜见。如忠加宀作忠而用作中，矣、利、畏、衰增心为悈、悧、愄、懐而义皆不变。已有乍，复增又、止、辵为复、歨、迮，从口之命复增口为喻，坙增刀为到复增心为悝，家增爪为豙复增宀为豢，从夊牛之降复增止为隆，如此等等。这种现象也是当时书手用字习惯的反映，是令汉字纷繁复杂的因素之一。

四

郭店楚简中用字不规范现象十分突出，以"混乱"二字形容之亦不为过。以今日眼光视之，战国楚地的书手们实乏汉字规范化观念，他们抄写典籍有的很认真，有的不太认真，或有时认真有时又不认真，以致时有错字出现（如天误为而，而误为天，寡误为须，求误为隶），"同音通假"的别字毫无六书字理可言者更为俯拾即是。正因为如此，简文中有些字类似记音的符号，其实际含义与该字字义无关，而只能根据其语言环境（上下文）推度确定，知其相当于何字。

例如简文屡见的员字。见于《缁衣》篇的三十二个员字，皆即云，义为曰。《老子甲》24"天道员员，各复其堇"之员员，则为语气助词。但下列文例中诸"员"既非语助，与"云"亦无涉：

学者日益，为道者日员。员之或员，以至亡为也。《老子乙》3—4

有天下弗能益，亡天下弗能员。《唐虞之道》19

与为义者游，益。与庄者处，益。迨习虔彰，益。……与不好学者游，员。处而□习也，员。自见其所能，员。自见其所不族，益。……柮行，员。《语丛三》9—16

员与益，日员与日益对文，义当相反，释文读员为损，自无可议。按员，古匣母文部，损，古心母文部，以员为损实质是音近字而已。

又如静字。此字见于《语丛二》、《尊德义》者用其宁静义，见于《老子甲》者假借为争（"以其不静也"、"故天下莫能与之静"），而《老子甲》又以青代静（"我好青而民自正"），乃至以朿代静（"孰能浊以朿者"、"知以朿"）。与静有关的青字，除假借为静外，还可假借为清、请、情，任意性很大。即便如此，除朿外，尚多有偏旁可言。

简文中许多假借字（异体字?）与其所借之字形体上毫无关系，全赖语音上的联系（相同或相近），现在看起来，委实有些不可思议，下列"假借"用例即录自《老子甲》（前为简文，后为释文标出的本字）：

覞——盗　恻——贼　豆——屬（属）　夜——豫
䚝——乎　奴——若　竺——孰　戊——牡
筲——孰　化——祸　癹——伐　誓——慎
金——憎　詀——厭（厌）　妻——微　亥——改

这些"不可思议"的"假借"，是好是坏，不忙作出结论。不过，对研究古音者而言，无疑是珍贵语料，对研究汉字结构及其应用实际亦不无价值，也是可以肯定的。

书手抄写典籍，舍简就繁，乃至采用重床叠架繁之又繁的字形，实属个人爱好或其时其地之习俗使然，而趋简避繁以求快捷则为人之常情。但简亦应有度，以不影响交际，不破坏汉字结构为原则。不过，在当时的楚地，民间用字似极自由,无甚约束,许多字简之又简,到了简率离奇的地步,像为写作😀,马写作😀,则作😀😀😀,贤作😀😀,命作😀,学作😀,斯作😀,异作😀等便是较突出的例子,实乃当时文字混乱的表现之一。

总体而言,郭店楚简与铸诸钟鼎符节的官方文字不同,它是战国楚地民间流行的手书体文字,结体自由,生动活泼,充满活力,规范化程度则较差。无论从好的方面还是坏的方面来看它,均可找出若干相应的例证。这种"文字异形"局面自非朝夕之间所形成,而是诸侯割据称雄,数百年间"各自为政"渐变的结果。待到秦统一六国之后,统一文字,加以规范,便成为必然之举。楚文字中许多古怪字形被"统一"掉,自属情理中事。但楚文字中符合六书原则,顺乎汉字发展方向的颇具创造性的新字形也同样被"统一"掉,在后来的汉字体系里也没了踪影,则是颇为可惜的。不论谁统一谁,都难避免"玉石俱焚"的现象。几年前读了包山楚简后,我曾在一篇小文里论及隶变趋势时说:"……设若七雄争战中不是秦灭六国而是楚灭六国,以楚文字为基础统一文字,或因势利导,顺其自然,或以行政力量推行,'罢其不与楚文合者',则汉字同样会走上隶变的道路,绝不会停留在'大篆'或'古文'阶段,这是可以断言的。如其这样,则汉字发展史以及文字学自当改写了。"① 现今读了郭店楚简之后,更坚定了我这一看法。需稍作补充的是,如果以楚文字为基础统一文字,并采纳民间合理的手书字,则很多繁难之字肯定会被"统一"掉,毋须待到二千余年后再来费尽心力予以简化了。这也是可以断言的。

但是历史毕竟是历史,它没有"设若"、"如果"。被"统一"之前郭店的楚简典籍早早埋入地下,免却被焚的浩劫,而于二千多年后破土而出重现人间,实在是值得庆幸的事。它的出土面世,恰逢百年语文现代化运动之后,它似乎告诉人们:战国时的楚地,是简化字盛行的地域,民间用字虽较混乱,但也充满着活力。在繁与简的矛盾中,"简"总是人心所向。除了个人好恶的因

---

① 拙文《包山楚简研究(七篇)》,《容庚先生百年诞辰纪念文集》,广东人民出版社,1998年4月第1版。

素，就汉字的实际使用者而言，总以简易为上。当然，简应有度，逾"度"即难免淘汰之厄。1977年12月发表并试行的《第二次汉字简化方案》之所以很快被明令废止，并非汉字毋须简化，而是因为其中许多字简得离奇古怪，逾了"度"。这情况，与郭店楚简中那些简之又简之字被"统一"掉颇有类似处。

以上所述，是我读了郭店楚简后在汉字的使用与规范化问题上得到的一些启示。值此庆祝王均先生八十华诞之际，谨撰此小文以献，聊表敬仰之忱。

2002年2月写于中山大学

（原载《清风明月八十秋——庆贺王均先生八十诞辰语言学论文集》，吉林人民出版社，2002年8月第1版）

诅楚文献疑

秦诅楚文刻石——巫咸文、大沈厥湫文、亚驼文，相传均出土于北宋年间。先于嘉佑年间在凤翔开元寺得巫咸文，三百二十六字；次于治平中"渭之耕者"得大沈厥湫文于朝那湫旁，三百一十八字；又次于洛阳刘忱家得亚驼文，三百二十五字①。三石字数略有参差，文句大体相同，仅告于神者随号而异。在当时，诅楚文的"出土"，大概被看作一件大事，年轻的苏轼为之赋诗，年过半百的欧阳修为之考订年代，随后欧阳棐（修子）、黄庭坚、张先、叶适、范成大、赵明诚、董逌、方勺、姚宽、陈思、章樵等一班文人学者纷纷为之题咏、著录、注释、考证，从无人提出过任何怀疑。

南渡之后，三石不知所在，但各种刻本仍辗转流传，以至于今。然而煊赫一时的诅楚文，到了元代就有学者对它的可靠性提出怀疑。这就是吾丘衍（字子行，一作吾衍），他在所著《学古编》（此书序文作于大德四年即公元1300年）中即认为诅楚文"乃后人假作先秦之文，以先秦古器比较其篆，全不相类，其伪明矣"；"盖知见峄山、秦权而后创造者，未必不欲人曰峄山用此法，诚古也。其如辩者何"。明代的都穆（字元敬，弘治十二年进士，嘉靖四年卒，年六十七），所著《金薤琳琅》也疑之为伪作："予特疑其秦至宋千有余年，尝沈之于水，瘗之于地，其字画纤细，理难完好。唐人编《古文苑》，虽尝载其辞，而自宋以前荐绅君子曾无一言及之。董氏谓岁久石渐刓阙，因据旧

---

① 参见容庚《古石刻零拾》之《诅楚文考释》，1934年北京琉璃厂来薰阁本。

本得其完书，不知所谓旧本，果出何时？元吾子行，博古士也，以先秦古器比较此篆绝不相类，以为后人伪作。但宋世诸公爱其笔迹，无有异论，予固不得而定之也。"他碍于"宋世诸公"的声威，虽有疑，却不敢下断语。欧阳辅《集古求真续编》亦持怀疑态度，直认诅楚文乃"唐人所作而宋人刻之"（原书未见，容庚师《古石刻零拾》引）。

　　吾丘衍、都穆、欧阳辅三人的见解似乎未引起学术界的注意。也许是他们所列证据不够充分之故，所以显得"都很浮浅，无须辨驳"①。绝大多数学者对诅楚文均深信不疑，把它当作可靠的战国文字资料加以研究引证。1934年容庚师得绛帖本、汝帖本诅楚文，遂编入《古石刻零拾》，列于全书之冠，并参稽诸家之说，详为考释。十年后吴公望影印元至正中吴（以后简称中吴）刊本诅楚文，郑振铎氏采入《中国历史参考图谱》第五册，1947年，郭沫若氏见到这个刊本，觉得其"文字的完整且没有十分脱掉原样"，是"向来所未见过的"，"感受着莫大的兴奋"，遂作《诅楚文考释》，断言诅楚文为秦人所作，时在楚怀王十七年、秦惠王后元十三年（公元前312年），亚驼文是宋人仿刻，"其为伪刻可无疑。"新中国成立后，商承祚师撰集《石刻篆文编》，徐中舒先生主编《汉语古文字字形表》，高明先生编著《古文字类编》，都把诅楚文作为战国文字加以摹录。1980年姜亮夫先生发表《秦诅楚文考释——兼释亚驼、大沈久湫两辞》于《兰州大学学报》（社会科学版）第四期，认为"秦诅楚文为秦昭襄王使其宗祝、诅楚怀王引六国兵一再侵秦，秦求巫咸、湫渊、亚驼之神佑之，以剂楚师之誓言，而刻之于石者也"，则连亚驼文也不复置疑。

　　那么，北宋以来流传的诅楚文果真是秦楚交恶的产物，果真是战国时代的文字资料吗？我们不妨先讨论一下郭沫若辨亚驼石之伪的方法。他是这样论证的：

---

① 郭沫若：《诅楚文考释》，《郭沫若全集》考古编第九卷，科学出版社，1982年。本文所引郭说，均出此文。

关于亚驼文，我断定它是宋人仿刻。……但告亚驼一文其伪刻可无疑。据周伯琦《音释》云："告亚驼文出于洛，亦蔡氏（挺）得之，后藏洛阳刘忱家。"董逌《广川书跋》引王存乂说："亚驼当即滹沱。"亚驼释为滹沱固甚恰当，但滹沱在晋境北部，不当"出于洛"。又文中五驼字所从马字旁与它字旁不相协调，与全文字迹亦不相协调。它字旁及全文均很有古意，而马字旁除第四驼字从 ![马] 作外，余均作 ![马]，差不多成了隶书了。事实上古文马字是侧面图，以两撇代四脚，犬豕虎象等字均同此例，并不是以四撇代四脚。例如石鼓文马字作 ![马]，即存古意，后三笔是尾。小篆作 ![马]，古意亦未尽失。故由驼字马旁的诡变，即可断言告亚驼文确是出于伪造。

郭氏的证据，归纳起来有两条：一是亚驼即滹沱，在山西北部，不当出于河南。二是驼字的马旁与古文不合。第一条无可辩驳，第二条仅据一个字的"诡变"就断言通篇是仿刻、伪造，似难服人。而且，既然中吴刊本所据的旧拓"也不是原石原拓，而是摹刻的拓本"，在摹刻时个别字出现误差，也就不足为怪，只要"全文均很有古意"，仍不失为一个好的摹刻本。正如外国人摹写早年出土的甲骨文字，常出现错误，或摹错字形，或遗摹笔划，失其神韵，但并非伪刻。我们并无理由根据其中某一字的失误而判断整条或全版卜辞属于伪刻。如果仅仅根据驼字的写法断言亚驼石是伪刻，那人们也可以从巫咸文、大沈厥湫文里找出若干没有古意的字来证明其同样是伪刻。事实上古意尽失的转变之字，全无篆意，几同隶书之字，不仅亚驼文有（亚驼文中也不仅驼字如此），其他两文也并不少。

不过，郭氏这段文字毕竟是富有启发性的。亚驼石是假的，其他二石不假吗？文字上的可疑处仅是驼字的偏旁吗？除了字形之外，别无可疑了吗？笔者正是在郭氏《诅楚文考释》的启示下，进行研究并思考其真伪问题的。

如果以全面的观点看问题，对诅楚文作综合的考察，那至少可以说，就目前所见的绛帖本、汝帖本、中吴刊本而论，诅楚文可靠性确是大有问题。由于中吴刊本是迄今所见最好的本子，三文各自完整，远胜绛帖本、汝帖本，故下面的讨论即以中吴刊本为主要依据（诅楚文释文见附录）。

首先是文字可疑。从诅楚文所述内容分析，据欧阳修、王澍、郭沫若等人的考订，当是战国中晚期之物。如果认为北宋年间出土的是原石原刻的真品，当是地道的战国文字，具有战国文字的风貌和特点。但以之校传世或出土的战国文字如铜器、符节、帛书、竹简，可均是格格不入。与战国的楚文字相比较，南辕北辙，其悖自不待言。即便与秦国本土文字相比较，也可以发现明显的乖异。有些字不合于春秋战国时期的秦器文字，而与秦始皇统一六国前后的文字相同或相似。如"毋相爲不利"的爲字，绛帖本作爲，汝帖本作爲，中吴刊本分别作爲爲爲，一点战国文字的结构和气韵都没有。爲字在战国时仍多作以手驯象之形，石鼓文（依唐兰先生说属战国）也作爲。诅楚文的"爲"，实际上是秦汉以后的写法。秦二十六年诏权作爲，泰山刻石作爲，《说文》作爲。中吴刊本将𠂇讹为而，直与隶楷无异。又如"十八世"的十字，各本均作十，完全是小篆的写法。而道地的秦国文字，如秦公簋"十又二公"的十作｜，商鞅量十字三见，均作｜，短画长竖，与者沪钟、申鼎同；新郑虎符"五十"二字合文作￥。仅云梦睡虎地出土的秦简《大事纪》，十字写作十，与诅楚文相近，但那已属隶书，时代也晚于诅楚文。

有些字的写法，与小篆相同或略异，不见于战国文字资料，但见于秦汉之时器物，如冥作冥，与新嘉量之冥近；减作减，与骀氏竟（镜）之减同，输作输，与建昭行镫之输，乘舆缶之输略同；曰作曰，与开母庙石阙之曰近；盛作盛，与琅玡刻石之盛同；赐作赐，与建昭雁足镫之赐，清铜竟之赐近；质作质，与精白竟之质近。又如成作成，与琅玡刻石之成同；城作城，与少室石阙之城、王君神道阙之城同①。特别是成城二字，几与隶书无异。

又有一些字，与三体石经相校，悖于古文而合于篆文，其时代性同样令人十分怀疑。如昔作昔（绛帖本，汝帖本），石经古文残，篆文作昔，盟作盟，石经古文作盟，篆文作盟；使作使，石经古文作事，篆文作使，衞衡（率）作衞，

---

① 参见容庚《金文续编》，商务印书馆，1935年；商承祚《石刻篆文编》，科学出版社，1957年。

石经古文作 🈀，篆文作 🈁，嗣作 🈂，石经古文作 🈃，篆文作 🈄，以及敢、心、淫、邦等字，均是其例。

需要特别加以讨论的是乱字。诅楚文"淫失（泆）甚乱"，乱作 🈂（各本同），与石经篆文之 🈂、🈂，开母庙石阙之 🈂 同构。案先秦古文字有 嗣（司）无 亂。嗣本作 嗣，后 ㄅ 误为 乚，汉人不识，遂读为动乱之乱。是捣乱、混乱义之乱，乃汉以后出现的字，今不见于竹简、帛书、石鼓、铜器、货币、玺印等可靠的古文字材料，独独见之于诅楚文，岂不怪哉。

就通篇文字而论，诅楚文的字体主要是小篆，而不是战国文字，全文三百多字，不见一处合文形式。如"上帝"一语，邢卣、大丰簋（天亡簋）、宗周钟（獣钟）均作合文形式 🈂。独此诅楚文析书作 🈂 🈂，为典型的小篆写法。

再就"出土"后的释读情况看，也不能无疑。确如都穆所论，诅楚文若是真品，沉之于水，埋之于地，自秦至宋历千余年，"其字画纤细，理难完好"。但中吴刊本却字字清晰，个个完好，连残字缺笔都没有，难怪当时的文人学士们可以毫不困难地予以释读。这与石鼓文出土后的情况适成鲜明的对比。石鼓文在唐代被发现时，已有许多字磨灭不可识，有的残失大半，有的仅剩一两笔，有些笔划清楚的字也无法释读。韦应物说"忽开满卷不可识"，大文豪韩愈也有"少陵无人谪仙死，才薄将奈石鼓何？""辞严义密读难晓，字体不类隶与蝌。""嗟余好古生苦晚，对此涕泪双滂沱"之叹。到了宋代，苏轼见到石鼓文，同样难以辨识，他的《石鼓诗》便是明证："……细观初以指画肚，欲读嗟如箝在口，韩公好古生已迟，我今况又百年后。强寻偏旁推点画，时得一二遗八九。"他认为石鼓仅"六句可读，其余多不可通。"而苏轼的《诅楚文诗》则明言"古碑埋不烂"，诅书"可读"。论理，若其时"出土"的诅楚文呈现着战国文字的原貌，则其难认之程度当不在石鼓文之下，苏轼读之，当非易事。但从此诗观之，却似字字认得，句句明了，岂非怪事。欧阳修《集古录》为商周铜器铭文所作的释文错误甚多，说明其古文字学水平亦不甚高。但从他对诅楚文的叙述和考证看，他也似乎字字识得，句句明了，亦属可怪。由此我推测，苏轼、欧阳修等人所见的诅楚文石刻，恐非战国之物。

其次是情理可疑。以秦楚关系而论，总的说来，是楚无负于秦而秦常诈楚。在秦穆公以前，秦尚落后，无力向东扩展。秦穆公在位时期，秦想称霸，向东发展，劲敌是晋，秦晋屡结婚姻，但晋屡次负秦。楚没有做什么对不起秦的事情。倒是秦偷袭了楚国的鄀，生俘楚国的申公子仪，息公子边（《左传》僖公二十五年）；晋楚城濮大战（公元前632年）之时，秦复助晋①。穆公以后，秦楚相安无事。春秋末，秦助楚灭庸（公元前611年），救楚退吴（公元前505年），秦楚关系算是不错。进入战国之后，秦楚交恶，始于楚宣王三十年（公元前340年），是年秦封卫鞅于商，南侵楚。若是有盟而"倍"（背），实自秦始。楚怀王十一年，六国攻秦、怀王为从长，至函谷关，秦出兵击六国，六国兵皆引而归。这一次，曲在楚，若仅是"诅"此事，倒还可一说。楚怀王十六年，秦用张仪谋诈楚，先许以"商於之地六百里"，待楚与齐绝，即背前约，仅予六里之地。上当受骗的怀王吞不下这口气，才发兵攻秦，先后战于丹阳、蓝田，皆大败。这次战争的起因是秦诈楚。正本清源，可诅咒的实是秦。怀王见欺于秦，亡地汉中，兵挫蓝田，不得已而合齐善韩；又于二十四年倍（背）齐而合秦。楚怀王二十八年，秦与齐、韩、魏共攻楚，杀楚将唐昧，取楚重丘。二十九年、三十年，秦连续攻楚，杀将夺地。后又将楚怀王骗至咸阳，胁逼他割巫、黔中之地，怀王不许，竟被扣留，最后客死于秦。怀王死后，秦楚和逆无常，吃亏的总是楚，乃至拔郢，烧夷陵，最后为秦所灭。综观秦、楚关系，自秦穆公、楚成王起，以至秦惠文王、昭王、楚怀王、顷襄王，究竟谁对不起谁，谁该受诅咒？如果真有盟誓在先，屡次背盟犯誓的又究竟是谁？就情理而论，难道不应该是由楚诅秦吗？就秦而言，它的劲敌，最对不起它的，是晋而非楚，如果要"诅"，该是"诅晋文"，怎么冒出这篇诅楚文呢？

这里还可提供一个反证，依诅楚文内容，既然诅楚是在秦惠文王十三年楚

---

① 详见林剑鸣《秦史稿》，第116至117页，上海人民出版社，1981年。

怀王十七年，且"著诸石章"，同时刻于数石，楚不可能不知，楚怀王既知秦有此诅，且丑呼自己之姓为熊（从铜器铭文知楚王自称姓酓），把自己描绘得罪恶滔天，怎么可能还会与秦王会黄棘，怎么还肯经武关入秦？秦楚之间又怎么互相"迎妇"呢？

第三，史实可疑。现在看到的这篇诅楚文，从史实方面考察，很多地方是经不起推敲的。文中有些话，与史书相较，还有点影子，如说楚王熊相"率诸侯之兵以临加我"，似乎是楚怀王十一年事。"今又悉兴其众，张矜忞怒，饰甲底兵，奋士盛师，以逼吾边境"，似指楚怀王被激怒之后兴兵攻秦之举，但另外一些文字，在史书上简直连影子也找不到。其一，"十八世之诅盟"实属子虚乌有。文内说："昔我先君穆公及楚成王，是僇力同心，两邦若壹，绊以婚姻，袗以斋盟，曰枼（世）万子孙，毋相为不利。"似乎有根有据。按秦穆公在位三十九年（公元前659至621），楚成王在位四十六年（公元前671至626），二人同时在位的时间为三十三年。在这三十三年之内，秦晋之间交往频繁，关系密切，屡有盟约。秦与郑亦曾有盟。楚则于成王十六年与齐（桓公）有盟，三十三年，宋襄公欲为盟会，召楚，楚王至盂，执辱宋公，已而归之。在此期间，楚曾伐许、黄，灭六、英（均小国），败于晋（以上诸事具见《史记》及《左传》）。可见秦楚分别与其他诸侯国有盟约存在，秦楚间连交往都很少，并不存在什么诅盟。《左传》、《史记》对于各诸侯国婚姻嫁娶，斋盟约剂之事记载颇详，设若秦楚在此三十三年内果有姻亲诅盟之事，当是一件大事，像秦晋和亲结盟一样，不可能失载。据《史记·楚世家》，秦楚"绊以婚姻"之事倒有过几次。一次是楚平王二年，"使费无忌如秦为太子建取妇"，后平王自娶之。另一次是楚怀王二十四年，"秦昭王初立，乃厚赂于楚，楚往迎妇"（《六国年表》于是年称"秦来迎妇"，第二年"怀王人与秦昭王盟，约于黄棘"）。第三次是楚顷襄王七年，在几经战败之后，"楚迎妇于秦"。第四次，楚顷襄王十四年，与秦昭王会于宛，结和亲。计平王、怀王各一次，顷襄王二次，均与秦穆公、楚成王无涉。今诅楚文将和亲结盟之事挂在秦穆公、楚成王身上，张冠李戴，故弄玄虚，显系伪托。其二，"楚王熊相之多罪"。

所罗列的罪状，近于后世之人身攻击，其罪恶几乎与殷纣王周幽王相等。又是"康回无道，淫失（洗）甚乱"，又是"刑戮孕妇"，又是"拘圉其叔父真者（诸）**宾**室榗棺之中"，统统加在"楚王"头上，颇有"集大成"性质，其真实性即大有可疑。论者因楚怀王在秦齐关系上多次反复，楚辞有"灵修浩荡（荒唐）"之语，遂推定诅楚文揭发的隐事都是事实，只是史书失载而已。案《史记》所载"狂暴之君"并不少，或在楚怀王前，或在其后，丑行劣迹均历历可数，毫不隐讳，而且其他典籍也都有记载，可为印证。楚怀王如果真如论者所云的那样"狂暴"、"混蛋"，即便《史记》失载，战国晚期诸子的著作也不至于全无一语提及。相反，《史记·楚世家》却记下了这样的事实："顷襄王三年，怀王卒于秦，秦归其丧于楚。楚人皆怜之，如悲亲戚。诸侯由是不直秦。"这样的文字在《楚世家》中是唯一的，在整部《史记》中也不多见。如是"刑戮孕妇"、"拘圉叔父"的暴君死了，国人当拍手称快，决无"如悲亲戚"之理。可见楚怀王在楚人和诸侯中的形象并不见得就是"暴君"、"混蛋"。如果诅楚文不是出于后世的伪托，这是很难调和的矛盾，否则就是秦欺诈成性，"饰辞徼信"（周伯琦语），但这样无异于侮嫚上帝，欺骗神明，便属大不诚。从宗教的观念看，是要受到惩罚的，恰恰是古代信奉上帝神明的统治者们最害怕不过的。比较合理的解释似应是，诅楚文所述种种罪名，本系虚言，是后世好事之徒硬加给"楚王熊相"的。

第四，词语可疑。语言有继承性，也有时代性。其中词汇的变化最为明显，各个时代都有新词创造出来，使语言词汇更为丰富。晚期的作品当然会继续使用早期的词语，但早期的作品却不会出现晚期的词语。从这个角度来考察诅楚文，其可疑之处有二：（一）从通篇风格论，似袭《左传》文公十三年"吕相绝秦"文，站在秦的立场，尽量诋毁对方，把一切过错罪恶都推到对方的身上，把秦说成一个受害者，被侵略者。有些文句结构几乎雷同。如《左传》云："昔逮我献公及穆公相好，戮力同心，申之以盟誓，重之以婚姻。"诅楚文则说："昔我先君穆公及楚成王，是僇（戮）力同心，两邦若壹。绊以婚姻，袗以斋盟。"《左传》云："又欲阙剪我公室，倾覆我社稷，帅我蟊贼，以来荡摇我边疆。"诅楚文则说："欲划伐我社稷，伐灭我百姓，……述取我边城。"都是明显的例证。（二）有些词语是汉代才见使用的，竟出现于诅楚文。如"章"，本为汉时人臣上书于天子，后又称奏章、表章，诅楚文曰"箸者（诸）石章"，分明是汉以后文人做文章的口吻。称楚为"熊"姓，是传世文献的说法，而战国楚器楚王均自称酓。谓秦出于敌忾，故丑言之，虽不失为一家之言，但终觉牵强。又"以底楚王熊相之多罪"一语，直袭《尚书·武成》"底商之罪"，"刑勠孕妇"则仿《尚书·泰誓上》"刳剔孕妇"（《武成》、《泰誓》均伪古文《尚书》）。

综上所述，北宋以来许多学者视为至宝的诅楚文，诸多可疑，吾丘衍、都穆、欧阳辅等人的意见是很有道理的。秦诅楚之事，不见于史书及战国秦汉间学者的著作。诅楚文却赫然见之于唐人旧藏而北宋孙洙（巨源）所得的《古文苑》，其"刻石"相继于北宋出土。这事本身便十分蹊跷。为《古文苑》作注的章樵说："此编既云唐人所藏，于佛书龛中得之，则唐时此文已流传于世，惜无名士如韦应物、韩退之辈题咏，故其名不显。……以是推之，此石（案即巫咸文）出于唐之前，后复湮没于祈年观下，至近世而复出，理无可疑。"这是在确认诅楚文为真品的前题下作的一种推测。若从怀疑的角度分析，也许秦确曾诅楚（楚也可能诅秦），但原文原石已佚，目前所见乃伪托之作，更有可能秦楚间本无互诅之事，纯粹出自唐宋间好事之徒所伪作，又根据伪作刻石，仿《左传》吕相绝秦书文，并以秦汉以来常见之碑刻篆文稍变其体书之，以示古朴。

在我国历史上，特别是魏晋以降伪作伪托之风极盛，上自经书，下至诗赋，都有好古之徒仿而伪作，区区一篇诅楚文，就算不了什么大事了。初时，游戏笔墨，时人皆知，后世不知，以为真秦时物，遂视为至宝。诚如清代著名学者阎若璩（百诗）所论："古伪诗文有二：一是明掩己之姓名以欺后世，一是拟古某文和古某诗，传之既久忘其所出，世以为真某古人矣。"[①] 诅楚文伪

---

① 阎若璩：《古文尚书疏证》卷五上，第七十二条，《皇清经解》续编本。

作，究竟伪于何时，出于何人之手，还有待于进一步考索。但无论如何，亦如阎氏所云："作伪书者譬如说谎，虽极意弥缝，宛转可听；然自精心察之，未有不露出破绽来者。""盖作伪书者多因其时之所尚与文辞格制，亦限于时代，虽极力洗刷出脱，终不能离其本色，此亦可以类推也。"① 阎氏又云："文有承讹踵谬，历千载莫觉其非，而一旦道破，令人失笑者。"② 本文所论或可为阎说添一例证也。

1984 年 8 月于中山大学

本文蒙中山大学高等学术研究中心基金会惠予资助。特此志谢。

（原载《古文字研究》第十四辑，中华书局，1986 年 6 月）

附录

诅楚文释文

一、《古石刻零拾》本

（括弧中的文字为容庚师原注）

又（有）䍽（秦）嗣王，敢用吉玉宣（瑄）壁，使其宗祝邵鼛布憖（董作忠，云："一作憨"，汝帖本阙此字）告于不（丕）显，大沈久（厥）湫（董云巫咸本作"不显大神巫咸"，亚驼本作"不显大神亚驼"。绛帖本及汝帖本大沈之上有"大神巫咸及"五字，是合二本之文而为一也）以底楚王熊相之多辠（汝帖本阙此九字）。昔我先君穆公及楚成王是（寔，汝帖本阙此字）缪（通戮）力同心，两邦以（董王作若，此从绛帖、汝帖本）壹，绊以敽

---

① 阎若璩：《古文尚书疏证》卷一，第八条，第三条。
② 阎若璩：《古文尚书疏证》卷一，第九条。

（婚）䦘（姻），袗以斋盟（汝帖阙此八字），曰“枼（世）万子孙毋相为不利”。亲卬（仰）大沈久（厥）湫（案巫咸本作“不显大神巫咸”，亚驼本作“不显大神亚驼”，绛帖本大沈之上有“不显大神巫咸”六字，汝帖本作“亲卬大神”）而质焉。

今楚王熊相康回无逌（道），淫失（泆）甚（湛）乱，宣（汝帖阙此四字）奓（侈）竞从（纵），变输（通渝）盟制。内之则虣（通暴）虐不姑（巫咸、亚驼本并作辜，绛帖从之），刑戮孕（孕）敲（妇），幽刺敦（亲）戚，拘圉其叔父寘者（诸）冥室椟棺之中（自变输以下，汝帖本只有“刑刺不辜”四字），外之则冒改久（厥）心，不畏皇天上帝及大沈久（厥）湫（案巫咸本作“不显大神巫咸”。亚驼本作“不显大神亚驼”。绛帖本大沈之上有“不显大神巫咸”六字，汝帖本有巫咸二字）之光列（烈）威神，而兼倍十八世之诅盟，衛（率）者（诸）侯之兵以临加我，欲刬伐我社稷，伐威（灭）我百竕（姓），求蔑灋皇天上帝及大沈久（厥）湫（案巫咸本作“不显大神巫咸”，亚驼本作“不显大神亚驼”，绛帖本大沈之上有“不显大神巫咸”六字）之（自灋以下十一字汝帖本阙）邮、祠（绛帖本祠下有之以二字，乃据巫咸本补，汝帖本有之字无以字）圭玉羲（犧）牲，述（董云“一作逮”，汝帖本阙此字）取𢔶（吾）边城新郢，及（汝帖本阙此字）郱（於），长敦（汝帖本阙此字），𢔶（吾）不敢曰可。

今又（巫咸本作有）悉兴其众，张矜忞（董云“巫咸本作意，籀文亿”）怒，饰甲底兵，奋士盛师，以偪𢔶（吾，汝帖本阙此字）边竞（境），将欲复其䚋（兇）速（迹），唯是秦邦之羸众敝赋，鞈（鞹）輸栈舆，礼使介老将之以自救也（董云巫咸本作殹，绛帖本从之），亦应受皇天上帝及大沈久（厥）湫（案巫咸本作“不显大神巫咸”，亚驼本作“不显大神亚驼”，绛帖本大沈之上有“不显大神巫咸”六字）之（也字以下十四字，汝帖本阙）几灵德赐，克剂（董云“巫咸本作杒，古制字”，叶云“巫咸文作殄”）楚师（汝帖以下阙），且复略我边城。

敢数楚王熊相（董本无此二字）之倍盟犯诅，箸者（诸，绛帖本无此字，董文有之，王本作之）石章，以盟大神之威神。

二、元至正中吴刊本《湫渊》文（录自《郭沫若全集》考古编第九卷）

又秦嗣王，敢用吉王宣壁，使其宗祝邵鳌布憨告于不显大神厥湫，以底楚王熊相之多辠。昔我先君穆公及楚成王，是缪力同心，两邦若壹，绊以婚姻，袗以斋盟，曰枼万子孙，毋相为不利。亲印大沈厥湫而质焉。今楚王熊相康回无道，淫丯甚乱，宣夛竞从，变输盟剌。内之则虩虐不姑，刑戮孕妇，幽剌嫔戚，拘圉其叔父，寘者冥室椟棺之中。外之则冒改厥心，不畏皇天上帝及大沈厥湫之光列威神，而兼倍十八世之诅盟，率者侯之兵以临加我，欲刬伐我社稷，伐威我百姓，求蔑灋皇天上帝及大神厥湫之邮祠圭玉羲牲，述取晤边城新郢及郝长嫔，晤不敢曰可。今又悉兴其众，张矜忘怒，饰甲底兵，奋士盛师，以偪晤边竟，将欲复其眊述。唯是秦邦

之嬴众敝赋，鞴鞴栈舆，礼
使介老，将之以自救也。亦
应受皇天上帝及大沈厥
湫之几灵德赐，克剂楚师，
且复略我边城。敢数楚王
熊相之倍盟犯诅，箸者石
章，以盟大神之威神。

补记：

本文作于 1984 年夏，由于得到先师商承祚（锡永）先生的支持与鼓励，遂提交是年八月在西安举行的中国古文字研究会第五届年会讨论。诚如大会秘书处写的《中国古文字研究会第五届年会纪要》所述："……与会者对陈先生的论文进行了讨论，有的学者不同意陈先生的意见，有的则赞成对《诅楚文》的怀疑。"文章收入陕西省考古研究所、中国古文字研究会、中华书局编辑部合编的《古文字研究》第十四辑，于 1986 年 6 月出版发行。数年后，赵诚在北京市语言学会演讲，谈及石刻文字研究时，还特地提及本文，说由于本文对《诅楚文》的怀疑，可能引起学术界的注意和争论，使这方面的研究有所深入。

写作本文时，我的研究本不很深入，尤其是无法证明《诅楚文》"究竟伪于何时，出于何人之手"，故虽多方怀疑，亦仅止于"疑"，并未下结论，断言其必伪。我想，如有学者将本文所疑全部推翻，论定《诅楚文》为真的秦刻石，诚属大好事，于古文字学与古史研究皆有益，自当乐而从之。

确如赵诚所言，拙文发表后，颇引起学术界的关注。总体而言，是支持者少而反对者多。就我闻见所及，直接或间接批评拙文的文章便有六、七篇，其中值得介绍给读者一读的是陈昭容《从秦系文字演变的观点论〈诅楚文〉的真伪及其相关问题》（台湾史语所集刊第六十二本第四分，1993 年）和杨宽《秦〈诅楚文〉所表演的"诅"的巫术》（《文学遗产》1995 年第 5 期）二文。二文均就拙文所言诸疑，详加辩驳，认为可以无疑。二文均认为《诅楚文》

不可能出于唐宋间伪作。陈昭容认为："宋代古文字研究正在起步阶段，水平并不很高，……在那种古文字工具书缺乏且古文字考释尚在起步初期，要伪造出像《诅楚文》这样的长篇铭文，实难以想象。"杨宽认为："唐宋间文人限于他们的思想认识，是伪造不出这种特殊内容的文章的。"又说："苏轼和蔡挺都以地方长官去接收出土文物，如果两地（按指凤翔和朝那）呈献者是伪作，接收者同是受骗，所有著名的文人学士作题咏、注释的，也都是受骗，这怎么可能呢？"

承蒙杨宽等先生不吝笔墨赐教，我深表感谢。论理，面对诸多批评，理应有所回应和答复。近十年来确曾反复思考过这一问题，但正如杨文所言，至今未能找到"确实证据"，证明《诅楚文》乃某人在某年所伪作伪刻。故若作枝节性的"疑"与"无疑"的答辩，意义实不大，徒耗笔墨而已。不过，尽管批评拙文者对《诅楚文》深信不疑，也颇有道理，但尚不足以完全令我折服，尽释所"疑"。是以姑留此文，以供对此有兴趣者参考并俟后证。下面仅就带有推理性的三个问题略申鄙见，向同道师友及读者请教。

一、著名文人学士"都是受骗"，有无可能。受骗上当，本属难免，古今皆然。正如青铜器专家尚且有时误收伪器，甲骨文专家尚且就伪片作考释一样，文学家诗人们被假古董所欺，也就不足为怪，亦可原谅。近代如遂启諆鼎原仅九字短铭（《敬吾心室彝器款识》上三二），被人增刻一百二十四字后便成长篇铭文，叶志诜于道光年间购得，以为周宣王时物，置之金山寺，希垂久远，一时作文作诗题咏者三十余人，皆并世名人，如陈澧、陈庆镛、张廷济、许瀚、翁同书等，"都是受骗"。容庚师曰："这种伪增的铭文，在今日不难辨别，而当时一班金石专家都被瞒过，乃由于得见真器太少的原故。"（《殷周青铜器通论》，文物出版社，1984年10月新一版，第134页）古代如伪《古文尚书》，隋唐两代文人学士均被瞒过（孔颖达还为之作疏），宋吴棫怀疑其为伪作，大多数人仍深信不疑。及至清阎若璩作《古文尚书疏证》，方确证其伪，丁晏著《尚书余论》继而考定为出于魏王肃之手（参阅《辞源》修订本第一册"古文尚书"条。肃，王朗子，《三国志·魏书》有传）。

二、唐宋间文人有无"伪造"的能力。过去，学术界对唐宋两代的古文字研究状况探究不足，知之较少，评价偏低，对《汗简》、《古文四声韵》等书的批评也失之偏颇。近年来的研究表明，对唐宋间的古文字研究水平实不宜估计过低。如初唐的碧落碑，堪称天下奇篆，若无郑承规释文，今日要读通它也非易事。碑文中若干古文至今无可考，可能是唐人所见古文而另有所本。像这篇碑文的书者便精通六书，博览古文奇字，熟知钟鼎篆籀，决非等闲之辈（说详《碧落碑研究》）。他如李阳冰、尹元凯、瞿令问等唐代享有盛誉的篆书家的作品，也足证唐人古文字水平并不低。再如北宋郭忠恕编《汗简》，引用七十一种文字资料，夏竦编《古文四声韵》，引用古文资料近百种，虽然其中难免杂有以讹传讹乃至杜撰、伪托的"古文"，但不容否认，时人所见真古文不在少数，其眼福并不浅，有些正是其时可见而后世失传之古文。杨宽文中举出《诅楚文》的"巫"字和甲骨文、金文相同，"如果作伪者是依据篆文而稍变其体，能写的同甲骨文、金文一样么？"这一问确是有力。殊不知我们同样无法证明，唐人或宋人所见的古文字资料中没有像今所见《诅楚文》"巫"的字形。其实，个别字形与甲骨文暗合，不足为怪而且早有先例。碧落碑便有若干字远承竹帛文字乃至暗合于甲骨文者（详《碧落碑中之古文考》）。这情况说明，唐宋间人所见古文资料不在少数，若有"好事之徒"游戏笔墨，便非寻常之辈，其篆书（古文字）之水平亦即作伪能力便断乎不可低估也。

三、作伪者不明可否反证器物（作品）为真。器物（作品）真伪与作（伪）者姓名虽有联系，但毕竟是两个问题。阎若璩论《古文尚书》为伪，并未能确指其出于何人之手。今日无法指明《诅楚文》出于何人之手，并不能反证其无可疑，其必真。宋《淳化阁帖》卷五载有"苍颉书"二十八字，"夏禹书"十二字，"鲁司寇仲尼书"十二字，"史籀书"六字，不知何人伪托（伪作），但又有谁能证明，谁能相信，它们是真的呢？

熹平石经、正始石经即三体石经均有残石存于今世，唐代发现的十枚石鼓，虽然许多字已磨灭蚀泐，原物至今尚在。唯独煊赫一时的《诅楚文》，号称有三石，"出土"不久，便不知所在，连残石碎片都不传于世。薛尚功著

《历代钟鼎彝器款识》,收录"岐阳石鼓"十枚(卷十七)而不及《诅楚文》,也颇值得注意。是薛氏未见其文,还是虽见之而认为不真,不得而知,亦不可妄加猜测。杨文也承认:"我们今天所见的《诅楚文》,已非原石原拓,都出于拼凑和重摹翻刻,个别的字《绛帖》、《汝帖》和元至正刊本亦有不同写法,难免混入后来字体。"设若哪一天真有秦时《诅楚文》原石(哪怕是残石也好)再次出土,重见人间,则真伪立辨,诸疑尽释,毋庸再费笔墨,区区小文自当废弃,毫不足惜也。

碧落碑研究

碧落碑，唐高宗咸亨元年（公元670年）韩王李元嘉之子李训、李谊、李撰、李谌为纪念其亡母房氏（房玄龄女）而立，因碑文有"栖真碧落，飞步黄庭"之语，故名。碑在山西绛州（今新绛县），高八尺一寸，广四尺三寸，二十一行，行三十二字（其中第二行三字，末行二十四字），篆书，不署书者姓名。

据赵明诚《金石录》所言，此碑在北宋南渡前已有缺裂。1983年中华书局影印出版《汗简》、《古文四声韵》（合为一本），卷末附有此碑拓本，为缺裂本。编辑部之《出版说明》云："碧落碑是现存的唯一的一通用所谓'古文'写的碑文，我们也将它影印，附于书中，以供参考。"1987年紫禁城出版社出版施安昌编著之《唐代石刻篆文》，列碧落碑于卷首，采用故宫博物院所藏明拓本，石未断，字均完好。该书亦将石断后的拓本殿后，"以示全貌"。二书所附全貌拓本仅缩小程度不一，其形制及缺裂状况皆同，即首行"龙"字至末行"书"字中断。既然北宋时碑已缺裂，则明拓之全本必为后世重摹上石者。而目今所见有缺裂之碑文又为何时何人重立，实为一大公案。惜乎资料匮乏，无可考。只能俟诸异日。好在现存碑文（拓本）除缺裂者外，仅残损四字，余均清晰可辨。在古文字资料尤其是各类战国文字大量出土的今天，以历史的眼光重新审视此碑，毕竟是有意义的。此碑所显示的，乃是初唐时期书家的古文字学水平及用字习惯，对人们正确认识唐代的古文字学状况不无助益。

一　释　文

　　碑文六百三十字，小篆古文杂出，字体复诡异多变，且多假借，故颇不易读。碑立二百年之后，唐懿宗咸通十一年（公元870年），有郑承规以楷书释文，刻于碑阴，然后大体可读。根据郑氏释文及顾炎武，钱大昕、王昶等人的意见，碑文已可读通。为讨论的方便，兹先将释文校定录下，并加标点，每行之末以数字标明行次，现缺裂残损字则以［　］号示之：

碑落碑释文

　　有唐五十三祀［龙］集敦牂哀子李训、谊、撰、谌，衔恤在疚，冥怀靡所，永言报德，思树良①因，敬立②大道天尊及侍真［像］。粤若稽古，貌觌遂初。真宰贞乎得一，混成表于冲用。玄之又玄③，迹超言象之域，惟恍惟忽，理冥视听之端。所以［崆］山顺风，劳乎靡索，汾阳御辨，窅然④自丧。旷矣哉！道之韫也，其寄于廖廓之场焉。至于玉笈宣徽，琅函吐秘，方壶神阙，［蒙］⑤谷灵游。倏忽九陔，导飞廉而从敦圉，俯仰六合，戴列星而乘云气。固亦昭章逸轨，［朌］⑥向孤风，淳化其瞭，［幽］契无爽。伏以　先妃含贞载德，克懋柔仪，延庆台华，正位［藩］⑦闱。动容资于典礼，［发］言光乎箴训。故纮綖是肃，粢盛无违。大当叶曜，中闺以睦。况倚⑧间分甘之泽，徙居［昃］昤之规，义越人伦，恩深振古。重以凝神道域，抗志澄源。淮馆仪⑨仙，参鸿宝之灵术，［楚］坛敷教，畅微言之盛范。儒玄兼洞，真俗两该。德冠母仪，事高缤⑩则。岂图昊天不惠，积善无徵，咎罚奄钟，荼蓼俄集。训等痛麈过隙，感切风枝，泣血攀⑪号，自期颠损。祇奉　严训，慈勉备隆，偷存视息，遄移气序。几筵寂寞，瞻望长违。创⑫巨徒深，寄哀何地。［所］以贪及余漏，祈福玄宗，敬写真容，庶几终古。而土木非可久之⑬致，熔铸为诲盗之先。［肃］奉　蛊规，图辉贞质，睟容伊穆，玄仪有炜。金真摘耀，疑金阙⑭之易奔，琳华扬彩，若［琳房］之可觌。霓裳交映，歘驾斯留。帝晨饰翠云之美，香童散朱⑮陵之馥。载雕爱敔，式展［诚］祈。以此胜因，上资神理。伏愿栖真碧落，飞步黄庭，谒群帝⑯于天关，携列仙于云路。［融］心悬解，宅美希夷，树仪邻以同奂，指乾坤而齐极。介兹多⑰祉，藩度惟隆。如山［作固，永播］熊章之烈，循陔自勖，冀申乌鸟之志。孔明在鉴，匪曰⑱道遐昌言，叫闻庶思，［无拔昔人］。衔哀罔极，铅椠腾声。柔纷克劭，义切张凭之诔，至德⑲兴思，痛深陆机之［赋，况清辉懋范］，宛若前踪，瞻言景行，敢忘刊纪。馀魂弱喘，情不逮⑳文。谨託真猷，直［书心事，音仪日远］，风烈空传。叩心感慕，终天何及㉑。

二　书体与字形

碑文书体，大别有二：小篆、古文。现存碑文，若不计缺裂而无可辨之字，去其重复，共有单字 453 个。其中书体为小篆，合于《说文》者有 225 字，接近单字之一半。这是碑文的主要书体，书写合乎小篆规范，凡稍知《说文》，略具文字学常识者均不难识，如首行之"有、五、十、集、哀、李、谊、衔、恤、夂、所、永、悳（德）"，二行之"因、立"，三行之"大、侍、真、若、初、乎、壹、混、冲、用、之、又"等等，不烦枚举，亦毋庸详论。另有十余字，其结构笔法基本上属于小篆，但与今本《说文》所载，偶有差异，或系初唐时人书写之习惯使然。兹列举比较之如次：

长，小篆作〖图〗，碑文作〖图〗；

创，小篆之或体作〖图〗，碑文作〖图〗；

载，小篆作〖图〗，碑文作〖图〗，不从才而从木；

良，小篆作〖图〗，碑文作〖图〗；

帝，小篆作〖图〗，碑文作〖图〗；

馆、馀、饰，所从之食小篆作〖图〗，碑文作〖图〗，易人为〖图〗，或作〖图〗，餈（粢）所从之食亦作〖图〗；

徽，小篆作〖图〗，碑文作〖图〗；

立，小篆作🔣，碑文作🔣，大形讹脱；

亦，小篆作🔣，碑文作🔣，大形讹脱；

交，小篆作🔣，碑文作🔣，上下分离；

奄，小篆作🔣，碑文作🔣，所从之大分离为二；

腾、勝（胜），所从之联小篆作🔣，碑文作🔣；

鉴，小篆作🔣，碑文作🔣；

戉（越），小篆作🔣，碑文作🔣，增人为饰；

摘，小篆作🔣，碑文作🔣；

这些差异也可说是小篆的写讹，而有些字则很可能是受楷书影响的缘故。碑文中有少数几个字（如围、图、地、岂等），简直便是楷化的小篆，毫无篆意，不过从中确也体现出了时代的气息：唐代毕竟已是楷书大盛，以至登峰造极的时代，篆书受其影响，可谓难免。

又有十余字，论其结构笔法，显属小篆，但不见于《说文》，殆系《说文》所失收或汉魏以后新出之字。兹亦列举并说明如次：

🔣畅，从古文申，易声。《玉篇》："畅，丑其切，达也，通也。"《说文》有🔣字，训"艸茂也"，段注谓"俗又作畅"，若然，则畅为🔣之俗字，碑文书者乃从"俗"也。

🔣蹤（踪），从足，從省声。《玉篇》："蹤，子龙切，迹也。"

🔣寘，大徐本《说文》附于宀部，铉曰："置也。从宀，真声。"按伪作诅楚文有此字，作🔣，云"寘者（诸）冥室椟棺之中"。

🔣覩，大徐本《说文》附于见部，作🔣，与碑文小异。

🔣况，从仌，兄声。

🔣阃，从门，困声。《玉篇》："阃，苦本切，门限也。"《说文》木部有梱，"门橜也"；门部有闑，"门梱也"，而无阃。阃多见于典籍，如《史记·冯唐传》："阃以内者，寡人制之，阃以外者，将军制之。"

🔣睟，从目，卒声。《玉篇》："睟，思季切，视也。又润泽貌。孟子曰：其色睟然。"按《孟子·尽心上》："其生色也睟然见于面。"碑文云："睟容伊穆"，谓容貌温和润泽。南齐王元长（融）《三月三日曲水诗序》："晬容有穆，宾仪式序。"（《辞源》页2216引），碑文句式与之同。

偷，从人，俞声。《说文》女部有媮，"巧黠也。从女，俞声。"段注："按偷盗字当作此媮。"按段说可商。媮通偷又通愉，而偷为苟且偷盗之专字。偷字见于《玉篇》："吐侯切，盗也。《尔雅》曰：佻，偷也，谓苟且也。"碑文"偷存视息"，正是苟且偷生义。

馥，从香，复声。大徐本《说文》附于香部。

勔，从力，面声。《玉篇》："勔，弥浅切，勉也。"《说文》有勉无勔。张衡《思玄赋》："勔自强而不息兮，蹈玉阶之峣峥。"（《辞源》页0378引）

眄，意同眄。斜视也。《玉篇》："眄，俗作眄。"孔稚珪《北山移文》："芥千金而不眄，屣万乘其如脱。"

嗥（即叫），《说文》有啤无嗥，《玉篇》："嗥，五吊切，叫也。"

殒，从歹，员声。《玉篇》："殒，为闵切，殁也。"

縱，从系，延声。《玉篇》："縱，余战切，又余旃切，冕前后垂。"

彩，从文（增彡为饰），采声。大徐本《说文》作彩，附于彡部，注："文章也。从彡，采声，仓宰切。"碑文云："琳华扬彩"，意即文彩飞扬，绚丽夺目。

廓，从广，郭声。《玉篇》："廓，苦莫切，大也，空也。"

㷇，从火，既声。《玉篇》有炁："去既切，古氣字。"

这些《说文》所无之字，碑文书写者采用偏旁组合之法，即取楷书之结构方式，以小篆笔意书之，同样显得端庄凝重，俨然采自《说文》之规范小篆。而且，从用字实际出发，不避"从俗"之嫌，用"偷"而不用"媮"，用"眄"而不用"眄"。这也可说是一种创造，值得称道，对后世以至今日有着积极的借鉴作用。

碑文中还有若干字，是在原小篆字形上增加偏旁，以求变化（避免同形重见）和美观。它们是：

假狐为孤而增臣。

◼奔，易夭为犬复增马。

◼常，增心。

◼气，增日。《玉篇》有吔，注："去既切，古气字。"

◼因，增即籀文艸。

◼参，增即籀文艸。

◼朱，增幺，复于◼中增一短横。

◼仰，增口。

◼六，增目。

◼合，增攴。

◼久，增长，《汗简》引作◼。

◼辵，增口，用作文。

◼需，两见，其一增册。

◼冯，增心。

其减省偏旁者则有

◼敷，省文。

◼罚，所从之詈省网。

◼群，从羊，君省声。

三字。此外，碑文中有若干形声字，论其结构、笔法，亦属小篆，但与《说文》所载篆形相校，知其形旁有所改易，计有下列十余字：

◼（仪）　◼（俄）　◼（颠）　◼（张）　◼（深，从玉，穼又从木）　◼（携）　◼（振）　◼（僊〈仙〉）　◼（獻）　◼（祉）　◼（範）　◼（抗）　◼（故，不从攴而从弋）　◼（致，不从弋而从攴）　◼（序）

其改易声旁者少见，仅

◼（资）

一字而已。其所以改易偏旁，同样是为了使字形有所变化，其次可能是出于间架布白的需要。也许当时书家们的书写习惯便是如此，诚不宜以"恣意妄为"责之也。

上述这些在小篆基础上有所增损改易的字形，虽不见于《说文》，由于其基本部分为小篆，故尚可据上下文义而予辨认。对今日读者而言，其中大部分字可谓人为地多出来的异体字——在某一时代（唐）出现并沉积在庞杂的汉字体系中的死字。

以上所论，碑文字形完全合于《说文》小篆者225字，笔划小异者19字，《说文》所无而以小篆偏旁（笔意）组合者17字，以小篆为基础而偏旁有所改易增损者33字，凡294字，均属小篆范畴。由此也可证，碧落碑的主体部分是小篆。

碑文之第二种书体便是古文和籀文，统称古文，或谓大篆。这部分字形亦较复杂：有合于《说文》之古文籀文者，有合于三体石经残石所列古文（简称石经古文）者，有不合于此二者而合于铜器竹帛乃至与甲骨文暗合者。有今不知所据而为《汗简》、《古文四声韵》所征引或与二书所引其他古文材料相合者，亦有至今无可考者。兹分别略述如次：

碑文字体合于《说文》古文、籀文者有：

三子古表玄成敬光申昌容敢直风劳御自玉神星用典其网颂肃韦（违字所从，亦同于石经古文）徒宝更善克严备真终扬云上明於黄旷（广从古文黄）乾指（从古文旨）盗（从籀文次）及篮动宅

共50字。其合于石经古文者有：

祀齐遂网泽惟在存（从古文才）若训惪（德）中庶以寂（从古文叔）视

共16字。其远承铜器竹帛文字乃至暗合于甲骨文者则有：

天则礼斿（游）道为乎贞穆留辰（用为晨）福尊戴冀（所从異与金文同）得裘也

共 18 字。其为《汗简》、《古文四声韵》所引或与二书所引其他古文材料相合（或相近）者则有：

唐言报树象域枝祈（期）奉怀隆陆机宛宣图居源教微儒俗柔闻针睦笈列先忽冥是香幾斯陵播（伏）愿络（落）步夷邻坤烈靡頳（俯）息稽正悬微何声空

计 54 字。二书所引与今所见碑文有全同者，有笔划小异者。又有与其他石刻古文相同者二字：华、人（碧落碑与《说文》古籀文、石经古文、出土古文字资料及《汗简》之异同，拟另文详之）。诚如王昶所论："有唐一代篆书碑无多，碧落碑尤为有名，宋初郭忠恕所以编入《汗简》。今取碑文与汗简参校，《汗简》笔法皆得籀文遗意，此碑笔画皆易以方整，全非籀文面目。至其文字之不同者……（举例从略）盖碑文重摹，《汗简》翻刻，恐彼此各有笔画舛异，不能定其孰是也。"（《金石粹编》卷五十七"碧落碑"按语）

碑文中之古文可考者约如上述，计 140 字。其一字多形者如天、於、及、真、风等，或合于《说文》，或合于石经，或见于《汗简》，可谓多姿多彩（详下文）。还有不少"古文"，至今不知其何所据，亦难以索考解释者，如术不从禾，而从艹作𦽴，龙不从育而从帝作䶫，慈作𢙴（《汗简》引作𢛢），凝作𩇫，疑作𩇯，昊作介，庆作𢈻，乘作𣘭，熊作𤝞，敦作𣀶，伊作𠊚等等。这些字形，是书者（或重摹者）写讹所致，抑或系唐人所见古文而另有所本（包括假借），颇难确定，有待进一步研究。

三 异体字与假借字

碑文一字多形与假借现象十分突出。

碑文中一个字重复出现而字形一致者甚少，仅之、哀、又、集、藩、至、章、陔等少数几个字。其中"之"十九见，均作𡳿形，最为突出。大多数是小篆与古文并见，古文又数形并存，不识者还会误认为不同的字。下面试举若干例列表以明之：

碧落碑异体字表

序号	释文	小篆	古文	待考
1	训			
2	乎			
3	以			
4	真			
5	贞			
6	云			
7	悳（德）			
8	於（乌）			
9	惟			
10	天			
11	及			
12	言			
13	玄			
14	若			
15	容			
16	终			
17	图			
18	古			
19	自			
20	仪			

21	道	[古文字形]
22	风	[古文字形]
23	其（箕）	[古文字形]
24	飞	[古文字形]
25	神	[古文字形]
26	先	[古文字形]
27	义	[古文字形]

碑文使用大量异体字，使文字形体富于变化，同时又增加观赏价值。特别是有些句子，一个字出现两次，一用小篆，一用古文，前后交相辉映，确较同一字形之重复为好看。如第三行"玄之又玄"、第四行"惟怳惟忽"便是其例。若是接连几个字笔画均较少，显得单调，便将其中某字写为笔画较多的异体字，反之亦然。如十三至十四行"而土木非可久之致，熔铸为诲盗之先"，上句笔画皆少，遂写久为[字]，增长为饰，下句笔画皆多，遂将为（爲）写成简省之[字]，显得错落有致。当然，小篆古文并见，异体繁多，实际上也增加了读者认读的难度，"小儒"已是"咋舌"，平民百姓，唯有望而却步了。书者为了好看，追求艺术美，千方百计变化字形，至于人们是否看得懂，他自然是可以不管的。正因如此，正确的"释文"才显得十分必要，也十分重要了。

使碑文显得难读的，除了古文、异体字外，还有假借字的因素。这里所说的假借，不仅是指"本无其字，依声托事"式的假借，而且是指本有其字而特意借用他字的现象。后者亦属碑文的一大特色，值得予以探讨。

最突出的文例是，碑文两处当用"伏"字而假借他字出之：

"凭以先妃含贞载德，克懋柔仪。"

"敤愿栖真碧落，飞步黄庭。"

凭、敤皆假为伏。按敤即播字。《汗简》引此作[字]，释播，《古文四声韵》去声过部"播"下引碑文[字][字][字]三形，其第二形与《汗简》所引同（一、三两形不见于今碑文）。《说文》播之古文作[字]，易手为[字]，而番从[字]，古文作[字]，是碑文㭫实古文播之省，师旗鼎播作㭫，㭫可为佐证。又按中古音，伏与凭同为并纽而韵部分别为屋与蒸，韵尾一收 k，一收 əŋ，尚较接近，借凭为伏犹有可说，而播，帮纽过部（pua），与伏声纽有清浊之分，韵部亦异，碑文竟假而用之，不知是否唐时习惯使然也。

其余如：

"侹仪邻以同奂"，假侹为树，而碑文已有树字作㮅；

"馀魂㲻喘"，㲻为溺之本字，而假借为弱；

"帝昚（晨）饰翠云之㒳"，㒳作㒳，为古文网，假为美，而碑文有美字作㒳；

"籸窞无违"，窞从穴从古文成而借为盛，然碑文有盛字作㒳；

"儒睘兼洞"，睘作㒳，《古文四声韵》引云台碑悬字作㒳，结构与此同，是碑文假悬为玄，而碑文玄字屡见，小篆古文二体皆有（见前）①；

"遄移㷉序"，㷉假为气，而碑文已有增日而成的昕字；

"图濣贞质"，濣假为辉，而碑文有辉字作㒳（字在碑文倒数第二行，已断裂，然《汗简》引碑文辉字作㒳㒳）

"事㒳殡则"，㒳本为城郭字，碑文假为高；

都属"本有其字"，为求变化而假借他字为之的。

此外，钱大昕、钱侗还指出，碑文有声相转相近而借者（窒—空，盾〈古文箴〉—廉），有同音相借者（頯—宣，親—规，瓊—柔），有偏旁相同而借者（多为上文所论改易偏旁之字）等等，具见《金石粹编》所引。

上述用字情况再度表明，碑文之书者确是精通六书，博览古文奇字，熟知钟鼎篆籀，实非等闲之辈。关于此碑书者，向有二说，一说为陈惟玉书；一说为黄公李撰自书。贬之者主前说，谓"定为惟玉辈书无疑"；誉之者主后说，谓李元嘉藏书皆以古文字参定同异，李撰振奇好古，工于辞章，自书碑文为情

---

① 钱大昕、钱侗认为此即旬，目摇也，或从旬作眴。碑文从双目，旬声。旬与眩通，故借为玄。说见《金石粹编》卷五七所引。

理中事云云。今按二说均属推测，无确证。书者何人，只能待诸异日有新材料发现或出土之时予以考定也。

四　与唐代其他石刻篆文的比较

唐代的通行字体是楷书，篆书的使用范围已大为缩小，主要用于书法艺术，如石刻与印章。以篆书刻碑，碧落碑为现存唐代石刻篆文中字数最多，字形最为复杂多变的一通，因而也最具代表性。它代表了唐代书家的古文字学水平，并在一定程度上反映了当时的用字习惯及书写习惯，对其后的石刻篆文无疑是有相当影响的。将此碑与唐代其他石刻篆文试作比较即可证明这一点。

据施安昌《唐代石刻篆文》一书所辑，唐代石刻篆文至少有三十余种，包括功德碑、墓碑、墓志、造像记、摩崖刻石、官府文书以及诗文、题名、题字等，可知当时篆书作为艺术品，书写内容仍是较丰富的。再就该书所收录之十五种石刻篆文看，其大别有四：一、小篆为主，间杂古文，如李阳冰书《缙云县城隍庙记》、尹元凯书《美原神泉诗》；二、小篆与古籀并重，熔铸一炉，如碧落碑；三、仿三体石经之例，古文、小篆、隶书三体并存，如瞿令问书《阳华岩铭》；四、篆书与隶书、楷书相间，以隶为主，篆亦有隶意，如《祎墓志》。第四种实际上只是隶楷中羼杂了少量篆书，可暂不论。李阳冰、瞿令问并为唐代享有盛誉的篆书家，他们所书碑文，也并不完全遵循《说文》小篆结体而多有改易，若干字的结构异于《说文》小篆而与碧落碑同。兹列论如次：

1.《缙云县城隍庙记》，李阳冰书，主体为小篆，但典从竹作𥳑，与碧落碑作𥳑者近；乾作𠕋，其作𠔉，以作㠯，均与碧落碑同。

2.《怡亭铭》，李阳冰书其序文，其中而字三见，均作帀，铭字所从之金作金，均与碧落碑同。

3.《栖先茔记》，李阳冰书（原石佚，宋代重刻，石存西安碑林），篆文绝大多数与《说文》合，其、而、以诸字多见，写法与上引二碑同，亦即与碧落碑同。又兹作 䌛，异作 䢉，乖于《说文》而合于碧落碑。其寿作 𠷎，城作 𡌀，金作 金，锡作 鍚，笔画亦稍有改易。

4．《李氏三坟记》，李阳冰书，其中以、其、长等字写法与碧落碑近似；而作为偏旁的阜均作 阝，彳均作 彳，行皆作 行，亦与碧落碑同。夜作 𠆢，犹碧落碑之亦作 𠆢，"大"形割裂为二。此碑在小篆基础上增损改易之字亦屡见，如徹作 徹，受授作 受 授，敢作 敢，柔作 柔，漆作 漆，城作 城，侍作 侍，纯作 纯，雁作 雁，阴作 阴等等，皆其例。

5．《般若台铭》，李阳冰书，御作 御，阳作 阳，较之《说文》小篆，稍有变易。

6．《阳华岩铭》，瞿令问书，此即仿石经以古、篆、隶三体书写之碑，其"古文"写法与碧落碑同者有：阳 𨸏、华 華、为 為、端 㮒（㮒）（按：《说文》有楯作 楯）、清 清、辉 輝、（《汗简》引碧落碑有此二字，今缺失）、亦 亦、幾（几）𢆶（讥〈讥〉字所从）、人 𠆢（碑文作 𠆢）、以 以、乌（於）𧷽。

7．《峿台铭》，瞿令问书，畅作 暢，结构方式与碧落碑同。

8．《唐颐铭》，瞿令问书，自作 自，以 事 为高，在作 在，异作 異，若作 若，风作 风，与碧落碑同。又，猒（厌）作 㐱（省犬），贵作 貴，将作 将，始作 始，偏旁结构均有所变易。

9．《浯溪铭》，瞿令问书，兹作 䌛，写法奇特，与碧落碑同。撰作 撰，其作 𠀇，写法亦较特殊，不见于他刻。

10．《美原神泉诗》，尹元凯书，游作 游，交作 交，文作 文，结构、笔法均同于碧落碑。而异哉作 𢆶 𢆶，以 𢆶 为异；笑作 笑，从犬；中作 中；陵作 陵；兹作 䌛，如此等等，或弃本字而用借字，或增损笔画，其用意亦与碧落碑同。

由上述诸碑用字状况亦可知，在小篆基础上改易偏旁，增损笔画，乃至弃本字而用借字，以求美观匀称，实为唐代篆书家之习尚。碧落碑之书者乃综合运用这些手法，把它们推到了登峰造极的地步，遂致艰深难读，令常人望而却步也。

附记：

本文初稿曾在广东省中国语言学会1996—1997年学术年会（1997年7月，中山市）上宣读。

1997年6月初稿

2001年3月修订

（原载《故宫博物院院刊》2002年第2期）

碧落碑中之古文考

　　碧落碑书体以小篆为主，其次为古文，二者交相为用，融为一体。书者为求美观，或篆或古，信笔为之，且一字多形，错综复杂，遂致艰深难读，令常人望而却步。1981年秋，我陪饶宗颐（选堂）先生游晋南，至新绛，伫立于此碑前良久，既叹其书艺之精湛，复恨其古文之难识。后得观中华书局《汗简》、《古文四声韵》（1983年）一书所附之碑文拓本及紫禁城出版社《唐代石刻篆文》（1987年）所载故宫所藏明拓本，二者相校，粗可通读。后又于《金石萃编》（卷五十七）得览有宋以来欧阳修、赵明诚、汪由敦、顾炎武、董逌、钱大昕、王昶等诸家题跋品评，乃知郑承规之释文亦多有可商者。于是参考诸家之说，验以先秦古文字及《汗简》、《古文四声韵》所录碑文形体，辨正文字，补足阙文，校定释文，并于1997年夏成《碧落碑研究》一文提交广东省中国语言学会1996—1997学术年会讨论，颇得同道鼓励。唯该文限于篇幅与体例，于碑中之古文仅有概述，未能详考，意犹未尽，不无遗憾。今仿先师商承祚（锡永）先生《说文中之古文考》而作是篇，以补前文之未备，并求正于同道及对此有兴趣之读者。

　　碧落碑中之古文，有可考者，有今尚无可考者。兹以碑文中出现之先后为序，先就其可考者述之如次。

第一行

唐𣂑　《说文》古文作𠮵，从口易，此从矢，与《汗简》卷上之二矢部所引作𣂑者同。按《古文四声韵》（以下简称《四声韵》）卷二唐部引作𢦏，而阳部伤下有𢦏、𢦏二形，其第一形与碑文同构而左右易位。包山楚简有从刀之𠛹（30简），从戈之𢦏（144简），其义皆与伤同。因疑𠛹为伤本字，从刀，易声。从戈从矢者为其异体，从戈或从矢与从刀同义，皆致创之器也。从人之伤为写讹之后起字。是𢦏或䬃古实伤之异文而碑文用为唐之古文也。又，《说文》卷三矢部有䬃，云"伤也，从矢易声"，段注谓当作䬃，以与卷八人部伤云䬃省声卷四角部觴云䬃省声者一致。

三弍　说文："弍，古文三从弋。"按甲骨文、金文乃至竹帛文三均作三，积画为之，出土古文字资料至今未见有弍。此殆段氏所谓古文奇字也。

祀禩　《说文》祀之或体作禩，从異（异），碑文从𢍰与魏正始三体石经（以下简称石经）古文一体残石異字作𢍰者同。

子𦭞　《说文》古文作𥝩，籀文作𦭞，商先生曰："按甲骨文作𥝩，金文宗周鐘作𦭞，与所录籀文近似。上皆有发，石经古文同篆文。"（《说文中之古文考》。本文引商先生说均见此书，以下不再注。）碑文此字从艸，为发形之讹变。

训𧥜　与石经古文同。《汗简》引尚书作𧥜，与此同。此字小篆作訓，见于第八、第十一行。

在才　又见于第十八行。字与石经古文同（君奭）。按甲骨文、金文皆作才 才以才为在，此同。

怀㦄　不从心而从女，《汗简》引作㦄，与此大致相同。

靡𢪞　不从非而从彳，《汗简》引作𢪞，结构相同而笔画小异，又第四行作𠳐，从门。

言𠱒　又见于第四行作𠱒，十九行作𠱒。《说文》言部詩、訊、信、訟字古文所从之言均作𠱒，碑文作𠱒殆其写讹。石经古文言作𠱒，《汗简》部首作𠱒亦作𠱒、𠱒、𠱒、𠱒，又引碑文作𠱒，与今所见小异。

报𢻹　《汗简》引作𢻹，按金文复，多友鼎作𢻹，盨壶作𢻹，中山王𢻹鼎有𢻹，诸家释䆉读作覆。因疑碑文此形实乃䆉之辗转写讹，唐人误以为报字耳。

树㭗 《石鼓文·作原篇》有树作㭗，豆在木下；《汗简》引《尚书》作㭗、㭗二形，豆一在木下，一在木上，碑文作豆在木上形，与其第二形近。

第二行

敬㪟 《说文》支部徹、敗二字古文所从之支作㫖，又教字古文作㪟，是知㫖者古文攴也。又所从之苟作䒑，又与（《说文》古文同："䒑，古文羊不省。"是此字乃以古文偏旁组合而成者。而从䒑或㫖之敬，亦见金文：㪟（郾侯库簠）、㪟（中山侯钺），具见《金文编》卷九。

第三行

道㳡 又见于第五行作㳡，九行作㳡，十九行作㳡。按《说文》道之古文作㳡，从䇂寸，碑文道字四见，无一同之。考散盘道字多见，作㳡、㳡诸形，貉子卣作㳡，皆从首从行或又从止。《汗简》引《尚书》作㳡，又录㳡形，无出处，亦释道。碑文或从首或从页，古从首从页一也。又有㣞，本象人行于道，亦见甲骨文，作㣞、㣞。复见于石鼓，曰："唯舟以㣞"，钱大昕释为"即古行字"，至确。碑文则用作道字，近年出土之郭店楚竹简《老子甲篇》："以道差（佐）人主者"、"保此道者"、"道恒亡为也"，道字均作㣞，可证碑文确有所据。

天㚨 又见于第十七行作㚨，二十一行作㚨。按天，甲骨文多作㚨，金文则多实其首作㚨、㚨诸形。碑文作㚨者，当亦坟其首之意，实与金文同构。㚨汗简引作㚨，《汗简》又引《尚书》㚨释天，碑文作㚨，与之形近。又按㚨用为天，复见于后世印章，如黄吕"天君泰然"印即作此形，似故弄玄虚，其实源于此碑，至于此碑书者何所据，今不得而知也。

尊㝅 《汗简》引作㝅，又引华岳碑作㝅，亦象双手奉尊之形。金文尊字屡见，多增阜形。其不从阜者如召仲鬲作 [字], 卫父卣作 [字], 仲义父鼎作 [字], 丰兮簋作 [字], 当系碑文所本。

及 [字] 又见于第十三行作 [字], 二十一行作 [字]。[字]旧释建, 又释逮, 皆不确。钱大昕释及, 谓《宋书》范尉宗、徐湛之两传注并有"贪及视息"之语, 碑文"贪[字]余扇"句式与之同。按《玉篇》辵部: "[字], 渠给切, 至也。连也, 古文及字", 可证钱说至确(从[字]与[字]同)。《说文》所载及之古文[字]、[字]、[字], 其第一、二形为碑文[字]之所本, 第三形小徐本作[字], 段注作[字], 谓"左从辵, 右盖从聿"。碑文[字]正可为段说佐证, 古从竹从艸每可通, 聿即筆(笔)也。

稽 [字] "曰若稽古"为古恒语, 碑文作"粵若[字][字]"。按《说文》: "稽, 留止也, 从禾从尤, 旨声。"段注: "凡稽留则有审慎求详之意, 故为稽考。"又"吅, 卜以问疑也, 从口卜, 读与稽同。书云吅疑。"王筠《说文句读》: "《系传》曰: 《尚书》曰明用稽疑, 今文借稽字。郑樵曰: 唐开元中尚书改用稽字。"若然, 则稽古字篆本当作吅, 唐开元后经典始改用稽也。碑文立于唐初, 宜其作[字]也。此字《汗简》引王庶子碑作[字]。

古 [字] 又见于第九行作[字]。此字篆文作古, 亦见于碑文第十三行。《说文》古文作[字], 《汗简》引王庶子碑亦作[字], 碑文与之小异。

遂 [字] 《说文》古文作[字], 石经古文作[字], 碑文近之。

贞 [字] 又见于第十四行作[字]。此字篆文见于第七行, 作[字]。按《说文》: "贞, 卜问也。从卜, 贝以为贽。一曰鼎省声, 京房所说。"又: "鼎……籀文以鼎为贞字。"《系传》: "古文以贞为鼎, 籀文以鼎为贞。"甲骨文以鼎为贞而常作简省之形[字]。金文有从卜鼎声之鼎, 然多假贞为鼎。碑文从卜鼎声, 与金文合, 或增[字]为繁饰。

乎 [字] 又见于第四行。此字篆文见于第八行, 作[字]。按: 乎, 颂簋作[字], 扬簋作[字], 弭君簋作[字], 《古文四声韵》引崔希裕纂古作[字]。碑文与金文形近, 首笔殆系写讹。

得⿰ 《说文》古文作⿰，按甲骨文得字屡见，作⿰、⿰，象以手持贝形，金文亦多如是，或增⿰。碑文亦寓以手持贝意。唯贝形写讹为⿰耳。

成⿰ 与《说文》古文及石经古文同，从午。按甲骨文作⿰、⿰，金文多作⿰，唯《沇儿钟》作⿰，从午，当为古文所本。

表⿰ 与《说文》古文同，从麃。

乌（於）⿰ 又见于第十七行作⿰，用为于。第十八行作⿰，为乌鸟之乌。其变体复作⿰、⿰（第五行）、⿰（第八行、十七行），均用为于。按乌，石经古文作⿰、⿰，《说文》古文有二形，一作⿰，谓"古文乌，象形"，一作⿰，谓"象古文乌省"，碑文近之。《汗简》引作⿰、⿰、⿰，有所写讹，又引⿰、⿰形，亦释於。按作⿰、⿰诸形者实⿰形之写讹而用为於（于）。⿰或⿰则又为⿰形之写讹，可谓以讹传讹，讹之又讹也。

用⿰ 《说文》古文作⿰，石经古文作⿰，碑文同之。按甲骨文用字习见，多作⿰、⿰诸形，同于小篆。𠂤组卜辞又作⿰⿰⿰⿰等形者，金文亦多同于小篆，偶有作⿰者（邾公釛钟），中竖笔增一圆点，当为古文所本。就甲骨文而论，用字初形作⿰，本象有柄之甬（桶），《说文》所谓"可施行也"之义属后起。（于省吾说，见《甲骨文字释林·释用》）

玄⿰ 《说文》古文作⿰，碑文与之微异。商先生曰："按此亦玄字，金文玄衣之玄皆作⿰，桂氏云：'当作⿰，此多误一画，则与申部重出。'此实不误，而申部误，以⿰误也。金文邾公⿰钟玄镠字作⿰，则与此同矣。"碑文又有作⿰形者，见于同行，（称"玄之又玄"）及十三行，兹字从之，作⿰（第十九行），或作⿰形，见于第十四行，皆属小篆⿰讹脱所致。

第四行

象⿰ 按此字《汗简》引作⿰、⿰，均有写讹，然长鼻之状尚存。

域⿰ 又作⿰，见于第九行。按《说文》域为或之重文，而篆文从土之字籀文每从𠂤或⿰，碑文一从⿰一从𠂤，与《汗简》所引同，未知是说文失收之籀文否。

惟 此字篆文作惟，亦见此行（称"惟恍惟忽"）。按甲骨文金文多以隹为惟，作𠁥、𨾏、𨾎等形，石经古文作𨾏、隺，碑文此文殆隹形之写讹。

忽（智） 《汗简》引作，小异。按冒鼎、冒壶、冒卣、儳匜、克钟诸器皆有此字，作、、、、诸形，从爪从曰，当系碑文所本。段玉裁谓智"与心部忽音同义异"，"今则忽行而智废矣"。

冥 《汗简》引作，结构相同，而所从之目小异。

视 《说文》古文作䀏、䀩，此从目从氐，石经《左传》遗字视作，从目从氐，碑文近之。疑碑文所据为石经古文而宋人摹失也。又，碑文有小篆视作视，见第十二行。

是 《说文》籀文作，金文作、、等形，碑文此形，未知何据。《汗简》引作，亦有小异。碑文此处用为所。又，第八行亦有是字，作，则与金文同。

风 又见于第七行作，第十一行作，二十一行作，《汗简》引、二形，释风。按风，甲骨文皆借凤为之，金文未见，楚帛书作，从虫凡声。《说文》古文作，其声符凡右侧亦多一笔。凡作，既见于帛书，复见于包山楚简。商先生曰："按甲骨文假凤为风。凤飞百鸟相随以万数，而风生也，《周礼·大宗伯》有飌师，即甲骨文字传写讹误，《玉篇》有凨、飌、凬古文三体（凬为飌之古文或作）。"碑文从日凡声者同于《说文》古文，其作或从𦰩从京者则为辗转写讹所致，曾宪通兄对此有详考，见其所著《楚文字释丛（五则）》（《中山大学学报》1996年第3期）。

劳 与《说文》古文同，从悉。中山王䐭鼎忧劳之劳作。

御 《说文》古文作，从又从马，碑文同之而马形割裂。《汗简》引作，与此小异。

第五行

自㠯 又见于第十八行作㠯。此字篆文作㠯，见于第十二行。按碑文所书自之古文、篆文均与《说文》所载同，此字本为鼻之象形，甲骨文作㠯、㠯，尤肖之。

丧㗊 《说文》："丧，亡也。从哭从亡会意，亡亦声。"《汗简》引林罕集字作㗊、㗊、㗊，基本上同于小篆。金文丧字多从品，或增走，唯易鼎从㗊作㗊，云"弗敢丧"（见《金文编》卷二）。碑文从㗊，可谓近之。

旷曠 从日，广（廣）声，广从㠯，与《说文》古文黄同。

也弋 《说文》："弋，秦刻石也字。"按此字屡见于战国楚简，多作弋、弋形，亦作弋、弋（见《战国楚竹简汇编·字表》），为秦刻石所本。

其丌 又见于第七行作丌。《汗简》引作丌。《说文》古文作㠯、㠯、㠯，籀文作丌。此字甲骨文金文习见，异体颇多，金文作丌形者亦甚多。石经古文作丌。

玉玉 《说文》古文作玉。《汗简》部首作玉，碑文结构与之同。

芨笈 《说文》有芨（堇艸也）而无笈，此从竹，及声，所从之及为古文。《汗简》引石经及作㠯，又引碑文此字作笈，中间人形少一笔，是为小误。

宣顴 此字从页从㠯，碑文以为宣字，《汗简》引作顴。

神祁 又见于第九行作祁。此从古文示，古文申。示，《说文》古文作㠯（小徐本作㠯）；申，《说文》古文作㠯。又，第十六行，神字作祁，《汗简》引《尚书》作祁，而部首申亦作㠯。

第六行

游㳺 《说文》古文作㳺。按甲骨文作㠯、㠯、㠯，金文作㠯、㠯、㠯等形，均为人执旗形，碑文此字从疒从子，与之正合。

篮奩 《说文》古文作奩，碑文简省之而假为廉。

頫（俯）〔字〕 《汗简》引作〔字〕。

戴〔字〕 《说文》籀文作〔字〕，碑文所从古文异与金文同。

列〔字〕 又见于第十七行作〔字〕。按列之篆文作〔字〕，碑文易‹‹‹为六小点，复易月为A，未知是否唐人所见古文如此。《汗简》引作〔字〕。

星〔字〕 与《说文》古文同。商先生曰："°°、品当为星之本字，象列星形。后以晶为精光字，遂加生声以别之。"

第七行

先〔字〕 又见第十四行作〔字〕。按先，石经古文作〔字〕，与《说文》篆文同，碑文右半当系写失，复增〔字〕，益不可解。《汗简》先部引作〔字〕、〔字〕，亦均有增饰，丿部又作〔字〕。

克〔字〕 又见于第十九行作〔字〕。石经古文作〔字〕，《说文》古文有〔字〕、〔字〕二形，碑文与其第二形同，占中一点羡笔也。

瓔〔字〕 此与小篆〔字〕结构基本同，惟页加繁为〔字〕。《汗简》引作〔字〕，易〔字〕为门，玉作古文〔字〕形，与今所见异。疑是碑文原形。《说文》："瓔，玉也，从玉，嬰声，读若柔。"碑文正借为柔字。旧释琼。

华〔字〕 瞿令问书三体《阳华岩铭》华之古文作〔字〕，与此同，唯碑文左上角少一短横，字又见第十五行，作〔字〕。

正〔字〕 正字甲骨文、金文习见，作〔字〕、〔字〕、〔字〕、〔字〕等形，或增笔作〔字〕，竹帛文亦多作〔字〕、〔字〕之形，《说文》古文作〔字〕，谓从古文上，又作〔字〕，从足。碑文增繁至此，令人难辨。赖有《汗简》引之作〔字〕，释正，乃定为正字。

第八行

动〔字〕 《说文》古文作〔字〕，从辵，碑文同之。

容〔字〕 《说文》："〔字〕，古文容从公。"此从古文容而增页为饰。字又见于第十三行作〔字〕，即为古文。

典❏ 《说文》："❏，古文典从竹。"此亦从竹，作册在❏上形，与《说文》古文同。

礼❏ 《说文》古文作❏，不从豊，此则不从示。中山王❏壶"不用礼宜"，礼字作❏，亦不从示而增口，碑文近之。

光❏ 与《说文》古文同。

鍼❏ 《汗简》引作❏，碑文用作箴。

肃❏ 从心从卩，与《说文》古文同。

宬❏ 从穴从古文成而用为盛。碑文另有盛字作❏，见于第十行，与小篆近似。

违❏ 从古文韦。按韦，《说文》古文作❏，石经古文作❏，碑文近之。

中❏ 按此字甲骨文、金文多作❏、❏、❏，其斿曲折象飘扬状，而古玺作❏、❏。古陶作❏，石经古文作❏，其斿平直，碑文同之。

睦❏ 按《说文》："睦，目顺也，从目，❏声。一曰敬和也。❏，古文睦。"碑文从三❏，《汗简》引作❏（《汗简》部首及形旁之目作❏、❏）。

第九行

泽❏ 石经释字古文作❏，又作❏，碑文同之而为泽，《汗简》引作❏，今碑文右侧略有残损。

徙❏ 《说文》古文作❏，与此右旁近，《汗简》引作❏。商先生曰：《说文》"❏，古文辿。"按金文陈侯因❏錞作❏，口部唸，"吚呻也，《诗》曰氏之方唸吚。"今《诗》作殿屎，则屎本字，吚借字，此乃屎之古文，借为徙。

居❏ 《汗简》引《说文》作❏（今本无此形），《玉篇》尸部居下列❏，谓"古文"。

人❏ 增人作双人形，《阳华岩铭》古文人作❏，与此形近而意同。

伦❏ 《说文》籀文命作❏，碑文易❏（竹）为❏（艸），写❏为❏，假侖为伦也。又《汗简》引义云章❏释伦，可资参考。

第十行

宝🅰 省贝，与《说文》古文同。《汗简》引作🅰。此字柞钟作🅰吊父丁簋作🅰，格伯作晋姬簋作🅰，贮子己父匜作🅰，鄘子行盆作🅰，亦均省贝。

教🅰 《古文四声韵》引《古老子》作🅰，此与之近，所据殆亦《古老子》，未知孰是。

微🅰 《汗简》引作🅰。

儒🅰 《汗简》引作🅰。

悬🅰 《古文四声韵》引云台碑悬字作🅰，结构与此同，碑文假为玄。

俗🅰 《古文四声韵》引《古老子》作🅰。引碑文作🅰。

悳🅰 与石经古文同，《说文》古文作🅰，讹十为八，目形作☐，当是传写之讹。用为德，中山王🅰鼎、壶及䈇壶得字均作🅰。

第十一行

则🅰 《说文》古文作🅰、🅰，籀文从鼎作🅰；石经古文作🅰，碑文同之。楚帛书则字屡见，作🅰，左半亦讹从火。

图🅰 《汗简》引作🅰，与此小异。此字篆书作🅰，见第十四行。

叀（惠）🅰 《说文》古文作🅰，《古文四声韵》引作🅰。

善🅰 《说文》古文作🅰，金文亦屡见，均从誩从羊，碑文复增🅰为饰。

徴🅰 《汗简》引作🅰，与此异。《玉篇》卷十八支部有🅰，注：召也，今作徴。

枝🅰 与《汗简》所引同。

第十二行

祈（期）🅰 《汗简》示部引作🅰而释为祈，月部引《尚书》🅰释期。期，奉□　《汗简》引王庶子碑奉作□，与此同，金文散盘作□、□象双手有所捧状。

严□　《说文》古文作□，碑文近之。金文严亦多从三口。

备□　《说文》古文作□，（小徐本作□，段注本作□）商先生曰："按金文洹子孟姜壶作□、□，此从□，则□之写讹也。"是则碑文从□又系□之写讹也。

隆□　又见于第十八行作□。《汗简》引作□。

存□　从古文才而略变其形。

息□　《古文四声韵》引义云章，息字作□，从古文自。碑文构形奇特，疑亦从古文自而增□为饰，如雷□之为□也。

寂□　从宀叔声。叔与石经古文作□、□者同。

第十三行

以□　此字小篆作□，见于第四行，又增人形作□，见于第八行、九行。此为古文，又见于第十七行，与石经古文同，金文亦多作此形。段玉裁曰："……又按今字皆作以，由隶变加人于右也。"碑文异体□实乃据隶变后之"以"篆之也，可为段说添一佐证。

福□　从示从酉（□），与金文同，如国差□作□，王孙□钟作□，虢吊钟作□，碑文写法与之如出一辙。酉，本象酒樽形，奉樽于示前致祭，谓之福，甲骨文作□、□、□其义尤显，《说文》训"福，富也"及福禄之义乃属后起。（说详拙著《汉字古今谈·樽中酒不空——说福和富》，语文出版社1996年8月第二次印刷本）

真□　又见于第二十一行，作□。此字篆文作□，见于第三行、十行、十四行。按真，《说文》古文作□，当为碑文□之所本。《汗简》引作□，当即本行之🔲而略有小异。

庶 厔　又见于第十九行作厔，与石经古文同。

几 🔲　《汗简》引作🔲。按几篆作🔲，从丝从戍，碑文易为从丝从🔲，且增岂为饰也。

终 🔲　《说文》古文作🔲，金文多作🔲、🔲。而攻敔臧孙钟、曾侯乙钟、曾侯乙鼎及曾侯乙簠均作🔲，碑文同之。此字篆文又见于第二十一行，作🔲。

第十四行

为 🔲　战国铜器简帛为字多简省作🔲、🔲诸形，此从🔲（又）乃🔲形之写讹。

盗 🔲　《说文》："盗，私利物也。从次，次欲皿者。"又次，籀文作🔲，是碑文此字实从籀文次而稍变其形也。

穆 🔲　金文穆多作🔲、🔲、🔲诸形，碑文近之，《汗简》引《尚书》作🔲，与碑文小异。

第十五行

扬 🔲　《说文》古文作🔲，碑文同之。

若 🔲　又作🔲，见于第二十行。按石经古文作🔲，碑文同之。《汗简》引《尚书》作🔲。孙海波曰："按若字金文作🔲、🔲、🔲，甲骨文作🔲、🔲，并象人跽而手扶其首之形，此从🔲即两手，🔲象人首。金文从卩而此从中者盖古文从人之字与从女无别也。"（《魏三字石经集录》）

斯 🔲　《说文》："斯，析也，从斤，其声。"碑文从示。《汗简》示部引义云章作🔲，可证。

留 🔲　此字从田从卯。趠鼎作🔲，古币文作🔲、🔲、🔲，碑文稍变其形耳。

辰（晨）🔲　《说文》古文作🔲，品式石经古文作🔲，此增日，与之异。然包山楚简辰字屡见，亦均增日为饰，作🔲、🔲、🔲、🔲诸形，望山一号墓楚简作🔲、🔲，下从口，可证碑文此形，实渊源有自也。碑文用为晨。

香 🔲　《汗简》引作🔲，《古文四声韵》引作🔲，均从白。

第十六行

陵䧘　《汗简》引王庶子碑作㇄，与此近。金文陵字屡见，多不从土，唯陈猷釜从土作㇄，碑文右半部分当系㇄之写讹。

上二　与《说文》古文同（详段注），金文亦多作此形。

播㇄　《汗简》引作㇄，释为播。按《说文》播之古文作㇄，易手为㇄，而番从釆，其古文作釆。是碑文㇄实古文播之省也。师旂鼎播作㇄、㇄，亦古文播之省，可为佐证。碑文假为伏。

顛㇄　《汗简》引作㇄，仅目形小异。

络㇄　《汗简》引作㇄，释络，碑文假为落。

步㇄　《汗简》引作㇄，上从止。按包山楚简步字亦增日作㇄、㇄、㇄诸形，碑文同之而上下止形写讹也。

黄㇄　与《说文》古文同。

第十七行

云㇄　与《说文》古文同。

宅㇄　《说文》："宅，所托也。从宀，乇声。㇄古文宅，㇄亦古文宅。"此与《说文》所收第二形古文同。

夷㇄　《汗简》引《尚书》作㇄，谓尉字从此。

邻oo　《汗简》引作oo，又引《尚书》作ᏏᏏ。《说文古籀补补》邻字下录古陶文oo，注："吴愙斋曰《古老子》邻作oo。"中山王㇄鼎"邻邦难亲"，邻作㇄，《古文四声韵》引《古老子》oo，《古尚书》ᏏᏏ，均释邻。

指㇄　从手，旨声。旨作㇄，与《说文》古文同。

乾㇄　《说文》籀文作㇄（小徐本作㇄），碑文近之，而乙写讹为丨。

坤㇄　《汗简》、《古文四声韵》所引并同。

齐㇄　与石经古文同。按此字甲骨文作㇄、㇄等形，金文亦多作㇄、㇄之形，其作㇄、㇄、㇄者则为小篆所本。

第十八行

烈㶇　《汗简》引作㶇。

冀㸚　此字本从北異声，碑文所从㕣乃㐁之写讹，異复遗中竖遂成此形（故宫藏明拓本不缺，作㸚。所从之異与金文同。）

申㔾　与《说文》籀文㔾同构。

明㫗　与《说文》古文、石经古文同。

第十九行

昌㘼　《说文》籀文作㫖，此亦从口不从曰，与籀文同意。

闻㙻　《汗简》引作㙻而释闍。

网㒳　《说文》网之或体作㒳、㒳，古文作㒳，籀文作㒳，石经古文亦作㒳，碑文此形可谓介于古籀之间者也。

声㪯　《汗简》引华岳碑作㪯（亦圣字），《古文四声韵》引作㪯。按甲骨文有声字，作㪯、㪯。

第二十行

陆㙫　《汗简》引作㙫，与今所见小异，《说文》籀文作㙫。

机㮮　《古文四声韵》引王存乂《切韵》作㮮，与此略同。

宛㞒　《汗简》引作㞒，略异。

敢㪯　《说文》古文作㪯，碑文近之。按金文多作㪯、㪯诸形。

第二十一行

直㯱　《说文》古文作㯱，碑文结构与之同，唯目形写讹。《玉篇》入木部作㯱，则又写失。

空㝯　较篆文增㝯，《汗简》引王存乂《切韵》作㝯、㝯，《古文四声韵》复引云台碑作㝯。要之㇀若㇀、㝯皆属羡笔。或谓此系窒字，借用为空。

何䜣　易人旁为朿，《汗简》引作䜣，与此小异。此字篆文见于第十三行。

碑中古文之可考者略如上述，计有一百四十字，或同于《说文》古文，或同于石经古文，或远承竹帛铜器文字乃至与甲骨文暗合，或为《汗简》、《古文四声韵》所引，或与二书所引其他古文资料相合或相近。此外，碑中尚有若干"古文"，至今不知其何所据，或系书者（重摹者）写讹，抑唐人所见古文而另有所本，颇难论定。兹亦以碑中出现之先后为序录以待考，并俟识者：

龙龖
谌䛷（所从之言与《石经》古文同）
譔䜊
飞𦐀
敦𣀚
乘椉
逸𨓜
德惪
庆𢆥
凝𩆜
术術
昊介
慈𢝻
贪䵼
规𧢸
伊𠇇
疑𡧚
童𥫚
路𧾷
介庎（疑此系据楷书而篆者，即将人形曲折之为庎也，小篆作𠆲。）

度 㡯
熊 㷱
纷 䌻
诔 䛐

1999 年 10 月初稿
2001 年 3 月修订

（原载北京大学考古文博学院编《考古学研究（五）》下册，科学出版社，2003 年 7 月第 1 版）

战国楚简"见"字说

战国楚竹简"见"字屡见。一般可分两种字形，一为平目下从"立人"，一为平目下从"跪踞"之人，与甲骨文、金文诸"见"无异，实乃一脉相承，为大多数学者所认可（权威性工具书如《金文编》、《甲骨文编》、《甲骨文字典》即将平目下从立人者与从跪踞之人者均释为见字）。自郭店楚墓竹简出，整理者将部分从"立人"之形者释为视，又有学者进而改释包山楚简之"见日"为"视日"，且释甲骨文从"立人"之"见"为"视"。对上述诸说，笔者实不敢盲从而苟同，验诸上世纪五十年代以来豫鄂湘等地所出楚简以及近年刊布之上海博物馆所藏楚竹书，平目下从立人形者，并宜释见，虽有极少数宜读为视，仍以释见为是，因《说文》本有"见，视也"之训也，何况楚简本有"视"字，更不必强从"见"字中分出一部分充当"视"字。谓予不信，请说之如次。

一、郭店楚简从人之"见"文例之再考察

郭店楚简平目下从立人之见十余见，释文释为视者有八例。

1. 见索保僕。　　　　　《老子》甲2

释文释⋇为视，注："'视'下部为立'人'，与简文'见'字作⋇者有别。"① 按帛书甲、乙本、王本均作见素抱樸②，简文与之合，释见可通。

2. 长生舊（久）⋇之道也。　　　　　《老子》乙 3

按帛书乙本作"长生久视之道也"，王本亦作"长生久视之道"。又，若⋇释见，读为现，久现之道，亦即久显之道，久视之道，于义少通。高明曰："'长生久视''视'字在此书训'活'，《吕氏春秋·重己篇》：'无贤不肖，莫不愿长生久视'，高诱注：'视，活也。'在此犹延年益寿之义。"以活释视，虽有古训为据，终嫌迂曲。

3. 子曰：又（有）郾（国）者章好章亚（恶）以⋇为厚。则民情不紝（忒）。　　《缁衣》2　　注："视……今本作'示'，两字通。"

4. 古（故）君民者章好以⋇民忩（欲）。　　《缁衣》6　　注："视，今本作示，忩，今本作俗，似误。"

5. ⋇之不足⋇，聖（聽）之不足䎽（闻）。　　《老子》丙 5

此简⋇、⋇并见一句，读为视之不足见，与下文听之不足闻为对文，正确，是见偶假为视，犹圣之假为听，但圣并非即听字。又按一字二见于同一句子，其前者"读为某"，后者"如字"，古籍中亦有其例。如《上海博物馆藏战国楚竹书（二）·民之父母》："敢䎽（闻）可女可胃（谓）民之父母。"可女读为何如，与可以之可并见一句。因疑《老子》原文本为"见之不足见"，上见作⋇，读为视，下见作⋇，如字，汉人传钞乃径作"视之不足见"也。

---

① 荆门市博物馆：《郭店楚墓竹简》，文物出版社，1998年5月第1版。本文所引郭店楚简皆出此书，"释文"及"注"皆指此书之"释文"与"与"。
② 参见高明撰《帛书老子校注》，中华书局，1996年5月第1版，下文引述帛书甲乙本及王本《老子》均据是书。

6. 自🦎其所能，员（损）。　　《语丛》三 13

7. 自🦎其所不族，益。　　《语丛》三 14

以上二例，释文均释🦎为视，读示。按此仍应读见，现也义为显露。自现其所能，自现其所不族，实较自示为胜，今世犹有"自我表现"或"表现自我"及"现身""现形"诸语。

8. 圣君而会🦎廐而内（入）。　　《语丛》四 27

按此例之🦎释见似无不可。

以上八例🦎，释文皆释视，或又读为示，张光裕氏《文字编》亦均置于视字条下。从具体文例可知，除第 5 例较为特殊外，其余诸"视"皆有可商，若干例释见读为现远胜于释视又转读为。

上述八例之外，《五行》篇亦屡见从"立人"之🦎：

9. 未尚（尝）🦎臤（贤）人胃（谓）之不明。

10. 🦎臤（贤）人而不智（知），其又（有）德也谓之不智。

11. 🦎而智（知）之，智也。

12. 🦎贤人明也，🦎而智（知）之，智也。

13. 文王之🦎也如此。

14. 🦎而智之，智也。

分别见于第 23、24、25、27—28、29、30 简。例 10、11、12 三例"立人"部分增弧形小横一或二，为饰笔。此六例之🦎当释为见应无疑问，释文亦释见，不释视。又，《五行》篇第十四简"明则见贤人，见贤人则玉色"（见贤人三字皆重文），见字作🦎，与例 9、10"见贤人"之见作🦎🦎者实为一字异形，尤无可疑,且可为 [字] [字] 并当释见之确证。

二、包山葛陵等地楚简之"见"

郭店楚简出土之前,包山、望山、信阳等地所出竹简,亦多有"见"字及从见之字。

《包山楚简》(文物出版社,1991年)所录包山出土楚简,见字目下从 [字] 从 [字] 二者并见,"见日"一语屡见,见字皆作 [字],第132 简且合文作 [字]。或释为视,以视日为占候时日以卜吉凶之官职。证诸文献(《礼记·曲礼》、《史记·陈涉世家》),说包山楚简之见日为视日似不无道理,释 [字] 为视得一佐证。但《史能》所谓"视日",不过军中占卜小吏,其地位与包山简"[字]日"所指者不可同日而语。包山简之见日为楚王左右之重臣,论者以为"指左尹",可信。这里,不排除两种可能性:(一)、包山简之"见日"即文献所言之"视日",但所司职务与地位先后不同;(二)、包山简之"见日"与文献之视日乃不同时期之不同官职,"旧"之内涵亦异。

包山楚简从见诸字如親、親、覞、覞、覞、覞,所从之见皆作 [字](参见张守中撰《包山楚简文字编》第142—143页),无一从 [字] 者。

《战国楚竹简汇编》(齐鲁书社,1995年)著录上世纪五六十年代信阳、望山等地出土七批竹简,其中"见"字六见,均作目下跪踞之人形,无作目下立人形者,而从见之字凡三,所从之见又均作 [字] 形,分别至为明显(见该书所附《字表》第46页)。

《江陵九店东周墓》(科学出版社,1995年)著录九店56号墓出土竹简二百余枚,中有"见人"、"见邦君""见公王与贵人"、"北见"等语,见字作目下跪跽之人形，而从见之[字]字出现五次，所从之见又作目下立人形。

继郭店楚墓竹简出土之后，河南新蔡葛陵楚墓又出土竹简一千五百余枚，简文中见字出现凡十六次，其中作目下立人形者三，余均作目下跪跽之人形。其目下立人形之三例简文如次①：

1. 奠（郑）[字]之述　　甲三 312

2. 不[字]　　甲三 319（甲三 318 同文，"见"字不清楚）

3. ……君贞：既在鄩，将[字]王，还返毋又（有）咎。　　乙四 44

例 1 奠[字]似为人名，例 2 之[字]似释见或视皆可；例 3 称"将[字]王"，与"公子见君王"（乙四 110，117），"见于鄩王"（甲一 5、甲三 213）等见字作[字]之文例同，则[字]之当释见不得释视甚明。

葛陵楚简又有从见之字二：觐、枧，所从之见分别作[字][字]形。

以上资料说明，郭店以外楚地所出竹简，见字作目下跪跽人形者多而作目下立人形者少，而作为偏旁之"见"则正好相反。这当与地域差异及书手书写习惯有关。

三、上海博物馆藏楚简之"见"

2001—2004 年间，马承源主编之《上海博物馆藏战国楚竹书》一至四巨册，陆续行世。四册楚竹书，每册都是[字][字]并见，唯各篇用字稍有不同，如第

---

① 引自河南省文物考古研究所编著之《新蔡葛陵楚墓》，大象出版社，2003 年 10 月第 1 版。

一册《孔子诗论》有🔣无🔣,《缁衣》则有🔣无🔣;第二册《民之父母》作🔣而《子羔》作🔣;《从政》、《容成氏》又二者并存。对于🔣,各篇均释见,无异议,因可不论;对于🔣,则大多仍应释见,仅少数文例或可读为视,须稍加讨论。

下列文句中从立人之🔣确为见字,无可争议:

1. 君繵(陈)员(云):未🔣[君子] 《缁衣》10

   (郭店简《缁衣》篇此名见字作🔣)

2. 耼(聖)女(如)丌₌弗克🔣我既🔣,我弗贵耼(聖)。 《缁衣》11

   (郭店简《缁衣》篇此句二字均作🔣)

3. 子曰:句又车杫🔣丌䮨句又衣杫 《缁衣》20

   (郭店简《缁衣》篇作"句又车必🔣其敽")

4. 杫🔣丌成。 《缁成》21

   (郭店简《缁衣》篇作必🔣其成)

以上四例五🔣字郭店简《缁衣》篇之相应文句均作🔣,足证二者确为一字异形。

5. 昮(得)而🔣也 《民之父母》7

6. 三折(誓)䇞(持)行,🔣上卒飤(食) 《从政》甲7

7. 辻(卜)命(令)尹陈省为🔣日告 《昭王毁室·昭王与龚之脾》3

陈佩芬所作考释曰:"'卜命尹'疑为'卜尹','卜尹'为官,春秋楚置，掌占卜。……'陈省'，人名。'见日'即'日中'。《公羊传·宣公八年》：'冬，十月，己丑，葬我小君顷熊，雨，不克葬，庚寅，日中而克葬。'何休注：'别朝莫者，明见日乃葬也。'"

8. 龚之脾被（披）之亓（其）裣，☒（搁）逃（逃）宝。 同上7

9. ［王命龚之脾］毋☒，大尹昏（闻）之，自讼于王：老臣为君王戬（守）。☒之，臣皋亓☒于死。或昏（闻）死言☒☒脾之仓也，以告群王。 同上8

此简有见字三，其二作☒，其一作☒。

10. 孔子退，告子赣曰：虖（吾）☒于君，不昏（闻）又邦之道而昏（闻）相邦之道。 《相邦之道》4

此例目下所从之人形作☒，右笔微曲。与亻小异，然仍大有别于作☒或☒者。

以上三例文句中从立人之☒可释见但或当读为视：

1. 奚耳而圣（听）之，不可戛（得）而☒（闻）也，明目而☒之，不可

《民之父母》6

《民之父母》第6、7简可连续，末句完整："明止而☒之，不可戛（得）而☒也。"两☒并存，字形完全一样，与前引郭店简"见之不足见"两"见"字形的别者不同。濮茅左《考释》径读为"明目而见之，不可得而见也"。谓"明目而见"意同"戴目而视"、"聚目而视"，并引《礼记·孔子闲居》"是故正明目而视之，不可得而见也"（《孔子家语·论礼》无"也"字）为证，甚是。由此可知竹书本作"明目而见之不可得而见也"，二"见"同形并存一

句，前"见"读视而后"见"如字；至后世方将前"见"增示旁作"视"也。

2. 是以 ▨ 贤，▨ 地戠天　　《容成氏》9

李零《考释》直释 ▨ 为视，谓"下部作立人，与'见'字有别"。"这里是考察之义"。李氏此言，可能受郭店楚墓竹简释文影响所致。设若李氏对上博藏楚竹书之"见"作全面考虑，当不会如是立论。但此简之 ▨ 从文义论可读为视，以字形论仍当为见也。

3. 六四：虎 ▨ ▨ =（眈眈）丌（其）猷攸 =（逐逐），亡（无）咎。

《周易》25

濮茅左释 ▨ 为见，且曰："见，《说文》，'视也'。或释为'视'。'▨'疑'蜳'字，与'眈'音近。'虎见▨ ='读为'虎视眈眈'。"所言可从。

此外，《曹沫之陈》篇"親"字屡见，又有"觀"字，所从之见亦均作 ▨。

综观上海博物馆所藏楚竹书，目下从"立人"之见，多数与从跪跽形之见用法相同，宜读为"视"者甚少。还须特别指出，上海博物馆所藏楚竹书中有视字，一见于第一册《缁衣》篇第1简：

"子曰：又（有）国者章好章恶以 ▨ 民［厚］"

再见于第二册《鲁邦大旱》第2简：

"孔子曰：▨（庶）民智（知）敚（说）之事 ▨ 也。" ▨，陈佩芬《考释》以为即《说文》之眡，"是'视'之古字"。且引《广韵》"眡，古文视"为证。炜案此字目下所从实乃氐而非氏，当释眂，即《说文》古文视之作 ▨ 者所本。段氏于眂下注曰："此氐声，与目部眂、氏声迥别。氏声古音在十五部，氏声在十六部，自唐宋至今多乱之。眂见《周礼》。"《义证》："汉启母庙石阙铭：'昭眂后昆。'"👁，从见，示声，与小篆視结构相同（大徐本作"从见示"）。是战国楚简本有視字，分别为《说文》所载古文小篆所本。①

四、附论：楚简以外各类古文字资料之"见"

楚简之外，战国其他古文字资料中"见"字亦不鲜见。楚帛书有"不见陵西"（乙12.11）、"不见"（丙5.3），见字均作👁（曾宪通：《长沙楚帛书文字编》，中华书局，1993年）。鄂君启节舟节与车节均有"见其金节"、"不见其金节"语，二见字亦皆作👁，而中山王䇐方壶："则臣不忍见施（也）。"句中"见"字作👁，为目下立人形。高明、葛英会编著之《古陶文字徵》"见"下录二文，分别作👁（季木54：1）与👁（陶文编8.63）。唯古玺文、货币文中尚未见"见"字。

由战国上溯至春秋乃至西周金文，见字亦均有二形，目下从立人或跪跽之人并存，且用法一致（见《金文编》第四版）。墙盘👁👁二形并见，前称"方䜌亡之𩖑见"（于省吾读𩖑为踝训为踵，可信。说见《墙盘铭文十二解》，《古文字研究》第五辑）。后谓"㪚史剌（烈）祖迺来见武王"尤为二者异形而同用之确证。又如宗周钟（𪚥钟）"南夷东夷具👁，廿又六邦"句。👁之为

---

① 卅五年盉"周𦥑𥃩事"，或释𥃩为視，则眂作为視之古文亦始见于战国。又，春秋时的侯马盟书、温县盟书均有𥃩字，隶作眂，或读为視，意为察，或读为眡，意为谴责惩罚，似均可通。又何尊有"𥃩于公氏"句，𥃩若释視，则周初已有視字，毋待乎战国也。

见尤无可疑,安可读之为"视"?关于西周金文见者二形并存这一事实,诚如张桂光所论:"商周金文中,横目之下从'㇄'与从'㇌'之字,不惟文例相通,而且从'㇄'之字多见于早期,从'㇌'之字多见于晚期。表现出明显的时代特征。如果我们只承认从'㇄'的是'见'字,而把从'㇌'的释为'望'字或'视'字,我们将难于解释周人何以早期喜欢用'见'字,而晚期却喜欢用'望'或'视'字,小篆又将本读'望'或'视'的字,改读为'见'等一连串现象。"①

商代金文亦有"见"字,分别见于见鼎、木齿见册尊、木齿见册鼎、木齿见册罍、木齿见册戈(《殷周金文集成》第994、1762、5694、9792、10952号器)。罍上之"见"作 ❦ 形,其余则作 ❦ 或 ❦ 形。甲骨文"见"则屡见,❦ ❦ 并存而用法稍异。裘锡圭据郭店楚简部分文例改释 ❦ 为视②,张桂光则坚持释 ❦ 为望,诚各有其理。二说相较,张说似稍长。但若结合从甲骨文以至小篆所有 ❦ ❦ 资料分析,不难看出,二者在不同历史时期之具体用法有同有异,虽较复杂,但 ❦ 却是从古至今一脉相承的字形,❦ 则是通行于商周而最后消失(归并于 ❦ 即 ❦)的字形。将它们并释为"见",似较稳妥。至于具体辞例之释读,则自当别论。事实上1988年出版之《甲骨文字典》即已注意及此。该书卷八"见"字下 ❦ ❦ 二形并列,《释义》部分列七个义项:一、视也;二、巡视也;三、谒见也;四、读如展,省阅也;五、侦伺也,与 ❦ (目) ❦

---

① 张桂光:《甲骨文见字形义再释》,原载《中国文字》新廿五期,又见其所著《古文字论集》,中华书局,2004年10月第1版第151页(此文收入《甲骨文献集成》第十四册)。

② 裘锡圭:《甲骨文中的见与视》,载《甲骨文发现一百周年学术研讨会论文集》,1998年5月,台北"中研院"史语所;又见《甲骨文献集成》第十四册。

（望）同；六、方国名；七、见工，人名，即应侯见工。而于同卷"望"字下则云"侦𥅓也，与目见同。"又于卷四"目"字下释云"侦伺之义，与𦣺望䍃见用法同"。如此编排，似已吸收了张桂光 1982 年发表于《华南师院学报》第四期之《古文字考释四则》中"释䍃"的主要见解。即承认从立人之见用法与"望"（及目）有相同处。

论理，既然战国楚简中䍃字仅有少数文例可读为视，但不得径释为视，而仍当释见，则仅据郭店楚简少数可读视之䍃所作的"推而广之"式的论断——改释金文乃至甲骨文之䍃为视，已无坚实之基础，宜乎其不攻自破也。剩下来的问题，只是有无必要将甲骨文见之作䍃者改释为望了。依笔者浅见，甲骨文䍃䍃用法有别确是事实，必须承认，但真要释䍃为望，又确有其困难处——"望乘"一名之望无一例作䍃。这一小难题的圆满解法。也许还须待以时日，或者新材料出土或新书证发现，而后再予论定。

二零零五年十二月初稿

（原载《古文字研究》第二十六辑，中华书局，2006 年 11 月）

书法美学漫谈

"书法美学",是个大题目。我既非书法家又不是文艺理论家,只是对书法艺术比较爱好,摹写过几年古文字,于书法与美学二者仅稍有心得,亦未敢自是。本文只是将自己学习书法的一些体会、对某些问题的一些粗浅看法提出来,供爱好书法的读者参考,希望能得到治书学、美学的专家们的指教。

书法艺术是社会生活中不可缺少的一部分

书法是中国特有的艺术之一,是社会生活中不可缺少的一部分,人民喜爱它,社会需要它。由于汉字繁难,学会已经不易,要把它写得好看,让人喜欢,觉得美,就更不容易了。但是"爱美之心,人皆有之",表现在文字上也是如此。见到好字,就会有一种舒适愉快的感觉;而见到拙劣的字,或东倒西歪,简直不像字的"字",则自然而然地产生一种厌恶之感,浑身不舒服。这是极正常的现象。大家到街上走走,看看街道两旁各式各样的招牌、匾额、广告,也会觉得有的美,有的一般,有的丑。但总的来说,是好看、耐看的居多。可以设想一下,如果没有书法家们为各家商店、饭店、旅馆、宾馆……题写各种书体各种风格的招牌或匾额,而是一律用印刷体,到处是像报刊上的铅字一样的字体,人们的感觉又当如何?一部分人可能觉得无所谓,只要能买到东西办成事就行;但相当一部分人就会觉得乏味、无聊,觉得街道两旁缺少了一样东西：一种特殊的美，书法的美！

在名山大川、名胜古迹，著名的寺、庙、庵、观以及亭、台、楼、阁，书法作品更是必不可少。它给大自然、给建筑物增光添彩，而且往往起到画龙点睛的作用。它帮助人们领略山水之妙，欣赏各种诗情画意，使人们在游览中增添许多乐趣，得到美的享受。而若无各种书法作品诸如匾额、对联、石刻、条幅之类辉映其间，一部分游人可能觉得无所谓，但相当多的人必会感到美中不足，怅然若失，游兴大减。在这些地方，优秀的书法作品简直能嵌入游人脑海，使之回味无穷，终生难忘。举例来说，1980年秋我有幸入川，游了一次峨眉山，其中洪椿坪千佛禅院给我的印象便特别深刻，这主要是几副对联的作用。山门前有一联："椿树八千年，老树低头闻佛法；坪登数百丈，众生合掌悟禅机。"写洪椿坪地势的险峻，写禅院前的参天古树，都很恰切。写的是楷书，端重庄严。行入山门，首先映入眼帘的也是一副对联，其气魄之大，令人佩服得五体投地："佛祖以亿万年作昼亿万年作夜，大椿以八千岁为春八千岁为秋。"而弥勒佛殿前的一副行草体的对联尤令人忍俊不禁："处己何妨真面目，待人总要大肚皮。"字体雍容大度，"大肚皮"三字尤其显得肥肥胖胖，还带点圆形，确是妙不可言。

书法与其他各种艺术关系极为密切，而且，往往有机地结合在一起，相得益彰。篆刻离不开书法，离开了书法就没有篆刻之可言。这是最容易明白的。绘画——中国画也是如此。画面上总要题字，或诗或词，或仅记年月日，最后落款，反正总要写几个字。这几个字写得好，有神韵，就是画面上不可或缺的一部分；如果书法拙劣，则连画面也给破坏了，乃至糟蹋了。我国有个好传统，画家注重书法，甚或一身二任，书画俱美。像商承祚先生收藏的郑板桥四面风竹石图，便是诗书画俱精，堪称三绝。画面是狂风中的竹子和石头，画意用诗点出："咬定青山不放松，立根原在乱崖中，千磨万折还坚劲，任尔颠狂四面风。"字是独特的板桥体，与竹石相配，更显得"千磨万折还坚劲"的风格。郑板桥这样"三绝"的作品还真不少。现在有些画家不重视书法修养，辛辛苦苦画好了画，却要请别人帮他题字，很别扭。在一些画展里，常可见到一些画，没有题字，或题得很差，影响了画的艺术性，不免令人惋惜。

书法又是文学作品的外衣，优美的诗文同样需要优美的书法与之相配，互为表里。这样读起来，效果格外的好，读者得到双重的熏陶，如食山珍，如吮玉液。比如苏东坡的《赤壁赋》，自是上乘佳作，但看通行的本子（印刷体）与读苏氏手书的《赤壁赋》，感受大异。读苏氏手书，那真如行云流水，可以从字里行间体会到作者那超逸旷达、不拘形迹的性格，泛舟赤壁，饮酒诵诗的乐趣，领略那清风徐来、水波不兴，白露横江，水光接天的美景。我还读过明代祝枝山（允明）写的《赤壁赋》草书，在轻松自然方面比不上苏书，但总比看铅字排印本舒适有趣得多。我国历来注重文学家的手书真迹，视同珍宝，就是因为他们不仅诗文好，而且书法也好，内容与形式两者俱佳。可惜现在有些作家不讲究书法，他们的文章或书只能排印以后再给人看，如将手稿拿出来，恐怕反而没有多少人愿意看了。

旅英学者蒋彝在他所著《中国书法》一书中说："书法是中国艺术的最高形式，在某种意义上又是其他艺术分支的主要的和最基本的成分。"这话可能有些绝对化，但充分说明了书法在艺术中的重要位置。

那么，中国书法究竟美在哪里，它与其他艺术的美相比较，又有何特点呢？

书法艺术的抽象美

一般来说，美有两种：具体的和抽象的。具体的美如自然风光、画、雕塑、舞蹈等，是客观事物本身的美或形象地再现客观事物的美。抽象的美是寓于形式之内或隐于形式之后，间接地反映或临摹客观事物的美。书法即属后一种美。

书法的美是线性的抽象美。它用线条（笔画）的组合，通过直线、曲线、或直曲线的结合，通过错综复杂的变化给人以一种特殊的美感。

当然，书法艺术本身也是一种形象，但它的形象与具体的客观事物的形象性质是不同的，它是客观事物的高度概括、高度抽象的反映。故书法艺术的形象是一种特殊的形象，不能说它与客观事物无关，也不能说它就是客观事物的形象化。

书法艺术以笔画模拟生活，随着书体的演变，日益概括，日益抽象，至草书而臻于极点。由于汉字是表意性质的文字，在造字之初，许多字就是根据客观事物的形象或若干事物形象的组合造出来的。所以，一些古文字（如甲骨文、金文）还能体现出客观事物的形象美，有些图形文字更为突出。像甲骨文、金文的日、月两字，便是模拟日、月之形，特别是月字，酷似一弯新月。日、月并悬于天，是大自然中的壮丽景色，甲骨文、金文中许多光明的明字，便是日与月形的结合。又如望字，甲骨文写作一个人站在那里举目而望的形状；金文则写成"举头望明月"的形状，是人、眼睛与月儿的结合。现在看到这些字，还能引起我们许多美好的联想。再如休息、休假、休美的休字，古文字里都是人依木下憩息的形状，这是人与树木的结合，"背靠大树好乘凉"画面的高度线性化，高度抽象。古文字中这类字确是很多，字形也确是很美，它们给人一种印象：似乎与客观事物还有点直接联系。但即使这样，从本质上看，古文字的美仍然属于抽象美的范畴。车、马、弓、矢、山、水、人、木……虽然"象形"，也都是线条式的，极抽象、极概括的，没有任何具体的车、马、弓、矢、山、水、人、木，这和绘画迥然不同。我们之所以能欣赏古文字的这种美，主要是基于我们对客观事物的具体美的认识和理解。

自从汉字隶变——由篆书演变为隶书以后，由于偏旁的分合，结构的变化，原意尽失，古文字中那些与客观事物仅有的"直接联系"也不复存在。"明月几时有"的"月"与"今夕是何年"的"夕"字形上已毫不相干；"望"也与企足举目的形象无关了。有关人体及其各部分的字如大、夭、交、手、足、口、耳、鼻、舌、目、首，也完全不"象形"了。汉代以后通行的文字，隶、草、楷、行，笔画与客观事物的联系更加隐蔽，更加抽象，特别是草书，真可说是"高度"概括，"高度"抽象了。这种"联系"，已不是古文字阶段的那种"联系"。某种笔画，或某一书法家所写的某种笔画与客观事物所存在的"联系"，已与造字时的寓意无关。它几乎全凭欣赏者的主观想象而予以认识。例如相传晋代卫夫人所作《笔阵图》的七妙之说：

一（横）如千里阵云，隐隐然其实有形。

、（点）如高峰坠石。

丿（撇）陆断犀象。

乁（剔）百钧弩发。

丨（直）万岁枯藤。

㇏（捺）崩浪雷奔。

𠃍（钩）劲弩筋节。

形容得确实很妙。又有人把横喻为"一叶横舟"，说点是瓜仁、鹰嘴，撇是剑锋犀角，弯钩是龙尾银钩、强戈、硬弓，说捺如马蹄、金错刀，如此等等。从某些书法作品看，也有一定道理，但无论怎样，点画毕竟是点画，任何一个字里都没有什么剑、弩、云、雷，也无坠石枯藤。有人形容草书为飞鸟出林，惊蛇入草，骤雨旋风。怀素《自叙》中叙述当时人称其草书为"奔蛇走虺势入座，骤雨旋风声满堂"，"初疑轻烟淡古松，又似山开万仞峰"；黄庭坚称米芾的草书"如快剑砍阵，强弩千里"，讲的也都是他们书法的点画、结构与客观事物之间的相似处或云"联系"。又如宋徽宗赵佶的楷书，字字如铁画银钩，人称瘦金体、金钩体；苏东坡的行书外貌宽博、内含筋骨，乾隆皇帝喻之为"棉中裹铁"。这些说法，都带有欣赏者主观的色彩在内，也都是从抽象美的角度作出的评价。

综观从甲骨文到草书、行书的各种书法艺术，我们完全有理由这样说：所谓书法艺术，乃是间接地反映现实的某些方面和属性，将具体的形式集中概括为抽象的意象，通过人们的视觉来启发人们的想象力，调动其感情，使人们感受到它所体现出来的美。这就是一些讲书法的文章里常说的"舍貌取神"——舍弃客观事物的具体形象特征，而摄取其神髓。

以上所说，可算是书法艺术抽象美的第一个方面。相传许多著名书法家也是从客观事物中得到启迪，从而感悟笔法，书艺大进的。如书圣王羲之特别爱鹅，有感于鹅掌拨水，自然飘逸，所书《兰亭序》优雅秀美，令人心旷神怡。张旭观公孙大娘舞剑器而草书精进，怀素有感于夏日风云而悟草书的变化莫定。黄庭坚有感于船夫荡桨而得书法新姿……这些传说，正可为"舍貌取神"的佐证。前几年有部影片叫《笔中情》，讲一个年轻人刻苦练习书法，最后从剑法中悟出笔法的故事。这部影片可能有其他方面的缺点或不足，但对理解书法艺术与生活的关系，理解书法的抽象美倒是有帮助的。

　　书法的抽象美还有第二个方面：从字形结构中体现出来的协调和平衡。好的书法，行与行之间，字与字之间，乃至单独一个字的点画之间，总有一种彼此协调的美，匀称平衡的美。每个字，不管是篆书，还是隶、草、楷、行，不管是哪位书家所写，可以千姿百态，但给人的印象总是稳的，站得住的，也就是平衡的。正如人的各种动作一样，或正立或行走，或跳跃或翻滚，或缓步或疾走，人体各个部分也得保持协调平衡，否则便会跌倒。书法艺术的协调、平衡和几何形图案表格不一样，它不是死板的对称，而恰恰是体现在各种表面上的不对称之中。蒋彝说得好："中国书法的美本质上是动态的美，而不是刻板的静止的形式。"即是动态的平衡，在动中见美。蒋氏又说："中国书法是协调各种力量的一个生动的概念。"实际上，书法家运笔写字，说他是笔走龙蛇也好，龙飞凤舞也好，无非是说他运笔之妙。前人把作书比作滑冰，是有一定道理的。书法家的运笔——以手控制笔，有如高明的滑冰者的控制人形，在运动中出现许多惊险动作，但险而不倒，依然保持着整体的平衡，显示出一种动态的美。

　　为了说明书法的这种动态平衡中显示出来的抽象美，蒋彝还拿它和舞蹈作过比较。这种比较是颇有意义，也颇耐人寻味的，因为舞蹈的美虽是具体的形象美，但在动态平衡这一点上，却与书法有相似之处。舞蹈者只有"手之舞之足之蹈之"地动起来，才有美之可言，倘若站着不动，除了其形象本身之美丑外，当然无所谓什么舞姿的美了。而当舞蹈者翩翩起舞之时，也很容易使我们联想起各种书体来：舞者步伐呆板、滞缓、慢条斯理，一板一眼，不免让人想起楷书，尤其是颜真卿、柳公权的楷书；当舞者动作流畅，轻松自如之时，不免令人想起行书，特别是王羲之的《兰亭序》，苏东坡的《赤壁赋》；而若舞者轻盈快速，舞姿瞬息多变，自然让人想起草书，特别是张旭、怀素二人的狂草。对中国书法修养较深而又喜欢舞蹈的人，很容易把观赏舞蹈时得到的愉快之感与在书法中得到的美感联系起来，而发现两者极为相似。从这点上说，中国书法的美与舞蹈的美尚有相通之处。

书法艺术的个性美

书法的美是抽象美，这种美在各种书体各个时代又有不同的表现形式，给人以不同的美感。不同书家的作品，或同一书家不同时期的作品，又呈现出不同的风格，不同的美。

同是甲骨文，同是刀刻的文字，虽然都有刀笔味，但各个时期的甲骨文给人的美感并不相同。光是武丁时期，就有宏放雄伟与婀娜纤细两种风格，而祖甲时期的修长整饰，武乙时期的刚健峭拔，帝乙帝辛时期的严整秀丽，都能代表每一个时期的一种美的风格，这是凡读过几百片甲骨文的人都能感知到的。这种书法美的差异性，反过来又能帮助我们判断甲骨文的年代，成为甲骨文断代中的一个标准，现存的甲骨文，是商代书法名家留下来的真迹。

同是铜器铭文，同是铸出来的文字，因时代、书手的不同而呈现不同的风格，有的古朴严整，有的细长清峻，也有的妩媚轻盈。而且，春秋战国时期，越、吴、楚、蔡等地一些器物上的文字还饰以鸟形，名为鸟书，呈现出一种特有的装饰美。现存各种风格的铜器铭文是两周书法名家留下来的真迹，只是我们现在无法考知他们的名字罢了。

同样是篆书，同是石头上刻的文字，虽然都具有匀称、圆润的美，都能给人以壮重之感，但《石鼓文》与《泰山刻石》仍有明显的不同。前者有较浓的金文韵味，更显得古雅，后者修长挺拔，于圆润中显得凝重，在在体现着帝王的气派。

同是隶书，《曹全碑》显得妩媚肥美，很像一位婷婷玉立的少女；而《张迁碑》则是拙朴雄浑，完全属于另一种类型的美。清代邓石如是位全能的书法家，篆、隶、真、草无一不精，所作隶书清秀劲峭，既不同于《曹全碑》，也大异于《张迁碑》。

同样是楷书，颜真卿、欧阳询、宋徽宗三家的字便无论如何拉不到一起，可谓"格格不入"，各有其美妙处，这是尽人皆知的事实。

如此等等，都足以说明，书法艺术，它的抽象美是通过书家的个性美表现出来的。无个性，即无区别，亦无所谓艺术，当然谈不上有什么特色，只能给人们"似曾相识"的感觉而已。书法艺术的这种个性美，晋唐以来的书法作品尤为分明。元代李士弘说："晋唐能书者断不如印板一一相似，正要如浮云变化，千姿万状，一时之书，一时之妙也。"明初的董琰也说："古今善书者法同而体异，……晋唐来以书名家者多矣，未尝一一相似，由其法虽同而结体不同故也。"

不仅如此。即使父子相承，都是书家，也仍各有其个性美，不相混淆。王羲之是书圣，其子献之也是书家，书史上称为二王。献之自以为他的书法可胜过其父。有一次，王羲之离家外出，行前题字于壁，王献之偷偷把它擦掉，而在另一处照样重写一遍，自以为冒充得很好。他想试探父亲回来见到后的看法，谁知羲之回家见到壁上的字，叹息道："我走的时候真是喝醉了。"意思是写得太差了。献之听父亲这样一说，才内心感到惭愧。这则故事，孙过庭《书谱》记载得很详细。我们从流传下来的王献之的书法作品可以看出，献之的字虽然也属上乘之列，但在潇洒飘逸，畅达自然方面比起乃父确是有一大截差距。当然，也有人认为，羲献父子书法之别在内擫与外拓，各有千秋。

欣赏书法，主要是欣赏书法作品的个性美，欣赏书家融化在里面的个性、情操，从中领略其与众不同的美。我国历来有书（字）如其人的说法，不完全对，如从书法反映个性这点上说，则是有点道理的。但真要欣赏这种个性美，却并不容易，而且常随欣赏者的好恶而异，标准颇难统一。即如王羲之的书法，独步古今，人谓"龙跳天门，虎卧凤阙"，唐太宗视为至宝，且以九五之尊，制作《王羲之传论》，说："详察古今，研精篆素，尽善尽美，其唯王逸少乎？"推崇备至无以复加。可是中唐时的张怀瓘《书议》却说"逸少草有女郎才，无丈夫气，不足贵"。张得到嵇康《绝交书》一纸，非常宝惜，有人拿两纸王羲之的字与他换，他也不肯。韩愈《石鼓歌》有"羲之俗书趁姿媚"句，则干脆说他"俗"了。又如颜真卿的书法，一般认为挺拔奇伟，端重壮严，有"书至于颜鲁公"之誉，但又有人说"颜书有楷法，而无佳处"，直是"厚皮馒头"，评价悬殊，无异天渊。

然而客观标准还是有的。张怀瓘尽管贬低王羲之草书，但仍承认真书和行书是王羲之第一，无人能及。而且，即使是"有女郎才"的草书，仍然是美的，总比无才的"丈夫"要好。颜真卿的字千百年来号称颜体，为广大人民所喜爱，为书法家所推崇，"刚毅雄特，体严法备，忠臣义士，正色立朝"（朱长文《续书断》）。绝非"厚皮馒头"可比拟。那么，如何掌握客观标准？究竟怎样来欣赏书法作品的个性美？已故的复旦大学教授郭绍虞先生曾提出过六条办法，即从六个方面来欣赏：

（一）形体，看结构天成，横直相安；

（二）魄力，从笔力用墨看；

（三）意态，要飞动；

（四）流派，不拘泥碑帖，不以碑标准看帖；

（五）才学，书法以外关系；

（六）气象，浑朴安详。

（见《书法研究》第四辑所载白蕉文）

第一至三条指字体，第四条为书学渊源，第五第六条为学问，即从书法中表现出来的才华、学问、气度等诸种因素，欣赏书法，既要看部分，尤须看整体。

书法的美，既为抽象美，欣赏它，就还得靠实践——没有书法实践的人是无法欣赏书法美的，靠研究，反复琢磨。还要辅以学识阅历，方能悟其妙处。

对于草书，尤其如此。有些草书，初看觉得眼花缭乱，难名其妙，甚至由于看不懂而弃置不顾，但若反复多读几遍，或临写几遍，潜心揣摩，便会觉得越看越妙，韵味无穷，以至爱不释手了。

中国书法为何如此美

中国书法之所以如此之美，与汉字结构的灵活性有很大的关系。这是很重要的一个客观条件。方块汉字，每个字代表一个音节（除少数多音多义或一字多音者外），都可单独使用，直行，横行，左行，右行，均无不可；合体字都可分析为两个或两个以上的偏旁（或称部件），独体字则可分析为若干笔画。汉字的结构有其规律性，有些字的偏旁结构不能移动，笔画不能增减，移动或增减后就会不成字或成为另一个字；但有些字的偏旁结构，上下左右均可适当变动，甚至笔画也可增减。而且，只要符合结构原则，字形方圆大小，笔画粗细长短，都可随意。这就为书法家结体变化，分行布白提供了可能性。比如一幅行书，写到最后，估计地位不够，可以有一两个字写得小一些；如还有较多空白，也可以故意把某几个字写得大一些，或将某些字的笔画（往往是最后一笔）拉得长一些，只要不影响全局，都是允许的。而且，经过这样处理之后，分行布白更显得灵活多变，错落有致，看起来非但不觉凌乱，反而感到很美。这种情况在草书里更为突出。草书之所以能成为草书，正是充分利用汉字结构这种灵活性的结果。

中国特有的文房四宝——笔墨纸砚，则是中国书法之所以美的另一个客观条件。写字最重要的工具当然是毛笔，这是中国所特有的，至少在商代已经产生了。甲骨文的聿字，就是一手执笔写字的形状，是笔字的初形。后来笔的制作日益精良，有羊毫的，有狼毫的，有鹿狼毫的，有兔毫的，或刚或柔，或大或小，均凭个人爱好选用。用毛笔写字，富有弹性，字形大小由心，大可几尺见方，小至蝇头小楷，笔画粗细咸宜。同样一竖，既可粗如巨木，又可细如柔丝，同样一点，可以势如坠石，又可雅如瓜仁。一支毛笔，既可写甲骨文，也可写行书草书。这是书法家进行创造性劳动的首要"武器"。如果没有毛笔，只是拿现在的钢笔或圆珠笔写字，也就不会出现钟张羲献，颜柳欧褚、苏黄米蔡等书家了。自从纸发明以后，更是如虎添翼，使书法艺术突飞猛进。纸，比起缣帛来要便宜得多，且易于上墨书写；比起竹简更是轻便，舒卷如意，大小随心，是最理想的书写材料。著名的宣纸，光滑洁白，细致柔软，写起字来特别舒适，而且经久不变，不易蛀蚀，便于保存。还有墨，特别是徽州出产的上等松烟墨，使写出来的字浓淡相宜，干（枯）湿（润）由心，各得其趣，而且富有光泽神韵，永不褪色。这也是书法作品历千载而不失其美的原因之一。与墨密切相关的是砚，虽不如笔那样重要，但也是不可缺少的客观条件。好的石砚，特别端州砚，石质细润，易发墨而不损毫，乃能墨酣笔畅，挥洒自如。

书家的学识、天赋、才气，乃是中国书法之所以如此美的主观因素，同样的字，同样的笔墨纸砚，书手不同，效果大异。中国文字可以写得很美，但并不是任何人写的字都是美的。书家的字之所以美，除了勤学苦练之外，还与他的学力、天分、见闻有关。千百年来，许多书法家为书法艺术贡献了毕生的精力，为了提高书艺，创造自己的风格，从少年到壮年、老年，孜孜以求，从不间断。许多书法家越到晚年，造诣越深，成就越大，书法中的个性美越突出，往往从平正到险绝，复由险绝归于平正，故有"人书俱老"的说法。中国书法之所以成为巨大的艺术宝库，乃是历代书法家前赴后继地实践、探索、创造的结果。

这里有必要顺便指出一点，"书法家"是在书法实践中自然地产生的，不知不觉地成为"家"的。要真正成为一名书法家，除了掌握笔法，还有许多其他的因素。许多人无意作书法家，但书法自成一格，令人见到他的字，就可想起他的性格和风度，学识和才华，人们自然而然地承认他是书家。有的人终日想当书家（或希望别人捧之为书家），自以为他的书法很美，其实俗不可耐，始终摆脱不掉《书谱》讲的那些弊病，究其原因，也与他的学力及见识有关。

总之，一个人写出来的字具有书法艺术的抽象美，乃是他充分利用汉字结构的灵活性，充分发挥笔墨纸砚之妙的结果，是他多年苦练的结果，也是他才、学、识等修养工夫的体现。

如何使自己的书法美起来

"爱美之心，人皆有之"。大家都希望自己的字写得好些，再好些，也能具有书法美，让人喜欢。那么，怎样才能使自己的书法"美"起来呢？据我看，除了勤练多看，别无他法。勤练，是临池练习，从基本功练起，从楷书练起，而且要从严要求，持之以恒，不可间断。多看，是博览历代名家佳作，潜心研求，悟其气韵笔法，以为借鉴。古人云"读书破万卷，下笔如有神"，同样适用于书法，"读书"当然也该包括书法作品在内。

在这方面，清代朱和羹《临池心解》中的意见也是很有道理的："学书须先明源流，次谙法度，次明传习之异同。"翻译成口语，就是：懂文字学，以期理解；掌握基本要领，如执笔，结体之类；借鉴前人，了解书法史。

倘能如此下几年苦功夫，原来书法美的会更美，原来不美的也会显得日益美起来。暂时当不了书法家，也有希望做一名较好的书手。

苏东坡曾说："明窗净几，笔墨纸砚皆极精良，亦自是人生一乐。然能得此乐者甚稀，其不为外物移其好者又特稀也。"愿书法爱好者常得此乐，在书法实践中陶冶情性，不断加深对书法美的理解，提高欣赏书法美的修养，并为发展我国的书法艺术作出贡献。

1985 年初稿

1987 年修订

1995 年再订

附记：本文是在 1984 年 12 月为中山大学中文系学生所作学术讲座"书法

美学"讲演稿的基础上整理而成的。后来又先后为中山大学离休干部书法组、中山医科大学离休干部书法班的老同志们讲授过本文内容。限于体例，文内所引前修时贤之说，未能一一详注，望读者谅解。本文之第二部分《书法艺术的抽象美》曾刊于《中国书法》1988年第2期，错漏较多，当以此为准。

古文字与篆刻

古往今来的无数事实证明，古文字与篆刻有着十分密切的关系，要想刻好图章，在篆刻艺术上有所成就，也离不开古文字学的基础与修养。本文即拟从古文字的角度来谈谈篆刻问题，以就正于爱好篆刻的读者。

古文字与篆刻的历史渊源

篆刻是镌刻印章的通称，顾名思义，是又篆又刻。印章字体一般采用篆书，写篆书就叫篆（《说文》："篆，引书也"）；刻又叫契，就是雕刻，写好了字再把它刻出来，就叫篆刻。当然，有些篆刻家往往直接操刀治印，毋须预先写好底子；刻的字体也不一定是篆书，但多年来大家都叫惯了，已经"约定俗成"了，凡是刻图章都可叫篆刻，刻图章的艺术就是篆刻艺术。

篆刻这件事，从广义上说，可一直追溯到甲骨文时代甚至更古的原始社会时代。甲骨文也叫殷墟书契，所谓"书契"，实际上也是篆和刻两件事。从甲骨文看，当时确是有"书"和"契"，有先书后契的，有不书而契（直接刻上去）的，也有极少数书而未契的。而契刻的方法大都先竖后横，至今我们还可看到不少只刻了直画而缺刻横画的例子。当然也有先刻横画，再刻直画的，那是少数。总之，"契"与"书"有别，不像写字一样依笔顺次序契刻的。

契字本身也向我们说明了古代契刻的普遍和随意。契字最初作彡，造字的原意便是用刀在物体（木）上契刻符号，是刻木记事在文字上的反映。据考古学家的研究，中国最早的契刻是在木头上进行的，因为在木上雕刻图案最为容易。后来又加上木形繁化为契，强调所契的对象是木。现在的契字下面从大，实是后起的异体字。

从狭义上考释，篆刻古称玺印，从它产生的时候起，就与古文字结下了不解之缘。玺字古作 ，有人说上端是其钮或柄的侧面之形，下边的川，是按捺之后呈现出来的纹样。加上土旁或金旁就成 和 ，分别说明它的用途（打在封泥上）和质地（铜制）。我国玺印产生于春秋，盛行于战国，这是因为当时由奴隶制社会向封建制社会过渡，世卿世袭逐渐为选贤任能所代替，任命官职、行使职权要有凭信；经济日趋繁荣发达，商业交往日益增多，个人交际也迫切需要它。不论官玺还是私玺，都是顺应历史潮流而产生的，这有历史文献可证，毋须多说。从文字方面说，古玺上的文字虽然省变较为厉害，但终究是当时通行的文字——春秋战国文字，完全属于古文字的范畴。目前已识或可以隶定的古玺文字达一千多个。除一些比较特殊的字外，古玺文与春秋战国时期其他种类的古文字，诸如铜器、竹简、帛书、陶文、货币文、侯马盟书以及《说文》中的古文等相较，结构皆有相同或相近之处。不仅如此，古玺文字还有和甲骨文相合的、和《汗简》文字相合的。由此可见，篆刻艺术在其初期，就是以当时通行的文字契刻入印的。它的本来面目就是春秋战国期间的古文字。

到了秦汉，特别是汉，玺印文字多用小篆，而且往往带有隶书笔意，形成一种特殊的风格，平直方正，庄严典雅，令人一望而知其为汉印。汉以后一直到清，篆刻文字虽多有变化，出现了九叠篆，也出现过隶书、楷书，但基本上是用篆书刻印。近代、现代著名篆刻家也都是用古文字刻印。即使是解放以后，曾有人用简化字刻印，出过一些印谱，但总的看来，作为一种艺术品，较有欣赏价值、给人以美的享受的，仍然主要是用古文字刻的图章。如齐白石、王福庵、赵云壑、陈子奋、来楚生、邓散木、钱君匋、周哲文、韩登安等篆刻家的作品，之所以受欢迎，除了布局、刀法之外，其文字形式是一个重要原因。这与汉字——古文字的象形、表意性特点颇为有关，经过艺术处理，能收到意想不到的效果。像周哲文的《毛泽东诗词四十三首印谱》、韩登安等的《毛主席诗词刻石》等书，休息时候看看、翻翻，确实令人心旷神怡、兴味无穷。

古文字修养与篆刻艺术

几乎可以这样说，一个人有无古文字修养，决定着他篆刻水平的高低。我们当然不能要求从事篆刻的人专门去研究古文字，不能要求篆刻家同时又是古文字学家。这是不切实际的苛求，也是不必要的。但是我们完全有理由希望，从事篆刻的人们要认真学习古文字，打好这方面的基础。对于初学者来说，尤其是这样。越是爱好篆刻，越要在古文字上用工夫。磨刀不误砍柴工，凡是上山砍过柴火的人都懂得这一点。古文字之于篆刻，同样是这个道理。

所谓古文字的修养，大致包括：一、熟悉各种古文字字体，如甲骨文、金文、石鼓文、古玺文、小篆等等，能够使用各种古文字的工具书；二、善于书写各种（或擅长某一种也好）古文字字体；三、具备古文字学的一些基础知识，如文字结构方式、文字演变规律、古文字的特殊性，等等。如能经常关心和了解古文字研究的新成果、新进展，当然更好。学习古文字，可有各种各样的目的。应有不同的要求。如为了刻好图章，在篆刻艺术上有所创新、发展，能做到以上几点，应该说是具有较深的古文字修养了。

有没有这方面的修养是大不相同的。有了这方面的修养，起码可以做到：一、有鉴别能力，不刻错字，不会跟在别人后面将错就错，以讹传讹。二、文字结构匀称悦目，内部一致，不致于东拼西凑，杂乱无章。三、可以不落窠臼，逐渐形成自己的风格。书契书契，总是书佳契方妙，书拙契必劣。缺乏古文字修养，书法一塌糊涂而居然能成为篆刻家、有所成就者，古来无有，今后大概也不会有。

在这里，不妨举几位明清两代的杰出篆刻家为证。

（一）文彭与何震。文彭（1498—1573），字寿承，号三桥，苏州人。他是著名书画家文征明的长子，诗文篆刻均承家传。他精研六书，对文字学深有研究，主张篆刻应以六书为准则，并以仿秦法汉相号召。他的篆刻作品采用小篆字体，圆劲秀丽，格调清新，长期以来被视为篆刻家的规范。与文彭齐名的何震，是文彭的学生，字主臣，一字长卿，亦称雪渔，江西婺源人。他的篆刻主张与文彭完全一致，在南京时与文彭讨论六书，常夜以继日，不知疲倦。他说："六书不精义入神，而能驱刀如笔，吾不信也。"文、何鉴于明初篆刻芜杂，故力图变其流风，身体力行，自成一派（称黄山派或皖派）。何震刻印，"各体无所不备而各有所本，复能标韵于刀笔之外"，"无一讹笔"，"依法而不泥于法"，既有继承，又有创新，造诣极深，故当时人得其一印即视若珍宝。

（二）邓石如（1743—1805），原名琰，字顽伯，号完白山人，又有完白、古浣子、游笈道人、凤山渔长、龙山樵长等别署，安徽怀宁人。他是一位富有创造性、自成一派的篆刻家，又是一个全能的书法家，篆、隶、真、草无一不精，篆、隶功力尤深。《邓石如法书选集》（邓小蛰编，文物出版社，1964年）便是最好的证明。据说他尝客南京梅镠（liú，音流）家，纵观金石善本，每种各临百本。有人认为他的四体书为清代第一人。由于他精研三代秦汉金石文字，有如此深厚的古文字根基，故能以各种篆碑书体治印，结构精神饱满，又富有变化，加以刀法苍劲浑朴，婀娜多姿，非同凡响。他自己有方图章说"我书意造本无法"，实际上他的书法篆刻已达到左右逢源、出神入化的境界。有人这样评论道："邓翁负绝学，返冰（李阳冰）而及斯（李斯），游心入眇冥，随手出变化。"还有人说他"篆刻从书法入，书法从篆刻出"，至为确切。

（三）赵之谦（1829—1884），字㧑叔，号悲盦，浙江绍兴人。他是晚清杰出的艺术家，在碑刻考证、诗文、绘画、书法、篆刻等方面，都有独特风格和很高成就。在篆刻方面，他与邓石如颇为相似。他对秦汉玺印、宋元朱文，以及浙派皖派篆刻都有深刻研究。他从邓石如的艺术实践中得到启发，将秦权、诏版、刀布、镜铭、汉器铭文以及碑刻文字入印，取材更加广泛，突破了秦汉玺印的程式，对篆刻艺术卓有贡献。

（四）吴昌硕（1844—1927），初名俊，又名俊卿，浙江安吉人。他是清末民初的杰出艺术家，诗、书、画、篆刻均能总结前人得失，博取众长，自成一家。在篆刻方面，他吸取邓石如、赵之谦的经验，又将石鼓、封泥、砖瓦等字体的特点融会贯通，糅合为一种经常使用的书体。加之刀法亦有创新，故其印章能于秀丽处显苍劲，流畅处见厚朴，不经意处见功力。中年以后特别致力于石鼓文的临摹，"曾十载从事于此，一日有一日之境界"，其篆刻作品乃能别出新意，妙参变化，以竦峭取势，凝练遒劲。晚年作品尤为精妙，妩媚奇倔，刚柔并济。

上述这几位著名篆刻家，是有代表性的，也是富于启发性和说服力的。从他们的艺术实践中应该引出什么结论呢？他们的艺术实践不正是对古文字修养与篆刻造诣之间关系密切的最好证明吗？

用古文字刻印的基本原则

这里要讨论的是：拿古文字来刻图章，应该注意些什么问题，有什么基本原则？如果要说"原则"，似乎也只有这两条：第一，字要写对，合乎规范，不要乱刻；第二，风格气韵要一致，不要东拼西凑的大杂烩。

先谈谈"字要写对"问题。应当划清一个界限：什么是正确，什么算错误。文字是记录语言的符号，是约定俗成的，"古文字"也是有特定含义的。并非凡是有人使用过的古里古怪的文字都叫古文字。古文字也有真假之分。地下发掘所得或传世古器物上的先秦时期实际使用的文字是真古文字，小篆是近古文字（仍可属古文字的范畴）。隶书以下是今文字。《说文》中的古文·三体石经古文是东汉人见到或认识的战国文字，其可靠程度已逊一筹。《汗简》、《古文四声韵》是宋朝人所见的古文字，其中已有一些后世伪托的东西在内。至于《六书故》、《六书统》、《六书通》之类，流传虽然很广，却只是明清人所谓的古文字，其中以讹传讹、以假乱真的现象就更突出、更严重。现在，除

《说文》外,关于古文字的专业性字典已有多种。为了保证不刻错字,自然不宜再根据《六书通》或《汗简》上的文字来刻印(当然此类书也还是有用的),而应以有关字书为规矩、为准则,即:小篆以《说文》为准,金文以《金文编》为准,甲骨文以《甲骨文编》为准,玺文以《古玺文字征》(《古玺文编》)、《汉印文字征》为准,其余如竹简、帛书、石鼓……当以原材料为准,更是不在话下。为求便捷,还可参考《汉语古文字字形表》或《古文字类编》,这两部工具书收录商周各个时期的各类古文字,要而不繁,于初学者是极为便利的。

凡是伪托的、杜撰的、一讹再讹的"古文字",都是假古文字,拿它来刻印,当然是错误的。在明初印坛上,这类假东西恐怕不少,所以文彭、何震要提倡治印以六书为准则,号召"仿秦法汉"。时至今日,打开报章杂志,也常可看到一些伪托的或杜撰的冒牌古文字,错得很离奇的也有(如把大刻成夫)。明清以来一些人治印,多不合六书原则,不足为训。例如下面三方印,就很成问题:

（1）　　　　　　（2）　　　　　　（3）

前两方印见于《邮云堂印林》。(1)是王文的私印。王文是永乐年间进士,官至谨身殿大学士。"王"字还勉强可以,但"文"刻得像什么呢?(2)是朱国祚的私印。此人系万历癸未状元,官至礼部尚书、东阁大学士,但此印的"国"十分古怪,有何根据?算什么"国"。第三方印为黄吕(字次黄,号凤六山人)所作,印文奇特,恐怕极少人能识。这是"天君泰然"四字,在《六书通》里可以找到;该书谓君字见于《古尚书》,其余三字见于《古老子》。事实上,现存三体石经《尚书·君奭》残篇有君字,与金文、小篆相近;近年,真正的《古老子》(帛书)也已出土,字体结构也无如此离奇。《六书通》所据的《古尚书》、《古老子》全系伪托。同样,(1)(2)两印的"文"、"国"也是伪托的古文字。

不刻错字，这是最起码的要求，但也是严格的要求。汉印中也有一些误刻之字，不合六书原则的，我们今天刻印，也不能跟着它错下去，而必须摈弃。如莫作🔲，误日为目，彭作🔲，误彡为水；樊不作🔲而作🔲，功不作🔲而作🔲，破不作🔲而作🔲，毛不作🔲而作🔲等等，皆与原字原义大相径庭，是明显的错误，当然不能师法。我们今日绝不能因汉印中出现过这些字体而照旧采用，以免造成混乱。

那么，遇到古文字中没有的字怎么办？特别是金文、甲骨文入印，字少不够用，怎么办？这就得费点心思，按照文字的结构规律加以组合了。一般来说，金文甲骨文所无而小篆有的，可取小篆的结构，用金文甲骨文的偏旁来组合，以金文甲骨文的笔意来书写。在这方面，我师商承祚教授为我们作出了榜样，他的《商承祚篆隶册》便巧妙地组合了许多金文甲骨文中没有的字，以解决字少不够用的矛盾，值得我们学习、借鉴。如"打得粉碎"四个字，金文只有一个得字，其余三个字便是由小篆的结构、金文的偏旁拼成的：

🔲　🔲　🔲　🔲

有些字，连小篆也没有，怎么办？可以借用，也可以"创造"。借用，如"她"可作🔲。所谓创造，也就是由小篆的偏旁结构、小篆的笔意来写刻。如"你怎么（麽）"三个字就不妨刻作：🔲。有的人认为现代有而《说文》所无的字只能由音同义近字代替。这是陈腐之见，不足训。

其次，风格气韵问题，最重要的是书体要一致。以古例今，各种字体皆可入印，即便简化汉字也应当允许入印（能否令人喜爱是另一回事），但风格总须统一，字体（类别）应当一致。用金文便全是金文，仿汉印便全用汉印字体，切不可杂各种书体于一印。所谓"冶古今于一炉"是指熟悉古今、融会贯通而后得心应手、自成一家，并非说可将诸种各具特点的文字集中于一印之内。后者是大杂烩，决非所谓"冶古今于一炉"。我曾在一本《新印谱》中见到一方图章，文曰："党指引改天换地闹革命"，十个字中有简化字、楷书、隶书，也有篆文，四种书体夹杂在一起，就显得不伦不类、很不协调了。

同书中另有一印，文为"砸开铁锁链"，除砸字外，四个都是简化字，虽说不太好看，但字体风格一致，无大病，且略带金文笔意，还别具一种韵味。

以古文字入印的灵活性

用古文字刻印，在符合上述基本原则的前提下，为适应印章布局的特殊需要，也容许稍作变通。自古以来，玺印文字"变通"之例常见，主要不外乎合文、移位与省形三种，都与古文字结构的不稳定性这一特点有关，也可说是运用这一特点的结果。

所谓合文，本是指将两个字合写在一起，只占一个字的位置。这在甲骨文里是普遍现象，人名、数字、月名，以及常用词语都可采用合文形式，而且还有三个字合写在一起的。金文也常见这种形式，有的还共形借笔，或加上两点作为标志。印章范围狭窄，字多或结构复杂便不易处置了，适当使用合文形式，可使印文布局富于变化，避免臃肿重叠。古玺中司马、司工、大夫等都作合文，后世篆刻家也常采用此法。如谈其徵作的"努力加餐饭"一印，努力合文，共力；力加合文，亦共力；餐饭合文，共食。此印有人指为"谬印"，谓其牵强做作，但一印之中合文符号三见，力字承上启下，一身三任。应该说是结构巧妙、匠心独运之作。又如乔林作"歌吹沸天"印，歌吹二字合文，共欠，避免了结构的上下重复；其另一印"桃花潭水"，潭水二字合文，共水，使印文不致繁（潭）简（水）悬殊：篆刻中的合文，两个字变通而为一个字，或一个偏旁同时分属上下两个字，是符合古文字特点的，但如何恰当地"合"，巧妙地布局，那就因人而异，各有千秋了。

移位，在不构成新字的前提下移动偏旁位置，以便布局。古文字的特点之一是异体字多，偏旁结构不稳定，常可左右易位，上下交替，有些甚至一直保留到楷书里，如咮和、惭慙、胸胷即是。小篆以后，逐渐规范化，字有定形。定形有定形的好

处，便于交际，但用之于印章，在特定的方寸之地内，有时却也不好搭配。有的字是重叠式，不免嫌长，有的字是横排式，又稍嫌阔。如接连两个重叠式或横排式的字在一起，就难免过长或过阔，均有碍观赏。将某些字的偏旁位置重行调整，作新的组合，便可避免此病。许多熟悉古文字的篆刻家均精于此道。如把轩字刻成✦，将车旁横置，而以干穿插其中；把歬（前）刻成✦，移止于舟侧，易上下结构为左右结构；把湖刻成✦，移古于月上，变左中右结构为左右结构，等等，便是常见的例子。显然，今天治印，灵活运用此法，可使文字结构富有艺术性。

省形是省去一个字中的某些次要部分，目的也在于避免文字过长或过阔，使之便于搭配。在文字使用过程中，为便书写，常用减少部件的方法将结构繁复的字变得比较简单。有些字简化了，繁体仍存在，繁简并行，于是就有"省"与"不省"的区别。《说文》所谓"某省"、"某省声"、"古文或省"等等指的就是这一点。古玺里省形的现象就很常见，如马字很多刻成✦，有头无身；又如为字刻作✦，梁字刻作✦，韩字刻作✦，师字刻作✦，如此等等，不胜枚举。这一变通办法既符合汉字由繁趋简的规律，无形中也加速了汉字简化的进程。历代篆刻家们都沿用不绝。常见的字如诗画省作✦✦，宝省作✦，斋省作✦✦等等，已是得到公认，人所皆识的了。不过，此法不宜滥用，必须慎重：省去的只能是结构中较次要的部分，而不是关键性成分；省去某部分之后仍然成字，仍然能让人看出（或云猜度到）是某字之省。如不加限制任意乱"省"，就会造成混乱，那就不是"变通"，而是误刻了。

如何使方块汉字的灵活性表现为篆刻作品的结构美，推陈出新，古为今用，陶冶人的情性，给人以美的享受，这是篆刻家们努力追求的目标，也是古文字学工作者们的衷心希望。而从以往篆刻家们的艺术实践看，以古文字治印，只要能遵循最基本的原则，认真研究并充分运用古文字的特点于篆刻艺术，再加上章法、刀法等因素，就能八仙过海，各显神通，创作出各种风格的篆刻作品来，为繁荣和发展我国传统的篆刻事业作出贡献。

（原载《字词天地》1984 年第 4 期）

书家与学者

　　书家,是从事艺术创作的,以其书艺见长;学者,是搞学术即所谓"做学问"的,以其著作名世。艺术与学术,似乎是两条道,两种人。但实际上并非如此,二者是可以统一的:许多有成就的书家又是学者;而不少学者同时又是书家,只是彼此的侧重点有所不同而已。这是中国文学艺术领域内颇为有趣的问题,有其深厚的历史渊源。

　　几乎可以说,在历史上,书家与学者常常是一身而二任的。这是因为,在封建社会里,科举取士,文字第一关,字写得不好,便难有入仕升迁之望。读书人都是自幼勤学苦练,不分酷暑严冬,均视"写字"为每日必修之功课。待到学有所成,书法亦渐臻佳境。故一般士大夫,得享高官者,大都能写一手好字,胜人一等,今日看来,似乎都可算"书家"了。

　　不过,"书家"或"书法家"之名倒是很晚才出现的,而且,历史上的书家们大抵是"业余"的,他们大都是以学者(或文学家、诗人、政治家)的身份出现而为世人所知的。商周两代无书家之名传世,甲骨文、金文、石鼓文、帛书、竹简等等皆不能确知何人所书(有人认为商代的贞人即书家,不确)。至秦才有丞相李斯之名传于书林。但汉魏碑刻绝大部分仍为"无名氏"所书。汉末至魏晋,书家之名渐显,钟张二王,名噪一时。但钟(繇)官至太傅,王羲之是右军将军,献之是中书令,真正以书为业者殆仅张芝一人。唐代书家多为高官(如虞、欧阳、褚、柳、陆、颜诸人),其主要精力在于从政。宋代董逌《广川书跋》始正式出现"书家"一语,曰:"书家贵在得笔意，若拘于法者，正似唐经所传者尔，其于古人极地不复到也。"但宋代的"书家"们仍非专业，对他们而言，"书家"实系附属品，身后名。《中国书法大字典》汇集历代书家墨宝，其中收录有宋一代"书家"凡九十人，众所周知的学者（文学家、诗人、政治家）欧阳修、苏轼、王安石、司马光、范仲淹、朱熹、朱敦儒、陆游、蔡襄、李纲、文天祥、陆秀夫……便占了一大半。清代的情况也颇相似。近年出版的《中国古今书法选》收录清代书家三十三名，就笔者所知，其中学者便有傅山、桂馥、钱坫、郑板桥、吴大澂、康有为、翁同龢、罗振玉等人。

在解放前以至建国初，书家与学者的关系仍然是很密切的。大书家沈尹默便是诗人，又是北京大学文学系的教授，于书学亦深有研究，著有《历代名家书法经验谈辑要释义》、《二王法书管窥》等书。文化巨人鲁迅、郭沫若均"无意为书家"，但他们的书法皆自成一格。还有许多前辈学者，在其研究领域内是专家，他们的书法也自成一家，在他们身上，书家与学者依然是统一的。

但是，令人十分遗憾的是，三十多年来，特别是"文革"以后的近二十年来，由于种种原因，书家与学者分离的倾向日益明显，一身而二任者谢世者多而新涌现者寡，于是日见其少。较普遍的现象是一些职业书法家（请恕我用这个词）除写字外别无所长，而且对所写的"字"也缺乏深入的研究；各类学科（诸如文学、史学、哲学）领域的一些学者（也请恕我用这个词）忽视书法的修养，离"家"甚远，有的乃至只能拿钢笔或圆珠笔写"硬笔字"，对中国传统的文房四宝则甚为生疏。毋庸讳言，这种分离倾向，实亦时代使然。

近十余年来"家"字满天飞，各种"家"无形贬值，书法界也不例外。由于廉价捧场，随意将书手与书家混为一谈，"书法家"便日见其多，颇使一些人飘飘然，昏昏然，书家的非学者化也就日趋严重。

我这样说，绝无贬低书手之意。我始终认为，要想做一名好的书手也是很不容易的。书手，唐代称书工。《新唐书》卷二零一崔行功传："太宗命秘书监魏徵写四部群书，将藏内府，置雠正二十员，书工百员。"当时书工的任务是为内府抄书，当然必须是工笔小楷，整齐美观，要求也只是如此。至于书家，则有更高的要求，与书手不可同日而语。这里至少有三点是非书手所能及的：一、熟习各种书体，真草隶篆均有造诣，尤擅一二种；二、刻苦临池，师法先贤，融会贯通，自为一体，使人一望而知为某人所书；三、精研书学，理论上有所"悟"（或云发现、创新）。要做到这几点，非积数十年之力不可。故真正的书家，大体上是个学者，但多晚年成名，所谓"人书俱老"，便是此意。现在将一些书手尊为书家，甚至轻易冠以"著名"二字，实质上也就把真正的书家贬低了，而且助长了书法家非学者化的倾向。

那么，如何遏止书家与学者分离的趋势，扭转书家非学者化的倾向呢？办法当然有两条：一是鼓励学者书家化，希望有一批中青年学者（诗人、文学家、政治家）致力于书法，经过刻苦努力，逐渐成为书法家，或虽不成家也能写一手好字；二是鼓励书家学者化，有越来越多的书法家成长为学者。从现实情况看，前者比后者要困难得多。因为"练字"大抵须从幼年开始，也须要"童子功"，成年人习字难度更大。为了扭转书家非学者化倾向，可能做到也值得着重提倡的倒是，书家学者化，鼓励书法家们把临池实践与案头研究结合起来，除了书法之外，还能成为某一学科的学者。研究的方向、内容当然因各人志趣而异，不必求同。但对书法家或想当书法家的人来说，学习和研究文字学，对自己的书写对象——汉字作一番研究，以期"明源流"，应该说是共同的，也是十分必要的。如能学点古文字学，对古文字作番研究，从中汲取营养，当然更好。这样的研究必能反过来促进临池实践。文字学、古文字学的修养如何，与书家的艺术水平有莫大的关系。古今许多书法家的成功经验业已证明了这一点。

然而，提倡书家学者化也好，学者书家化也好，毕竟只是治标之法。发扬中国文化的优良传统，消除书家与学者分离的倾向，根本的途径在于教育。应将书法列入大中小学的教育的范围，运用各种形式普及并提高书法教育的水平，使学生在青少年时期就受到书法艺术的熏陶，造就一大批书法爱好者或小书手。对高校文科特别是中文、历史等系学生尤应加强书法训练，努力使学业与书法并进。有了这样的根底，这样广泛的基础，就有可能使一个书法家成长的过程同时又是其学者化的过程。若干年后就有可能涌现出新一代的集书家与学者于一身的人材来。

愿今后的学术界，特别是在文字学、古文字学方面有更多的学者注重临池实践，成为书法家；

愿今后的书法界，学者化的书法家日见其多；

更愿书家与学者紧密结合起来，一身而二任者日见其多。

人民欢迎这样的学者，这样的书法家。

（原载《中国书法》1989 年第 2 期）

请正确书写古文字
——向书法家进一言

古文字，由于其独特的结构形式，与书法艺术有着天然的密切关系，受到历代书法家的重视。所谓真、草、隶、篆四体，向来都是学习书法的基本功，其中"篆"包括大篆和小篆，便属于古文字的范畴。古今许多著名书法家大都认真学习和研究过古文字，从中汲取营养，提高书艺，有些书法家尤以书写古文字见长。像唐代大书家李阳冰、宋代的欧阳修、元代的周伯琦、清代的桂馥、钱坫、吴大澂、罗振玉以及现代的郭沫若、容庚、于省吾、董作宾、商承祚等学者，本身就是文字学家或古文字学家。可以说，重视古文字的学习和修养，是书艺史上的优良传统之一。

十年"文革"期间，万马齐喑，书法也难逃厄运。打倒"四人帮"后，书法艺术渐得恢复，十余年间，古文字在书法艺术中的地位和影响又有所提高和扩大。重视并书写古文字的书法家日益增多，百花齐放，争奇斗艳，令人目不暇接。书法家运用古文字创作了众多的艺术品，随着这些艺术品的传播，也使古文字得到某种程度的普及，为日益广泛的群众所了解和接受。这些都是令人欣喜的现象。

但是，在欣喜之余，人们同样看到，近年来也存在着随意书写古文字的倾向，不少标明"甲骨文"、"钟鼎文"、"大篆"的作品，连甲骨文专家、古文字学家也无法辨认，更休说一般的读者（观众）了。据笔者所见，这种倾向主要表现在下列三个方面：

一、不循规矩，以意为之。古文字，是商周时代通行的文字，虽然异体繁多，但仍有一定的书写规范。在小篆阶段，字体结构已基本固定，异体字大大减少了。今日运用古文字创作书法作品，本有"规矩"可循。可是有些书法家却无视这些规矩，任意书写。以致错别字迭出，谬种流传，遍及全国，乃至远播海外，造成很坏的影响。例如"高"字，甲骨文金文均常见，与小篆亦相近，书写并不困难，可是有人却把"高原"之"高"写成🔲①，殊不知此乃城郭之郭本字，与庸、墉为一字。又如"风"字，甲骨文屡见，或称有风、大风、不风，或称遘大风、宁风等等，均借"凤"字为之，象形味甚浓，字形也美观②，可是有人写"风物美"之"风"字，偏偏要写成🔲③，甲骨文专家也只好自叹浅陋，无法理解了。又如隹（谁、睢、雇、雉等字的偏旁）与佳，《说文》分别极为清楚，前者是"鸟之短尾总名，象形"，后者是"善也，从人，圭声"，形音义三者均异。有的书法家随意下笔，就把佳字写成🔲④，或写成不伦不类的🔲⑤。再如"人"字，最简单不过了，无论甲骨文、金文或小篆皆作一人侧立之形，与作跪跽状的卩是不同的两个字。但就是这简单的"人"字，还是有人把它写成了卩（🔲）⑥，硬是叫站着的人跪倒在地。这类错别字常见于报刊，甚至权威性的出版物中，在一些省市举办的书法展览会上更是俯拾即是，已到了非纠正不可的地步了。

二、沿袭误说，以讹传讹。这方面，以"甲骨文"作品最为突出。甲骨文出土之初，考释文字极为艰难，著名学者孙诒让所著《契文举例》便是错的多，对的少；罗振玉、王国维奠定了甲骨文研究的基础，但经他们考释的字

---

① 见《全国第一届书法篆刻展览作品集》，第138页，人民美术出版社，1981年7月。
② 见《甲骨文编》卷四，第16页。为减少印刷的困难，有关甲骨文、金文的字形一般不予列出，请读者鉴谅。如有兴趣，可据《甲骨文编》及《金文编》复核。
③ 见《全国第一届书法篆刻展览作品集》，第93页。
④ 见《中国古今书法选》第11页，河南美术出版社，1985年4月。
⑤ 见《全国第一届书法篆刻展览作品集》，第93页。
⑥ 见《统一祖国书法篆刻作品选集》，福建省漳州市统一祖国书法篆刻展览筹委会编辑，闽南日报印刷厂印刷。

也有不少已被证明是误释而推翻。如罗振玉氏于1927年手书付印的《集殷虚文字楹帖》一书，反映了二十年代的甲骨文研究水平，今天看来，许多字已明显不妥，需加纠正，这是很自然的事①。可是有些书法家在书写"殷虚文字"的时候，对此似乎不甚在意，依然按照旧释下笔。这就不免"落后于时代"，令人惋惜。最常见的例子莫过于春秋二字。许多书法家至今仍将"春"写作 ✦，"秋"写作 ✦ 或 ✦②，其实，✦（或作 ✦）与 ✦ 至今仍无确释，但其非春秋二字已可断言。甲骨文春秋二字业经于省吾、唐兰二位前辈考定，分别作 ✦ ✦ 和 ✦ ✦③。此外，在一些书法作品中以 ✦（桒）为求，以 ✦（字未确释）为烟，以 ✦（淩）为津……，也都是以讹传讹的结果。

三、滥用通假，杜撰字形。用古文字创作书法作品，在字少不够用的情况下，适当运用同音通假的原则，以同音字或同声旁字代替，或依据小篆的结构，用甲骨文、金文的偏旁加以组合，都是可以的。这与篆刻相似。不过，这种通假应该是有限制的。偏旁的组合也应该是有根据的，而不是任意拼凑、杜撰。遗憾的是，目前滥用通假、杜撰字形的现象十分突出，也已到了非纠正不可的地步。例如，有人把"诗思共"三字写作 ✦ ✦ ✦④（按甲骨文共作 ✦，与金文同，✦ 从艹从鼎，实为"具"字）；又有人把"春"字写成 ✦，把"声"字写成 ✦（仿华岳碑），把"局面"二字写成 ✦ ✦⑤（仿《六书通》所引"古文"），如此等等，便均属此类。若非作者附有释文，则连古文字学家也只好干瞪眼，承认它们是天书了。

这里有必要顺便提到近年出版的《甲骨文字帖》一书（即《甲骨文字

---

① 详见吉林大学出版社1985年3月影印《集殷虚文字楹帖》所附姚孝遂《校记》。
② 见《国际书法展览作品精选》，河南美术出版社，1985年8月；《全国第一届书法篆刻展览作品集》第60页。
③ 于省吾《甲骨文字释林》第1—2页，中华书局，1979年6月；唐兰《殷虚文字记》第6—10页，中华书局，1981年5月。
④ 见《国际书法展览作品精选》。
⑤ 见《中国书法家协会贵州分会成立纪念展览》第40页、第60页。

歌》，巴蜀书社，1986年9月）。此书承作者厚意赐赠一册，拜读之后，觉得其优缺点都很明显。优点在于甲骨文字书写颇工，富有刀笔韵味，作为初学甲骨文者练习用的"字帖"，是比较好的。但若从用甲骨文书写的"甲骨文字歌"的角度看，则其滥用通假，悖乎古今用字之通例的缺点也颇显著，观其篇末所附"借用字表"即可见其"借用"的任意性。如以卉代愤，以品代临，以干代岸、刊，以莫代摩、磨、谟，以今代金，以虍代虚，以虎代處（处），以君代群，以亡代忘，以己代记、起，又以皮为波、破、披，以史为试，以足为捉，以✚为術（术）、述、数，以興（兴）为举、誉，以于为曳、宇、吁……等，如此漫无节制，全以己意为之，实不可取。这样"借用"的结果，势必造成混乱，贻误后学。

此外，还有些人视古文字为玩物，视书法为儿戏式的绘画，任意涂抹，以为如此方是新奇、独创；或把古文字与隶书、楷书混合在一起，非今非古，亦古亦今，以为如此方是"冶古今于一炉"。这些，当然也是书法家的自由，但其客观效果如何，读者（观众）是否欣赏，似乎也值得注意。而且，书画虽有"同源"之说，却早已分道扬镳；汉字在历史长河中出现的各种书体，各有特点，分则俱美，合则互伤，其理至显，众所周知。书法家书写古文字作品，实不宜置这些基本点于不顾。

用古文字创作书法作品，是一项严肃的工作，必须认真从事，马虎不得。我们应该除去哗众取宠之心，老老实实地学习、书写。以古文字为形式的书法作品，不外乎临写和集字两种。前者主要是写出其气韵问题，后者则于气韵之外，又有"集"得是否正确乃至"组合"的问题，稍一不慎，便会弄错。一幅古文字作品，首先应当求其字形无误，而后才谈得上美观与气韵。这就有必要加强学习，提高古文字学的修养。所谓"修养"，当然是相对的。不过，对喜欢书写古文字的书法家或书法爱好者而言，下列要求似乎不算过分：（一）熟悉各种古文字字形，具备古文字学的一些理论常识；（二）能熟练地使用各种古文字的工具书，如《甲骨文编》、《金文编》、《古玺文编》、《汉语古文字字形表》、《说文解字》等；（三）能粗略地阅读一些古文字的原材料，如《殷虚书契》、《卜辞通纂》、《两周金文辞大系》、《三代吉金文存》等。倘若具备了这三方面的修养,至少可以使书法作品置于正确的基础之上,从而避免本文所列诸种现象。

总之,作为读者(观众),希望以古文字为形式的书法作品,一要正确,二要好看;作为一名古文字学工作者,尤其希望书法家在书写古文字时审慎下笔,休要以意为之,一正一反,其影响之大,不可低估。不揣浅陋,进此一言,敬希垂鉴。

(原载《书法》1988 年第 5 期)

甲骨文书法之我见

（学术讲演提纲）

二零一九年十月十六日讲于常熟图书馆

关于甲骨文书法，我未有专文论述，仅于有关书法之文章及讲演中略有涉及（详见《陈炜湛语言文字论集》《三鉴斋杂著集》）。今遵杨会长文乾兄之嘱，以此为题，略述己见，以供讨论并祈识者指教。

一、甲骨文书法之类别。大致有二，曰摹临，曰应用。摹临即摹写与临写，此为基本功，或曰基础。应用为以甲骨文书写相关文辞或古训、格言、诗词歌赋，或自撰诗文，有摹临基础，基础好则稍加变化组合，其应用之作必佳。

二、我之学习与实践。我治契之初，师但言多读原片，多读权威学者著作，于摹临一事，未尝有所指示或曰指导，殆视为理所当然者，毋庸多言也。我于读书时着意絜写，从中感悟其结构笔法，课余休闲时，按原片临写，如深看悟刀与笔之辩证关系。甲骨文之刀法及笔顺，善篆刻者蜜易领悟，或一点即明（如先竖后横）。由青年以至壮年，临摹之事与读书相辅相成，或兴来偶书，或应师友之嘱以甲骨文抄录诗文格言，或题匾额，或杜撰文句以应景，只持平常心，绝无功利念。历年正式发表之摹本约五百纸，临写与应用之作奉赠师友者约三百幅，见于《三鉴斋余墨》及续编二书者计三十九件。我之契文摹临与应用有《治契者言》短文自述，有陈、吴、二谢四君评论（《古文字论坛》三辑、《书与画》二零一八年第九期），今日悬壁示众者四，其三幅为临写，皆有跋，一为应用之作，亦请诸君评鉴。

三、评判甲骨文书法之标准。一要正确，二要美观（见《古文字与书法》）。何为正确？字形摹写，忠于原片，一丝不苟，得其神韵，堪称上乘。临写亦当依原文而为，行款大小，容有改易，缺文缺笔，亦可据文例补足以再现原貌，结构用笔亦一遵原片，自属精品。其要在美观，给人以美感。应用之作，字形正确为上，应尽母使用权威字典或权威学者考定认可者，《甲骨文编》、《甲骨文字典》、姬著《甲骨文书法字典》大致可用。少用或不用有争议者，应独立思考，择善而从。应在正确前提下追求美观，书法容许艺术创造，但前提是字形正确，切忌不循规矩，以意为之，不可沿袭误说，以讹传讹，更不可滥用通假，杜撰字形。（说详《请正确书写古文字》）

四、如何使自己的甲骨文书法既正确又美观？不少甲骨文爱好者会有此一问，依我之见，除了苦读、精摹、勤临、善鉴，别无他法。若尚富于春秋，目力尚佳，而有余暇，则当精读原拓，凝神静气而摹之临之，若入老境而欲有所为，不能摹则临之，以古为师，以商代书者为师，若不能临原拓，退而求其次，得精审摹本借鉴之，亦属一途，如不能或不愿致力于此，则恕我直言，难望有成也。借鉴亦包括多看，参考前人所书甲骨文书作，如罗振玉、董作宾以及吾师颂契二斋所书，然不必学之师之，吾师亦未尝令炜湛辈习其书，而屡言师古不师今。还可借鉴金文等文字结构，以甲骨文笔法书之，如《沧浪歌》《天得一》。

关于甲骨文书法，鄙见如此，不敢自是，谨供参考，请多指教为幸。

甲骨文乃国之瑰宝，中华文明源头之一。进入新世纪以来，正在走向民间，江苏省、苏州市、常熟市先后成立学会，影响遍及城乡，惠及老幼，实乃大好事。愿吾故乡有更多人士了解、喜欢甲骨文，将甲骨文写得好上加好，为人民大众所喜爱。

二零一九年十月十日陈炜湛草于常熟西横板桥

关于唐写本陆机《文赋》

晋代陆机所著《文赋》，是中国文学批评史上的重要文献。但传世陆机手迹只有《平复帖》，不见《文赋》。目今所见最早的手写本是唐人写本，行书，计一百四十四行，除标题二字，十一行四字，末行三字外，每行十至十三字不等。字体颇类《兰亭序》。不著书者姓名。卷末有赵孟頫、李士弘、欧阳玄、揭傒斯、危素、宋濂、刘基、董琰、孙承泽等人题跋，均认定陆柬之所书，推崇备至①。陆柬之传世法书极少，据李士弘及欧阳玄跋，仅有《兰亭诗》、《兰若碑》、《头陀寺碑》、《近得帖》及此《文赋》而已。此卷《文赋》千六百余言，素推陆帖第一，称"二陆文翰"，由元至清，无人疑之。今人徐桢立始提出异议：

> 赋中"漱六艺芳润"，误"漱"为"濑"，明是不知文义人所书。乃自赵吴兴以次，或文章巨公，或书翰妙手，翕然推为陆思谏书，思之再三，殊不可解。第其笔法萧澹古质，的为唐代人书，又其摹《兰亭序》字，颇复似之。……②

这是一则札记式的文字，作于戊寅即1938年，距今已有半个世纪，直到近年才发表。光凭一个错字，便断言书者"不知文义"，颇有武断之嫌，似难令人

---

① 《唐陆柬之书陆机文赋》，上海书画出版社，1978年第1版。
② 徐桢立：《余习庵遗文拾零》，《中国历史文献集刊》第5集，岳麓书社，1985年5月。

信服。但是笔者将此写本与《文选》（六臣注本、李善注本）所载《文赋》作了一番比较之后，却不得不佩服其独具只眼，一语破的。

以此唐写本与《文选》本相校，即感差异甚多，疑窦丛生。两者差异，除字形的繁简歧异——写本多用简体字和异体字、通假字之外，还突出地表现在别（错）字与异文两方面。

先谈别（错）字。徐氏指出的"漱"误书为"懒"，实由二字草书相似所致。但写本中的别字远不止此。请看：（括号中字为《文选》本）

万忍（刃）　茗（苕）发　叺（叩）　寂莫（寞）　铃（铨）衡
清纷（芬）　龟（绳）其必当　非常音之所伟（纬）　俯寂漠（寞）
而无发（友）　仰寥廓而善（莫）承　豊（豐—丰）约

考陆柬之乃唐初善书名家，陆元方之伯父，虞世南之甥，官至太子司议郎①，断不至"不知文义"如此。叩字从口从卩而不从邑，龟与绳风马牛不相及，忍与刃、纷与芬、铃与铨、伟与纬，虽有偏旁相同而不相通，这些浅显之理，"太子司议郎"亦断不至昧然无知。面对着这些别字——尽管写得很好，便很难想象，写本竟是陆柬之手迹。

次说异文。两者文句之差异，可谓比比皆是，不胜枚举。有一些异文，明显是写本误抄所致，例如：

写　本	《文选》本
（1）他日殆可谓曲尽	他日殆可谓曲尽其妙
（2）物昭晢而牙进	物昭晰而互进
（3）言徒靡而弗华（六臣注本同）	徒靡言而弗华
（4）当浅而不让	当浅深而不让
（5）故夫夸目者尚奢惬心者贵言穷者无隘论达唯旷	故夫夸目者尚奢惬心者贵当言穷者无隘论达者唯旷

写本中夹杂了这类文句，读起来自然费解了。例（1）夺"其妙"二字，

---

① 见《唐书》卷一一六《陆元方传》。

文义便欠畅达。例（2）"昭晢"当为"昭晰"之误，晰与晣同，有光明义，晣与晰义通。"互进"误为"牙进"，殊难理解。例（3）"言徒靡"与"徒靡言"初看似无别，按下文有"徒寻虚以逐微"及"徒悦目而偶俗"句，依行文惯例，固当以"徒靡言"为是。例（4）"当浅深而不让"原谓不论高深或肤浅，都可大胆发言（瞿蜕园说），今写本夺"深"字，文义便无法理解了。例（5）《文选》本骈偶成文，辞意精确。写本夺一"当"字，便只得以"惬心者贵言"为句，显得文义不协（"尚奢"亦指言，贵言与尚奢不相称）。写本中这些错误的出现，有两种可能：一是所据底本即为屡经传抄之本，其误在底本；二是书者"不知文义"，信笔抄写，致多夺讹。在未得新证之时，自不便妄下断语。不过，倘若此写本果系陆柬之所书，则所谓"善书名家"云云也真是徒有虚名罢了。

如此说来，写本岂非一无是处，了无价值？当然不是。值得重视的是，异文之中亦有数处乃写本是而《文选》本非，足可校正目今通行本之误者。试观下列文句：

写　　本	《文选》本
（1）或本隐以末显或求易而得难	或本隐以之显或求易而得难
（2）亮功多而累寡故取之而不易	亮功多而累寡故取足而不易
（3）故趽（躃）踔于短垣放庸音以足曲（李善注本同）	故躃踔于短韵放庸音以足曲（六臣注本）

例（1）本与末、易与难都是一正一反，相对成文，其上文"或因枝以振叶，或缘（沿）波而讨源"，也是枝与叶、波与源相对成文。《文选》本"末"作"之"，"本隐以之显"，不仅前后文句不协，"之"字也无着落，若谓指代"本"，尤难讲通。有的注家曲为之说，解"之"为往、到，亦殊迂回勉强。按此段文字论选义考辞如何按部就班，皆用比喻，"或本隐以末显"（以，而也），实谓事物有始终本末，有时候就不必从头（本）到尾（末）全部详述、喋喋不休，可以根据需要，有隐有显，亦即有详有略。此言实指写作时的一种剪材技巧，自当以写本为是。例（2）上文云"立片言以居要，乃一

篇之警策，虽众辞之有条，必待兹（而）效绩"，故此"取之而不易"句中的"之"实与"兹"同，皆指居要之"片言"即"警策"。这是说"警策"在文章中功用多而累赘少，所以一经确定（取之）便不再改易。今《文选》各本均作"取足"，有些注家以"取一而足"释之，或以"取得满足"为说，均有悖赋意。按"足"实"之"字之误，因就文义言，只有取或不取，而不存在足与不足的问题。此亦草书之足二字形近易混所致，《文选》本之抄书者误之为足，幸写本不误，值得重视。例（3）短垣与短韵之辨，前人颇多论述，要以段玉裁、朱珔之说为是："短垣可云蹢躅不进，不得施于短韵。赋上文既云'短韵'，此不应复，是写书者涉上文而误。……躓踔短韵，殊不成文义。推赋意与上'患挈瓶之屡空'皆为喻语。挈瓶，喻小智，故云'昌言难属'。此言力薄而放庸音，如躓踔于短垣，未免蹢躅之状，总形支绌。"① 今写本正作"短垣"，足证六臣注本误而李善注本是也。

又有几处异文，虽未能断言写本必是而《文选》本必误，但仔细推敲，仍觉写本胜于《文选》本。如李善注本"若夫随手之变，良难以辞逮"，写本（及六臣注本）作"以辞逐"，"逐"字较长。逮，及也；逐、追也。辞赋家以文辞追写其随手之变，或用逐或用摄，皆较"逮"生动，富有情趣。《文选》本"眇众虑而为言"，写本"眇"作"妙"，作动词用，意为使众虑精妙而为言。若作眇，则使众虑幽眇而为言，大为逊色，恐非陆机原意。《文选》本"恢万里而无阂"，写本作"恢万里使无阂"，恢而使之，文理亦合，且较"而"更进一层。

此外，还有相当多的异文，是写本省去虚字如"而"、"以"、"之"等，文句显得简洁。如写本"必待兹效绩"、"块孤立特峙"、"如失机后会"诸句，《文选》本句中均著"而"字。或写本与《文选》本句式相同而所用虚字有异，如写本"浮天渊之安流，濯下泉而潜浸"，"之"《文选》本作"以"；写本"苟达变而识次，犹开流而纳泉"，下"而"字《文选》本作"以"；写本

---

① 转引自张少康《文赋集释》第163—164页，上海古籍出版社，1984年1月第1版。

"立片言以居要"，"以"《文选》本作"而"；写本"伊兹事之可乐，因圣贤之所钦"，"因"《文选》本作"固"。这些在使用虚字方面的差异自然也会使语意有微妙之别，虽难言何者必是何者必非，而属两可之间，但写本可能较接近《文赋》原貌，通行本大抵系后人加以整齐划一的结果。写本中这类异文对于研读和校勘今本《文赋》，同样具有参考价值。

综上所述，关于唐写本《文赋》，可得出如下几点看法：一、此写本之书手对《文赋》本身似不甚了了，甚或"不知文义"，只是信笔抄写，故多错漏。写本是否"善书名家"、"太子司议郎"陆柬之手笔，确是不能无疑。二、在此写本之前，当有草书本《文赋》；此写本及《文选》本所据之底本或即草书，其分别误漱为濑，误之为足，可证。自晋至唐多草书大家（陆机亦善草书），其有草书本《文赋》当不无可能。由草而转为行、楷，乃多讹误。三、唐写本对了解唐人用字习惯，对校正通行本，从而正确理解陆机原意具有重要学术价值，不容忽视。

附记：本文蒙邱世友、郭正元两位先生校阅初稿，多所指正，谨致谢忱。

（原载《中山大学学报》1989 年第 4 期）

我对汉字前途问题的一些看法

　　汉字前途，是个有争议的大题目。它关系到子孙后代，除值得专家学者们深入探讨之外，也值得每个炎黄子孙，正在使用或学习汉字的中国人认真地想一想：汉字前途究竟如何？还要不要"改革"？方块汉字能不能"万岁"？

　　过去，我拥护文字改革，赞成拼音化，但无深入的研究。近年来读到由赞同而转变为怀疑文字改革的前辈学者的文章，促使我不得不严肃地思索起来。思索的结果，倒使我坚信，"文字必须改革，要走世界文字共同的拼音方向"这一著名论断总有实现之日。今年元月召开的全国语言文字工作会议认为汉字前途问题"可以讨论"，"但是仍然不宜匆忙作出结论"。现在本着"讨论"的精神，将鄙见略述如下，恳请同志们多多赐教。

　　一、方块汉字确实难学难用。这是一句老话，前辈学者论述极多，本已成定论。但近年来有人连这点也想推翻，说什么汉字好学，好用，甚至比拼音文字还容易学。如果真是这样，汉字还要改革吗？"文字改革"自然是废话一句了。但汉字之难，是客观存在，凡学过汉字的人都有切身体会，不是一两篇文章所能否定得了的。繁难的汉字有如一道高门槛，没有十几年的工夫便跨不过去，中国十亿人口中有三亿文盲，这一现象不能说与此无关。汉族人学汉字已是难，对少数民族、外国人来说，更是难乎其难。会绣花的少数民族姑娘觉得学写汉字比学绣花还难；俄罗斯人若要形容某事之难，则夸张为"比汉字还难"，就是因为汉字笔画太多，结构太繁了。关于汉字之难，在 1955 年全国文字改革会议上郭沫若、吴玉章、叶恭绰、陈鹤琴、陈中凡、陈望道等老前辈都有精辟的论述，各行各业的代表的发言分别从不同的角度作了具体的分析。虽然时隔三十年，一些前辈和代表已辞世，可是《全国文字改革会议文件汇编》（全国文字改革会议秘书处编）一书尚在，并非罕见，建议持汉字好学好用论的同志花点时间研究一下，看能否将这些前辈学者的议论驳倒，把当年代表们列举的事实推翻。

就我而论，是深感汉字之难：难认、难记、难写、难查。我从小学以至研究生毕业，又在高等学校教书，"研究"若干年，但究竟认得多少个汉字？占汉字总数的几分之几？其中有多大部分是形音义都清楚的？没有统计过，只是翻开十三经或《史记》《汉书》就不免要碰上不识之字，或虽识其形而音义莫明，不得不看"注"、"疏"、"正义"、"索引"、"补注"之类，不得不查字典。翻开字典（如《康熙字典》之类），原来不识之字更多。而且，这次查到了，"识"了，隔一段时间再碰上它，可能又不识了。这只是讲的楷书，甲骨文、金文、竹帛文、石刻文中不识之字还不算在内。先师容庚先生生前也常叹识字（如金文）之难，断句之难。不管谁，本领再大，恐怕也不便夸口说他无字不识。

有人会说，你讲的"认"包括了死字、生僻字、古字，当然难；我说的是常用字，不过三四千，还是好学好用的。其实，即使是常用字，真正要"认得"，也很难。家里有小学生的，问一问就清楚了。许多字形体相似，仅点画之差，甚至只是一点的位置稍有不同，学起来便很难记住，容易弄错。中小学生中出现的许多认错、写错字的笑话，社会用字中大量错别字的存在（这些无疑是应该批评、纠正的），不也从反面说明了正确无误地识、记、写这些常用字之难么？而且，越是常用字，一字多义的现象越多，形音义三者之间的矛盾也越突出。特别是多音多义字，不论是儿童，还是成人，是汉族还是少数民族，都不容易掌握。像"行"、"和"、"差"、"恶"、"称"等字，若单独挑出来，便会各读各音。它们的音义要靠一定的语言环境确定，稍一不慎，便会读错。

关于写的问题，有人说，只要勤学苦练，自然化难为易了。书法家的字不是写得很好看吗？诚然，应该勤学苦练，书法家是越多越好。但当今之中小学科目繁多，古今中外，样样都学，非封建时代之"庠序"村塾可比，把大量的时间精力用于对付难写的汉字，势必影响其他功课。许多人从小学学写汉字，一直写到大学毕业，依然东倒西歪，很不像样，理科如此，文科也不乏其例。这是一般情形。遇到结构复杂、笔画很多的字，既不能写错，又必须与其他笔画少的字一样写在规定的小方格里，那更是难上加难。感谢简化汉字，把许多笔画多的字简化了，给人以极大的方便；但仍然有许多繁难之字，虽不常用，却非罕见罕用，要写得快而好决非易事。如"许子以釜甑爨以铁耕乎？"是大家都熟悉的句子，其中的"爨"字又见于《诗经》和《礼记》，又是姓，一层又一层，重重叠叠，共三十笔。有一次高考阅卷期间，因考生试卷文字拙劣而想到汉字之难，忽然想到这个字，我曾请邻座的两位同事写过一下，要求笔笔清楚，写在稿纸上的方格里。一位是刚毕业不久的青年教师，一位是年过半百的中年教师，他们小心翼翼地把它写完后，都是直说难，难，难！这个字，休说我等凡夫俗子觉得难，连有些书法家也感到难，著名的《二爨碑》把它下面的双手"大"省去，火也成了四点，便是一证。这个字历史上出现过几种简体，但未经政府审定，现在仍旧得一笔一画费力地写它。1965年1月文化部和中国文字改革委员会联合发布的《印刷通用汉字字形表》列此字于篇末，可见还是"通用"字。该表所列19笔以上的字计有171个，如非偏旁简化，有些字的笔画还要增加，还要难写。

学拼音文字，查检极易；学方块汉字，连查检也难，许慎《说文解字》创立部首制，自然是一大贡献，但"始一终亥"，540部，十四卷，本身也够繁难的了。如非专门研究过，就很难使用，仍得先查后人编的《通检》才能找到所需的字。《康熙字典》将部首归并为214部，《辞海》又有所调整，但真要查起来，也常会使人烦恼，扫兴。首先，一个字有几个部件（或云偏旁）组成，倒底该查哪部？一个字查几个部才查着是常有的事。其次，有些部首不明或无法确定部首的字（常用字占很大比例），只得数笔画，从"难字表"中找，而有时连数笔画也难保准确！例如楷书年成的"年"字，是极常用的，该查哪部？《康熙字典》归干部；《新华字典》的部首检字表列入丿部，《辞海》编入宀部。三种书，三个部，哪种对？似乎都对，又似乎都有点勉强。这类难查的字不在少数。这也怪不得谁，这是方块汉字本身使人为难：编者为难，查者也为难！

二、现行方块汉字大都不能"见形知义"。汉字素称"表意文字"（也有人认为是意音文字，语素文字），又有"六书"之说，造字之初，颇有因形见义的性质，亦即寓义于形，这一点在象形、指事、会意系统中确是较为明显。但是，汉字历史六千年，即便在甲骨文时代，文字的本义与其在卜辞中的实际意义就不能划等号。随便拿一条二三十字的卜辞来分析，都可发现，整条卜辞中70%左右的字用的是假借义，而与其本义无关！例如自己的"自"字，是常见字，用其本义（鼻）者目前仅见一例，其余均为引申义、假借义。实际上甲骨文具体使用时大部分不过是记个音节，表示一个语音而已，经过隶变、楷化，大多数的文字成了纯粹的音标，不过是个记号，或曰标号，非经专家研究，特别指出，一般人便无法知其本义，更不用说学字的儿童与文盲。其实，即使是像日、月、山、水等字，它们的意义也须经讲解才能明白，而且必须死记，倘叫不识字的人去认，去"见"，看上十年也决不能"无师自通"。可是近年来还有位先生这样说："汉字有方便处，即一看到字形便能明其意义，改用拼音文字，反而必须逐字念下去，才能了解其意义，所以文字改革以后，恐怕做不到古人所谓'一目十行'的观象。"当今之中国，十亿人口之中，"一看到字形便能明其意义"者除这位先生外，不知还有多少人？文字学家、古文字学家、训诂学家能否都做到这一点？即使能够做到，但对绝大多数人来说，却是无缘享受汉字的这种"方便"啊。

我自愧浅薄，没有一看到字形便明其意义的本事。一部《甲骨文编》，一部《金文编》，一部《先秦货币文编》，"附录"都占很大的篇幅。所谓"附录"，见其字形而不明其意义者也；而且，《金文编》的附录还分上下，上为"图形文字之不可识者"，下为"形声之不可识者"。我们姑且撇开古文字不论，单就现在常用汉字而言，真正可以"见形知义"的字可谓微乎其微，而且所谓"义"实际上是靠了有声语言（口语）才得到确定的。举个最简单的例子来说："老牛怕它。"光是这四个字，光看字形，请问其意义如何？"老"是词头（前缀），还是长者、年老的意思？"牛"是黄牛，还是水牛？还是姓？"它"是什么意思？是指蛇吗？是指某种东西吗？"怕"是形声字，但从字形上如何看出其有"害怕"的意思呢？离开了语言环境，这简单的话理解起来便有争议，并无方便可言。至于形声字的所谓"见形知义"，从木之字皆木类，从水之字与江河或液体有关，从金之字为金属……也是害人不浅，致使"秀才识字读半边"者有之，望文生义者有之，胡猜瞎说者亦有之。有人说，形声字是引人犯错误的陷阱，并非过论。

三、汉字与汉语确有不相适应之处，尤其不能准确记录现代汉语口语，语与文不能很好统一。汉字总数五六万，固然难认难记，而语言中许多生动活泼的内容，可闻其声而心知其意，却无相应的文字。勉强用现有汉字记音写出来，形音义也不能统一。再不然，造出许多奇奇怪怪的汉字（或曰方言字）来，异地之人便读不出。关于这一点，前辈学者多有论述，吕叔湘先生《汉字和拼音字的比较——文字改革一夕谈》一文论证尤详，我非常赞成。

四、倒退没有出路，汉字仍应改革。自从中国文字改革委员会和《文字改革》杂志改名之后，社会上一部分人中间产生了这样的看法："文改"停下来了。文字需要长期稳定，不必再改，"拼音化"更不必再提。甚至有人说："文字改革委员会都改名了，你还讲什么文字改革！还讲什么拼音化！"这完全是一种误解。他们不知道，"继续推动文字改革工作"正是国家语言文字工作委员会的主要职责之一。

当然，如果维持汉字现状，听其自然，表面看来，似乎也可以，但是第一，损失太大、太重，无论从国家和个人，宏观与微观的角度看，都是太大、太重。它不符合人民群众的愿望，不符合中华民族、炎黄子孙的根本利益。第二，实际上也行不通。民间使用文字总以实用为上，总是趋简避繁以求便捷。这已为大量的历史事实所证明。在现实生活中，群众欢迎简化字，并希望继续简化，以利日常应用。目前泛滥于街头巷尾的错别字、乱造的简化字已到了不能容忍、非纠正不可的地步，但从中也反映了群众的一种愿望。要彻底消灭错别字和杜撰简化字几乎是不可能的。到条件成熟时理应再承认并公布一批简化字。正如鲁迅先生所指出："方块汉字本身就是一个死症。""维持现状说是任何时候都有的，赞成者也不会少，然而在任何时候都没有效，因为在实际上决定做不到……文化的改革如长江大河的流行，无法遏止，假使能够遏止，那就成为死水，纵不干涸，也必腐败的。……况且我们的方块字，古人写了别字，今人也写别字，可见要写别字的病根，是在方块字本身的，别字病将与方块字本身并存，除了改革这方块字之外，实在并没有救济的十全好方法。"（《且介亭杂文二集·从"别字"说开去》）

维持现状行不通，倒退更不得人心。近几年来从理论到实践确有一些倒退的倾向。某些文章夸大其词地赞美汉字的表意性，认为它能"见形知义"，"一目十行"，或认为汉字是世界上最优秀的文字，或认为用汉字写作便"妙"，便"精炼"，便"薄"（节省纸张）等等，可说是理论上的倒退。它至少倒退了七十年。按照这些说法，似乎还得重复一次文言与白话的论争，似乎还得将《全国文字改革会议文件汇编》重印一次。而且，如果要讲字形的"美"，行文的"简"，篇幅的"薄"，岂非该退到"曰若稽古"的《尚书》时代，退到甲骨文金文时代！这能办得到吗？报刊书籍滥用繁体字、异体字，则是实践上的倒退。目前对商店招牌、匾额、广告中的繁体字、异体字指摘颇多，而对正式出版物——报纸、书籍滥用繁体、异体字则很少批评或批评不力。有些特殊的专业如古文字学、古音韵学、训诂学的书籍以及翻印的古籍使用繁体字是出于不得已（是否非用不可也还可讨论）；但有些今人的著作，所论为一般的学术问题，也改用繁体，便毫无道理可言。而且，凡要向港澳及海外发行的印刷物似乎都非用繁体字不可。这种无视国家法定文字的局面应改变。否则，便休想纠正民间各行各业中滥用繁体字、异体字的现象。

我认为，汉字必须根本改革这一命题并未过时，"文字必须改革，要走世界文字共同的拼音方向"的论断也并未过时。光是重复这一命题和论断固然无补于事，但若抹煞或回避这点则更为不妙。我十分赞同罗竹风同志在全国语言文字工作会议上发言中所阐述的见解:"我认为,文字改革的方向还是要向拼音文字发展。当然,不是现在的事。但是,即使要一二百年以后才能实现,总还是要有个方向,就像我们说共产主义是方向,但什么时候实现,谁也说不出一个准确的时间。文字改革也相类似。"(《语文建设》1986年1、2期合刊)

五、一种语言,两种文字。为了准确地记录汉语,更为了使亿万儿童从繁难的方块汉字重压下解放出来,应该在《汉语拼音方案》的基础上逐步发展成汉语拼音文字。实践已经证明,并将继续证明,汉语除了用方块汉字记录外,也可改用拼音的方式记录,而后者更为便捷、准确。此即所谓一语两制,或曰双轨制,并世学者论之甚详,我觉得是未来最理想的局面。这里仅补充一点小意见:为求准确起见,可将用拼音方式记录汉语的文字称为拼音汉字,以示与标号式的方块汉字的联系与区别。当然,在通常情况下汉字指的仍是方块汉字。

随着研究工作的深入进行,重大难题的突破,终将解决以拼音方式记录汉语的一些具体的技术性问题。而汉语一旦正式以拼音的方式记录,拼音汉字具备了法定性,即将与方块汉字并行,各显其长,并互相补充。

好学易用的拼音汉字一旦为广大人民群众所掌握,方块汉字便即逐渐归于隐退,可以断言。

所谓汉字隐退,是指在日常生活、一般场合中的隐退,决非永远废除。那种认为实现拼音化即等于废除汉字的观点是对汉字的生命力缺乏信心,对汉字的深远影响估计不足的表现。三十多年前郭沫若同志关于这个问题的论述是极其中肯的,今日重温,并非无益:"汉字的归于隐退,是不是就是完全废弃了呢?并不是!将来,永远的将来,都会有一部分的学者来认真地研究汉字,认识汉字,也就跟我们今天有一部分学者在认真地研究甲骨文和金文一样,甲骨文和金文不见使用了,殷代和周代的文化遗产的精华一直被保留到现在。汉字如果在日常生活中不见使用了,汉字所记录的中国历代的文化遗产的精华,也必然会一直被保留到永远的将来。"(《为中国文字的根本改革铺平道路》,《全

国文字改革会议文件汇编》）

除了研究之外，在实际使用上，至少在下列几方面汉字仍将发挥作用：（1）国家宪法、政府法律、法令、文告——一切庄重的文件可以方块汉字与拼音汉字两种形式或以方块汉字加注拼音的形式发表；（2）有关古代文化历史文献的书籍典册；（3）民间（知识界，特别是高级知识分子之间）书信来往，可能仍有人喜欢用汉字，正如目前钢笔、圆珠笔盛行而仍有部分人喜欢用毛笔一样；（4）书法、篆刻、碑刻；（5）国画、工艺美术品及建筑物题字；（6）其他非用汉字不可的场合。总之，汉字隐退后，日用性减退，欣赏性增强，将在各种艺术形式中继续发挥其结构的灵活性，并呈现出独特的抽象美。

汉字隐退后，将只为极少数人所认识并熟练使用，绝大部分人则用拼音汉字读书看报，日常交际。这是大好事。因为绝大部分人解除了难学难用的汉字之苦，拆除了这道高门槛，便可将更多的时间精力用于学习和研究各种科学文化知识。这对科学文化的普及与发展，对国家的兴旺发达当然是极其有利的。

六、不必杞人忧天。自从提出汉字的拼音化方向以后，有些学者从爱护祖国文化遗产的立场出发，提出了一系列的问题，表示忧虑。有的文章甚至得出这样的公式：文字改革等于废除汉字，亦即等于毁灭古籍，毁灭传统文化。如此描绘文字改革的结果，真是吓煞人。它足以使怀疑者趋于反对，无知者趋于怀疑。这是一种奇怪的逻辑，荒谬的公式。如果不是出于对文字改革的歪曲与误解，故意危言耸听，便是属于"杞人忧天"了。实在大可不必。关于废除汉字之说，上文已说清楚；至于古籍与文化，尚须略为一说。

汉字隐退，古籍仍存，人们对这一点是相信的。担心的是"文字一改革，古籍没人看"，"文字一改革，古籍没人看得懂"。现存的古籍以及今人的著作，若干年（几百年或几千年）后是否有人看，有多少人看，谁也讲不清。在历史发展的长河中，总会有所继承，亦有所扬弃，有一部分"古籍"被淘汰掉，乃理所当然，毫不足惜。但有一点倒是可以预见的：由于使用拼音汉字，文化大普及、大提高，古籍又藉此而多了一种或两种保存的形式（如汉字加注拼音；以语体文翻译）。其时阅读古籍、能读懂古籍的人未必比现在少。

现在并未使用拼音，文字并未根本改革，但真正称得上"看"并"懂"得古籍的人又有多少？有关部门不妨作些调查——要到文化发达地区，人才荟萃之地去调查，或普查，或抽样，都可以。甚至可以"拿一篇比较清晰易懂但又比较生僻的文言文"作为材料，试试能不能看懂（或听懂）。近年来提倡整理古籍，翻印古书，自属善举，但翻印出来以后读者究竟有多少？也不妨作些调查。调查的结果肯定不会很令人满意，比例也不会高；但从另一点说，比起旧社会来，人数及比例却是高的了。因为相对而言，文化教育毕竟比旧社会普及、提高了。"后之视今，亦由今之视昔"，其理至显，不难理解。

文字拼音，不仅不会毁灭文化，而且会大大地促进文化的繁荣与发展。著名作家、新中国首任文化部长茅盾在全国文字改革会议上说过："群众文化水平的提高，对于文化艺术的繁荣和发展，具有决定性的意义，文字改革的每一个步骤，都是提高群众文化水平的有效措施，可以说，文字改革工作也是为文化艺术工作的更大发展创造必要的条件。全国文化艺术工作者应该从这个意义上来正确地理解和对待当前的文字改革工作。"三十年的实践已经证明，今后的实践还将继续证明，茅公的论断是完全正确的。

比较特殊的是书法与篆刻。有的先生担心，在文字改革之后，这两种艺术等于"宣告了死刑"。这也是过虑。汉字经隶变而楷化至今近两千年，甲骨文、金文、小篆等古文字形体并未宣告死刑，仍有不少人（当然是极少数）喜爱它们，且不乏以此名世的书法家、篆刻家。真正的艺术总是经得起时间的考验，总是永存的。当然，由于艺术的门类、层次的不同，欣赏者的队伍也有大小之别。既然汉字只是隐退，不会废除，那就仍然会有书法家、篆刻家，而且会更受人崇敬；既然有书法篆刻作品在，就仍然会有喜爱、欣赏这两种艺术的观众（读者）。这是可以肯定的。

须顺便指出的是，汉字隐退与文章之美妙或滥长与否无关。能否写出"妙文"，文字是否精炼，主要决定于作者的思想水平、写作能力与写作态度，而文字形式却是次要的。如果认为用拼音汉字写作便注定写不出好东西，便不"妙"，便"滥"、便"长"，不仅毫无道理，而且也无异于无视世界上使用拼音文字国家许多优秀作家、优秀作品的存在。

（原载《汉字问题学术讨论会论文集》，语文出版社，1988年10月）

附录

在汉字问题学术讨论会第一次专题讨论会上的发言
（1986年12月，北京）

陈炜湛：我接着曾性初先生的话讲几句。我们现在讨论问题确实有个前提、有个出发点的问题。我非常赞成殷焕先教授的意见，应该以现在为主。如果要讨论古文字，完全可以另外找地方去谈。我们之所以跑来参加这个会，正因为我们关心汉字的前途问题、关心当前语言文字建设问题，不然，我参加完古文字讨论会何必还跑到这里来呢？这是讨论的前提。下面讲出发点的问题。我讲汉字难易倒不是从我来看，如果从个人的出发点来看，我非常喜欢汉字，非常喜欢古文字、甲骨文。有的同志请我写甲骨文，我是为了宣传古代文化的宗旨而有求必应的。当然我写得并不好。但是我们应考虑到我们国家的十亿人口、三亿文盲，怎样解除他们学习汉字的难处。"十年寒窗"当然重要，但能不能减少一点啊，不要每个人都要十年寒窗啊。我们是过来了，吃了千辛万苦到了这个地步。我们能不能让子孙后代不要再像我们这样十年寒窗、二十年苦读才能掌握几千个字呢？鲁迅先生讲："人生识字糊涂始。"我想这句话不是没有道理的。有些东西啊越学越糊涂，汉字就是越学越糊涂，甲骨文越研究越糊涂。有些同志强调汉字很容易学，能见形知义。如果讲见形知义，最好都是象形字，但一部《甲骨文编》将近三分之二的字不认识，新版《金文编》还有七八百字不认识。而不认识的字中间大都是有形可看的，很形象的。容先生编的《金文编》"附录"还分上下，上卷是"图形文字之不可识"者，画得很清楚，什么意思，你去看看；下卷是"形声之不可识者"，有形有声，你给我看看。这就说明不能见形知义。这是比较困难的事情。所以我觉得从十亿人口出发，从子孙后代出发，我们要考虑汉字前途，不能丢掉汉字拼音化的方向，不能说现在不能讲拼音方向了，现在不谈这个问题了。我说光是重复这个口号当然无补于事，但是回避或者抹煞这个口号、这个方向，尤其不利，会造成混乱。

从语言文字应用角度讲，当然一个国家应该有统一的文字规范，不能乱写字。刚才曾先生讲到是否可以将错就错，我说这句话有一定的合理性，我表示赞成。有些积非成是的东西在历史上亦是存在的，不光是现在。甲骨文时代就写错别字，铜器铭文亦有错别字。有些字一直错下来，我们现在都承认了。把"月亮"的"月"字写成"夕"字，把"夕"字写成"月"字，我们现在都承认了。同样的道理，有些民间广泛使用而且大家基本公认的字，我看也不妨经过一定手续，经过专家的研究把它承认下来。现在，我觉得社会上的用字确实很混乱，街头巷尾到处是错别字，到处是杜撰的简化字。这是什么原因造成的呢？一个在于书写者文化水平低，写的时候又不认真，草率从事。一个在于汉字确实是难，难学，难掌握，一不小心就写错。所以，我认为到了一定的时候，条件成熟的时候，应该再整理、再承认、再公布一批简化字，有目的、有计划的加以引导。现在我向大家报告一件事，广东电视台在8月份就筹备要开个节目，叫"请用规范字"，专门批评社会上用字乱写乱造的现象。我认为，现在政府机关出的文告、布告、报纸，甚至我们的电视台、电影，用字混乱现象很严重。国家语言文字工作委员会应该管一管，不把这个管住，光是对付街头巷尾、小贩、个体户的招牌，说服力不大，最多是头痛医头，脚痛医脚，不能从根本上起作用。政府应该管住出版社、电视台、电影制片厂，这是国家权力可以管到的地方，可以叫它们使用规范字，不能写错别字，杜撰简化字。

（《原载《汉字问题学术讨论会论文集》，语文出版社，1988年10月）

书法家与简化字

——纪念《汉字简化方案》公布 35 周年

1956 年 1 月,国务院明令公布了《汉字简化方案》。这是汉字发展史上的一件大事,也是新中国成立以来中国人民文化生活中的一件大事。这个方案,是千百年来汉字简化运动的一个总结,许多历史上早已出现的或民间广泛使用的简化字,一向被看作"俗字""或体"而不能登大雅之堂的,现在被正式承认了,取得了合法地位;许多繁难而常用的字得到了合理的简化。根据这个方案,不作简化偏旁的简化字有 350 个;可作简化偏旁用的简化字有 132 个,简化偏旁 14 个;应用这些简化字和简化偏旁加以简化的字(指现在仍常用者)又有 1753 个,三者合计,共有 2200 多字得到了简化。这使广大人民群众、特别是中小学生在学习和使用汉字方面减轻了许多负担,得到了极大的便利,同时,在使用简化字方面也有了统一的规范,全社会有所凭依,对大中小学的语文教学,对汉字规范化工作,无疑是极有力的推动与促进。这个方案,造福亿万人民,泽及子孙后代,它的公布得到全国绝大多数人民的衷心拥护,是理所当然的。

但是,随着《汉字简化方案》的公布,也出现了一些新的问题。问题之一便是:汉字简化了,书法怎么办?这里有两层意思:1. 怎样把简化字写得漂亮耐看,富有艺术性。许多简化字在历代著名书家笔下未曾出现过,无范本可供临写,也能把它们写得富有艺术性,给人以美的享受么?2. 书法家写惯了繁体字,得心应手,乃至出神入化,如改写简化字,书法还成艺术吗?有些书法家认为简化字丑怪，无法写好，因而予以拒绝。书法家该不该写政府公布的简化字呢？这里面既有理论（认识）的问题，也有实际（实践）的问题。

在《汉字简化方案》公布两年之后，1958年1月10日，周恩来总理在中国人民政治协商会议全国委员会举行的报告会上作了题为《当前文字改革的任务》的报告。在谈到简化汉字时，周总理赞扬了李烛尘老先生热心支持汉字简化工作的精神，还回答了"汉字简化会不会妨碍我国书法的流传和爱好"问题。周总理指出："书法是一种艺术，当然可以不受汉字简化的限制。简字本来主要是用在印刷上的，我们不可能强制大家必须按照《汉字简化方案》写字。因此汉字简化不会对我国的书法艺术有什么不利的影响。同时我们也应当欢迎书法家按照简化汉字书写，以提高简字的艺术水平。"周总理讲得非常全面而婉转：政府不强制但欢迎书法家写简化字，以提高简化字的艺术水平，有利于推广。

书法作为一种艺术品，或陈列于展览厅，或悬诸私人居室，或刊诸专业杂志，仅供少数人欣赏，不起交际工具的作用，那使用什么书体，是繁是简，都是书法家的自由，他人无权干预。不仅可写繁体字、异体字，而且，真草隶篆、甲骨文、金文、竹帛文、石刻文，只要有本事，都可成为上乘艺术品。如果硬要书法家们按照《汉字简化方案》创作艺术品，那便是乱弹琴。但如果书法家写的字是要叫全社会的人看的，属于社会用字的性质，带有宣传、广告的作用，就须又当别论了。学生们在学校里学的是简化字，广大人民群众日常使用的是简化字，他们当然希望并欢迎书法家们写简化字。而书法家们写字合乎规范（包括写规范的简化字），对人民群众而言，确有示范和表率的作用。这是性质不同的两个方面，不应混为一谈的。

那么，三十多年来，在简化字的使用和推广方面，书法家们起的作用如何呢？拥护并实践"按照简化汉字书写，以提高简字的艺术水平"者不能说没有，但如凤毛麟角，毕竟太少。更多的人片面理解并强调了"可以不受汉字简化的限制"这句话，他们笔下的广告、招牌、匾额、书刊名称乃至名胜古迹、风景区的各种题辞、碑刻、"简介"和"说明"文字，几乎全是繁体字，还有许多已被淘汰的异体字。

面对着出自书法家之手的各种各样的已被简化了的繁体字和已被淘汰了的异体字，在欣赏其书法美的同时，人们总不免感到遗憾，有点疑惑。分明是写简体字易而写繁体字难，为何偏偏舍易而求难？岂不违反人之常情？汉字演变的总趋势是简化，化繁为简，顺理成章，又为何偏要趋繁避简，岂不有悖文字演变规律？难道这些书法家只会写繁体、异体而不会写简体、正体吗？简直有点不可思议。

书法家们当然不至于不会写简化字、正体字，他们之所以喜欢写繁体、异体，除了习惯因素外，主要是由于受了两种观点的影响。一是以为繁体字好看，便于结构布白，简化字不好看，也难以写好。二是认为写繁体字古雅，写简化字显得粗俗，没学问。其实，这两种观点都有很大的片面性，都是值得商榷的。

首先，字的好坏与其结构的繁简并无必然关系。当然，不能说《汉字简化方案》里的简化字个个都符合书法上间架布局的要求，个个都是十全十美的。不能排除有个别字或许简得不尽合理，不符合书写的原则。但是，从总的来说，经过中国文字改革研究委员会及中国字改革委员会的专家们反复研究审订、并经全国文字改革会议审议通过、最后才由国务院明令公布的这个《汉字简化方案》是考虑并吸收了文字学家、古文字学家及书法家们的意见的（文字改革〈研究〉委员会的成员中、参加全国文字改革会议的人士中就有不少文字学家、古文字学家、书法家），简化字的结构是符合书写原则的。决不能说，结构简化了的字便注定写不好。像万、书、学、举等简化字在王羲之、米芾、苏轼等人的笔下同样写得非常好看。现在许多简化字实际上是直接采自历代书法家的作品或根据草书楷化的。仅以《宝晋斋法帖》为例，除上述四字外，见于王羲之法书的便有当、实、为、门、辞、时、会、马、怅、张、尔、车、辈、与、孙等字，见于王献之法书的有乐、东、献等字，见于米芾法书的有长、迹、乱、庞等字。有些简化字采自唐人写经与造像记石碑，如无、来、弥等字。有部分简化字虽然来自民间，未必能从著名书法家的作品中找到依据，但由于符合汉字结构的规律，同样能够安排得匀称、妥帖，不会影响间架结构。例如笔、园、还、阴、阳、跃等等，就很难断言简化字的形状写出来一定比不上繁体字，孰优孰劣，全在乎书者本人的功力。不少书法家用规范的简化字缮写学术论文和专著，影印出版，效果同样很好。蒋善国先生著的《汉字形体学》（文字改革出版社1959年9月），即是突出一例。岂但如此，简化字还能施诸石刻而取得良好效果。如中央文史馆杨萱庭同志书写李大钊烈士碑文、山东李竹如烈士碑文、刘邓大军强渡黄河碑文，都使用了规范的简化字，艺术效果便很好。他的书法实践证明，"简化字同样可以进入书法艺术。"他说："其实这也是基本功问题，功夫到了，即使一笔也好看；功夫不到，笔划再多也不好看。字体好看不好看，不决定于简化不简化。基本功扎实，功力到家，字形简同样可以产生艺术魅力。"（杨萱庭：《简化字也可以入书法》，《文字改革》1985年第1期）这既是经验之谈，也是客观事实。

同样，一个人学问如何与所写字体的繁简也没有必然关系。繁体字未必就"古"，简化字未必便"俗"。在汉字发展的历史长河中，简化与繁化是一对矛盾，简化虽是主流，繁化亦不容忽视。所谓繁化，是指有一部分字形本较简单的字，由于种种原因，增加偏旁笔画，逐渐加繁，成了"繁体字"。今天，在不产生歧义、不影响交际的条件下再予简化，不过是还其本来面目罢了。像"从"，本为二人相随之形，甲骨文、金文均常见，后来为了便于和"比"字相区别（古文字比从同形），才逐渐加上"止""彳"，成为繁体的"從"。又如"云"，本像云气之形，如《说文》古文和甲骨文中的形体，后来才加"雨"繁化为"雲"。如果一定要讲古雅、学问的话，写"从"与"云"岂不比写"從"与"雲"更显得古雅、更有学问吗？再如气、处、复、凭、合、辟、网等字，也都是古本字，比它们的繁体要"古"得多。此外，有些简化字，虽非古本字，若论时代，却也颇古，有的还可上溯至甲骨文，只因是生僻字，现代已经不用，故借以代替某些繁难的字。如"厂"（hǎn），本为山崖石穴；"广"（yǎn），本为就山崖作成的房子；"体"（bèn），本义为粗劣；"听"（yín），本义为"笑貌"；"队"，为坠（墜）字的古文，今分别用以简化原先对应的繁体字。能说写这些简化字便"没学问"么？显然不妥。书法家学问的深浅，在于对其书写对象——汉字本身的研究，在于对书学的研究，而不在乎其所写字之繁简，其理之显，洞若观火。

对于书法家，人们素来是很尊敬的。汉字如此难学、难写，他能写得那么好看，这本身就了不起，值得佩服。书法家在社会生活中起着特殊的作用，这是大家公认的。需要着重指出的是，历史上一些著名书法家，如李斯、蔡邕、王羲之、欧阳询、颜真卿等，对于维护汉字的统一、规范，纠正社会用字混乱现象，是起过重要作用的。他们的书法作品，分别对汉字的三种法定书体——篆、隶、楷，起了规范化的作用，对于广大人民群众而言，则起着示范、表率的作用。试观晋唐以来一些著名书法家的手迹，可以发现，他们平时写的书信、诗文稿，比较随便，多为行书或草书，龙飞凤舞，连绵不断，有些字多一点少一点增一笔减一笔似乎无关宏旨，也无所谓规范不规范，以致有些作品（特别是狂草）很难辨认；但是他们那些用于庄严场合的作品诸如碑记、墓志铭之类，则大都用工整的楷书，一丝不苟，严格遵守着当时的用字规范。王羲之和颜真卿可算杰出代表。

对于当代书法家，人们同样是尊敬的。不过，在尊敬的同时，人们还有所期望：在使用规范字、推广简化字、纠正社会用字混乱现象方面，应有更多的书法家起到示范作用和促进作用。

《汉字简化方案》已经公布35年了。经过这三十多年的推广、使用，简化汉字已在神州大地上扎下了根，在亿万人民群众中扎下了根，在社会生活的许多方面已合法地取代了原有繁体字的地位。但是，毋庸讳言，近年来社会用字混乱现象仍然相当严重，繁体字泛滥是其中突出的一个方面。其所以如此，原因很多，牵涉到各个方面。推行简化汉字、汉字规范化工作中没有充分发挥书法家的示范与表率作用，却不能不说是其中一个重要原因。总结这一教训，对今后的语言文字工作无疑是有益的。

1987年三四月间，国家语言文字工作委员会与有关部委共同制订并颁发了《关于地名用字的若干规定》、《关于广播、电影、电视正确使用语言文字的若干规定》和《关于企业、商店的牌匾、商品包装、广告等正确使用汉字和汉语拼音的若干规定》。这些"规定"都明确规定，使用文字必须合乎规范，不得使用已被简化了的繁体字、被淘汰了的异体字和不规范的简化字；简化字以 1986 年 10 月 10 日重新发表的《简化字总表》为标准。这些规定是十分必要的，完全正确的。社会用字的范围当然要比上述"规定"所涉及的广泛得多，但若全面地严格地执行这些规定，当可大大减少社会用字的混乱现象，使文字进一步规范化。而要做到这一点，当代书法家们有着举足轻重的作用，争取书法家们的配合与合作是至关重要的。在纪念《汉字简化方案》公布 35 周年之际，我不禁要向书法家们呼吁：同志，请多写简化字！让它艺术化！让我们携起手来，为消除社会用字混乱、促进文字规范化而共同努力！

（原载《语文建设》1991 年第 2 期）

愿文改之声传遍中华大地

　　文改之声，久已不闻。自中国文字改革委员会改名为国家语言文字工作委员会、《文字改革》杂志改名为《语文建设》之后，近年来人们经常听到的是另一种声音。有的是肆意攻击汉字简化工作，否定三十多年来简化汉字的历史功绩，说什么汉字简化工作是"藉简化文字以斩断历史，截断民族文化的脐带"，"简化文字妨碍两岸同胞的情意交流，阻碍世界华人的统一认同"，因此要"识繁写简"，才能"促进文化交流和祖国统一"。有的是污蔑汉语拼音方案，说是"崇洋媚外"。有的是通过歌颂汉语汉字的"科学性"、"优越性"，赞美汉语的单音节、无形态，以否定文字改革的必要性，说什么"汉字好学好用"、"方块字是宝贝"、"写意文字的国际性最强"，说什么"二十一世纪是汉字发挥威力的时代"，如此等等，不一而足。还有些人，自己对汉字演变的历史及规律一知半解，对甲骨文、金文一窍不通，却侈谈"六书字理"，说繁体字如何"有传统可循"，简体字又如何"不合字理"，或把几千个汉字当做几千个"谜"，胡猜瞎解。这种反对并全面攻击建国以来文改工作的声音，经过报刊、电台、影视等新闻媒介广为传播，一时间可谓"甚嚣尘上"，大有压倒一切之势。一些不明就里的善良中国人不免产生疑问：近百年来的语文现代化运动难道是一群知识分子在瞎操心、瞎胡闹吗？鲁迅、郭沫若、吴玉章、陈中凡、陈望道、叶恭绰、张世禄、王力……等前辈学者关于文字改革的论述难道不过是一堆废话吗？建国以来的文字改革工作真是不必要的，甚至是错误的吗？

　　答案当然是否定的。为什么是否定的呢？这就需要论证，需要摆明事实，讲清道理。这就需要有针锋相对的文改之声！北京市语文现代化研究会去年创办的《文改之声》应运而生，适当其时，实在好得很！它清新、激越，足可振聋发聩；对新老顽固派、新老"国粹"派，可谓狠狠一击；对坚持或支持语文现代化运动、坚持或支持文字改革工作的同志则起着鼓舞士气、团结奋进的作用。

《文改之声》已出到十一期，我是每期必读，而且收到即读，有些文章还反复阅读。许多久已想说的话，《文改之声》代我说了，而且说得更透彻、更精辟！我尤其拥护第十一期徐世荣先生《新年献词》和罗竹风前辈《高举文改旗帜，为中国语文现代化而奋斗》二文所阐述的观点。在文字改革问题上，软弱退让不仅没有出路，而且误国误民；必须旗帜鲜明地批驳攻击乃至诬蔑文改工作的种种谬论。

当然，要坚持百家争鸣。有对立面、反对派，并不可怕，从某种意义上说，还是好事。真金不怕火炼，烈火可炼真金。历史业已证明，并将继续证明：包括文字改革在内的语文现代化运动是在斗争中向前发展的。有争论，才有发展，大争论之后必然是大发展，必然是在更大范围内宏扬真理，更广泛地说服并团结群众，共同将事业推向前进。

语文现代化，文字改革，是国家现代化建设中不可缺少的一部分。

客观现实需要文改之声！

广大人民群众需要听到文改之声！

愿文改之声传遍中华大地、家喻户晓，使文改事业成为广大人民群众衷心拥护并积极参与的实践；愿拼音汉字由广泛试验而最终取得合法地位。为此，成立中国语文现代化学会就显得十分必要，十分急需。《文改之声》不仅要继续办下去，并且应当创造条件，作为正式刊物公开发行，以期发挥更大的作用。笔者不才，则愿追随诸位前驱者之后，为语文现代化，为文改事业，摇旗呐喊，竭尽绵薄。

1993 年 2 月 2 日写于中山大学

（原载《文改之声》第 13 期，1993 年 3 月 1 日）

社会用字规范化与领导垂范

一

促进语言文字规范化、标准化，是国务院规定的新时期语言文字的方针之一；而社会用字规范化，则是语言文字规范化、标准化的重要内容。实现社会用字规范化与纠正社会用字混乱，是一个问题的两个方面，二者相辅相成。规范与混乱水火不相容。对此，党和国家领导人的态度是鲜明的。在1986年1月召开的全国语言文字工作会议上，中共中央政治局委员、书记处书记、国务院副总理万里同志代表党中央、国务院发表了重要讲话，他明确指出："语言文字的运用，是否合乎规范、标准，往往反映一个国家、一个民族的文明程度。当前社会用字比较混乱，滥用繁体字，乱造简化字，甚至随便写错别字，这是一个教育的问题。乱造简体字，搞得谁也不认识，只有他个人知道这个字是什么意思，这对两个文明建设是很不利的，已经引起国内外各方人士的关注，纷纷提出批评意见。这种现象应该引起我们的注意、并采取切实有效的措施，加以干预和纠正。"万里同志还说："语言文字工作关系到国计民生，关系到子孙后代，是一项很重要的工作……希望各级领导重视关心这一项工作，给予有力的支持并加强领导，依靠广大教育工作者和语文工作者的继续努力，使语言文字工作取得更大成绩，为社会主义现代化建设做出更大的贡献。"

全国语言文字工作会议之后，为了纠正社会用字混乱，促进汉字规范化，1986 年 6 月 24 日，国务院将国家语委《关于废止〈第二次汉字简化方案（草案）〉和纠正社会用字混乱现象的请示》批转全国，明令废止《第二次汉字简化方案（草案）》，并责成国家语委会同有关部门研究、制定各方面用字管理办法，逐步消除社会用字混乱的不正常现象；指示人民日报、光明日报以及其他有关报刊重新发表《简化字总表》。同年 9 月 27 日，国家语委负责人发表谈话，希望各界努力促进文字规范化。次日，人民日报发表题为《促进汉字规范化，消除社会用字混乱》的社论，指出："我们必须把推行汉字规范化、消除社会用字混乱，提高到加强社会主义物质文明精神文明建设的高度来认识。""促进汉字规范化，人人有责。"1987 年 3 月 7 日，国家语委、中国地名委员会、铁道部、交通部、国家海洋局、国家测绘局联合颁发《关于地名用字的若干规定》，4 月 1 日，国家语委、广播电影电视部联合颁发《关于广播、电影、电视正确使用语言文字的若干规定》，同月 10 日，国家语委、商业部、对外经济贸易部、国家工商行政管理局联合发布《关于企业、商店的牌匾、商品包装、广告等正确使用汉字和汉语拼音的若干规定》。这些规定，都是有关部门必须"认真执行"的行政法规，都是旨在促进社会用字规范、消除社会用字混乱的。

二

为了促进汉字规范化，消除社会用字混乱，近年来党和国家的许多领导人身体力行，率先垂范。有些写惯了繁体字的领导人在题字词时也尽量注意，改写规范的简化字，邓小平同志题写的"双拥模范县"、"双拥模范城"，给人留下极深的印象。他老人家把姓氏写成了规范的简化字，左半不再是"登"了。1991 年 8 月，国家主席杨尚昆同志为第 2 届城运会题词："发展体育，振兴中华"（见《语文建设》1991 年第 11 期），全部合乎规范。同年 11 月，中共中央总书记江泽民同志为马鞍山师范附小的题词："热爱祖国，热爱人民，热爱社会主义"（见《语文建设》1992 年第 3 期）全部合乎规范。1994 年 5 月 24 日，江泽民同志为"跨世纪中国少年雏鹰行动"题词："自学自理自护自强自律，做社会主义事业的合格建设者和接班人。"（见 5 月 31 日《人民日报》）也全部是规范字。论书法，我国第三代领导人似乎比不上第一代和第二代领导人，但论使用规范字的自觉性，则第三代领导人较诸第一第二代领导人实有过之而无不及。中央领导人带头执行国务院关于语言文字规范化的政策，带头写规范字，为各级领导及广大人民群众作出了榜样。这是有目共睹的事实。

三

从全国语言文字工作会议至今，八年多过去了，各地社会用字规范化程度如何？从《语文建设》杂志的有关报导看，似乎北京市在这方面的工作卓有成效，社会用字规范化程度较高，其经验之一便是"领导的认识和态度至关重要"。其次是福建、安徽，也颇有成效。经过努力，1991 年 9 月在唐山市举行的第二届城市运动会实现了用字规范化。从这些地区看，确如北京市陆澄宇副市长所说，"搞好语言文字工作并不难"（见《语文建设》1990 年第 1 期）。再从国家语委在 1992 年和 1993 年对 29 个直辖市、省会、自治区首府的社会用字检查的工作总结看，"除呼和浩特、南宁、南京三市外，其他受检城市被查范围内的用字均达到了合格标准。"（同上刊，1994 年第 4 期）

国家语委的总结应该是可信的，也是令人高兴的。但高兴之余，不能不看到现实状况的另一方面，即强烈的反差。一是南北反差很大，二是"被查范围内"与"外"的反差太大，三是受检期间与受检之后反差太大。谓予不信，国家语委事先不发通知，派员至若干城市"微服"视察便可明白。

笔者僻处南粤，见闻有限，仅就工作所在的广州市而论，即深感几年来在

"促进社会用字规范化，消除社会用字混乱"方面收效虽有，但不大，决不能估计过高。就在笔者撰写此文之时，繁体的"廣"字依然高高矗立在火车站（属被查范围）、广州大桥、全市各主要街道、繁华地段的上空，极为醒目，亦至为刺眼。前几年广东电视台"请用规范字"节目（一日播三次，每次约三分钟）所着力批评的社会用字混乱现象，严重程度虽有所减轻，但依然存在，距"消除"二字还相差甚远。而且，容易"消除"者大都较快地消除了，现在还有待"消除"者一般难度都很大：这些不规范字的作者或为前任和现任的各级领导人，或为大大小小的书法家、准书法家，故持有者有恃无恐，"其奈我何"；有关部门左右为难，徒唤奈何。

关于书法是否可以或应该写规范字的问题，笔者另有《书法家与简化字》一文（《语文建设》1991年第2期）阐述鄙见，以与本文无关，姑且不论。地方各级领导人带头执行国家语文政策、写规范字，以实际行动促进汉字规范化，消除社会用字混乱，则是理所当然的事。令人深感遗憾的是，这样的领导人目前不多，还有相当多的领导人不规范字写惯了，"积习难改"，汉字规范的观念淡薄，他们的实际行动往往不仅无助于汉字规范，而且还为社会用字添乱而不自知。

四

如果说现有的不规范字呈现于繁华街道、大小宾馆、酒肆，有碍观瞻的话，则每日发行若干万份的报纸不断刊登用字混乱的题字、题词更足令人忧虑。远的暂且不说，即以今年1—5月广州市委机关报《广州日报》所刊登的省市各级领导的题字题词而论，其用字混乱的状况已足令人惊讶（详见附录：《〈广州日报〉1994年1至5月所刊地方党政领导人（含前任）题字（辞）统计表》）。

据笔者统计，今年1—5月，该报共刊登地方各级（现任及前任）领导人手迹 45 件（重复多次者只计 1 件），其中用字完全符合规范者 11 件，约占 1/4，其余 34 件均有各种不规范字体存在，主要是繁体字，其次是已淘汰的异体字，还有少量错字和杜撰的简化字。11 件用字规范的手迹中，广东省委书记谢非同志、广东省人大常委会主任林若同志各两件。梁灵光、郭荣昌、黎子流、伍亮、张房有、朱炳烈、沈耀之等同志各 1 件。34 件有不规范字的手迹中，广州市市长黎子流同志 10 件、广东省省长朱森林同志 6 件、广州市委书记高祀仁同志 4 件，其余 2 件、1 件不等。45 件题字手迹中，黎子流同志占 11 件，仅 1 件是全部使用规范字的。领导人这些用字不规范的手迹不断见诸报章，于汉字规范化工作了无助益，反为社会用字混乱的不正常现象提供了若干有形无形的保护伞。这恐怕是题字的领导们所始料未及的。这种状况不改变，语言文字规范化也无从谈起。不过，认真分析这 45 幅领导人手迹，还是有不少令人欣慰之处的。一、地方上已有相当一部分领导同志积极响应中央领导人的号召，在自觉执行国务院关于语言文字规范化的规定。像谢非、林若、任仲夷等同志的题字总的来说是规范者多，不规范者少。这些领导同志无疑是有关部门执行国家语言文字政策的有力支持者和可靠后盾。二、许多领导人既能写繁体字，也能写简化字。对他们而言，写规范字，非"挟泰山以超北海之类也"，乃"折枝之类也"，非不能也，是不为也。像黎子流市长的手迹，虽大都有用字不规范现象，但毕竟有 1 件是全部符合规范的（即附表第 12 号），而且在 10 件有不规范字的手迹中，也同样使用了不少简化字，并非一律写繁体，非"繁"不可的。高祀仁同志的题字也是如此。可见事在人为，写规范字，对大部分领导人而言，只要有此意识，谨慎从事，是可以做到的。

读者或许要问：既然国家有政策，中央有号召，领导要率先垂范写规范字，为何还有那么多领导人用字不规范的题字手迹（并非书法艺术作品）屡屡见诸报端？我想原因复杂，一时恐怕难以说清、说准。对此疑问的最有权威的回答者，应该是写不规范字的领导人以及刊登这些手迹的报纸编辑，他人只能是分析或曰推测。以笔者愚见，其原因大致有四：

一曰题写者较为随便，缺乏正确使用语言文字、写规范字的观念、对写不规范字可能产生的社会效果考虑较少。故而你请他题字,他援笔便书,书毕可能无暇细看便搁笔离座。当时也未必想到这"墨宝"将与广大人民群众见面。今日到甲地视察写一幅,某字少一点,不在乎;明日到乙地检查书一件,某字多一点,亦不在乎。日积月累,集中起来一看,自己也难免吓一跳。

二曰左右捧场奉承者多,直言相谏者少。由于是领导人,主政一方,唯他官大,不规范字写惯了,从来无人"指正"之,也难免飘飘然,走到哪里写到哪里。那么常随左右的秘书们、下属们难道都是酒囊饭袋,一点也看不出来?不是的。水平再差的秘书(指经过专门训练的学士、硕士们)也会懂得"再接再厉"的"厉"不可加"力","社会"之"社"无须多一点,即左边不能写成"礻"。那为何见领导在众目睽睽之下写错别字而不吭一声?怕,不敢,怕影响领导威信,怕受训斥,影响前程。我想,领导人题字之时出现差错或笔误,可谓难免,但若有人直言相告,相信大部分领导是会欢迎的,或废弃重写,或在原字基础上改正。对于敢于当面提意见者,有器量的政治家不仅从谏如流,而且还会表示衷心感谢。因为面谏者毕竟使他免犯错误,实质上维护了他的威信。遗憾的是,现在领导人左右及下属中"言官"诤友太少,实在太少了。

三曰报纸编辑部认官不认字,只图经济效益(许多题字作为广告或广告之核心部分刊出,报社有利可图),不问政治影响。但凡地方官的手迹,照登可也,只问领导是否高兴,不管读者是否满意。如果带有广告性质的题字,更是多多益善,"文责自负",与本报无关。

四曰某些人心术不正,故意让领导人丢乖献丑。某领导给他单位题字以作纪念,虽写错亦无妨,珍藏起来,代为"藏拙"可也。但他偏偏要把它送进报馆,让它公诸于众,受世人耻笑,其意若曰:看,我们某领导的字就是这水平,还有错别字呢。但愿这是以小人之心度君子之腹,这样的"下属"越少越好,一个也没有最好。

如果撇开第四点不论,则前面三点都是很重要的。题写者、左右下属或接受(要求)题字者、报社编辑部三方中任何一方只要有点社会用字要规范的观念，能"认真"一点，都可制止不规范字的存在与传播。特别是第二点，十分重要。笔者几年前亦曾经历过一件事，感慨至深。1990年12月，广东省语言学会在佛山大学举行学术年会。与会者每天都要经过一座建筑物，正面墙上镌刻有三个大字："啚书馆"。题字者为中山大学物理系校友、当时的佛山市市长、现广东省副省长卢瑞华同志。从建筑物的模样及学生挟着书本进进出出的情形分析，这里当是图书馆。图写成啚，显然不合规范。尽管历史上啚是图的异体，但又是鄙的古字，在现代汉字中"啚"已不再作为"圖"的异体而存在，而且"圖"早已简化为"图"。我问该校的有关同志：当市长题字时，你们为什么不提醒他"啚"字不规范，请他加个方框或另写一幅呢？得到的回答是：谁敢呀？大学的经费要靠他批字，父母官得罪得起吗？我又问学会的负责人：我们是学术团体，总可以向市长建议，另写一幅吧？得到的回答是：我们去批评他，这次学术年会也开不成了。他不支持，你能在这里开会吗？回答不同，实质一样：怕。就这样"啚书馆"就上了墙，金光闪闪，日复一日年复一年地向全校师生、来访宾客炫耀其特殊的地位，而题字的卢瑞华同志呢，恐怕至今亦无人告诉他或无人有机会告诉他：把图写成啚是不规范的，应该改正的。

看来，我们确应努力形成一种新的风尚：大家都以写规范字为荣，官越大，越要严以律己，带头执行党和政府的有关政策；对于写不规范字者（这里当然是指社会用字，书法艺术除外），尤其是写错别字者，人人都有批评的权利和义务，帮助他改正。要彻底消除"怕"字，自然也得有个过程，这也与各地领导人的民主作风有关。

我曾在一篇小文里分析过社会用字混乱的原因，列了如下四条：1. 汉字难学难用；2. 书写者文化水平太低或太高；3. 未能充分发挥书法界人士的表率作用和示范作用；4. 政府有关部门管理不善，缺乏应有的权威（详见拙著《汉字古今谈续编·谈谈使用规范字问题》，语文出版社1993年10月第1版）。现在重加检讨，有一个极重要的原因未列进去：各地（各单位）党政领导尚未能充分发挥表率作用与示范作用。

正反两方面的实践业已证明：社会用字规范，亦需领导垂范。

领导要垂范，也有一个学习的问题，即弄清弄懂什么是规范字、什么是不规范字、国家在社会用字规范方面有哪些规定。有关部门也应积极主动地向地方党政领导同志宣传有关政策、规定。而领导同志兴来挥毫时，则以慎重为宜。心有疑虑，不妨查字典（如《新华字典》）；一时无字典可查，又何妨"不耻下问"，询诸左右及下属，待弄明白后再落笔。写完之后，最好再仔细看看，是否合乎规范，有无错别字。

写规范字，一般来说，可归纳为三条原则：

一、已经简化者，写简不写繁，且以《简化字总表》为准。

二、尚未简化者，则不得杜撰简化字，亦不得杜撰其"繁体字"。

三、有异体而已归并者，则写正字，不写异体；字形有新旧者，则写新形而不写旧形。

这也是社会用字规范化的基本要求，对每个社会成员都适用的。领导人当不例外。垂范垂范，自然要在这些方面率先示范。

如果从中央到地方各级领导以身作则，平时养成写规范字的习惯，一旦题字题词，皆以规范字书之，如此上行下效，"齐抓共管"，积以时日，则何愁社会用字混乱现象不除，又何愁社会用字不规范！让我再说一句：

社会用字规范，亟须领导垂范！

附录

《广州日报》1994 年 1 至 5 月所刊
地方党政领导人（含前任）题字（辞）统计表

序号	月	日	题写者及职务	正　　文	字数	不规范字
1	1	10	黎子流（广州市长）	必胜之道　以客为先	8	繁体2（胜、为）①

---

① 此指"胜、为"二字写成了繁体字，下同。

续上表

序号	月	日	题写者及职务	正　文	字数	不规范字
2	1	19	张房有（增城市委书记）	增城市在珠江三角洲崛起	11	0
3	1	19	郑金榕（增城市长）	把增城建设成为富裕文明的现代化新都市	18	繁体2（设、为）草书不规范1（建）①
4	1	29	叶选平（原广东省长）	增财殖富　城旺乡荣	8	繁体2（财、乡）
5	1	29	谢非（广东省委书记）	勤俭创业　建设增城	8	繁体2（创、业）
6	1	29	朱森林（广东省省长）	荔乡香飘四季　增城万象更新	12	繁体1（飘）
7	1	29	林若（广东省人大常委会主任）	再造新优势　建设新增城	10	0
8	1	29	张汉青（广东省人大常委会副主任）	红荔枝头春意闹　增城新市迎朝阳	14	繁体2（头、阳）
9	1	29	郭荣昌（广东省政协副主席）	开拓进取　共建增城	8	0
10	1	29	于飞（广东省人大常委会副主任）	深化改革　带动开放	8	繁体1（动）不规范简化字1（带）②
11	1	29	高祀仁（广州市委书记）	今日荔乡建新市　明朝增城更辉煌	14	繁体2（乡、辉）

---

① 此指"建"字写成草书，但不合草书的规范写法，下同。
② 此指简化字"带"的写法不合规范，属杜撰性质。

续上表

序号	月	日	题写者及职务	正 文	字数	不规范字
12	1	29	黎子流	开拓进取共建增城	8	0
13	1	29	邬梦兆（广州市委副书记）	增市荔花放　城乡遍地香	8	繁体1（乡）错字1（遍）①
14	1	29	伍亮（广州市副市长）	再造增城优势　促进经济腾飞	12	0
15	1	29	任仲夷（原广东省委书记）	振兴增城　只争朝夕	8	繁体1（兴）
16	1	29	梁灵光（原广东省委书记）	荔乡香飘四季　增城万象更新	12	0
17	2	3	高祀仁	改革开放注活力，百业兴隆百事兴。升平盛世侨友旺，聚财用资美名扬。宏环彩电传佳讯，羊城岭南第一店。	42	繁体5（开、业、侨、财、电）草书不规范1（世）
18	2	15	黎子流	全心全意依靠工人阶级	10	繁体1（阶）
19	2	17	黎子流	广厦千万间　旧貌变新颜	10	繁体2（广、颜）草书不规范1（万）错字1（貌）
20	3	7	谢非	改革开放　发展金融	8	繁体2（开、发）

---

① 此指"遍"字写错了，下同。

续上表

序号	月	日	题写者及职务	正　　文	字数	不规范字
21	3	8	叶选平	恒福阁	3	繁体1（阁）
22	3	22	朱森林	发展旅游　振兴梯面	8	异体1（游）①
23	3	22	石启仁（花都市委书记）	山清水秀　投资宝地	8	繁体1（资）
24	3	24	黎子流	怡景新村	4	错字1（新）
25	4	13	黎子流	努力开拓大都市旅游业	10	繁体2（开、业）
26	4	13	高祀仁	把握机遇，深化改革，大力发展广州旅游事业，为现代化建设服务	26	繁体4（广、为、现、务）草书不规范3（革、发、务）异体1（游）
27	4	14	黎子流	广州穗丰城市信用社	9	错字1（社）
28	4	22	朱森林	从化商贸城	5	繁体2（从、贸）
29	4	24	刘维明（广东省副省长）	华秀苑	3	繁体1（华）
30	4	28	黎子流	地产创新绩　花城跃新姿	10	繁体2（产、绩）错字1（新）
31	5	3	朱森林	从化商贸城	5	繁体2（从、贸）
32	5	9	朱炳烈（从化市长）	冲上高速发展的轨道奔向从化瑰丽的明天	18	0

① 此指"游"字写成了已被归并的异体字，下同。

续上表

序号	月	日	题写者及职务	正文	字数	不规范字
33	5	9	沈耀之（从化市委书记）	按现代化工业化和大自然旅游的格局建设从化市	21	0
34	5	10	黎子流	广州岭南墙地砖厂	8	繁体3（广、岭、厂）异体1（墙）
35	5	11	黎子流	一龙带水藏飞瀑　两岸林海景迷人	14	繁体3（龙、带、飞）错字1（岸）
36	5	12	谢　非	从化建新市　山区展新颜	10	0
37	5	12	黎子流	发展生产力　建设新从化	10	繁体2（发、产）
38	5	12	高祀仁	从化继往开来创伟业　荔乡承先启后展鸿图	18	繁体3（开、创、业）
39	5	12	林　若	从化设市　荔乡添彩	8	0
40	5	12	朱森林	流溪河畔展新颜	7	繁体1（颜）
41	5	26	谢　非	《邓小平》大型图片展览	9	0
42	5	26	朱森林	让小平同志创建的有中国特色的社会主义理论在南粤大地生根开花结果	31	繁体7（让、创、国、会、义、论、开）
43	5	26	林若	东风吹来满眼春　南粤大地换新颜	14	繁体1（颜）

续上表

序号	月	日	题写者及职务	正　　文	字数	不规范字
44	5	26	任仲夷	不断解放思想　坚持实事求是	12	繁体1（坚）
45	5	26	高祀仁	北斗星光多灿烂，小平讲话指方向。凯歌高唱人云天，路线坚持颂百年。春光点点活市场，白浪滔滔改革前。经济发展明正道，以我特色勉加鞭。	56	繁体2（云、济）错字4（凯、特、持、革）草书不规范2（经、发）

说明：

一、本表只统计题字（辞）正文的用字情况，题款（上、下款）用字中的不规范现象从略。

二、同一幅题字（辞）刊登多次者只计一次。

三、题写者职务是指在广东省所任主要职务。

四、制作本表目的全在于研究，与对领导人政绩等方面的评价无关。

（原载《语文现代化论丛》，王均主编，山东教育出版社，1995年10月）

补记：

按照2001年1月1日起施行的《中华人民共和国国家通用语言文字法》第十七条的规定，"题词和招牌的手书字""可以保留或使用繁体字、异体字"，领导人题词或书写招牌时使用繁体字和异体字是法律所允许的。本文作于1994年，发表于1995年，批评了本不应批评的一些领导人的题字（词）中出现繁体字、异体字的现象，在此谨向被批评的有关领导同志深致歉意。为存原貌，文章未作改易。当然，为了"推行规范汉字"，促进社会用字规范化，领导人题词和书写招牌时自觉使用规范字，在这方面率先垂范，理应受到赞扬。我衷心希望，在社会用字规范化方面率先垂范的领导人越来越多，遍及全国各地！

论汉字规范化的全民性

汉字，作为纪录汉语的符号体系，作为一种仅次于语言的极为重要的交际、交流思想的工具，是没有阶级性的，是为中华民族（主要是汉族）全体成员服务的，是为全社会服务的。在几千年的历史长河中，汉字经历了各个不同的发展阶段，呈现出不同的风貌，也都有着各自的规范——社会全体成员共同遵守的书写准则。即便在"诸侯力政，不统于王，……言语异声，文字异形"（《说文序》）的战国时代，秦楚燕赵诸国文字差异较大，但各国之间仍是大同小异，保持一定的规范，而一国之内或一个地区之内，则仍保持相对的统一，并不允许书写者任意为之，随便乱写。如说"混乱"，这可说是汉字发展史上比较严重的时期，它毕竟有悖于汉字规范化的要求，且程度不同地影响交际、交流。故秦统一六国后，即以秦文字为基础，统一文字于小篆，"罢其不与秦文合者"，在新的历史条件下实现了新的规范化。方块汉字定形之后，随着历史的发展，汉字规范化的要求越来越高，标准亦日趋严密。如在清代，朝廷命官的奏折如有错别字，往往要受到严惩。科举考试的试卷如有错别字，则该考生大致名落孙山，仕途无望了。在当代，汉字规范化主要是指社会用字规范化，作为语文现代化的重要组成部分，既是国家现代化建设的客观需要，也是汉字使用的现状所体现出的迫切要求，其全民性更为明显、突出。写字合乎规范，它既是对全社会、对全体社会成员的共同要求，对每个社会成员都有约束力；又是全社会、全体社会成员共同努力实现的一个目标。所谓"促进汉字规范化，人人有责"，正是指的这一点。

汉字规范化的全民性，在理论上大概不会有人反对或提出异议；但在实践上，在行动中，许多地方，许多部门，许多人，对此还缺乏认识，还缺乏"汉字规范化"的观念，似乎本地区或本部门、本人可不受汉字规范化的约束，可不遵守政府关于汉字规范的有关规定。"全民"中有一部分对此"全民性"缺乏认识，汉字规范化在那一部分"民"中便难以实现，其用字混乱现象便难以彻底消除。在社会用字比较混乱，必须大力整顿的当代，强调汉字规范化具有全民性，有着极其重要的现实意义。这就意味着，人无分老幼贵贱，地无分南北贫富，在面向社会使用汉字时，都应该遵守汉字规范的有关规定，使用规范字——经过整理简化并由国家公布的字和未整理、简化的传承字。社会生活中凡有背于此者必须加以纠正和改变。

就地域而言，要特别指出的是，在汉字规范化——社会用字规范化方面，不应有"特区"存在。改革开放以来，国家只是设立了若干个经济特区，即在经济建设方面准许实行特殊经济政策和经济管理体制，但并无文化特区，更无语言文字特区。但从现实看，经济特区似乎亦是文化特区、语文文字特区，可以不遵守政府有关部门关于正确使用汉字的规定。影响所及，一些非经济特区的城市和地区，竞相仿效，社会用字严重混乱，规范化程度极低。其共同之点是繁体字泛滥，已被淘汰的异体字复出，杜撰简化字，杜撰繁体字，乱用方言字。最突出的是繁体字泛滥，在社会生活各领域，社会用字各方面，几占统治地位，大有驱逐已取得合法地位的简化字而重居正统地位之势。笔者在广州市工作，偶尔上街，至繁华地段，举目四顾，常有被繁体字包围之感（使用规范字者亦有，毕竟占少数）；有时也接待来访宾客，对方所赠名片，十之八九是用繁体字印制的，连有些语言文字学家亦不例外。由于工作关系，近年也曾多次到深圳、珠海等地参观访问，双目所及，同样感到置身于繁体字、异体字的包围之中。我有时不免这样想：莫非国家的语言文字政策在这些地区失灵、无效？抑或这些地区敢于藐视国家的语言文字政策而国家无奈他何，只得听之任之？

说政策失灵无效，说藐视政策，均显得言重，未必妥当。有了好的政策而不能真正贯彻落实，究其原因均较复杂，且大都有认识方面的因素存在，语言文字政策的贯彻落实恐亦如此。笔者从与这些地区的有关人士（包括政府干部、工厂企业商场酒店的负责人和管理人员）接触中感觉到，某些城市繁体字泛滥成灾，倒并非使用者特别喜欢它，主要是由于存在着认识的误区。其一，为了吸引外资。外商不识简体字，只有用了繁体，他们才乐意前来投资，做生意。此可谓投资环境说。其二，为了出口宣传之需要。港澳台地区皆用繁体，为适合其需要，故只能用繁不好用简。此可谓出口需要说。这两种说法似是而非，很有市场，在一些人的脑子里简直已到根深蒂固地步。说到底，这是缺乏法制意识，缺乏自尊自信的表现。按照第一说，则凡欲吸引外资之地，凡外商投资之地，所到之处，岂非皆应让繁体字复位，取消简体字的合法地位？事实上，许多地方，如江苏、上海并未如此做，外商照样去投资办厂办公司，照样在那里做生意。北京的外资公司，合资企业也不少，但北京社会用字规范化程度却较高。其实，对外商而言，利润才是头等重要者，为了赚钱，管你什么字的繁简。而且，明智而有远见的外商，懂得遵守当地政府之法律、法令、法规，因为从根本而言，这样做对他们有利。至于第二说，实乃一厢情愿。你迎合人家，用繁体；但是有谁不想"宣传"、"出口"、"打开市场"？中国大陆市场如此之大，使用了几十年简化字，十二亿人口中大部分人只识简化字，可是从港澳台进入大陆的书、报、刊，商品的商标及说明书等等，却不见得以简化字来迎合我们，而是照样用繁体！二者相比，能不令人深长思之？自己不尊重自己的法定规范文字，而要人家尊重你，难矣哉！

富有深远意义的是，《人民日报》海外版在使用了七年繁体字之后，毅然于1992年7月1日即创刊七周年之际改用简化字，热衷使用繁体字而拒绝批评者从此少了一个权威性的口实。此前一年，1991年6月，《毛泽东选集》（一至四卷）第二版出版，全部使用规范字（包括书名题字）。第二版还对某些用字，包括少数生僻难认的地名用字，依据文字规范化的要求，作了更改①。近十余年来先后出版的中共中央第一、二代领导人刘少奇、周恩来、朱德、董必武、陈云、邓小平、叶剑英等同志的著作（选集、文稿）均一律以规范字排版。这些领导人著作的出版发行对汉字规范化是极大的支持与促进。强调出口需要说的同志从中应该可以得到有益的启示。

四年前，汪惠迪先生在新加坡《联合早报》上著文评论《人民日报》海外版由繁改简，认为意义重大，并着重指出："每个国家的语言文字都有自己的规范和标准，在各种社会交际和对外交往中，都应遵守和维护。比如中国对外出版物使用本国政府法定的规范文字，是天经地义的事，也是坚持文化自主原则的表现。"汪先生在文末还表达了他诚挚的希望："我希望中国的对外出版物、对外影视片字幕、出口商品的包装和说明书、公函等都能以《人民日报》海外版为榜样，由繁改简，使用法定的规范文字。任何一个国家不能只在本国推行规范文字，也应通过一切途径，利用一切手段在国际上推行规范的文字。人有人格，国有国格，国格是要靠自己来维护的，使用'国字'（法定的规范文字）跟维护国格不会是毫无关系的吧？"② 汪先生的见解和希望是完全正确和合理的，这些见解和希望也是对目前存在的诸如因"出口需要"而不顾文字规范等不正常现象的中肯有力的善意的批评。对这样的批评，我们难道还有丝毫理由可以不接受吗？

就书写者个人而论，从上到下，无分老幼贵贱，全民都写规范字，汉字规范化当然便实现了，社会用字混乱现象自然便消除了。从理论上说，这是完全应该和可以做得到的。但实际上，谈何容易！如何使全体社会成员——当然主要是面向社会使用汉字者，都具有汉字规范化的意识和知识（规范的标准），便是一项长期而又艰巨的工作，而且，各类社会成员之间在社会用字方面实际上也存在着一些矛盾，必须处理好。据笔者近年观察与思索，至少存在下列五组

---

① 参见《毛泽东选集》第一卷《第二版出版说明》，人民出版社，1991年6月第2版。
② 汪惠迪：《〈人民日报〉海外版由繁改简意义重大》，原载《联合早报》1992年9月11日16版，《语文建设》1992年第11期转载；又收入《现代汉字规范化问题》一书，苏培成、尹斌庸编选，语文出版社，1995年4月第1版。

矛盾：

1. 官方与民间（政府与百姓）；
2. 上级与下级；
3. 领导与群众；
4. 书家与群众；
5. 教师与学生。

其中官方（政府）、上级、领导、书家、教师属于矛盾的主要方面。常言道，上行则下效；其身正，不令而行；其身不正，虽令不行，在汉字规范化问题上亦然如此。就官方与民间这组矛盾而言，政府机关发出的文告、布告、政府办的报纸、电视台，用字混乱现象不消除，光是批评、对付街头巷尾的小贩个体户的招牌、广告，说服力便有限。政府部门办的展览、出版的宣传品尽用繁体字，而要求老百姓使用规范字，其效果更有限。而在上者倘能以身作则，带头写规范字，在下者焉敢乱写一气？倘若一个省的省长，一个市的市长严以律己，在公开场合题字题辞或书写牌匾时，在处理公务文书时注意书写的规范，即无异于在全省、全市干部、群众中率先垂范，树立了榜样。那个省、市的社会用字便会日趋规范，而不规范现象则会日少一日以至消除。原安徽省副省长杨纪坷同志便是带头写规范字坚决支持汉字规范化的地方领导人之一。希望这样的领导人日渐多起来。书法家在社会用字方面的作用也不容低估。书法家倘也写字不规范，乃至出现错别字，同样会给人以口实，为社会用字添乱，在人民群众中造成不良影响。各级领导与各地书法家，人数不多，但在当地（省、市、县）汉字规范化方面所起作用，不论正面或负面，都很大，谓之举足轻重亦不为过。在讨论汉字规范化的全民性时，对此必须有清醒而足够的认识。对各行各业广大干部群众以及青年学生而言，使用规范字，则主要是宣传教育的问题。

有必要着重指出，除了应充分发挥党政领导和书法家们的表率作用与示范作用外，实现汉字规范化，语言文字学家、语言文字工作者亦肩负着重大使命，负有义不容辞的责任。作为全国性的学术团体——中国语文现代化学会既以语文现代化为旗帜，更应理所当然地以促进并实现汉字规范化为己任，为本会的宗旨之一。我们应做的事很多，就笔者思虑所及，至少有下列三点是应该群策群力，认真去做的。

1. 宣传政策，普及有关知识。清代《说文》之学大盛，读书之人，几于家置一编。相比之下，现在对汉字规范化的宣传便显得十分欠缺。读书之人而家有《简化字总表》者恐怕百不及一，整天与汉字打交道而不知其来由者更是比比皆是。目前许多人写字不合规范，并非成心不执行国家语言文字政策，而是因为他们（其中也包括若干地方的党政领导人）根本不知道国家在这方面有何政策，更弄不清何者规范何者不规范。是以应该通过各种渠道，运用各种方式宣传国家语文政策，还应多做普及工作。唯有深刻认识现行文字，方能自觉地正确使用之。而要有"深刻认识"，便离不开文字学、古文字学知识的普及工作，离不开书写者素质的提高。笔者曾在这方面做过一点点工作，但显然还很不够，希望有更多的同志致力于此。

2. 继续整理汉字，特别是对有待规范的异体字、异体词的整理要抓紧进行，以期尽快定出规范，令人有所遵循。目前通行的字典、词典中与汉字规范化标准相违背者也应尽早修正，庶免以讹传讹，贻误读者。这是傅永和、高更生等同志提出的课题，且均著有专文，笔者深表赞同。与此相关者，还有是否继续简化汉字的问题。目前讨论较为热烈，相信经过切磋琢磨，意见会渐趋一致。鄙意汉字简化，大势所趋，在条件成熟之时再公布一批简化字，同时对原简化方案中明显简得不妥之字作适当调整，实属理所当然。不过目前仍需稳定，不宜轻举妄动，以免重蹈《二简》覆辙。

3. 教育学生，培养人材。各行各业不规范字之书手，社会用字混乱现象之制造者大都来自各类学校。一批又一批普通高校的毕业生走向社会，其语言文字应用的训练如何，汉字规范化意识如何，正反两方面的影响亦不可低估。为此，理应加强高校（含师范）的汉字规范化教育，至少要在现代汉语、文字学以及大学语文（公共课）等课程中突出讲授这方面的内容，加强对学生的训练。还应有计划有步骤，有针对性地培训中学（中专）语文教师，并通过他们教育广大中学生，从小养成写规范字的习惯。倘能"把"好此教育"关"，社会用字混乱之源将逐渐枯竭，此乃治本之策。

"从我做起，从现在做起。"这是现在人们常说的一句话。促进汉字规范化，消除社会用字混乱，同样需要这样做。我们语言文字工作者，语言文字学家更应严以自律，不能光是批评别人。切实从我做起，小自题签、便条、名片，大至书牌匾、碑铭、出专著，都使用规范字好不好？就说出专著吧，我总以为今人的著作实在不必也不应以繁体字排印。拙著《甲骨文简论》以繁体字印行，非我本意，由于用繁体排版，出现一些不应有的错误，如"沃甲"变为"澳甲"，令人哭笑不得。是以其后几本小书，我均坚持以简体字排版（抄写）。去年广西教育出版社出版拙著《甲骨文田猎刻辞研究》，经努力，同样以规范字印行（用电脑打字、造字、排版）。此书出版后，亦曾赠送给香港、台湾及日本的学界友人，受到欢迎。台湾一位学者还嘱笔者代购十册寄去，以供其同事及学生阅读。专讲甲骨文的书，可不用繁体而用简体，而且，简体本的专著同样可以与海外学者交流，那么其他方面的今人著作又有何理由非以繁体字排版不可呢？可见，事在人为，只要多一分促进汉字规范化的责任心，便可减少一批以繁体字面目出现的著作。

综上所述，汉字规范化主要是指社会用字的规范化，它具有全民性，事关全民，也唯有全民努力方能真正实现。当然，国家立法，加强法制建设，有关部门依法管理，对促进社会用字规范化，消除社会用字混乱，更是至关重要的。不过，这已超出本文范围，留待后论吧。

（原载《河池师专学报》1996年第4期；又收入《语文现代化论丛》第3辑，王均主编，语文出版社，1997年10月）

《昭雪汉字百年冤案
——安子介汉字科学体系》评析

近月来，耐着性子，一字一句地读完《昭雪汉字百年冤案——安子介汉字科学体系》一书（以下简称《冤案》），我的心情颇为复杂：既感到悲凉，又有些愤怒；对书中若干章节既觉得可叹可笑，但又感到十分无聊。不过，它倒促使我对一百多年的语文现代化运动从正反两方面重新思考了一番。

一、历史的巧合：1994 年

《冤案》一书由社会科学文献出版社出版于 1994 年，作者李敏生、李涛。赵朴初题写书名，钱伟长、任继愈作序[①]。据序及后记，知作者之一"早年治马克思主义哲学，专攻辩证逻辑"，"近年来研究文字，有创造性的见解"；而另一位作者"长期在国家文字改革委员会工作"，"对汉字拉丁化在理论上和实践上的错误有深入的研究"。二位作者一面为汉字呼冤，一面向读者宣传安子介"汉字科学体系"。奇怪的是，书中见不到什么马克思主义和辩证逻辑的影子，倒尽是些横式思维、横式记忆（想必尚有竖式思维、竖式记忆）、太极

---

① 为行文方便，并求一致，本文对提到的人名包括平素极敬重的先生，均直书其名，望有关先生及读者谅解。

宇宙观、哲学化、观念化的进程的科学逻辑之类，只有作者或极少数圈内人士参得透弄得清的东西。书中"见解"倒有不少，凡属创造性者一般超出读者常识范围（详下文），足以令清醒者糊涂，糊涂者更糊涂。

也就在 1994 年，也是在北京，华语教学出版社出版了《科学地评价汉语汉字》一书（以下简称《评价》）。这是一本从语言学、心理学、教育学以及信息理论等不同角度研究和讨论汉语汉字的学术论文集，选编者为尹斌庸、苏培成。卷首有王均撰写的前言。计收文章 28 篇，作者为吕叔湘、张志公、周有光、文武、聂鸿音、邢公畹、蒋仲仁、伍铁平、苏培成、任珍、王开扬、吴振国、陈满华、郑林曦、彭树楷、殷焕先、尹斌庸、高家莺、孙剑艺、范可育、张立青、PAUL ROZIN、曾志朗、冯志伟共 24 位。

《冤案》与《评价》是针锋相对的两本书。《冤案》所喊的"冤"，提出的一些观点，诸如汉字好学好用、汉字是拼形文字、汉字能见形知义、汉字有科学性、汉字创词之类，《评价》中的有关文章实际上已经作了透彻的分析和批评。从某种意义上说，《评价》是对《冤案》的学术回应。

也就在 1994 年，还是在北京，经国务院民政部批准，中国语文现代化学会于 10 月 18 日至 20 日举行成立大会并召开第一次学术讨论会。吕叔湘、周有光任学会名誉会长，张志公任会长，王均为常务副会长。学会以语文现代化为旗帜。会后编印《语文现代化论丛》（以下简称《论丛》），向全社会郑重宣告：为语文现代化事业献身的当代学者，正在沿着前辈学者开拓的道路继续前进。中国语文现代化事业后继有人，大有希望。《论丛》至今已出三辑。学会的成立与《论丛》的出版发行，是中国语文现代化事业继往开来，蓬勃发展的标志。从某种意义上说，它是用实践对《冤案》做出的回应。

二、耸人听闻的"百年冤案"

初看书名，不明真相的读者难免吓一跳：汉字也有"冤案"，而且沉冤

"百年"！

但综观全书，不难看出，所谓"百年冤案"，乃是耸人听闻，虚张声势的夸大不实之词。

关于"百年"的起迄年限，《冤案》有过解释："汉字难学，拼音字母易学，所以汉字要改用拼音文字，实行汉字拉丁化或汉语拉丁化。照此行事，前后用去了一百年（1892—1992），……"（309 页①）在另一处则说："公元 1892 年，福建人卢戆章在厦门刊印一本学习字母拼音的书《一目了然初阶》，与正在兴起的废除汉字思潮相汇合（炜按：此说无据），逐步形成一个波澜壮阔、汹涌澎湃、长达一百年的文字改革运动。"（310 页）这两处明确百年起迄年限的文字，都是讲文字改革运动的一百年，比较合乎事实。但在另一些地方，《冤案》作者便含糊其词，乃至概乎言之了。如：

> 仅凭汉字难学的简单片面之说，就要改革取代汉字，汉字冤枉，冤枉了一百年。（309 页）
>
> 二十世纪三十年代开始接受苏联马尔语言文字有阶级性理论的指导，提出"汉字不灭，中国必亡"这样十分错误的口号，铸成汉字冤案，昭雪无日。（310 页，着重点为引者所加）

若据此而论，则"汉字冤案"是在 20 世纪 30 年代"铸成"的，因为那时提出了"汉字不灭，中国必亡"这样十分错误的口号。10 年之间一个"错误的口号"便铸成一宗"冤案"，而且上溯 30 年，下延 60 年，凑足百年之数，遂成"百年冤案"！即便依《冤案》作者的逻辑，从卢戆章开始的文字改革运动即汉字拉丁化运动以废除汉字为目的，故"冤案"虽然"铸成"于 30 年代，故须上溯下延，那又有何理由要延到 1992 年？新中国成立后，有哪位党政领导人说过要废除汉字？有哪位学者提出过废除汉字？没有，一个也没有！客观

---

① 此指《冤案》一书的页码，下同。

事实是，1952 年 7 月，在中国文字改革研究委员会成立会上，吴玉章首先本着自我批评的精神，检讨了过去对文字改革的认识上两方面的错误：（一）认为文字是上层建筑，并认为文字是有阶级性的；（二）没有估计到民族特点和习惯，而把它抛弃了①。3 年后，1955 年 4 月，在政协全国委员会报告会上，吴玉章又针对一部分人对中国文字拼音化的一些顾虑或误解，特别郑重指出："在新旧文字并用的过渡时期（炜按：这是指一旦实行拼音文字之后的过渡时期），汉字的使用范围虽然将要相应缩小，但是仍将作为一种古典文字永久地保存下去，供高等学校、科学机关和专门书刊使用。埋在地下几千年的甲骨文，我们尚且要发掘出来研究。对于发生了伟大作用的现行的汉字决没有把它消灭的道理。"② 1956 年 8 月，在政协全国委员会常务委员会第十八次会议（扩大）上作《关于汉语拼音方案（草案）》报告时，又再次指出："我们主张改革汉字，但是并不主张废除汉字。汉字是会永远存在的，永远有人学习，永远有人使用，即使将来实行拼音文字之后，汉字也还是存在的，还要有人学习，有人使用。估计到那个时候，不要说大学中文系和历史系的学生，那怕是中学生，也还得有汉字的课程，正像现在英国法国的学生要学拉丁文一样。"③ 1958 年，周恩来总理在题为《当前文字改革的任务》的著名报告里，还就汉字前途问题作了明确的说明："关于汉字的前途，它是不是千秋万代永远不变呢？还是要变呢？它是向着汉字自己的形体变化呢？还是被拼音文字代替呢？它是为拉丁字母式的拼音文字所代替，还是为另一种形式的拼音文字所代替呢？这个问题我们现在不忙作出结论。但是文字总是要变化的，拿汉字过去的变化就可证明。"④ 此后以至 1992 年的 34 年间，又有谁提出过废除汉字的主张？同样是一个也没有。

1986 年 11 月，笔者有幸出席了在北京西山举行的汉字问题学术讨论会。

---

① 吴玉章：《文字改革文集》，中国人民大学出版社，1978 年 12 月第 1 版，第 90 页。
② 吴玉章：《文字改革文集》，中国人民大学出版社，1978 年 12 月第 1 版，第 96 页。
③ 吴玉章：《文字改革文集》，中国人民大学出版社，1978 年 12 月第 1 版，第 125 页。
④ 周恩来：《当前文字改革的任务》（单行本），人民出版社，1958 年 2 月版。

讨论会上涉及汉字问题的各个方面，与会学者不同的学术观点也有交锋，但谁也没有提出过废除汉字。

自新中国成立以至今日，无论是党和国家领导人还是从事文字改革研究的专家学者，都是主张改革汉字而对废除汉字的观点持否定的态度。30年代出现的"错误口号"，只是30年代的事。人们不禁要问：《冤案》作者置事实于不顾，编造出所谓"汉字百年冤案"，目的究竟何在？

三、《冤案》喊冤的实质

"昭雪汉字百年冤案"与反对和否定文字改革，是一个问题的两个方面，互为表里。证明了汉字好学好用，无比优越，就昭雪了汉字被改革之"冤"，同时也就证明了汉字不能改革，也无须改革。谁说汉字难学难用，便是说汉字落后，便是使汉字蒙冤受屈。汉字落后论导致汉字改革论，以至废除汉字论，废除汉字即等于葬送历史文化。这便是《冤案》作者的推论方式。

语文现代化运动从1892年卢戆章著《一目了然初阶（中国切音新字厦腔）》一书开始，《冤案》认为，这便是"汉字百年冤案"之始。其实，在本书中卢戆章只是认为"中国字或者是当今普天之下之字之至难者"，汉语拼音是普及教育的最有效办法。他并非想废除汉字，而是主张"切音字与汉字并列"，可以利用它学习汉字，也可用它来代替汉字①。他万万想不到，百年之后，竟成了制造汉字冤案的罪魁祸首。

自卢戆章以下，百年之中凡"冤枉"了汉字的知名人士，《冤案》一个也不放过，逐个点名，予以批评，或美其名曰"对具体问题进行具体分析"。书中被点名批评乃至清算者除卢氏外，还有钱玄同、鲁迅、瞿秋白、吴玉章、郭

---

① 转引自费锦昌主编《中国语文现代化百年记事（1892—1995）》，第1页，语文出版社，1997年7月第1版。本文所引语文现代化史料而未加注者，均取自此书。

沫若、吕叔湘、倪海曙、王均、林伯渠、蔡元培、陈独秀、胡适、茅盾、傅斯年。其中瞿秋白的一句话竟被先后引用并批评 10 次之多（第 22、107、112、141、152、192、233、243、260、277 页）。此外，还有暗指的，如"权威的汉字理论家"、"语文界的权威理论家"，也竭力加以指摘和嘲讽。即便是对周恩来总理的著名报告《当前文字改革的任务》，《冤案》也要"从当时的具体条件"出发进行"评价"，把周总理对文字改革工作的亲切关怀与具体指导说成"实质上是对作为当时的潮流的汉字拉丁化思潮的有力的批评。"（93 页），这显然是对周总理报告的歪曲。

全面、彻底否定语文现代化运动（或曰"汉字拉丁化运动"），从根本上否定百年来（自然包括中华人民共和国成立以来）的文字改革工作，这便是《冤案》一书喊"冤"的实质。它强调汉字有"科学性"，"好学好用"，且"依哲学化观念化进程逻辑化发展"，强调汉字是中华民族的"根"，宣称"撼山易，撼汉字难"，"靠汉字统一中国"，其实只有一句话，汉字毋须改，汉字不能改，"文字改革"从根本上说便是在全盘西化思潮下引发出来的错误主张。所以，1985 年中国文字改革委员会易名为国家语言文字工作委员会，1986 年《文字改革》杂志易名为《语文建设》，在他们看来，似乎文字改革（"汉字拉丁化运动"）也就宣告结束了。请看：

> ……历史的发展，特别是当代科学技术的发展以无可辩驳的事实证明汉字是世界上寿命最长长生不老能够与时并进，因而不会被历史淘汰的科学的文字。在思想解放的洪流中，刘导生同志主持国家语言文字工作委员会期间，提出了新时期的语文政策，放弃汉字拼音化道路的政策方针。一百年的中外社会实践为历史作出检验，汉字拉丁化运动终于落下帷幕，画上了句号。（310 页）

看来《冤案》作者并不懂得何为新时期的语文政策，并不了解国家语委成立时国务院给它规定的主要职责，其中就有"继续推动文字改革工作"。他们连 1986 年 1 月全国语言文字工作会议上万里副总理代表党中央、国务院所作的讲话、刘导生的题为《新时期的语言文字工作》的报告以及胡乔木的讲话都没有仔细读过，就匆忙地在那里"画""句号"，真是可笑复可悲！

四、安子介的汉字教学实践与"汉字科学体系"

对于香港爱国知名人士安子介，笔者一向怀有敬意。他是香港的实业家，政治家，为香港的繁荣，为香港回归祖国都作出了重要贡献。他为汉字教学倾注了大量的精力，经过多年研究，出版了不少关于教学汉字的书籍，为外国人学汉字，为扫除文盲，都作出了有益的探索与奉献。尤其令人肃然起敬的是，他开始撰写《解开汉字之谜》时（1979年）已年近古稀，利用清晨及夜晚时间从事写作。《解开汉字之谜》出版后，以至年逾八旬，仍孜孜以求，笔耕不辍。这种敬业精神与献身精神值得后学者学习。

为了解决汉字进入电脑的问题，安子介经多年钻研，创造了安氏汉字六位数电脑输入法，并试制成功了汉字中文电脑安子介写字机，这些同样是值得称道的。

为了便于教学，特别是使外国人能理解、辨认、熟悉现行汉字的结构，提起学习的兴趣，安子介想了许多办法，包括将形声字当作会意字来"解"，对数以千计的汉字作了解释。尽管许多解释属于解"谜"式的、带有主观猜度的性质，甚至是杜撰，与所解之字的实际意义相去甚远，只要有利于识字教学，也就无可厚非，不必深究。不过，安子介的实践恰恰从另一个角度证实了汉字之难：难认、难记、难写、难查。如非有此诸难，还用费尽心机，去搞什么劈文切字、部首切除法么？还有必要把几千个汉字当作"谜"来"解开"么？安子介着力宣传汉字好学好用，但他的实践却使人得出相反的结论，这恐怕是安氏所始料未及的吧。

作为汉字教学的一种手段，根据楷书结构分析字义，如说愁是农夫秋天的忧愁心情，说沁是心觉如水流人心中，军是在小范围内有大量车子活动，诸如此类，犹如依据隶书说马头人为长，人持十为斗，以及民间群众常说的耳东陈，四维罗（羅），日勿易，丘八兵之类，本是不得已而为之的办法。但若以为这样说便揭示了该字的本义，那就错了。如果以为这样的解释便是科学，更是大错特错。

作为一名爱国人士，出于热爱祖国、热爱祖国文化遗产、热爱汉字的感情，尽力挖掘汉字的优点，加以赞美，这种感情也是可以理解的。我们不能要求每个人都按文字学的讲义来说话，也不能要求每个人都必须支持文字改革。即便讲过了头（如说汉字是世界上最优秀的文字之类），作为一种见解存在，也没有什么大不了，不必大惊小怪。但若说这些"理论"便是"汉字科学体系"（6页），持此论者便是著名语言学家、汉字学家，那就不免令人有所保留，要想一想它是否真有道理了。

《冤案》作者把安子介为想学中文的外国读者编写的讲解汉字的教材《解开汉字之谜》，说成"一部使读者精通汉字的百科全书"（13页）；把安子介关于汉字的观点归纳为一个"全面的、崭新的汉字科学体系"（3—20页）。这就无异于把安子介捧到炉子上受烤，让他处于受科学"烤"验的位置，处于接受中外语言学家、文字学家检验的境地。因为凡称"科学体系"者必须经得起"科学"的检验，具有可验证性。

鉴于在《冤案》出版前后安子介关于汉字的若干见解（有些见解与袁晓园、徐德江大同小异），如汉字90%是会意字，21世纪是汉字发挥威力的时代，汉字是中国第五大发明，汉字能使人联想等等，已有不少学者著文予以批评，作了较详细的分析①，故对于《冤案》所阐述、发挥的"安子介汉字科学体系"，实际上已无逐条加以辩析批评的必要（如那样做，必然会重复一些众所周知的事、理，令人厌烦），只须指出如下几点便足够了：

1. 方块汉字难学难用，是客观存在的事实。笔者对此也深有体会②。对繁难的汉字加以改革，以便学习和运用，乃理所当然，天经地义。清末以来的百年文字改革运动即语文现代化运动符合事物发展的客观规律，方向完全正确，无可非议。

2. 一百多年的语文现代化运动中，在特定历史条件下个别人士提出的"废除汉字论"并不代表主流。新中国成立后，语文现代化事业在中国共产党的领导下取得了举世瞩目的成就，整理、归并异体字，公布并推行简化汉字，制订并推行《汉语拼音方案》，推广普通话，是其荦荦大者。语文现代化是中国现代化事业的一部分，是时代对语言文字提出的要求，任何人也阻挡不了。

3. 若谓"撼山易，撼汉字难"，则撼简化汉字与《汉语拼音方案》尤难，撼语文现代化事业难于上青天。

4. 说汉字90%以上是会意字，有悖事实，实属欺人之谈。把形声字当作

---

① 就笔者所见，直接或间接批评安子介关于汉字的见解的，举其要，有下列诸文：吕叔湘：《由笔误所想到的》；邢公畹：《汉字没有特异功能》；蒋仲仁：《神奇的汉字，神奇的理论》；苏培成：《〈论汉语汉字的科学性〉剖析》；王开扬：《汉字优越诸说献疑》；王开扬：《论研究汉字的立场、方法与学风》；郑林曦：《没有汉语汉字的"科学性"，只有科学地研究汉字》；孙剑艺：《"汉字创字说"说》（以上诸文收入《评价》）；吕叔湘：《剪不断，理还乱——汉字汉文里的糊涂账》（《读书》1990年第11期）；刘涌泉：《21世纪是汉语拼音充分发挥威力的时代》（《论丛》第1辑，1995年）；孙剑艺：《汉字的性质功用问题辩证》；刘泽先：《最容易学的拼音方案——汉语拼音》；张育泉：《略谈汉语拼音的继续完善与发展》；王开扬：《正确理解拼音化》（以上诸文收入《论丛》第2辑，1996年）；王开扬：《王力先生对文字改革理论的贡献》；孙剑艺：《汉字不应该这样"再认识"》（以上二文收入《论丛》第3辑，1997年）。

② 详见拙文《我对汉字前途问题的一些看法》，《汉字问题学术讨论会论文集》，中国社会科学院语言文字应用研究所编，语文出版社，1988年10月第1版。

会意字解释，以致笑话连篇者，始于王安石，并非安子介的首创。只是安子介比王安石走得更远而已。说形声字声中有义（声符兼义），有一定的道理，但非普遍现象①。

5. 有统一的国家方有统一的文字，国家分裂，"文字异形"的现象也就难免。古今皆然。所谓"我们靠汉字统一中国"云云，恰恰把谁靠谁统一的问题说颠倒了。

6. 关于汉字前途，可以讨论，但是"不忙作出结论"。关于汉字拼音化问题，重要的是扎实的研究与实验，而非争论。把一段时间内不宣传拼音化的观点看作"放弃汉字拉丁化道路"，于是肆意攻击，大张挞伐之辞，皆因错误估计了形势。

7. 21世纪是否汉字发挥威力的时代，是想象，是预言，与对汉字的"科学研究"无关。任何一位爱国人士都可想象、都可预言中国的某一种宝贝将在21世纪发挥威力，从而说21世纪是某一宝贝发挥威力的时代。其实，这种想象和预言并无多少实际意义。

五、超越常识的见解

《冤案》作者一面"昭雪汉字百年冤案"，全面、彻底否定百年文字改革运动，一面颂扬安氏"汉字科学体系"，并将"一百多年来汉字学研究"贬为西方语言学的婢女与附庸，笔锋所至，遍及古今中外，大有踏倒一切，称雄天下之概。但是，细心的读者不难发现，在浩大的声威下，作者的许多"见解"，却与人们的常识相左，雅而言之，曰"超越常识的见解"可也。为省篇幅，不必尽述，兹略举数例，以飨同道及尚未拜读此书之读者。

---

① 参阅《中国大百科全书·语言文字》，中国大百科全书出版社，1988年2月版，第265页"右文"条。

1. 关于《说文》部首。《说文》部首，始一终亥，凡五百四十，"翻"过《说文》者岂有不知之理？可《冤案》却别有一说：

  《说文》以小篆为主，并采录见于秦国所使用的籀文和六国古文，按 514 个标目（部首）编排。（32 页）

540 为何减少到 514？是笔误抑另有所据？通观全书，知并非一时笔误，"514"之数还屡有所见：

  公元 100 年，许慎编写的《说文解字》，以小篆为主体，分析字形结构，提出了 514 个标目即今日的部首……（83 页）
  《说文》是中国第一部字典，将所收集的字"分别部居"归类排列，共分五百十四个"标目"，是为部首之原。（316 页）
  中国著名汉字书法学家康殷先生研究《说文》部首，……1991 年出版的《说文部首铨释》有 514 个部首篆字的书法，……（317 页）
  中国的汉字检字法从公元 100 年许慎在《说文解字》中创造五百十四标目发展为后世的部首检字法以来，近代又创造了音序检字法，……（331 页）

《冤案》作者一口咬定《说文》"标目"为 514 个，确实大大超出常识之外！但是，根据在哪里？莫非他们手上真有一部中外古今唯一的"标目"为 514 个的《说文》不成？否则，便只能认为高喊"昭雪汉字冤案"的专家们执笔之时竟然还没有"翻"过《说文》了。

2. 许慎见过金文否？《冤案》说：

  但《说文》有其历史的局限性，当时还没有发现甲骨文、金文，因此许慎不能全面、深入地说明汉字的历史发展。（32 页）

言下之意，许慎连金文也没见到过。但是，汉代发现金文，《史记》、《汉书》

皆有记载。《说文序》也写得分明："郡国亦往往于山川得鼎彝，其铭即前代之古文，皆自相似，虽叵复见远流，其详可得略说也。"如未见过鼎彝之铭，又何来"即前代之古文，皆自相似"的认识。说当时金文发现还不多，倒是事实，说当时还没有发现金文——许君未见到过，则又超越读者现有的知识水平了。

3. 关于"字"的说解。《冤案》说：

> 安子介指出："公元100年，许慎的《说文解字》对于'字'的解释只有寥寥十三个字：'字，乳也。从子在宀下，也声疾置切。'意思是，是吃奶的，坐在屋里的'子'。……"（37页）

说许慎对"字"的解释"只有寥寥十三个字"，真不知从何"说"起！在另一处，《冤案》又说：

> 最有意义的是拼形会意的汉字字形，容易引起人的联想，例如文字这个"字"，公元100年时，许慎在《说文解字》里只解释为："字，乳也。从子在门下，也声疾置切。"意思是，吃奶的，坐在屋里的"子"。"字"为什么是这个意思呢？现代人，尤其是外国人不易理解。（336—337页）

把"宀下"改成"门下"，再附以"也声疾置切"，休说现代人、外国人不易理解，恐怕连古代人也难理解，许君也会感到奇怪：难道老夫是如此解释的吗？众所周知，《说文》本身并无反切，因为许慎时代尚无反切，故偶注音读，亦仅云"读若某"而已。宋徐铉校定《说文》（世称大徐本），始据孙愐《唐韵》加注反切于每字之下，以便读者。据大徐本，许君原文应是："字，乳也。从子在八下，子亦声。"（段玉裁注："人及鸟生子曰乳，兽曰㹀。引申之为抚字，亦引申之为文字。"）是《说文》对"字"的解释实际上才"寥寥"十字！《冤案》将反切（"疾置切"）纳入正文，而且把"乳也"歪曲成

"吃奶的",把"子亦声"篡改成"也声"一并算在许君头上,许君地下有知,亦当连声呼"冤"!

4. 甲骨文"亡"的字义。《冤案》说:

> "亡"在甲骨文已多见,其义和现代用法相同。(160 页)

甲骨文"亡"是常用字,大量卜辞文例说明,"亡"均读为"无",如称亡雨、亡得、亡它、亡尤、往来亡灾、旬亡祸皆是。其"义"与现代的伤亡、死亡、亡国、亡命、逃亡等等的"亡""用法"大不相同。

5. 关于韦编。《冤案》说:

> 编"简"成"策",用丝绳编的,称"丝编",用皮编的称"韦编"。关于孔子"读易,韦编三绝"的记载,说明在孔子时代书写还处于应用竹片、木板的阶段。(68 页)

近几十年来战国秦汉竹简出土不少,谁见过"用皮编"的简策?称韦编为"用皮编的",实系误解韦字所致。其实,"韦编"之韦,为纬的初字。在纬字产生以前,凡纬皆用韦,读为横线的纬,不读兽皮之韦(围音)。简为直的经,编绳是横的纬,这就把竹简编联在一起,故曰"韦编"。直白言之,韦编就是编竹简的横线,实与兽皮无涉。①

6. 曹雪芹是哪个民族的文学家?《冤案》的说法也是石破天惊:

> 我国名扬中外的文学巨著《红楼梦》是汉字文化的颠峰之作,它的作者曹雪芹是清代满族文学家。(186 页)

---

① 关于"韦编三绝",先师商承祚先生有专文详论,见所著《"韦编三绝"中的韦字音义必须明确》,载《大公报在港复刊三十周年纪念文集》,第 105—108 页。

这也超出我辈常识之外。好在我的同事曾扬华是当代红学家之一，蒙他见告：曹雪芹祖籍是河北还是辽宁，红学家意见尚不一致，但曹雪芹生于南京，是汉人，则红学家们无异辞。曾氏所著《红楼梦引论》曰："曹家先世本为汉人，其远祖在明与后金（清朝入关前的国号）交战中降了后金，据《清实录》提供的材料，曹家的上祖曹振彦早在后金天聪时期已是多尔衮所率正白旗的属下。"① 曹家与清皇室虽然关系贴近，但"曹家先世本为汉人"，曹雪芹属于汉族，乃是毋庸讨论之事，怎么变成了满族文学家？其实征诸当代，满族文学家以及书法家，尚有健在者，何必硬拉着雪芹公充当"满族文学家"！

7. 关于江苏国、广东国。《冤案》为"汉字拉丁化"描绘了极其可怖的结果——国家分裂：

  他（炜按：指安子介）说："西方字母的形式，根据历史说也是由象形而来，后来变成拼音，结果把欧洲分成大小十数个国家，各国文字不同，相互联结的纽带断了。如果中国早年也走这条路，早已出现了江苏国、广东国了。"（17 页）

  安子介指出，中国是方言很多的国家。方言由于其历史性、继承性和社会心理、方言文化等多方面的因素是不会被消灭的。如果汉字拉丁化，那就必将形成浙江文，广东文，四川文，江苏文等不同的文字。……汉字以形表义的特性使它具有超越时空的力量与作用，传五洲，达古今。……安子介指出："西方字母的形成，根据历史说也是由象形而来，后来变成拼音，结果把欧洲分成大小不下十数国，各国文字不同，如果中国走了这条道路，早已出现了江苏国、广东国了。"（159 页）

  （两处引用安说，大同小异，是否不同文本，不得而知。）

欧洲为何分成大小"十数国"，这是世界史学者们讨论的课题，离我们太远，姑且不论罢。值得庆幸的是，中国没有"走了这条道路"，所以没有出现江苏国，广东国。但历史告诉我们，中国虽然没有走"这条道路"，仍出现过春秋战国、三国鼎立、南北朝、五代十国。而江苏古为吴国，后为越国所灭，不然

---

① 曾扬华：《红楼梦引论》，广东高等教育出版社，1988 年 5 月第 1 版，第 27 页。

何来《吴越春秋》！广东在战国时为受楚文化影响的地区，秦末汉初叫南越国（赵佗所建）。语言不统一，贸然使用拼音文字，当然会出现所谓江苏文、广东文之类，彼此看不懂。但若用"神奇的"汉字记录方言，又是如何？也能"超越时空"，"传五洲，达古今"否？传世典籍记有《越人歌》一首，凡三十二字："滥兮抃草滥予昌枑泽予昌州州䱤州𩜁乎秦胥胥缦予乎昭澶秦逾渗惿随河湖。"① 现代人特别是能"见形知义"的先生们看得懂吗？再如潮州戏文《苏六娘》中林婆唱的"卜算子"："伞子实恶持，葵扇准葵笠；赤脚好走动，鞋子阁下挟；裙裾椰柄起，行路正斩截。"《荔镜记》中的道白："是谁力我一身泼得障湿"，"你力荔枝㮀我佐乜"②，苏州人当然无法看懂。而苏州评弹中的唱词、说白，凡属方言土语的，拿汉字写下来，广州人、潮州人看了，也难免"一头雾水"，感到不知所云。如著名的《三笑·祝枝山说大话》里的一些句子：

> 前门勒浪山海关，后门勒浪虎丘山。
> 当中横里要住客栈。
> 说我竹枝山屋里厢日朝在翻门槛，他说翻门槛是我竹枝山行出来。
> 仙菜捺是野野歪歪弄仔仙人肩格浪去，我几个仙人都轧道。③

这样的文字，若要"通五洲"，办得到么？若硬要说什么"文"，称之为"江苏文"或"苏州文"，恐怕倒是可以的。当然，上引潮州戏文也可呼之为"广东文"或"潮州文"了。

---

① 刘向《说苑》卷十一《善说》。参阅谭步云《先秦楚语词汇研究》，中山大学博士论文，1998年。[按，该书2015年由台北花木兰文化出版社出版。]
② 《明本潮州戏文五种》，广东人民出版社，1985年10月第1版，第789、446、450页。参阅曾宪通《明本潮州戏文所见潮州方言述略》，《方言》1991年第1期。
③ 中国音像大百科编辑委员会编《苏州弹词流派唱腔·徐调》，上海音像公司出版发行，1988年11月。

六、"罢绌"、"顶背"之类

《冤案》的用词也颇有令人惊讶处。如称"罢绌百家":

> 两千年来,汉武帝和董仲舒"独尊儒术,罢绌百家",在诸多论者眼中似乎已成定论。其实"罢绌百家"不过是班固的评论之辞(《汉书·武帝纪赞》)。(173页)

其实,《汉书·武帝纪赞》的原文是:"孝武初立,卓然罢黜百家,表章六经。"黜与绌虽然同音〔chu〕,有时也可相通,但作为成语,却历来只称"罢黜百家",而未闻有"罢绌百家"之说。

又如称"顶背"

> ……王永民先生已经是"登泰山而小天下",中国的同业难以望其顶背。(329页)

背,当然指背心,后背;顶,"颠也",指人之头顶。顶背连言,可谓古怪。其实,本有现成的"项背"一语。项,"头后也",即颈的后部。"难以望其项背",是喻前后相距甚远,后者很难看清先进者之背影(后颈与背心),实与"望尘莫及"意近。与此相关者,则有"项背相望"一语,谓前后相顾。

此外《冤案》一书引《左传》"成功四年","成功十一年"(38页),"成功"显系"成公"之误(或系排印之误),所谓"鸿乂巨著"(324页)亦当为"鸿篇巨著"或"鸿文巨著";"亡钟"(71页)亦不合语言习惯,当称"丧钟"。

笔者举出上述令人惊讶的用词之例,毫无讥笑之意,只是想借以说明,汉字确实难学难用,要准确无误地使用汉字则尤难,稍一不慎就会弄错。所谓"中文几乎不需要创造新字,只上下左右交换个先后位置,就能在三四千字中打滚"（344 页）云云，若是根基不深，随意"交换"，"打"起"滚"来可真麻烦了，可能一直"滚"而爬不起来了。

七、结　　语

我愿重复说一句，尽管我对香港爱国知名人士安子介有关汉字的一些见解不敢苟同，但对安氏仍怀有敬意，因为他毕竟为香港的繁荣与回归作出过重要贡献，他的有关著作于外国人学习汉字，于汉字教学，也是有贡献的。

《冤案》把安子介关于汉字的研究捧上了天，而且给他戴上"昭雪汉字百年冤案第一人"的桂冠，从而把他推到了百年文字改革运动亦即语文现代化运动的对立面。这可能是安氏阅读《冤案》初稿时所未料及者。

《冤案》嘲笑和指摘百年语文现代化运动，从根本上反对文字改革，气势汹汹，不可一世。但仔细看看，书中新货色并不多，"超越"常识者倒有不少。

对语文现代化事业而言，对以语文现代化为自己旗帜的中国语文现代化学会而言，《冤案》的出现，并非坏事。诚如原国家语委党组书记林炎志所言：反对的声音"充分表现也有好处，使人们看清了反对派的底牌。不过如此而已，还有什么新鲜的？"[①]

尽管如此，我还是要奉劝《冤案》作者及有关人士一句：做学问，总以认真老实为上，花拳绣腿，成不了气候。要想就汉字问题讲话，反对文字改革，而且从甲骨文讲到简化字，还是先花点气力读几片甲骨文，读几篇铜器铭文，将《说文序》弄明白了，再执笔讨伐不迟。

1998 年 6 月，写于中山大学

[①] 林炎志：《高举语文现代化的旗帜，继续推动文字改革工作》，《论丛》第 2 辑，语文出版社，1996 年版。

附记：

  本文曾在中国语文现代化学会第三次学术会议上宣读（1998.10，昆明），得到许多与会学者的支持与鼓励。会后，学会副会长、复旦大学中文系教授许宝华师，北京师范大学中文系教授伍铁平先生，中山大学外语学院教授王宗炎先生读到本文，先后赐函表示肯定与支持。伍铁平先生并以其《语言和文化评论集》第二次印刷本赐赠。谨此志谢。本文曾以《汉字有什么"冤案"？》为题在《中国教育报》1998年12月8日和22日连载，后刊于《中山大学学报》1999年第1期。中国人民大学报刊复印资料《语言文字学》1999年第4期全文转载。《语文现代化论丛》第四辑（北京大学出版社2000年6月）复以《汉字有什么"冤案"？》为题将本文收入。《语言文字学辨伪集》（中国工人出版社2004年6月）则以原题将本文收入。本文于2003年获第三届广东省期刊优秀作品一等奖。以往所刊本文文字有个别出入，当以本书为准。

汉字简化始于甲骨文说

汉字历史源远流长,从其萌芽形态算起,迄今已有六千年,从甲骨文算起,前后演变也有三千二百多年。若从汉字繁简演变的角度考察,则汉字简化的历史也极悠久,同样可追溯到甲骨文时代。易言之,汉字简化实始于商代,始于甲骨文。

说汉字简化始于甲骨文,有两方面的事实为证:一是甲骨文本身繁简的事实,是为内证;二是殷金文繁复而甲骨文简省的事实,是为外证。

先说内证。甲骨文在武丁至帝辛二百七十余年的使用过程中,字形结构有不少发展变化,同时由于结构尚未固定,异体颇多①。将早、中、晚期甲骨文作比较,毋庸讳言,若干字形早期较简,晚期增繁(多为增加形旁或声旁以构成形声字),有繁化趋势。但同时必须看到,甲骨文若干字形繁简并存用法相同,而简者常用,尤为趋势所在。其例颇多,兹举十例为证。

例证一:鼎。甲骨文鼎为象形字,作 諸形,已较殷金文简省,但其象鼎之两耳腹足之形仍显。其简省之形作 。卜辞鼎多假借为贞,"干支卜某贞"或"干支卜贞"卜辞所习见,贞字绝大多数作简略急就之 ,早中晚三

---

① 说详拙著《甲骨文简论》第四章《甲骨文字的特点及其发展变化》,上海古籍出版社,1987年5月第1版,1999年10月第2次印刷本。

期皆如此①。

例证二：渔。甲骨文渔字有繁简二形，繁者从水从四鱼，作 [字形]，简省者仅作从水从鱼形 [字形]。从四鱼者为渔之古体，亦见殷金文（称"子渔"）。甲骨文"渔"字从四鱼者仅二见，从一鱼者四十余见。繁简二形并存于武丁卜辞，而简化之"渔"为常用字体。

例证三：易。本作 [字形] 形，简化之则作 [字形] 诸形，而简者常用，称"易日"，又用为赏锡（赐）之锡，《甲骨文字典》（以下简称《字典》）云："原字为 [字形]，象两酒器相倾注承受之形，故会意赐与之义，引申之而有更易之义。后省为 [字形]，乃截取 [字形] 之部分而成。"其言甚是。甲骨文"易"之繁体亦偶见于西周金文，而其简体则在西周乃至春秋战国金文中广泛使用。

例证四：涉。繁者作 [字形] 从水从四足，简者作 [字形] 或 [字形]，从水从双足。繁者仅一见而简者习见，为后世涉之所本。

例证五：尽（盡）。繁者作 [字形]，象人手持物（或谓牛尾）涤器形。简者省皿形为 [字形]，作 [字形] 形。《甲骨文编》（以下简称《文编》）"尽"下录繁者六文，简者七文，约略相当。

例证六：兽（獸——狩）。甲骨文兽（狩）猎之"兽"较诸古金文而言是简省之形（详下文），但甲骨文诸"兽"从犬从单，亦有繁简之别：所从之单（古单干一字）繁者作 [字形]（后期又作 [字形]），简者作 [字形] 或 [字形]，均习见于武丁田猎卜辞，可谓繁简并存。

例证七：𨸏（阜）本象山阜之形作 [字形] 或 [字形]，其省体则作 [字形] [字形]。甲骨文从𨸏之字如降、陟、陕，其所从之𨸏亦均繁简并存（多见于武丁卜辞）。

例证八：车。甲骨文车字多见于武丁卜辞，已非殷金文图画式的象全车之形（详下文），仅以简单线条象车之形，但也有繁简之别。其繁者作

---

① 本文所录甲骨文字形，取自《甲骨文编》（中华书局，1965年本）与《甲骨文字典》（四川辞书出版社，1988年11月第1版），辞例参考《殷墟卜辞综类》（日本大安，1967年本），以后不再注。

[图]，分别象车之两轮及轴、舆、軨、衡、軛、辖等形。其简者则省去舆或衡軛作[图]，或仅作一轴二轮形：[图]，保存车之最主要特征。

　　例证九：蛊（蠱）。多见于早期卜辞，从䖵从皿作[图]，䖵可简作虫，遂作[图]，或省皿形为[图]则成[图]，与[图]之简作[图]同，今简化字蛊恰与甲骨文之简体相合。

　　例证十：子。《字典》曰："甲骨文地支之子作[图][图][图]等形，地支之巳作[图][图][图]等形，[图][图]实为一字，皆象幼儿之形，惟表现各异耳。[图]象幼儿头上有发及两胫之形，[图]象幼儿在襁褓中两臂舞动，上象其头形，因象幼儿在襁褓中，故其下仅见一微曲之直画而不见其两胫。"按象头上有发及两胫之形者为地支子之繁体，作[图]者为其简体，在早期卜辞中繁简并用而以作[图]者为主，至晚期复又多见[图]形，是其特殊点。

　　次言外证。商代甲骨文之外，尚有大量金文，通称殷金文，其中保存了许多图形文字，按其性质而论，实为古体汉字。高明先生在《图形文字即汉字古体说》一文中说："铸有图形文字的铜器，绝对年代并不一定比甲骨文早，但是，文字形体却比甲骨文古老而原始，这是因为图形文字多铸在宗庙中的礼器上，一般写在祖考谥号之前，而且是本族的族名，故而字写得古朴端庄，并刻意象形，这同后人愿在自己家庙的陈设中或自己收藏的爱物上刻写古老的篆字是一样的心理。正是因为这样，使我们才能有机会看到比商代甲骨文更为古老的字形。"又说："……就是这六百二十余个图形文字，已经在甲骨文中找到二百多个，也就是说，现有的图形文字，有百分之三十的字即在甲骨文中使用。"① 将图形文字与甲骨文稍作比较，即可发现，前者图画象形意味浓厚而较繁复，后者则仅以线条示意而较简省。这里面又可分两种情形：一种是两者结构方式相同或基本相同，殷金文是图画式的象形即所谓"画成其物，随体诘诎"、图画式的组合，甲骨文则将图象简化为线条，仅以简单的线条示意（象

---

① 高明：《图形文字即汉字古体说》、《第二届国际中国古文字学研讨会论文集》，问学社有限公司承印，香港中文大学中国语言及文学系发行，1993年10月第1版。

形或会意）；另一种是殷金文结构繁复，甲骨文简省其一部分。下面分别举证说明之。

关于第一种情形，上引高文曾举证三十，证明图形文字即古体汉字，甲骨文均有相应字形，其中涉及结构繁简者二例（子韦、子渔），其余二十八例均属此类（见附录）。除高文所列外，现再举十例以证之。

例证十一：保。殷金文作 ▨▨（1001，1002①）象人负子于背形。甲骨文仅作 ▨▨②。

例证十二：伐。殷金文作 ▨（1011）▨（4805）▨（6718）象以手持戈砍人首级之状。甲骨文省去手形，但作 ▨▨形，▨（戈）之援、内合为一横，较诸殷金文，业已线条化（独体之"戈"亦然如是）。

例证十三：化。殷金文 ▨（1014）一人侧立，一人倒立，首足均极形象。甲骨文作 ▨，是其简化。后倒立之人形讹为 ▨，遂成篆文之 ▨。与此类似者还有北、矣（疑）等字。

例证十四：步、徙。殷金文步作 ▨（5716）象双足一前一后之形。甲骨文线条化为 ▨。徙从彳从步（《说文》谓"从辵，止声。"），殷金文图象味极浓：▨（6038），▨（2950），象人行进于道而有移动义。甲骨文作 ▨，是其线条化。

例证十五：▨（正）。殷金文 ▨（776）▨（1061）所从之双足均填实象形，甲骨文作 ▨▨，是其简易写法，其作 ▨ 者殆属过渡性形体。

例证十六：▨。殷金文为图画式的组合，作手持刀杀豕形 ▨（2970）甲骨文 ▨ 即此形之简化，且省去手形。

例证十七：枚，殷金文 ▨（3202）▨（4936）作举戈（斧斤）伐木状。甲骨文省戈形为 ▨，作 ▨，遂若击木矣。《说文》："枚，幹也。从木支，可为杖也。诗曰：施于条枚。"在初殆伐木取幹（干），后以所取之幹（干）为枚，

---

① 此为《殷周金文集成》（中国社会科学院考古研究所编，中华书局印行）之器号，本文所列殷金文字形，均取自此书。

② 说详拙著《汉字古今谈·保——背孩子》，语文出版社，1988年8月第1版。

引申为衔枚之枚，为枚数之枚。

例证十八：获。殷金文 ▣（1122） ▣（6788-2） ▣（6165）均作手执鸟形，鸟之喙、身、尾足俱肖，甲骨文多作▣▣，纯以线条示意，虽亦"会意"，毕竟简易多了。唯有牛头骨刻辞作▣，稍与殷金文近。

例证十九：屰。殷金文▣▣（1034，1035）象正面倒立之人形，首、手、足毕肖其形。甲骨文线条化为▣▣。

例证二十：敊（牧）。殷金文▣（1575）▣（5077-1）▣（4931-1），皆作双手执杖驱羊状，甲骨文▣▣显系其简省（至于其异体▣，增彳，较少见）。

此外各种动物名如鹿、鸟、鱼、夒、龟、象、牛、羊、豕、犬、虎、龙（龏字所从），兵器名如刀、戈、戉等字，殷金文均摹肖其形求其真实，甲骨文易之以简单的线条，二者繁简之别，洞若观火，毋庸赘述。

关于第二种情形即殷金文结构复杂而甲骨文删繁为简，亦有七证。

例证二十一：好。殷金文单独铸于礼器上的好字以二女一子会意，作▣附（761，762，999），▣（763），妇好之好亦多如是（793、1324、1325、1326、1327、1337、1338、1339、6141等）。甲骨文妇好之名常见，其好字作▣▣诸形，皆从女子会意，显系由▣删去一女的结果。至于殷金文之"好"为何以二女一子会意，则又是饶有趣味的问题。《礼记·内则》曰："……异为孺子，室于宫中，择于诸母与可者，使为子师，其次为慈母，其次为保母，皆居子室，他人无事不往。"郑注："此人君养子之礼也。诸母，众妾也。可者，傅卿之属也。子师，教示以善道也。慈母，知其嗜欲者；保母，安其居处者。"据此，殷金文好字所从二女或即抚育孺子的慈母与保母亦不无可能。

例证二十二：韦（韋）。殷金文韦作▣（1052）▣（1311）▣（1312），从口从四止，为围的本字。甲骨文除偶从三止作▣外，均作▣▣，从二止，较殷金文简省二止。殷金文与甲骨文均有子韦，或单称韦。甲骨文韦既是地名，又是武丁时贞人名。同是"韦"，铸于宗庙彝器，选用从四止的繁体，契于甲骨，改用从二止的简体，可见当时使用文字也颇讲"场合"呢。

例证二十三：旅。殷金文作▣（5362），由㫃、从、车三部分组成。又有作旗下二人（6536）、三人（6535）而不从车者。甲骨文旅作▣▣，省车，亦无从三人之例，却有进一步简省为▣即㫃下仅一人者。

例证二十四：兽（獸——狩）。殷金文从单从双犬▣（1640）▣（3212），晚期亦有作▣者（5395）甲骨文无从双犬之例，皆从单犬会意，且单形亦多简化（说见前）。

例证二十五：▣。殷金文▣为妇名，作门下三豕状▣（922，2403，5349，5350）、甲骨文作▣▣，省去一豕形，为方国名。此字疑即阁，《说文》失收。

例证二十六：斿（游）。殷金文作▣（6532）▣（6533）▣（6537，盨字所从），象子执旗形。甲骨文作▣▣▣，旗形简省为▣▣，子形作▣▣，远较头手足俱全者写刻简易。

例证二十七：车。甲骨文"车"字在使用过程中固已化繁为简（见上文），但比起殷金文来，甲骨文之"繁"实在是小巫见大巫，不足为奇了。殷金文"車"字多象车之全形，如▣（6109）轴、舆、轮、軔、衡、軛、辖俱全▣（3194）▣（1622），衡上还附饰物。有的还标示軔与衡軛之间的绳索，强调车轮之形（4784，5592）。又如▣（1150），为半车形，其轮形尤为突出，为甲骨文所无者。仅▣（1455），舆似省去（与軔相合），相当于甲骨文之"繁体"。不论甲骨文之车形如何繁，均较殷金文之全车形有所省略，或省舆軛、或省軔、辖，或省軛、辖，或省軛，观《文编》所列诸形即明。

上述内外证二十七例（加上高文二十八例，则共五十五例），足以说明，汉字发展到甲骨文时代，已经在开始逐步简化，或者说已呈现出简化的趋势。相对于同时期铸之于铜器的古金文而言，甲骨文便是通用的"今文"，其中若干字形便是当时的简化字。

有人也许大惑不解："神奇"的汉字为何在商代便被史官（书家）们肆意

简化了，先民们辛辛苦苦创造出来的优美无比的汉字居然就这样被简化了，弄得人无首足，车无全形，鼎不见三足，戈不别援胡……岂不"冤枉"？其实，商代甲骨文中的简化现象，纯出自然。作为纪录语言的符号，作为一种极重要的交际工具，文字越繁难（尽管极优美，极有"艺术性"），使用越不便。偶一用之尚可，若时时用，天天写，写字如作画，就很麻烦。尤其是甲骨文，大部分为当时的占卜记录，几乎是天天时时要写刻的，每个字都是要一笔一画刻出来的。史官（书家）们日日施刀于甲骨，至不易也，故若字有繁简，一般用简舍繁；碰到繁难的字形，能省去一部分就省去一部分，可用部分代全形的便以部分代之，能少刻几刀便少刻几刀，只要还像字，得到承认就可以，这便是日常使用者趋简避繁心理对汉字发展的影响。就文字而言，化繁为简，便于使用，在社会生活各方面使用更广泛，发挥更大的作用，实乃大好事，根本不存在什么冤不冤的。

从商代文字的使用情况可以看出，在商代，象形味极浓、带有图画组合意味的古体汉字实已退隐，只是在狭小的范围（也许是很重要的场合）内使用；而日常使用、契刻于甲骨的则是较为简便的通行文字。

历史的事实给人以借鉴，给人以启迪，汉字简化始于甲骨文这一事实同样如此。

我由此而想到百多年来的语文现代化或曰文字改革运动，想到近年个别知名人士提出的"保护汉字"的宏论。文字改革，喊了一百多年，究竟改了什么？革了哪些？就汉字本身而言，只是整理了一批异体字，限制了一些异体字的使用范围；顺应历史发展的潮流简化了一批汉字，使之便于认读书写，同时相应地限制了一批繁体字的使用范围。所谓"限制"也者，实质上只是令其退隐而已。再就是为汉字找到了一套最佳的注音方法即《汉语拼音方案》，以便人们（包括外国人）学习汉字。改革，改革，如此而已。即便如此，还有人提出，现在要"保护汉字"。我真不知道他（们）说的究竟是什么意思？要如何保护法？保护到哪个程度？就拿本文先后提到的"车"字而言吧，"保护"哪一个形状的"车"？是"车"的繁体"車"吗？但即便是"車"，从文字演变的角度看，它其实也是简化字。真要认真彻底地"保护"，还应该一直"保护"到殷金文式的轮舆拚轴衡轭辕一应俱全的"车"才是。能办得到吗？从商周以至秦汉，自魏晋南北朝以至唐宋元明清，汉字在不断地繁化的同时不断地简化，在繁与简的矛盾中发展变化，何尝有过"保护"一说！如古人也一味讲"保护"，又何来甲骨文、西周金文，又何来小篆以至楷书的"車"！东晋以来的书法家王羲之、虞世南、怀素、颜真卿、苏轼、祝枝山等人笔下的"车"是对"車"的进一步简化，我们为什么不可予以承认，把它作为"車"的简体肯定下来并用以简化一切从"車"的字？用正常的头脑思考，会觉得此乃顺乎潮流、合乎民意的大好事。头脑不正常，难免会发出一些奇谈怪论而自以为是。

我由此又想到古文字学与当代语文现代化的关系，甲骨文与现行文字的关系。古文字学与语文现代化之间并无屏障，二者是相通的，古文字学的研究也迫切需要现代化。甲骨文是现行文字的始祖，但始祖之前还有始祖，甲骨文本身也在简化。十多年前，我曾说过："从古文字中得不出文字不能改革的结论，也得不出文字毋须改革的结论，而是恰恰相反。"[①] 本文所述，再次证明了这一点。

2000 年 10 月作于三鉴斋

附录

高明《图形文字即汉字古体说》所举三十证主要字形对照（前为图形文字，后为甲骨文）

---

① 《汉字古今谈·后记》。

汉字简化始于甲骨文说 283

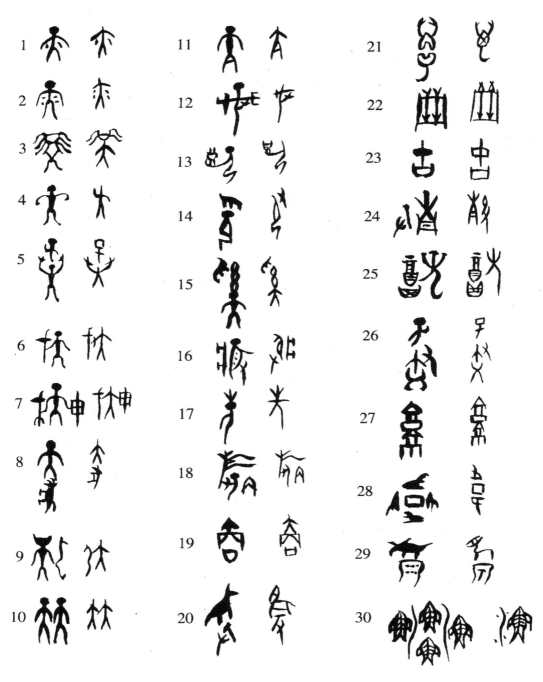

（此文手稿影印，载于苏培成等编《语文现代化论文集》，商务印书馆，2002年10月）

萧 肖 考 辨

——兼论姓氏用字规范

萧、肖二字，形音义均有别，用法各异，历来不相混。萧为蕭之简化，肖为传承字。二字皆见于《说文》："萧（蕭），艾蒿也，从艸，肃（肅）声。""肖，骨肉相似也，从肉，小声。不似其先，故曰不肖也。"清段玉裁于萧下注云："此物蒿类而似艾，一名艾蒿，许非谓艾为萧也。……又按曹风传曰：萧，蒿也。此统言之。诸家云萝蒿艾蒿者，析言之。"又于肖下注云："骨肉相似者谓此人骨肉与彼人骨肉状貌略同也，故字从肉，《汉书·艺文志》假宵，《列子》假俏。""释经传之言不肖，此肖义之引申也。"是萧肖一言"艸"类，一言骨肉，形义两不相涉。至于读音，萧古音为心纽幽部，肖则古音为心纽宵部。又据《广韵》，萧读苏雕切，为效摄开口四等平声萧部心纽；肖读私妙切，为效摄开口三等去声笑部心纽。（见郭锡良《汉字古音手册》165、166页，丁声树《古今字音对照手册》114、115页。）二者一为平声字，一为去声字，虽声母同，韵部亦异。以今音言之，则萧读 xiāo，肖读 xiào。

萧又是姓，汉有萧何、萧望之，南朝齐梁两代君主皆为萧氏……。肖则罕闻作姓。作为姓，二十四史以及《清史稿》有萧无肖，历代字书以至《康熙字典》肖下均无"姓"项。当代一些严肃的大型语文工具书，如中华书局1978年重印1935年本《中华大字典》，上海辞书出版社1980年版《辞海》，商务印书馆1979年修订版《辞源》皆于萧下列有"姓"项，而肖下则无之。可见作为姓，历来萧肖泾渭分明，绝不相混。但是，近年来，情况起了极大变化：肖常作为姓氏用字见诸报章杂志，乃至正式文告、文件，而萧姓则似呈萧条式微之势。举例而言，《中国人民政治协商会议第十届全国委员会委员名单》（2003年1月23日政协第九届全国委员会常务委员会第二十次会议通过）中，便有许多姓肖的委员：肖作福（满族）、肖建章、肖黎声、肖燕军（女）、肖振邦、肖万均、肖红（女）、肖贞堂、肖光威。（见《人民日报》2003年1月26日第二版）而姓萧者竟一个也没有。这就不免令人感到奇怪：这究竟是怎么回事？是不是萧被改（或误）成了肖？

萧作为蕭的法定简化字是百分之百的规范字，作为姓氏用字，岂能被人妄改为肖？

我不敢断言上举政协委员中姓肖委员均本姓萧而被人改为肖，不能排斥其中确有自愿姓肖的。但可以断言的是，目前许多姓肖者中，确有不少是本姓萧而被改为肖的。历史人物萧何被改为肖何即为一例：

《殷都学刊》1998年第2期载一文，题《肖何何时任相国》，该文"肖何"凡二十余见，由所论内容知，所谓肖何当是萧何。萧相国何其不幸，身后二千余年竟蒙改姓之冤。

文化界人士萧文苑被改为姓肖为又一例：

"本人行不更名，坐不改姓，投稿时，肖都作萧，而文章发表时，编辑先生常根据《现代汉语词典》萧俗作肖，便给我改姓了。今日改之，明日改之，改来改去，连我也晕了。因工作需要，单位代刻一私章亦为肖，工作证也是肖，日久随俗，遂失旧貌。""我曾出过若干本小册子，除两本署萧外，余皆作肖。孩子随父姓，可小女从上学至工作，姓氏均不用肖。……因为萧肖字形不同，所以无论我老家的亲友或我本人，都在银行和邮局遇到过麻烦。"（肖文苑：《我为什么姓肖》，载《羊城晚报》1999年10月12日晚会版）

被人无端改姓而又无可奈何者，绝不止萧文苑先生一个。上引萧文即于自己的遭遇外，还提及这样的事实："有的辞书，如《中国作家大辞典》，凡萧姓，皆一律作七画肖，即使是萧乾亦无照顾。而《中国作家3000言》在同一声母名下，又分成萧、肖以示区别。"

萧虽是规范的简化字，毕竟还有十一画，肖只有七画，某些萧姓人士为图省力，偶将自己的姓写为肖，虽不正确，但可理解。若真要甘受数典忘祖之诮，改姓为肖，连户口簿、身份证也一起改，也是其自由，他人不便多言。我手头有一张广东省政府机关某处一位科长的名片，全部是繁体字，但其"贵姓"既非萧亦非蕭，而是肖！这颇令人费解，若说要趋繁，当用蕭，则整个名片一繁到底，倒也罢了。"合理"的解释只有一个：他自愿姓肖。这是近年来肖姓陡然冒出以致与萧相混的原因之一。

无视《国家通用语言文字法》，擅自将古今萧姓人士改为肖姓，刊诸报章杂志，显诸影视荧屏，则是造成肖姓泛滥，肖萧混淆的主要原因。这是当代语文生活中不正常现象之突出一例。

一些曾动手将姓氏的萧改为肖的编辑先生可能会不服气。"我是有根据的！"根据何在？"《现代汉语词典》！"诚然，中国科学院语言研究所词典编辑室编纂的《现代汉语词典》1965 年送审稿本、1973 年试用本、1978 年修订本肖下都列有"xiāo 姓（萧俗作肖）"一行解释，但无例证。其实，《现代汉语词典》这一说法乃沿袭《新华字典》1962 年修订重排本（商务印书馆出版）而来："肖(二) xiāo，姓，同萧。"（1965 年 3 月上海第 40 次印刷本第 505 页）据上引段玉裁说，肖只有假借为宵时，方读 xiāo。然而《新华字典》1956 年修订本（1957 年 6 月商务新一版）肖下并无此音，更无"姓，同萧"之说，只于萧下注"姓"。1962 年修订重排时的更改，毫无文献根据，是欠慎重的。当时似乎影响不大，作为姓氏用字，人们依然写萧而不写肖，并未引起语言文字学界的注意。待到《现代汉语词典》以及《新华词典》（1980 年 8 月商务印书馆）、《汉语常用字典》（1973 年 4 月浙江人民出版社）等工具书辗转沿袭且大量发行，遂致以讹传讹，是非混淆。报纸、电影、电视以及网络的传播，更起了推波助澜的作用，形成今日"肖"姓盛行的混乱局面。

必须指出，《新华字典》肖下所注"姓，同萧"，《现代汉语词典》肖下所注"萧俗作肖"，都是错误的。所谓"姓，同萧"，既缺乏学术依据，与萧肖二字历来的实际使用状况不合（详上文），又与政府正式公布的《简化字总表》相抵触。所谓"萧俗作肖",亦缺乏现实根据,不能成立。

笔者生于江南,长于沪粤,从读书认字起直到上世纪70年代末,从未闻未见有何姓萧者将自己的姓从"俗"写作肖,亦未闻未见有何人敢将他人姓氏之萧写为肖,至少在苏、沪、粤、桂诸地并无此"俗"。即便真有此"俗",充其量只是某地区极小范围内少数人之"俗",也只能视作别字,应予纠正而断不可用"典"的形式予以肯定,更不允许据此而堂而皇之地刊诸报端乃至进入政府公文、文告!

与萧肖类似者尚有傅付、阎闫诸例。

付与傅是两个不同的姓,均"古已有之"。殷有傅说,晋有傅玄,明清之际有傅山;春秋时鲁有付乙,明有御史付吉。是以傅付虽然同音(fù),却不通用。两个都是传承字(傅并未简化),若以付代傅或以为付乃傅之简化则误。不过此类错误目前主要存在于民间一些文化程度较低的群体中,或贪图简便,或因对简化字不熟悉,误将姓氏之傅写为付。在报刊杂志上出现较少。故目前而言,付傅混淆的状况尚不算严重。纠正也不难。倘若哪部字典或词典"修订"重印时也加上一句"傅(姓)俗作付"或"付(姓)傅的俗写",若干年后难免会出现类似萧肖混淆,是非颠倒的状况,再加纠正,也就不易,又需有人饶舌了。

阎与闫的情况又稍异,值得讨论。近年门中三横的闫亦时见报刊,用作姓,常令人犯疑,不知当读何音,或系何字之讹误。今案阎为閻之简化,閻有一异体作閆,见于《辞海》与《汉语大字典》,皆曰"同閻",后者并举有书证:《改并四声篇海·門部》引《俗字背篇》:"閆,与閻同。"清吕熊《绘图女仙外史》第六十六回:"谭忠又有家将二名,一閆细狼,一张黑胖驴。""闫"殆为据"閆"类推简化者,不见于《简化字总表》,似不宜承认。但《〈简化字总表〉说明》又说:"第三表所收的是应用第二表的简化字和简化偏旁作为偏旁得出来的简化字。汉字总数很多,这个表不必尽列。……未收入第三表的,凡用第二表的简化字或简化偏旁作为偏旁的,一般应该同样简化。"(《简化字总表》〈1986年新版〉,语文出版社1986年10月第1版)据此,

"闫"虽不见于《简化字总表》，却符合"同样简化"的原则。

姓氏用字，极为严肃，历来受到广大人民群众重视，也为历代学者所关注。自唐代以来，便先后出现过《元和姓纂》、《姓略》、《古今姓氏书辨证》、《姓解》、《姓氏急就篇》、《姓觿》、《千家姓》、《姓氏寻源》等有关姓氏的著作，而宋代以来在民间广泛流传的《百家姓》更是近千年来影响最大的童蒙读物。凡中华儿女、海内外炎黄子孙，无论操何种方言，亦无论文化高低，几乎都知道"赵钱孙李，周吴郑王"。人民群众亦有互相尊重姓氏的优良传统。成年人之间交往，凡欲询问对方姓名，必问"贵姓"，以示尊重，而答者则称"免贵，姓……"以示谦逊。有时还特地告诉对方姓氏字的写法，如"耳东陈"、"日勿易"、"四维罗（羅）"、"弓长张"、"立早章"、"禾呈程"之类，以便与同音的其他姓氏相区分。不论贫富贵贱，写错别人的姓或自己的姓被别人写错，都是不能允许的，必须纠正，乃至赔礼道歉。近年来报刊杂志、影视荧屏，乃至官方文件、文告中姓氏用字不规范现象必须采取有效措施予以纠正。擅改他人姓氏乃至古人姓氏都是错误的。即以本文所论的萧、傅二姓而言，擅自改易为肖、付，便是必须予以纠正的错误。《国家通用语言文字法》第十七条规定："姓氏中的异体字""可以保留或使用"，体现了我国尊重姓氏用字的优良传统，也赋予了公民姓氏用字不容擅改的权利。即如本文所论的闫，作为阎的异体字，若用作姓，便属"姓氏中的异体字"，依法"可以保留或使用"，他人无权干涉。随意将他人姓氏改易为同音或音近字乃至杜撰的不规范字，既违背我国历代相承的优良传统，亦违反《国家通用语言文字法》，理应予以批评而纠正之。

2003 年 12 月初稿

附记：

本文曾先后在广东省中国语言学会2002—2003学术年会（2003.12，梅州）和中国语文现代化学会第六次学术会议（2004.10，山东泰安）上宣读。

新世纪的钟声

——《国家通用语言文字法》读后

第九届全国人民代表大会常务委员会第十八次会议于2000年10月31日通过的《中华人民共和国国家通用语言文字法》，根据国家主席江泽民的命令，已于新世纪来临之日即2001年1月1日起施行。这是全国人民企盼多年的一部关于语言文字使用与管理的"国法"。它的施行，犹如新世纪的宏伟钟声，响亮地向世人宣告：我国的通用语言文字的使用与管理从此纳入法制的轨道，学期以来语言文字"无法可依"的状况从此结束。它的施行，必将极大地推动国家通用语言文字的规范化、标准化及其健康发展，使之在社会生活中更好地发挥作用，必将有力地促进各民族、各地区经济文化交流。

为语言文字的使用与管理立法，是我国有史以来第一次。从商周秦汉，魏晋隋唐，以至宋元明清，历代王朝中虽不乏重视汉字书写规范者，也只限于下诏立石经，编韵书，修字典，使"士子"有所凭依，便于应试而已。即使个别朝代、个别帝王对奏折中出现错别字的官员有所申斥乃至惩处，也只是个人好恶所致，并非"法"或"律"的规定与制约。现在施行的《国家通用语言文字法》虽仅四章二十八条，篇幅不多，却全面地阐明了国家关于语言文字的基本政策，规定了国家通用语言文字的基本政策，规定了国家通用语言文字使用的总原则，对国家通用语言文字的管理与监督也作出了明确规定。这部法律不仅涉及到国家机关，各级人民政府以及教育、新闻、出版、广播、电影、电视等部门和公共服务行业，而且与每个公民都有密切关系。如第四条规定：

"公民有学习和使用国家通用语言文字的权利。"（第一款）"国家为公民学习和使用国家通用语言文字提供条件。"（第二款）第七条又规定："国家奖励为国家通用语言文字事业做出突出贡献的组织和个人。"第二十六条第一款还规定："违反本法第二章有关规定，不按照国家通用语言文字的规范和标准使用语言文字的，公民可以提出批评和建议。"（这意味着，不论国家机关还是哪个部门、行业，倘若违反本法的有关规定，公民都可以依法提出批评和建议。）这些规定，对中国老百姓而言，也是有史以来第一次，只有在中国共产党领导下的新中国，才可能写入国法。《国家通用语言文字法》的施行，真是我国文化史、语文史上的创举，是我国人民文化、语文生活中的大事，值得大书特书。

《国家通用语言文字法》的制订和施行，是对清末以来无数志士仁人为之奋斗的语文现代化运动主要成就以法律形式作出的肯定与总结。它明确规定："本法所称的国家通用语言文字是普通话和规范汉字。"（第二条）"国家推广普通话，推行规范汉字。"（第三条）"地方各级人民政府及有关部门应当采取措施，推广普通话和推行规范汉字。"（第四条第三款）"国家通用语言文字以《汉语拼音方案》作为拼写和注音工具。《汉语拼音方案》是中国人名、地名和中文文献罗马字母拼写法的统一规范，并用于汉字不便或不能使用的领域。初等教育应当进行汉语拼音教学。"（第十八条）推广普通话，整理并简化汉字，制订并推行《汉语拼写方案》，正是百年语文现代化事业最主要的三项成就。推广普通话，早已于1982年写入《中华人民共和国宪法》（第十九条第五款），现在又确立了规范汉字与《汉语拼音方案》的法定地位，明确规定了《汉语拼音方案》使用的各个领域，既顺应语言文字发展的规律，又符合亿万人民群众的意愿，体现了历史的潮流，时代的进步。这与五十年前新中国成立之初相比，无疑是惊人巨变，与百余年前的清末相比，更不啻天壤之别。卢戆章、钱玄同、鲁迅、吴玉章、郭沫若、陈望道、王力、吕叔湘、倪海曙、张志公……等语言文字学界的前辈们若地下有知，亦当倍感欣慰。其中规范汉字法定地位的确立，意义尤为重大而深远。这是对千百年来汉字简化史的一个总结，是对 1956 年国务院公布的《汉字简化方案》和原中国文字改革委员会根据国务院的批示于 1964 年编印并由国家语言文字工作委员会经国务院批准于 1986 年重新发表的《简化字总表》的权威认定。随着这部法律的实施，规范汉字将在社会生活中大行其道，起主角、主旋律的作用。而与之相应的繁体字及异体字则成为非规范汉字，退隐到较小的范围内或在特殊的情况下予以保留或使用。对于广大人民群众特别是青少年而言，应当学习和使用的是规范汉字，至于非规范汉字，不再是必须学习的对象了（高等学校少数系科另当别论）。曾经喧嚣一时的所谓"识繁写简"论以及种种肆意攻击、诋毁简化汉字的奇谈怪论皆可休矣。

经多年酝酿，反复征求意见而多次修订后由全国人大常委会讨论通过的这部《国家通用语言文字法》，充分考虑了语言文字使用的全民性特点及种种复杂特殊的情况，故对国家通用语言文字的使用作具体规定时，除对国家机关的规定直截了当外（第九条："国家机关以普通话和规范汉字为公务用语用字。"），一般都用了"基本的"、"应当符合"、"应当使用"、"提倡"等词语，而避免了法律文书常见的强制性词语。在管理和监督方面，对于违反本法规定者，也只是"批评"、"责令改正"、"予以警告"、"限期改正"，重在教育与引导，未用经济处罚、判处徒刑等强制手段。这就为本法的顺利实施营造了一个普遍可以接受的较为宽松的环境。对于国家通用语言文字以外的方言和非规范汉字（繁体字、异体字），这部法律亦显示出极大的宽容和灵活性。第十六条特地规定了可以使用方言的四种情形；第十七条特地规定了可以保留或使用繁体字和异体的六种情形，其中第四种"题词和招牌的手书字"，尤为引人注目在而超乎意外。近年来，各地整顿社会用字混乱现象，由题词和招牌手书字中的繁体字、异体字而引起的争执时有发生，也确有许多含有繁体字、异体字的手书体招牌被"整顿"掉了。现在有这一条规定，这方面的争执便不复存在，书家们及有关人士尽可根据需要及自己的爱好挥毫题词写招牌，只要不写错别字，不杜撰简化字，再也不会遭到非议和"整顿"了。

《国家通用语言文字法》诞生并施行了，推进国家通用语言文字规范化、标准化的新世纪钟声敲响了。作为一名长期从事语言文字教学和研究工作的公民，我深受鼓舞，感到由衷的高兴，并衷心祝愿这部法律在神州大地尽快地得到全面的实施。

2001 年 1 月 10 日写于中山大学

（此文刊于《广东教学报》2001 年第 230 期〔推普总第 37 期〕，3 月 3 日出版，因版面关系，发表时删削颇多，此为原稿。《广东教学报》由广东省教育厅主管，广东省推广普通话协会主办）

关于推行规范汉字的几点建议

　　《中华人民共和国国家通用语言文字法》（以下简称《通用语言文字法》）明确规定："国家推广普通话，推行规范汉字。"（第二条）"地方各级人民政府及有关部门应当采取措施，推广普通话和推行规范汉字。"（第四条第三款）据此，普通话和规范汉字已是国家和地方各级（省、地、市、县、镇）人民政府及有关部门（似应包括语委、新闻出版、影视、工商管理……）采取措施加以推广和推行的对象了。近年来，在推广普通话方面，各地（特别是吴、粤等方言区）采取了不少措施，也收到了较好的效果。如一年一度的"推广普通话周"，便是行之有效的得力措施之一；在部分事业单位与相关行业中逐渐实行的"普通话测试"工作影响尤为深广。相比之下，在推行规范汉字方面，有效措施似乎不多，为此我不揣冒昧，提几条建议，向同道师友请教，并供有关部门参考。

　　一、提倡各级政府的领导人率先垂范，带头使用规范字，不使用不规范字。几年前我曾为此撰文呼吁过，今日愿再次呼吁。须知各级领导在行政事务中带头使用规范字，拒绝不规范字，对当地人民群众是无言的号召，对下属干部是无声的命令，对于在当地推行规范汉字可谓至关重要。诚然，按照《通用语言文字法》的规定："题词和招牌的手书字"，可以使用繁体字和异体字，但作为领导人，若自觉使用规范汉字，岂不更符合《通用语言文字法》所提倡的精神，更有利于推行规范汉字？更何况，领导的率先垂范，并不专指题词写招牌，其实还包括许多方面。最"小"者如表示身份的名片，便可用规范字印制，这也是一种垂范。为了带头，必先学习，学习规范汉字，熟悉规范汉字。《通用语言文字法》规定："国家为公民学习和使用国家通用语言文字提供条件。"（第四条第二款）鄙意为了执行本法，当务之急是首先为当了各级政府及相关部门领导的公民提供条件，提高其使用国家通用语言文字的认识与能力。

二、报纸、影视、广播、出版等部门应将宣传规范汉字，推行规范汉字作为其长期的宣传内容之一。建议国家语委与文化部、广电部等联合制订相应措施，以充分发挥上述诸部门的作用。广东电视台于上世纪八十年代开播"请用规范字"专题节目，讲了几年，收到一定效果。近年中央电视台也有类似节目，颇受欢迎。这类节目直接向广大人民群众讲解规范汉字，很有利于推行规范汉字，人民群众亦喜闻乐见。电视如此，报纸、广播、出版等方面同样可以有所作为：事在人为。为了推行规范汉字，必须要让广大人民群众熟悉规范汉字，理解规范汉字，凡有益于此者，皆不妨尝试而实行之。

三、要充分发挥各地书法家的作用。要切实支持、鼓励书法家书写规范汉字，使之美观、艺术化，并鼓励、奖励书法家用规范汉字书写牌匾，创作书法作品。综观书史，许多书法家皆以写当时的规范字而名重于世的。可惜当代书家中明乎此者少，而昧于此者颇多。这也与以往对书家在推行规范汉字方面的作用（正面与负面）缺乏正确估计有关，对书法缺乏正确引导有关。今后务必充分发挥书家对推行规范汉字的正面作用与影响。要在全社会造成以写规范字为荣的风气，书法家的示范作用不可低估。为此变应有政策指引。国家语委与教育部、文化部不妨定期举办规范汉字书法大赛（分成年与中、小学生两个层次），设重奖，由政府主要负责人或主管领导亲自颁奖。从另一方面说，为了贯彻《通用语言文字法》，推行规范汉字，书法家们也实在应该有所作为，有所贡献。

四、严格执法，加强管理与监督。《通用语言文字法》是一部较为宽容的法律，旨在提倡与引导而罚止于"警告"、"限期改正"。立法如此宽容，守法更理应自觉，执法尤应严格。法律的第三章为《管理和监督》，现在已有法可依。在推行规范汉字方面，目前之弊在疏于管理、监督不力，从中央到地方莫不如此。即以涵盖面极大的影视而言，荧屏上用字不规范现象俯拾即是；某些发行量过百万的报纸，滥用方言字（词），常见错别字，却未闻有何部门予以"管理和监督"，予以警告或限期改正的处理。如何改变这种局面，真值得"有关部门"深长思之。

以上所言，似有越俎代疱之嫌。只是基于对《通用语言文字法》的衷心拥护，基于对"推行规范汉字"的热切期盼，才不避此"嫌"，略陈浅见，一抒胸怀。惟人微言轻，亦未必妥当，仅供参考而已。

二零零三年五月廿六日写于广州

（原载《中国语文现代化学会通讯》第 34 期，学会秘书处编，2003 年 6 月）

花东卜辞时代之上限有可能及于小乙说
（提纲）

花东卜辞之时代，十余年来备受关注。曹定云《殷墟花东 H3 卜辞中的"王"是小乙》（《古文字研究》第 26 辑，《殷都学刊》2007 年第 1 期）一文观点鲜明，值得重视。

曹文之病在过于绝对。若干后期字形不利于曹说。

与小屯所出武丁卜辞比较，花东卜辞显得较"原始"、"粗糙"，比武丁卜辞可能要早。

一、字形。花东卜辞字形给人以混杂之感，颇令人疑惑。撇开原有认识，则不难发现，花东卜辞中若干字形尚存原始形态，图画味仍较浓。象形者如首、璧，指事者如虬、臀，会意者如采、指、疾、玘，皆其例。而且一些常用字的写法也与小屯武丁卜辞不同，如月、夕二字便正好相反，说详《花东卜辞字形说》。

二、行款。花东卜辞行款可谓杂乱无章，极为随意，无规范可言。

三、卜辞完整者少而"省略"不完整者多，其前辞形式尤为"多样化"（《花东·前言》归纳为 16 种），说明尚未定型。

四、卜辞内容。占雨卜辞奇特，多为夕卜日雨，为武丁卜辞所未见，而武丁卜辞常见之占雨卜辞辞例又不见于花东卜辞。与此相似，田猎卜辞亦属怪异，既不见"丁"或"子"有大规模田猎之举，更不见有数量可观的捕获记录。占雨田猎等卜辞不像是"丁"即位后之物。

从"丁"、"妇好"、"子"三者关系论之，亦可推断花东卜辞之主体可能属小乙时物。"丁"与"子"不可能属父子关系，丁亦非在位之武丁。

一、主"丁"为武丁，"丁"、"子"为父子说者并无直接证据，依据祭祀顺序所作之推断均不足采信。常耀华的意见可取。（《花东H3卜辞中的"子"——花园庄东地卜辞人物通考之一》）

二、花东卜辞本身显示，子与丁、妇好关系错综复杂，既有"子乎**叙妕**（嘉）妇好"，也有"妇好告子于丁"，还屡见"子以妇好入于犾"，足证子与妇好关系非比寻常，然决非子母关系。卜辞中不见父丁或母辛、母癸之称，却有父丙与兄丁之称。

三、"子"位高权重而多疾（黄天树论之颇详），其"疾"之种类几与小屯武丁卜辞中"王"（武丁）之"疾"同，而花东卜辞中却很少（未见?）有关于"丁"患某疾之占卜或记载。多疾之"子"或当中年，时刻关注乃至窥测"丁"之行踪。丁非已即位之王亦可断言。

花东卜辞中许多字还不识，不少词语不能确解，更有许多卜辞刮削殆尽，其原文全不可知；目前所论，多属测度，岂敢自是，尚祈识者赐教。

（此为中国古文字研究会第19届年会之大会发言提纲，2012年10月，复旦大学）

高山仰止

——忆陈望道先生二三事

1957年9月，我从常熟负笈上海，跨进复旦大门，成了中文系的一名新生。我的同乡、三年级的张瀛同学向我介绍：我们的校长陈望道先生是第一个将《共产党宣言》译成中文使之在中国传播的，是我国最早的马克思主义者之一，又是我国文法学和修辞学的权威，是中文系的一级教授，大家习惯地尊称他为望老……听了学兄的介绍，真是高兴极了，为有这样的校长而感到无比的自豪。报到后，领到校徽，"复旦大学"四字又是望老的手迹，"复"与"学"都是规范的简化字，佩戴胸前，神清气爽，更增添了对望老的敬仰之情。

开学典礼上，看到了仰慕已久的望老：年近古稀，中等身材，却显得颇为魁梧。在热烈的掌声过后，望老发表了简短的讲话，欢迎新同学，并勉励大家要认真读书。这是我第一次聆听望老的讲话，他略带浙江口音，但词句清晰，都能听懂。我记得他的欢迎辞最有特色，给人印象最深的第一句话是："我代表全校教职员工及其家属向全体新同学表示热烈的欢迎……"但那时候，只觉得新奇和有趣。过了若干年，当我也要向新同学致欢迎辞的时候，才真正体会到"全校教职员工及其家属"的分量。

过了不久，学校号召全校师生提意见，帮助学校各部门整顿并改进工作。那时的提意见，便是贴大字报。不知是谁，贴了一张俏皮的大字报，是给望老提意见的，大意是说："望老，望老，复旦问题多多，浪费严重，你身为校长，为何不望又不道？"借用"望道"二字开玩笑，谁看了都觉得不好，认为是对校长的不尊敬。谁写的呢？估计是中文系或新闻系学生所为。后来听说望老也看到了这张大字报，并不生气，更不追查，而是反躬自省，进一步加强了对学校各部门工作的检查与领导。通过这件事，学生们又进一步看到了老校长宽广坦荡的胸怀。

在复旦求学五年，作为六七千名学生中的一个普通学生，与校长的关系，确是"我认得他而他不认得我"，亲聆校长教诲的机会也屈指可数。幸运的是，我在中文系读书，故除了全校性大会上远远地见到望老并聆听他简短的讲话外（望老讲话一般只有五六分钟），还有机会听望老作学术报告，参加望老主持的一些学术活动，从中受到教育与熏陶。现在回想起来，其中对我教育最深，给我启发和影响最大的一次，便是望老给中文系学生所作的题为《怎样研究文法修辞》的学术讲座。

那是 1957 年 12 月初，在登辉堂，听讲的除全系学生外，许多老师也去了，如张世禄先生、郑权中先生、胡裕树先生等等，因为机会难得。望老的报告言简意赅，生动活泼。他首先指出，研究学术也要讲究立场、观点、方法；接着指出研究有继承性研究与创造性研究之分，并分析了二者的关系："唯其对于文化学术有所继承才能像接力赛跑一样，不是从别人的出发点起步，而是从别人的到达点起步，这样才会越跑越远，越往前走水平越高。"在讲继承性研究时，望老谆谆教导我们说，应该拿代表性的著作加以系统的研究，不要怕难，不要怕繁，要反复阅读；要看出作者的立场、观点、方法；要学习人家研究学问的方法。在谈到读书时，望老特别指出：书中难懂之处可能是作者研究最精、贡献最大的地方，也可能是作者自己也还是想不明白、讲不清楚的地方。遇到这些地方决不能轻易放过。另外，如遇文字特别顺畅，文章气势十足的，也须提高警惕，认真想想是否真有道理，因为错误的东西往往会被这气势所掩盖。在讲创造性研究时，望老又着重教导我们说，研究要从实际出发，"要从我们研究的对象出发，就是研究什么就从什么出发"；研究要探求规律，"单单罗列事实不能算是科学研究，必须能从事实中探求出规律来"，"单摆事实，不讲道理，不能算科学"。望老还告诫大家，如果通外国文，要当心成为中外派（以外国为主）；如果长于古学，要注意不要成为古今派（以古为主，据古论今）。最后，望老勉励大家要成为新的古今中外派，即马列主义派：我们应该屁股坐在中国的今天，一手向外国拿东西，一手向古代要东西。一口气连续讲了两个小时，中间也不休息，我们在轻松愉快的气氛中接受望老关于如何做学问的教育。当时望老只发给大家一份关于"打"字句的例证，事先没有成文的讲稿，很多话是即兴发挥的，所以特别风趣，使人久听而不倦。这次讲座的记录稿，后来发表在上海《学术月刊》上，但记录稿实际上只记了个纲目，比起望老的原话来，逊色许多，还漏记了不少精采的话语。当时没有录音，是极大的遗憾。

1960年11月，望老与吴文祺、邓明以先生联名发表《"文法""语法"名义的演变和我们对文法学科定名的建议》于《文汇报》，上海语言学界随即展开了学术讨论。望老是上海语文学会的会长，学界泰斗，但他虚怀若谷，绝不以权威自居，而是诚恳听取各种意见，还允许我们学生也参加讨论，鼓励我们发表意见。我和徐志民、陈光磊、胡奇光等同学（现均为复旦教授）有幸参加了望老在上海科学会堂主持的关于文法学科定名的讨论会。会上，望老阐明了学术主张后再次表示，希望能听到不同的意见，尤其是反对的意见，以便展开讨论、争鸣。在望老的引导下，有赞成"文法"的，有主张用"语法"的，与会者各抒己见，无拘无束，讨论得热烈非凡。在会上，我们不仅学到许多知识，而且更深切感受到权威学者学术民主的作风，谨严治学的态度。

复旦毕业后，我再也没有机会见到敬爱的望老了，但望老高大的形象始终鼓舞着我这名复旦学子，他关于研究文法修辞的教诲始终是指导我治学写作的座右铭。我没有深入研究文法修辞，我只是把望老的教诲和容庚、商承祚先生对我的指导结合起来，运用于古文字学、甲骨文字的研究，尽力走一条属于自己的学术道路。望老可能不认识我这名学生，但他给予我的教诲，却使我终生受益。

陈望道先生是浙江义乌人，生于1890年12月9日，卒于1977年10月29

日。在纪念望老逝世二十周年之际,谨献此小文以寄缅怀之忱。

1996 年 11 月初稿
1997 年 10 月修订
(原载广州《看世界》杂志 1997 年第 1 期)

附记:

关于陈望道先生的生年,经陈光磊考证,应为清光绪十七年腊月初九,即公元 1892 年元月 8 日。有望道先生之父手订之族谱为证,可信。以往关于望老出生年月之说均误。陈文《陈望道生年考订》,发表于 2022 年 9 月 24 日《文汇报·文汇学人》。

怀念容庚先生

1983年3月6日，我国著名的古文字学家、考古学家容庚教授不幸病逝，终年90岁。骤闻凶讯，悲从中来，不能自已。四年多过去了，但先生的容貌时现眼前，先生的教诲常绕耳际。

我初次拜见容先生，是在1962年的初秋。那时，我从复旦大学毕业，由沪至穗，从容、商（承祚）二老治古文字。在此之前，我只知容先生是广东省东莞人，字希白，号颂斋，撰有厚厚的《金文编》以及不易读懂的《商周彝器通考》，至于先生的性格、为人，则一无所知。到中山大学后，当晚便请同学陪我去叩见容先生。那时容先生年近古稀，两鬓苍苍，须眉皆白，穿一身本色府绸的中式衫裤，足着白袜，黑布鞋，笑呵呵地伸出手来，同我握手，表示欢迎。我赶忙鞠躬，通报姓名。当容先生询知我家在苏南常熟时，便爽朗地笑了，风趣地说："啊，你原来是翁相国（同龢）的同乡，是从出状元的地方来的啊！"经他老人家这么一说，初见导师时的拘谨、紧张情绪一下子全消除了。初次谒见，容先生给我留下了深刻的印象：率直，爽朗，随和，没有架子。

以后我每隔半月左右就去谒见容先生，问字质疑。有时和同学一起去，有时单独去。不论何时前往，先生总是立即接见，他解答疑难，指点迷津，有问必答，从不知疲倦。有时谈完正事，便海阔天空，谈"山海经"。通常是先生侃侃而谈，我们洗耳恭听。他谈自己怎样从一个中学生成为大学教授；谈他怎样在舅父邓尔雅指导下学习篆刻、古文字；谈他怎样从南粤北上天津叩见罗振玉，怎样在罗氏指导和帮助下完成并出版《金文编》这部成名之作；他谈与郭沫若的情谊，怎样与郭沫若书信往来，探讨学术；他谈与商老、于省吾、唐兰、董作宾等学者的交往、情谊……这类谈话使我加深了对先生的了解，更重要的，是在治学方法、治学态度方面得到许多启示，促我奋发、上进。

在容、商二老指导下研究古文字，既自由，又紧张。他们的指导，主要是研究方向，研究方法的指导。说来似乎简单，要做到却非易事，特别是容先生，他反复强调，要我注意的是三条：一、苦练基本功，认真临写小篆、金文、甲骨文，打好基础。容先生常说，不能嘴上说得天花乱坠，提起笔来却写不出几个象样的古文字。二、向前辈学者学习，认真读罗振玉、王国维的古文字学论著，还要仔细研究郭沫若的著作，看看他们是怎样做学问的。容先生十分钦佩郭沫若的聪明才智，认为郭沫若很有搜罗、驾驭材料的本事，很能抓题目。先生曾风趣地说，当年郭沫若初到日本，两手空空，可他利用别人已经发表的材料进行研究，好像高明的厨师炒菜一般，"炒"出了一部又一部高水平的古文字著作。三、多读书，广泛接触第一手资料，从原材料中找问题，抓题目。先生曾开玩笑地说，他培养研究生是"土法上马"，一不上课，二不考试。不知情者误以为这是放任自流呢。殊不知容先生最讲实效，最恨形式主义，他期望的是能著书立说、有贡献的人材。为此，他老人家在我们后辈身上不知倾注了多少心血！

容先生研究学问，意志顽强，百折不挠。总其一生，发表的专著有二十余部，论文有五十余篇，可谓著作等身，饮誉中外。但先生虚怀若谷，从不以此为满足。晚年仍孜孜不倦地潜心研究，还不时发出"学海无边"、"识字不多"之叹。可以说，世间没有任何力量可以阻止他钻研学问，使他放下手中的笔。在那十年动乱的岁月里，容先生身处逆境，备受迫害、摧残。但就在这样的境遇中，他毅然决定修订《金文编》，根据1959年以来新出土的资料，吸收新的研究成果，加以增补，有时上午挨整，下午干！白天遭批斗，晚上干。一有空，就打开书稿，废寝忘食地工作。

容先生著作等身，学问渊博，是个大学者，但他又是一个普通老百姓。他态度和蔼，平易近人，对后学晚辈尤其关怀备至。几乎什么人都可以和他接近，向他请教学问，借阅书刊，求他墨宝。他终年布衣布履，自奉极俭。年逾古稀，因公赴省市有关单位，仍骑自行车往返，谢绝小车接送。80岁以后，经家人及朋友劝说，他不再骑自行车了，而乘坐公共汽车，因为他觉得这是天经地义，理所当然的。

容先生是学者、教授，终身从事学术研究，平日似乎不问政治；但一旦"问"起来，却特别认真，从不计个人利害得失。反右派斗争期间，他多次跑到校党委，为几名"右派"申辩，说他们冤枉，不是右派，以致被警告必须"悬崖勒马"。"文革"之初，姚文元大批《海瑞罢官》及"三家村"时，他公开指出"这是兴文字狱"。"批林批孔"之际，他当众指斥某教授文章的谬误，说批孔无必要，对孔子不可全盘否定。先生敢于坚持真理的高尚品格，是我们后学者的好榜样。他是青年学子之良师，是中国共产党之诤友。中大师生读得懂或读过容先生著作者不多，但都尊敬他，打倒"四人帮"后，大家更加敬重他了。

容先生又是极重感情、友谊的人。他对指引他走上学术道路的罗振玉感情尤深。尽管罗氏是清室遗老，但容先生从不忌讳，而是正确地对待罗氏的功过。容先生曾著文自述罗氏当年对他的指导和帮助。到晚年，每当谈及自己的治学道路，总要说："没有罗振玉，就没有我今日的容庚。"尊敬、感激之情溢于言表。先生如此尊师重道对我们后学者同样是一种深刻的教育。

容先生离开了我们，但为我们留下了大量的精神财富。他的著作常在，精神永存。人们永远会纪念这位曾对祖国的学术文化事业作出过杰出贡献的学者的。

（原载《文物天地》1988年第2期）

忆容庚师

一

大凡学习和研究古文字、接触过金文的人，恐怕没有不知道容庚先生的名字及其籍贯的吧。这自然是由于先生所编《金文编》是治古文字者都要用的工具书，而《武英殿彝器图录》、《宝蕴楼彝器图录》、《颂斋吉金图录》、《秦金文录》、《汉金文录》、《海外吉金图录》、《古石刻零拾》等书，又大都署着"东莞容庚"四字的缘故。"读其书，想见其为人"，是很自然的事。特别是在先生作古之后，研读先生著作而想见其为人的读者恐怕更不在少数。

容师名庚，字希白，号颂斋，1894年生于广东东莞。老一辈的人称他为希白，我们后辈则习惯地尊称他为容老。他把毕生精力贡献给了学术文化事业，共出版了二十多部著作，发表了五十多篇学术论文。晚年不慎跌断股骨以致卧床不起，而于1983年病逝，享年九十。先生病逝后，在广州殡仪馆举行过隆重的追悼大会，由当时的广东省政协主席尹林平主持，中山大学校长黄焕秋致悼词，广东许多报刊先后刊登了悼念文章。中国古文字研究会、中华书局语言编辑室特将《古文字研究》第十二辑作为纪念先生的专辑出版，用以寄托哀思与悼念之情。我也曾应一家杂志之约，写过怀念的文字。十年来，已有许多人发表了许多诗文，纪念这位饮誉海内外的著名学者。现在，我又该从何写起呢？

说实在的，倘若先生泉下有知，按他老人家的脾气，那些纪念文章，不说全部，至少大部分是不会同意发表的。容老生前绝不当面恭维别人，也不喜别人恭维他，更不赞成记者去宣传他。记得打倒"四人帮"，"文革"结束，容老获得"解放"落实政策后，在一次会上，许多人发言一致肯定了容老的爱国热忱、刚正不阿、治学严谨、提携后进，以及以往受冲击、挨批判之冤枉……有位曾批判过容老的先生还当场向他表示歉意。但容老的发言却出人意表："几十年来关于我容庚的是是非非，我自己也说不清，算了，不说也罢。我不像过去说的那样坏，也不像今天大家说的那么好。我还是我容庚。"不久，新华总社派来一名颇有经验的女记者采访容老。容老及师母对这位记者很好，并多次请她吃饭。待到这位记者要下笔之时，令她意外的却是容老的衷心劝告："不要写了，写也肯定写不好。第一，我的所谓成就都是解放前取得的，而且大都是在燕京大学完成的，解放后一个字也没有。第二，我的家庭出身是地主，我的老师罗振玉又当过汉奸，你怎么写？"后来记者将稿子寄给容老审阅，他就是不同意发表，把它压了下来。1980年春，《南方日报》两名记者来采访容老，容老也是照例劝他们去找别人，休要打他的主意；待到文章写成，容老同样把它压下，根本不提什么意见，只是叫他们不要发表。《南方日报》这两位没有新华社那位老实，他们后来还是悄悄地把文章登出来了。容老是否看到，看到后如何评论，不清楚；但他老人家不同意这样宣传他，则是中山大学许多同事都知道的。所以我敢说，一些颂扬他的文字，如征求他的意见，他是决不会同意发表的。

最难使人理解的，莫过于容庚师常说的"解放后没写过一个字"或"回岭南后没写过一个字"这句话了。解放后，容庚师发表过不少论文，出版过《殷周青铜器通论》，《金文编》第三版，还有上百万言的《丛帖目》、《颂斋书画小记》等手稿，可他老是说"没写过一个字"。这到底是何缘故？有一次我直接向容老提出了这个问题。他叹了口气，说："那些怎么能算呢？书和文章都是解放前写的,现在只是作些修改补充或改写而已。至于书画小记之类,只是玩玩而已,不能算数的。"我终于明白了"一个字"的深刻含义和分量。对一个学者来说,那指的是新的贡献与建树,是有创造性的论著。容庚师给自己订的是这样高的标准,所以晚年还讲一些令人惊讶不已乃至莫名其妙的话:"我现在不知道自己该怎样工作。""老了,该退休了,不能'挂牌不唱戏'。""搞了一辈子金文,还有许多字不识,许多铭文连断句都难。谁能断句,我拜他为师。"

实际上,容老对学问孜孜以求,从未间断,即便"文革"期间身处逆境,仍毅然决定对第三版《金文编》再作大规模修订,直到因病卧床之前,此项工作一直在进行着。他的一些论文,经补充、改写,更具有权威性,如《鸟书考》和《宋代吉金书籍述评》。《清代吉金书籍述评》作为《宋代吉金书籍述评》一文的姊妹篇,是60年代初的新作,但容老仍说:"……事过境迁,学无寸进,此篇之作,聊续旧稿而已。"依然不在"一个字"之列,其责己之严亦于此可见。

一般说来,责己严而责人宽。容庚师责己固严,有时"责人"却也并不宽。这主要是对多年挚交的老友和与他关系密切的晚辈。向以率直真诚著称的容老,不隐瞒政治观点,虽因言贾祸亦无悔,这已是众所周知的了。对于老友和自己的学生,如有意见,他也直截了当,不含糊。在这方面,他与商老的关系堪称典型。

商老,即商承祚师,字锡永,号契斋,少容庚师八岁。二老结交垂60年,不仅同乡(广东),而且同学、同行、同事,情深谊厚,非他人可比。可是二老亦常"抬杠"(争论),有时还当着我们后辈的面"抬"得面红耳赤。"抬"完"杠",又和好如初。有时"抬"得激烈,容老急不择言,往往有半似戏言半似责难之辞,如"你是甲骨文的逃兵","几十年来做了些什么?"(炜湛谨案:"逃兵",指商老早年撰《殷虚文字类编》一书少年成名,此后即未再修订改编,而转事石刻篆文、金文、竹简等方面的研究。)每闻此言,商老往往不辩不驳,以示让他三分。有一次二老"抬"完"杠",我陪容老回家,曾问道："商老解放后出版过好几种著作，发表过不少重要论文，怎么能说他几十年间没做什么呢？"容老答道："你看重要，我看却并不那么重要。"听他这么一说，我自然"没词"了。真是爱之深则责之严。也许在容老看来，商老也是"解放后没写过一个字"吧？不过，无论怎么说，容老"一个字"的标准，实在是太高、太高了，以此责己责友，也实在是太严、太严了。

二

　　我生也晚，60年代初期才蒙容（希白）商（锡永）二老收为弟子，得列门墙，亲聆教诲。其时容老年近古稀，刚刚北上考察归来，正着手修订《商周彝器通考》。隔不几年，便是"文革"动乱，容老成了"反动学术权威"，备受冲击，我也于1968年秋被分配至广西少数民族地区工作。五年后奉调回中山大学，容老已是八十高龄，正伏案增补《金文编》，准备出版第四版。容老以手稿相示，我粗粗翻阅，发现已增补了许多新资料，不少原先不识之字被认出来了，有些字又被归进了附录，内心欣喜之极，也钦佩之极。为便于学习，我向先生借了稿本，仔细研读，并将修订部分过录到我于1962年冬至1963年春临写的《金文编》抄本上。也许是对我的笨工夫尚觉满意之故吧，当我请求为手抄本题签时，容老便欣然命笔，以篆书赐题《金文编钞本》五字，以楷书落款，并钤以"颂斋八十岁后作"朱文印。时至今日，先生作古已整整十年，可先生当年一丝不苟地为这手抄本题签的情景还历历在目，十分清晰。

　　回校不久，在一次闲谈中，容老鼓励我"写本书"。那正是"斗私批修"、"狠批私字一闪念"的年代，凡事讲"集体"，写文章多用集体名义，很少署个人姓名，更何况是写书呢？个人写了恐怕也不能出版。容老见我有疑虑，又鼓励说："有书总比没书好，现在不能出版，说不定十年后能出版呢。"听着容老的话，我是将信将疑，心想如果写成本书且能出版，当然是非常令人高兴的事。谁也没想到，过了不到三年，"大快人心事，揪出四人帮"，"文革"结束，科学的春天随之来临，写书的愿望可以实现了。我决意先做一本关于甲骨文的书，顺便把自己的学习心得整理一番。先拟了个初步的纲目，但书名起什么好呢？曾考虑叫"甲骨文浅说"或"甲骨文漫谈"。容老看了我的写作提纲后说："不要写浅说，也不要叫漫谈，应该写通论通考之类的著作。"容老的意见是应该写学术专著，不要去弄一般性的东西。我为我的能力得到容老的肯定而深受鼓舞。后来在商老的具体指导下于80年代初完成了一部关于甲骨文的书稿。其时容老已届八十八岁高龄，虽没有精力予以审阅，仍欣然为这部浅薄的稿子题写了书名：《甲骨文简论》，成为留给我的最后的也是永久的纪念品。十分遗憾的是，由于排印困难，此书面世时，容老已辞世四年多，再也无法呈请他老人家诲正了。

我追随容老左右，前后二十余年，问字质疑，请益学问，容老对我是鼓励多，批评少。但有两次批评却使我深受教育，印象极为深刻。

第一次是1974年春夏之交"评法批儒"时期，《光明日报》社寄来组稿函，并附选题，其中有一个关于《说文解字》的题目。我与一位同事就选了这个题目，做起批判《说文解字》的文章来。文章写成后，呈请容老审阅。原以为他会表示支持。谁知容老阅后，竟大不以为然，说："许慎已死了一千八百多年，还去批他干什么？"又说："你们批许慎，不要把我牵扯进去。"又指出文稿中一处笔误，不该将"微言大义"的"义"写成"意"。按容老的意见，批孔无必要，批许更无必要，这类文章根本不必做，做了也罢，不必发表。但在那时的政治气候下，在极"左"思潮影响下，我们没有认真考虑容老的意见，还是将文章寄出去了。文章发表后，容老对我说："你射了许慎一箭。"后来又好几次说到："陈炜湛射许慎一箭。"事实业已证明，我们那篇文章确是过火之作，这一箭是不该射的，容老的批评是完全正确的。

第二次是在五年后的1979年春天。中山大学古文字学研究室在商老领导下，积极筹备中国古文字研究会第二届年会，大家正准备论文。我写了一篇题为《郭沫若〈释五十〉补说》的短文呈请容老审阅。这是我研究生毕业后首次将有关甲骨文研究的文稿送到他老人家手上。原以为容老会像以往那样勉励几句，谁知他阅后却很不高兴地对我说："文章本身没什么问题，也可以拿出去发表。但是你研究了十几年甲骨文，就这么几千字的成果？"容老的意思显然是，这样"补说"性的文章拿到年会上去，不够分量，不行。听了容老的批评，我着实冒了一身汗，只得赶忙答道："这是学习郭老《释五十》一文的心得，参加年会的论文另外再做。"在容老的鞭策下，我抓紧时间，赶写了一篇《卜辞文法三题》；又利用暑假，与曾宪通兄合作撰写了《论罗振玉和王国维在古文字学领域内的地位与影响》，提交年会讨论，得到不少专家的肯定与好评。后据黄光武兄见告，容老读了油印本《论罗振玉……》一文后，亦颇表赞赏，并说："这样的文章早就该写了。"这也是容商二老的风格：不当面赞扬自己的学生。现在回想起来，当年若非容老严肃批评，出一身汗，可能就会满足于有一孔之见的短文，而《卜辞文法三题》和《论罗振玉……》二文也许就写不成了，或要拖相当长时间才完成得了。从这次批评之后，每接到学术会议通知，再也不敢怠慢，总要认真对待，如决定参加，就尽力写出较为像样的文章以赴会。

现容老辞世虽已十年，但容老对我的教诲，包括鼓励与批评，却仍时绕耳际，师恩如海，容老的教诲令我受益终身，自当永志不忘。容老生前常说：没有罗振玉，就没有我今日之容庚。同样道理，没有容、商二老，又何来我今日之陈炜湛。

三

容老晚年宴客，喜在南园酒家举行。南园，建于60年代初，距中山大学校门约两公里，坐公共汽车仅三四个站，约十余分钟可达；若"打的"则毋待跳"表"（计价器）已到，极为方便。据说是园乃陶铸当年主持中共中央中南局工作时提议修建者，纯属园林式酒家，有修竹幽篁，小桥流水，堪称环境秀美，景色宜人。宴客其中，情趣盎然。园内复有"林中林"，其匾为容老手书金文，拙朴古雅。酒家经理与容老极熟，但闻容教授宴客，必趋前问候，热忱接待，服务至为周到，且菜肴精致，价格相宜。有此几层原因，故容老宴客最喜在南园也。

1978年春，我自常熟迁家来穗。到校第二日下午即挈妇将雏拜谒容老，当晚容老并师母即赐饭于南园。犬子小女初至大都市便进大酒家，与当代大学者共进晚餐，其乐其喜自不待言，乃出世第一回也。

是年冬的一天上午，《汉语大字典》编辑组的方敬、徐永年等先生一行六人由蜀来粤，访问中大古文字学研究室。适商老等赴长春参加中国古文字学学术讨论会。研究室只剩下因故未能赴会的容老、我及黄光武兄。容老热情会见了方敬先生一行，对大字典的编纂极为赞赏，认为是"伟大的计划"，并出示《金文编》修订本手稿，借予编辑组带回寓处细阅，还同意照相、引用。谈话告一段落，容老即邀客至南园"便饭"，命我和光武兄作陪。名曰便饭，论其规格实乃丰盛之筵席。席间继续就字典编纂等问题相互切磋，交换意见，彼此畅所欲言，宾主尽欢而散。容老对客人极其热诚、极端信任的态度，使客人们深受感动，也更尊敬这位学术界的老前辈。

容老宴请学术界友人，常命弟子作陪，一则增添气氛，再则令弟子于席间与并世学者多接触、多交谈，便于日后进一步联系，请益学问，用意甚深。我即多次奉命作陪，上文所述宴请方敬、徐永年先生一行便是一例。此外又如：1979年春宴请罗福颐先生；是年冬，中国古文字研究会第二次年会举行前夕，宴请徐中舒先生及其得意门生伍仕谦先生；1980年春夏之交宴请王力先生夫妇，我与曾宪通兄均有幸奉命作陪。

容老平时极少饮酒，唯南园宴客，每次必饮白兰地酒一二杯，且必举杯致辞以表欢迎之诚，辞中常有"不成敬意"之类的谦词。夫子有言曰：设宴待客，无酒不成宴；有酒而主人不喝，客人也喝不成或虽喝也不痛快了。

附记：

本文作于1993年夏，其中第一部分曾刊于《语文建设》（北京）1993年第 11 期。全文原载《东莞文史》第 29 期《东莞近百年文化名人专辑》，1998 年 12 月。

关于《先师容希白先生遗训》的一些说明

一九八三年三月六日，恩师容希白先生仙逝，享年九十。炜湛追随先生左右，前后逾二十年，时聆教诲，铭诸五内。一九八五年十一月，将当时记忆所及希白师关于治学为人之语录为一辑，凡十五则，颜之曰《先师容希白先生遗训》（以下简称《遗训》），原意只是永志不忘，留示后人，未尝有发表之念。前年易新农、夏和顺著《容庚传》出版，在中山大学中文系举行的首发式暨座谈会上，炜湛言及先师恩泽及其晚年独特言论，出示《遗训》，遂渐为人知。步云弟请假观，移录一过，而置诸中山大学文体网，谓"以为后人鉴"，遂为网友所知闻。然而《遗训》极为简略，如不作适当说明或解释，读者颇难理解其真谛，甚至有可能错解误会。

今年是先师逝世三十周年，明年又将迎来其百二十周年诞辰。近日重温遗训，思绪万千，先师音容笑貌又宛在眼前，深感有必要也有责任对已公之于世的十五则《遗训》作一些说明和解释。兹谨依次扼要说明如下：

一、"广东不是做学问的地方。"

二、"中大不是做学问的地方。"

所言"学问"主要是指古器物古文字之学。广东不乏大学问家，中大也有许多权威学者在做"学问"，先生此论实独有所指。容先生早年北上京师求学，得览大量古器物古文字，在罗振玉、王国维、马衡、沈兼士等知名学者指导与帮助下，以《金文编》一书名世，燕京大学聘为襄教授。广东大学（中山大学之前身）成立后欲聘之为教授，且许以高薪，容先生婉辞不受，认为北京乃学术之都，广东图书资料匮乏，青铜器等实物不足，若离京南下，则学术研究难以为继，是以常居京师，潜心著述乃至抗日火起仍淹留不忍去。抗战胜利后离京南归，实属不得已之举。南归后，由于客观条件的限制，青铜器的研究即处停顿状态，嗣后虽数度欲改编《商周彝器通考》，终因资料等原因而未能顺利进行。"文革"前后，"做学问"的环境愈益恶劣，相比当年在燕京大学期间做学问左右逢源如鱼得水的景况，无异天壤，先生遂有此感慨之论，且告诫弟子，要到文物荟萃之地参观学习，'多接触实物，尽可能收集并研究新材料。

三、"搞古文字是没有出路的。"

古文字学素称绝学，常用力多而成功少，须潜心于斯，多年积累，方可稍见成效，绝不可能一蹴而就，凭花拳绣腿取得成功。是以若想藉古文字而找"出路"——谋官、获利乃至飞黄腾达，则必落空。

四、"要学郭沫若，想自己的题目。"

"题目"实泛指研究方向、课题，并不仅限于论文。容先生对郭沫若极钦佩，认为他善于利用已刊的古文字材料作文著书，故常教诲弟子，应多读郭沫若的书，从中领悟治学之道，学习他"抓题目"的本领。事实上，"想题目"的过程，正是广泛阅读、潜心研究的过程，也是点滴积累反复思考的过程。所以，"题目"必须自己"想"。这方面，郭沫若是榜样，应该向他学习。倘能"想"到前人未之及而不可无的"题目"，便是大收获，抓住它，便成功一半。倘能"想"到（发现）以往研究者之重大失误或疏漏，亦即对立面，自认真理在握，亦属大好事，抓住它，也是好题目。先生此训，旨在强调独立思考，从事创造性研究。

五、"中国人喜欢独唱，不喜欢合唱。"

此系比喻，以"唱"喻学术研究，尤其是社会科学研究。文革期间强调集体，凡"编著"、"编写"、"编注"诸书均署集体名，多称某某编著组、某某编写组、某某编注组，或某某整理小组，中山大学中文系亦不例外，出版物但见组名，不见人名。容先生对此颇为不满，认为这是不负责任、不敢负责任的表现。"集体负责,谁也不负责。"著书立说,刊之当世,流布四方,传诸后人,作者署其名亦即负其责。待到"文革"终结,"科学的春天"来临,三十余年来"独唱"者日多,"合唱"者渐稀。至于"独"与"合"的相互关系及各自优势则见仁见智,各人见解容有差异,但"合"之多弊则是不争之事实。且"合唱"者中难免有不听指挥者,有滥竽充数者,有心不在焉而不发声者,有装模作样而假唱者,欲望"合唱"成功实难乎其难。一旦令其"独"唱,关乎个人声名颜面,自不敢草率乱"唱"了。

六、"搞政治的不要怕搞业务的,搞业务的不要怕搞政治的。"

政治与业务,红与专,这曾是长期困扰中国新老知识分子的一个重要命题。相对于"搞业务"的专业人员而言,"搞政治"的若不熟悉相应业务,易被视为外行乃至有空头政治之嫌。而精通业务者平时少问乃至不问政治,又有被目为"走白专道路"、"只专不红"之虞。在极左思潮肆虐时代,先生便曾成为"拔白旗"对象,一大批优秀知识分子被视为"白专"典型;而在专业人士心目中,某些"搞政治的"以整人为能事,一旦得罪之便不免挨整,是以可"怕"。而某些"搞政治的"内心深处也生怕被人看不起,被"搞业务的"讥为不学无术的空头政治家,是亦可"怕"。在高等学校、研究机构,知识分子成堆之处,此为普遍现象。改革开放之后,随着极左思潮逐渐清除,情形大变,容先生乃有是论:搞政治的与搞业务的不要互怕,而应携手并进。

七、"为人民服务,不要为家庭服务。"

这是容先生针对某些人以"家务多"为藉口忙于家事而无心公事,不认真工作且推诿敷衍提出的批评,强调应摆正家事与公事的关系,要为人民服务,做好本职工作。

八、"填鸭式没有什么不好,只要会填,又肥又大。"

1965—1966年间,"教学改革"内容之一便是强调启发式教学,批判灌输式,而将后者喻为填鸭式。容先生认为,教学中适当"灌输"是有必要的;"填鸭"亦有高下之分,并非一概不好。"会填"者"填"出来的"鸭",如北京鸭,确是又肥又大,人见人爱。其实,容先生最擅长于启发式教学,他指导研究生，总是强调"师父领进门，修行靠自身"，启发、鼓励学生独立思考，精研原材料，取法前贤，想自己的题目，而绝无"填鸭式"的授课形式（商师锡永先生亦然）。炜湛从师治学有年，即从无被"填"之感。

九、"教材都是资产阶级的？把无产阶级的拿来看看。"

"文革"后期，校、系主管教学者于教材建设颇为重视，为编新教材，常将原有的教材斥为"资产阶级的"，声称要编出"马克思主义的"或云"无产阶级的"教材。以往的教材无论如何不可能"都是资产阶级的"，容先生只是对这种形而上学的说法甚为反感，故有此问。事实上，并非每一学科的教材都具有强烈的阶级性，都可依阶级属性予以分类。就中国语言文学而论，迄今也无法认定有多少种教材是"无产阶级的"，再则，几部同一学科的教材（如古代汉语、古文字学）放在一起，也断难依阶级属性分别作出评判，评判的标准只能是学术——是否代表或反映编著时的学术水平，是否吸收了当时最新研究成果。

十、"我是一匹野马，我是一把鬼锁。"

野马鬼锁之喻，或谓源自上世纪五十年代的一份"交心材料"。这是容先生对自己性格特征的形象化表述。"野马"性烈难驯，非"马术"高超者不能御之；"鬼锁"古怪奇特，绝非寻常钥匙所可开启。谚云"一把钥匙开一把锁"，开锁者必须对所开之"锁"有正确认识深入了解。对为政者而言，如何驯"野马"、开"鬼锁"，在相当长的一段时间内，确是曾经忽略了或未作认真研究的问题。炜湛从师治学，亦尝闻先生有此自喻，言毕复哈哈一笑而止。

十一、"无钱卦不灵，有钱卦就灵。"

世间金钱并非万能，然许多事若无金钱又万万不能，学术研究即其一。"文革"后，商先生曾筹划出版《中山大学古文字研究室集刊》，鼓励、支持研究室人员撰写论文，以《集刊》形式刊行。首集文稿（自商先生以下，张维持、马国权、曾宪通、张振林、孙稚雏、陈炜湛等均撰有论文）均经商先生审定并请廖蕴玉先生缮写，终因无经费，未能刊行。容先生乃叹曰："无钱卦不灵，有钱卦就灵。"以占卦为喻，不无金钱至上之嫌，但确是当年"无钱"

出集刊而引发的感慨。学术研究尤其是古文字研究赚不到金钱，却需要有金钱（或曰经费）支持，这一点，饶公选堂先生亦有同感。上世纪八十年代初炜湛随选堂先生游晋南，言及在日举办书画展览事，饶公曰："为了做研究、考察古迹（遗址、墓葬等），要想法赚点钱，我在日本办书画展，便是赚日本人的钱支持我的学术研究。"善哉斯言！奈何吾师终其老而未悟及此也。

十二、"没有罗振玉，就没有我容庚。"

这是容先生晚年常说的一句话，不论处境顺逆，亦不论面对弟子后学或来访宾客，只要言及其学术成就，言及青铜器及铭文研究，言及其成名之作《金文编》，都少不了这句感恩之言。这是发自肺腑的最浓缩的感恩之言，历数十年而不易以至终老。罗氏当年的知遇之恩，容先生真正做到了感激终生，没齿不忘。

十三、"不要同郭沫若辩论，文章写不过他。也不要去惹唐兰、于省吾。"

容先生常言："文章写不过郭老（沫若），字写不过商老（承祚）。""文革"前，在关于王羲之兰亭序帖真伪的论争中，容先生保持沉默，未发表意见，商先生则撰长文《论东晋的书法风格并及兰亭序》（刊于《中山大学学报》一九六六年第一期）与郭沫若辩论。未几，"文革"火起，论争遂停。一九七六年春，陕西临潼出土西周初之重器利簋，引起文物考古界的重视，唐兰、于省吾均作了考释，商先生则撰《关于利簋铭文的释读——与唐兰、于省吾同志商榷》一文，刊诸一九七八年《中山大学学报》第二期。文章发表后，于氏很快给中大学报寄来答辩文章，学报编辑征询商先生意见，商先生说："当然照登。"于文随即刊出。容先生"不要……""也不要……"之论既是对商先生的友善劝告，更是对弟子们的诫勉，恐怕也是他几十年学术生涯中积累的经验之谈。此论前半句易解，因为文章写不过；后半句则颇费解，为何"不要去惹"？莫非容先生认为唐、于二氏"难缠"？炜湛姑留此疑，以俟高明释之。

十四、"做学问写文章犹如厨师炒菜。"

此喻极为通俗易懂，毋须再作解释。与此类似者，容先生另有一说："戏法人人会变,各有巧妙不同。"旨在强调治学为文应有创造性,有与众不同之独特与高超。

十五、"不能挂牌不唱戏。"

梨园规矩,角儿挂牌唱戏,天经地义。容先生晚年曾多次要求退休而不可得,说:"国家规定六十岁退休,我八十多岁还不让退,没道理。"为何要退休?除了"年老耳聋眼花手颤"外,"不能挂牌不唱戏"便是重要的一个理由。随着年事日高,虽心系学术而不能忘怀,容先生总觉得自己"挂"着教授的牌子,但实在已"唱"不了教授该"唱"的戏了。他有时还同年轻人开玩笑:"不让退休,叫我白领工资。不教书,不做事,拿的钱比你(们)整天上班的还多,不公平。"在容先生看来,在位者谋其政,任职者谋其事,如同演员挂牌唱戏,方为正常现象。环顾当今高校,挂各种"牌"而不唱相应之"戏"者不知凡几,容先生此训亦足振聋发聩。

二零一三年八月写于三鉴斋

(原载《古文字论坛》第一辑,中山大学出版社,2015年1月)

论容庚精神

——为纪念容庚师一百二十周年诞辰而作

也许有读者一看题目,便要责难:弟子直书恩师名讳且论其精神,可乎?大不敬也。

也许有读者看到这题目,便要质疑:容庚有何"精神"可论?若每个学者都冠以某某精神,岂不"精神"满天飞?

也许有读者看了这题目,便要摇头:弟子论师多谀,不能公允,即使公允无谀,又有何意义?于世何益?

炜湛愿先行作答。一、古有临文不讳之例,直书恩师名讳,只为行文方便且求一致,不得已耳,非敢有丝毫不敬也。相信恩师在天之灵亦必予恕宥。二、并非每个学者皆有值得后辈敬仰而阐述的"精神",而容庚之有别于其前辈同侪,足令后辈敬仰有加者,固因其著述宏富,更缘于其独特之精神。举例而言,为一部著作前后倾注六十余年心血以期完善,而将历年积累之百余万言手稿视为"只是玩玩而已,不能算数"之作,除容庚外,并世尚有何人?此即容庚精神!"容庚精神"之外,当然还可有其他学者之与众不同而有益于世的精神,诸种精神固可并存而共耀于世,然决无"满天飞"之虞也。三、弟子论师,必有谀词乎?非也。鲁迅论章太炎便是一证。在古文字学界,近者如姚孝遂之论于省吾,黄德宽等之论姚孝遂,张永山之论张政烺,裘锡圭之论胡厚宣,吾见其真情实感也,谀词则未之见也。且弟子之谀师,犹臣工之谀君,各有所图,当在生前,不在身后。今炜湛之敢论容庚精神,实缘近年目睹学界诸多怪象，深感若容庚在，必直斥其非，或笑而齿冷。当今学界（古文字学），亟需宏扬正气，激励后进，祛除浮躁，容庚精神实乃一剂良药。宏扬容庚精神，有利于学术，亦即有益于世。

炜湛之所谓容庚精神，乃指作为学者的容庚精神。其中有些是与其同时代的一些学者所共有的，如爱国、刻苦、真诚，而容庚又有其特殊性；有些则是唯独容庚具有而鲜见其匹者。终身治学坚忍不拔，诚信无城府，自信自持不自伐乃其核心。约而言之，当有七端，请依次述之。

一、真诚爱国，不论顺逆，虽九死而无悔

对于容庚的爱国热诚、刻苦治学，是举世公认，不容置疑的。曾宪通、张振林、陈初生等均有文述说。最难能可贵、令人肃然起敬者，在于容庚之爱国情怀，熔铸于学术，而且不论处境之顺逆。旧中国积贫积弱，饱受列强欺凌，珍贵文物若商周青铜器为人巧取豪夺，流失海外。容庚痛心疾首，发愤而著《海外吉金图录》，首录流落日本之重要器物以昭告世人。"九·一八"事变后，立即停止寄予旅居日本之郭沫若一切新发现的古文字古器物资料，以免落入敌手，并敦促郭氏早日归国。新中国成立后，政治运动不断，容庚亦屡直言贾"祸"，不免时处逆境，但爱国之情不变，依然潜心学术，为国家的文化教育事业努力工作，绝无消沉怠惰之日。一旦受命为国效力，即欣然而往，功成而归。文革期间备受冲击而不废著述。境外某大学闻其处境艰辛，曾派员登门敦请，并许以高位厚酬。容庚不为所动，当即谢绝，并表示境况虽差亦不可去国他往。可谓处逆境而不变初衷。容庚素来直言无忌，至老不渝。文革后期，炜湛尝闻夫子言曰："共产党比国民党好，新中国比旧中国好，建国以来成就巨大，有目共睹，谁都知道。但十亿人口个个唱赞歌，没有人出来说话，也未必是好事。"所谓"说话"，当指批评进谏。事实证明，容庚当年"说"的"话"，有不少是正确的。特别是那些惊世骇俗令人捏把汗的话，生前遭批判

的话，现在看来却是很了不起的。如反右派时说中山大学中文系几位教授被划为右派是"冤枉的"，"他们不是右派"；文革之初说批海瑞罢官，批"三家村"等"有点像兴文字狱"；"评法批儒"期间说"批孔无必要"，"批许（慎）更无必要"。爱国直言之容庚，实乃共和国之谏臣，共产党之诤友，不可多得者也。

二、刻苦治学，锲而不舍，无论顺逆，至老弥笃

容庚著述一生，论作宏富，世所公认。他少时即"有饭蔬衣练穷遐方绝域尽天下古文奇字之志"，毕生坚持，矢志不移。最令人钦敬者，早年（1922）挟《金文编》稿本谒罗振玉时，罗氏即予认可并促其印行，容庚却觉得所见未广，尚须增益删改，并不急于面世求名。他尽观罗氏所藏金文资料，潜心研究，精心编撰，三年后（1925）才影印行世。嗣后复从事秦汉金文之搜集研究，先后成《秦汉金文录》、《金文续编》，并继续搜集商周金文，于1939年出版《金文编》第二版；又越二十年，于1959年出版第三版；嗣后复继续修订、增补，文革之中，身处逆境仍孜孜于此，并毅然决定出版第四版，为此殚精竭虑，直至因病卧床不起（1982）。其晚年伏案增补修订情景，至今尚历历在目。汉有许慎作《说文解字》倾注毕生精力，后人言许慎但知其有《说文》而不论其他；清有段玉裁作《说文解字注》，亦倾注毕生精力，后人言段氏但知其有《说文注》而不及其他；今有容庚作《金文编》，亦倾注毕生精力，若干年后，学人言容庚，大概也但知其有《金文编》而不论其他吧。一部《金文编》，集中体现了容庚治学精神。

三、鉴古知今，与时俱进，支持文字改革，身体力行，始终如一

研究古文字，关注今文字，这也是容庚有别于同时代古文字学家的精神之一。上世纪30年代，基于对秦汉金文的研究，基于对汉字发展规律的认识，容庚明确指出"观于秦汉简字的流行，益坚吾改革字体之信矣"，并断言"推阐文字变迁之迹，逆睹简笔字终当大行于世"。他还自编《简体字典》，于燕京大学试用后正式出版，这是容庚对文字改革的切实支持。难能可贵者，此后数十年容庚著书立说，都尽量使用简体字（有些是自创的），《金文编》第三版便是最好的证明。容庚支持文字改革的精神也是至老不变的。新中国成立后，他出席过全国文字改革会议，也曾著文批驳攻击文字改革的言论。《汉语拼音方案》、《简化字总表》公布并实行后，有海外热心人士犹另起炉灶，另造新方案，来穗请容庚"审阅"，希予题辞支持，容庚婉拒之，未著一字。

四、尊敬前辈，感恩终生，无论顺逆

容庚从一名中学生一跃而为知名学者，大学教授，除本人努力外，实缘于母亲教育，舅父邓尔雅指导，前辈学者罗振玉提携。容庚尝著文自述如何受母教而成人，如何从舅攻印治学而立志，又如何得罗振玉激赏提携而成名，尊敬感激之情溢乎言表。对于邓、罗二人，可谓感恩终生，没齿不忘。1954年邓尔雅逝世后，容庚复尽力搜集其遗著，编为《绿绮园诗集》行世，容庚与相关亲戚信札往来，反复商讨，可谓殚精竭虑，读来令人感动。对于罗振玉，容庚更有一种特别深厚的感情。罗之于容，并无师生之名，却有师生之实，其情谊亦逾一般师生。而且，容之尊罗，不仅在罗声名显赫之时，亦在其任职伪满、被人斥为汉奸之后；不仅在其生前，亦在其殁后。南归后于1947年所刊

《甲骨学概况》依然列举罗氏对甲骨学的重要贡献。直至耄耋之年，仍念念不忘罗氏之恩，常言"没有罗振玉，就没有我今日之容庚"。

五、竭诚待人，不论长幼，但言信义，毫无城府

容庚一生待人以诚信，学界有定评。他与"未知友"郭沫若的文字之交，已广为人知，有曾宪通编注之《郭沫若书简——致容庚》一书在，毋庸赘言。编著《殷契卜辞》时，令瞿润缗参与考释，又请董作宾、唐兰、商承祚校阅，三家意见录入考释，分别标明"董作宾曰"、"唐兰曰"、"商承祚曰"，充分尊重友人见解。修订《金文编》，广引通人之说，即使是学生之说亦必标举其名，决不掠美而"没收"之。现翻开《金文编》，首页"元"下便引有高景成之说。高景成乃当年容庚在燕京大学任教时的学生，事隔数十年，1986年12月在北京西山举行的汉字问题学术讨论会上，与炜湛谈及此事仍激动不已，说他的姓名也藉《金文编》而传诸久远了。

对于后辈、学生以及慕名求教者，容庚是有教无类，同样是竭诚相待，绝无城府。对于登门问字质疑者，求字者，借书者，容庚几乎是有问必答，有求必应，均给予充分的信任。《金文编》原稿本可以借给人拿去阅读研究，不怕人家不归还；正在修订中的《金文编》第三版批校本也可借予友人参考，且允许照相、引用，这在他人是难以想象的，但容庚却无任何顾忌。他对学界友人，无论长幼，均信而不疑。值得顺便一提的是，他竟然把准备再版用的《殷周青铜器通论》亲笔批校本也让人要了去研读，结果文物出版社1983年再版该书时，不能据批校本予以修正。而容庚批校本的手持者，居然在该书再版后发表文章，将批校内容逐条列表刊出，且称此批校本为容庚生前所"赠"，呜呼！曹操是"宁教我负天下人，休教天下人负我"，容庚则是"宁天下人负我，我不负天下人"。有此精神，便胸无城府，耿直无畏，诚以待人，虽被欺诈亦不改诚信之旨。

六、自信自持不自伐

　　凡治学有成者莫不自信，固不待言。然自信者未必能自持，尤其在声名日盛、奉承者日众之时，不免令人飘飘然，晕晕乎难以自持，乃至落入为人操纵、受人摆布之境而不自知。容庚则自信复自持。自信，对于自己的专长——青铜器及其铭文——有坚定信心，相信《金文编》、《商周彝器通考》、《颂斋述林》等论著足以传世。自信有能力修订《金文编》，改编《商周彝器通考》，毋须"靠集体力量"来完成。只缘客观条件欠缺、学术环境不佳加之文革动乱，未能实现《商周彝器通考》改编夙愿。《颂斋述林》本拟由中华书局出版，只是不愿按编辑部意见删改所谓"不合时宜"的内容，遂索回，搁置多年后印行于香港。自持，保持清醒头脑，不为赞誉所左右。八十岁后，除继续修订《金文编》，摘录相关资料写入书画小记外，不再撰写学术论文，尝戏言"要文章没有，要老命有一条"。究其故，他自认年老已难有建树，不如搁笔。以是之故，他也说一位多年老友的一些文章不做比做好。应人所求写字，也多抄录原铭，以"……子子孙孙永宝用"之类付之。究其故，惧写错字。他拒绝记者采访宣传，理由之一是他的成就都是早年在北京取得的，南归后特别是解放后"没有写过一个字"。他把晚年关于书画的一些手稿看作是"玩玩的"，"不能算数的"东西。故遇到不得不填的一些"表"，在"科研成果"或"著作"一栏，他通常只有一行字，一句话："《金文编》、《商周彝器通考》等。"他也从不向弟子后学谈他的成就，也从不要求弟子后学读他的著作，只是指示多读罗振玉、王国维以及郭沫若等人的著作。同许多老专家一样，容庚晚年，记忆力也有所减退，显得健忘，见到多年老友，竟不知其姓名，而问"贵姓"，数日后重见，又问"贵姓"，似乎有些糊涂；但在学问方面，在自我评价方面，一直清醒得很，一直把握住正业与业余的关系，创新建树与一般"玩玩"的区别，在这些方面，他绝不含糊，决不糊涂。这是极其难能可贵的精神。因此我想，假定容庚生前得到资助，要他自编学术著作集出版，可能会出现两种情况：一是拒绝，认为无此必要；二是只编著作集，不编"全集"。炜湛揣测，若是容庚应允自编，恐怕不会有现在大家看到的这套"著作全集"的二十二册庞大规模，大概会舍弃其中一部分"玩玩的"、"不能算数的"以及自己不满意或并未写完的"著作"。容庚决非贪多求全的学者，他深悟"舍得"之理。

七、为文风雅清正，信而直。

容庚为文，著书立说，风雅清正，信而直，一如其为人。观《金文编》、《商周彝器通考》、《颂斋述林》三书，即可证炜湛言之不诬。容庚诸书自序，尤见其情性。他言己不讳过，成名后尝自叙少年曾染诸恶习，经母教而戒绝，从而立志治学。他论人衡文，无论古今，秉笔直书，不虚誉不掩恶，只论是非，不计利害。"其誉人也不望其报，恶人也不顾其怨"，一以学术为标准，《宋代吉金书籍述评》、《清代吉金书籍述评》、《甲骨学概况》诸文是这方面的代表作。讲真话、讲实话，从政治到学术，从为人到为文，一以贯之坚持终生，这便是容庚，这便是容庚精神！

综观吾师一生（1894—1983），生于积贫积弱、风雨飘摇的晚清，历经清末、民国与新中国三个时代。他的家乡东莞是岭南名邑，历史悠久，文化底蕴深厚。他少而孤，赖母教而成人，藉舅诲而立志。冠年北上，刻苦治学二十余载，饮誉京华。壮岁南归，依然孜孜不倦于学术文化之业，至老弥笃。他毕生治学，在世间留下煌煌巨著，更为后人留下了可贵精神财富——独立特行之容庚精神。

容庚精神，说到底，是对中国知识分子优良传统的继承与发扬，是我国传统知识分子美德的突出体现。继承和弘扬容庚精神，对当今学术界而言，很有必要。对于立志治学，初入学术殿堂者，容庚精神具有极大的激励、鞭策作用；对于那些小有成就即踌躇满志不思进取者乃至玩物丧志者，容庚精神无异一种振奋剂，足以促之上进，在学术道路上继续前行努力，取得新的成就；而对于那些有着"等身著作"而不能自持，在赞誉面前忘乎所以的学者而言，容庚精神也不失为一副清醒剂。至于近年来屡禁不止的各种学术腐败现象，学术不端行为，更与容庚精神格格不入，容庚精神则是其天敌与克星。

容庚著作长在，容庚精神永存！

二零一三年十一月写于常熟

（原载《古文字研究》第三十辑，中华书局，2014年10月第1版；《中山大学报》新第328期，2014年12月26日第2版；东莞市政协莞城区办事处编《东莞地方文献整理与东莞学人研究文集》，齐鲁书社，2015年11月，第1版）

商承祚教授的治学道路

商承祚先生是我国知名的古文字学家、考古学家和书法家，是学术界的老前辈。他的许多著作，如《殷虚文字类编》、《殷契佚存》、《十二家吉金图录》、《浑源彝器图》、《长沙古物闻见记》、《石刻篆文编》等，向为海内外学者所重，他的名字也早为广大读者所熟悉。他的书法篆刻作品更为人们所喜爱，求其墨宝者络绎不绝，或登门拜求，或辗转相托，纷至沓来，使他应接不暇。

商先生从事学术研究工作，从他1923年出版《殷虚文字类编》算起，已有六十三年，超过一甲子了。读者也许要问，商先生是怎样做学问的？怎样成名的？有什么秘诀捷径？

作为商先生的弟子，炜湛经常向他老人家请教治学方法，受益良多。有时谈得兴起，商先生也谈到他治学的甘苦，经验与教训，并追溯往事，回忆青少年时代钻研学问的情形。每次谈话过后，总不免想起商先生的谆谆教导："学然后知不足"，"学习从来无捷径，循序渐进登高峰"，以及他经常引用的王安石的诗句，"看似寻常最奇崛，成如容易却艰辛"。心里想：这不正是商先生治学精神的集中体现吗？

没有捷径，也没有秘诀。有的只是刻苦，勤奋，脚踏实地，艰苦攀登！让我还是从他治学之初谈起吧！

商先生是广东番禺人，字锡永，号契斋，生于清光绪二十八年（1902年）。他的家庭是诗书之家，父亲商衍鎏（字藻亭）是光绪科举考试最后一科甲辰年的探花，长于诗书画，有《商衍鎏诗书画集》、《清代科举考试述录》、《太平天国考试纪略》等著作行世。商先生幼承家学，也喜吟咏，但他更酷爱古文字及古器物。在父亲鼓励下立志钻研学术，著书立说，做个学者。1921年秋，他负笈天津，拜上虞罗振玉（字叔言，号雪堂）为师，在罗的指导下钻研甲骨文、金文。那时候，罗振玉、王国维（字静安，号观堂）关于甲骨文、金文的主要论著都已出版，在古文字学方面享有崇高的声誉。罗氏收藏的图书资料及古器物特别丰富。在罗氏指导下，年方弱冠的商先生就开始了他的研究工作，从事著述。他自己回忆说："我白天在罗先生家看书找资料，晚上回到寓所即我伯父家继续钻研，并从事写作，直至鸡鸣始休息。罗先生对好学青年是无比爱护和大力奖掖的。他收藏的图书资料对我全部开放，并交代开贻安堂书店的长子说：'锡永要什么书，就给他什么书。'所以即使十分贵重的书籍，如《殷虚书契》、《殷虚书契后编》等等，我都可以从书架上取下，拿回家中阅读。罗先生还把他和王国维先生作过眉批的《殷虚书契考释》及《殷虚书契待问编》交给我阅读。我一面学习，一面把罗先生考释的甲骨文字按《说文》次序重新加以编次（因原书是按天文、地理、人事……为序，检读不易），并为补入异体字，如自己有心得体会，则写成按语附于各字之后。经过一年多的日夜奋战，编成了一部甲骨文字典《殷虚文字类编》。"世人但知商先生成名于少年，然很少人知道商先生当年夜以继日地刻苦钻研的情形。在编这部书时，虽然有罗、王的考释作根据，但他并不墨守师说，而是尽量发挥自己的创造性，大胆地提出新见解。这部书受到罗、王的赞赏，王国维还为之作序，赞其"精密矜慎，不作穿凿附会之说"，以"可以传世"评此书，并且预言："他日所得，必将有进于是编者，余虽不敏，犹将濡笔而序之。"

《殷虚文字类编》（木刻本，一函四册）出版于1923年，它是商先生当年刻苦治学的见证，也是商先生从事著述的起点。半个多世纪以来，他始终坚持着自己的研究方向，任凭环境如何变迁，社会如何动荡，他都想尽办法，克服困难，开展研究工作。所以他的论文能一篇又一篇地发表，专著能一部又一部地出版，为繁荣和发展祖国的学术文化事业作出杰出贡献。他曾先后在南京、广州、北京各大学任教，奔走南北；抗战爆发后，随金陵大学迁徙，开始了颠沛流离的生活。然而就在这种情况之下，还先后完成了上文提到的《石刻篆文编》和《长沙古物闻见记》这两部书稿。前者撰写于安徽屯溪的深山茂林之中，后者则取材于战火纷飞之际。商先生回忆说，当年避难入川，路过长沙，见到战国楚墓出土的许多文物，也听到不少关于楚墓出土文物的精彩故事，引起了对楚文化的浓厚兴趣，于是向学校申请缓期入川，在长沙专事调查。其时战事连连失利，人心惶惶，兵荒马乱，但他心地坚定，毫不动摇。他在长沙，"假各家所藏，摄影存之，溽暑风雨，未尝或辍。夜则一灯荧然，绘漆器花纹及日间闻见笔之于书。"经过四个月的实地调查，收集了大量的第一手资料，到成都后，奋笔疾书，写成了《长沙古物闻见记》，上下二卷，分十九类，九十三则，这是我国第一部系统记述楚文物出土情况的专书，是研究楚文化的重要材料。全国解放后，他任教中山大学，又兼任许多社会职务，繁忙的社会活动占去他不少时间与精力，但他总是抓紧时间从事研究写作，先后发表了许多重要论著。即便在十年"文革"期间，"四害"横行，万马齐喑的年头，商先生仍在研究战国楚竹简，并带领助手编纂了《战国楚竹简汇编》。

商先生是罗振玉的嫡传弟子，也是罗氏弟子中之佼佼者。他不仅继承了罗的治学精神，还接受王国维的治学途径，在长期的实践中逐渐形成了自己的特色。其中有四点很值得我们后学者借鉴、学习。

第一，注意基本功的训练，注意打基础。他少年时代即研读《说文解字》，练习铁线篆，临写峄山碑；到天津后更努力临摹甲骨文、金文及石刻文字。笔者每见到商先生当年用双钩精心摹录的金文、石鼓文等古文字材料，便默默地接受一次教育。读者从《石刻篆文编》、《战国楚帛书述略》、《鄂君启节考》等论著中可以看到他兢兢业业，慎之又慎地摹写古文字的态度。商先生还精于传拓。《殷契佚存》、《十二家吉金图录》等著作中的许多甲骨铜器拓本均是商先生亲手所拓。他的拓本和摹本都以清晰精审，富有神韵而著称于世。

第二，一贯重视原始材料的收集整理，不断开拓新的研究领域。商先生的研究兴趣并不局限于甲骨、铜器上的文字，举凡商、周、秦、汉的古文字或古器物资料都是他的研究对象，而且注意鉴别真伪。由于研究领域的不断扩大，使他开阔了眼界，全面地掌握古文字资料，也使他能在各个方面（甲骨文、金文、石刻、帛书、竹简、货币、玺印等）作出贡献。

第三，严以律己，力求平正。他著书写论文，一向谨慎从事，寄出发表前，总要反复推敲修改，尽量把欠妥帖或无把握的说法删去。他长于考释古文字，但不识之字不妄释，不明之义不妄言，尤不轻言音韵（特别是"通转"、"旁转"之类）。所以他的文章从不自标特异，总是平平正正，摆事实，讲道理。讲到"平正"二字，商先生常教诲炜湛：不论写字做文章，为人，平正最重要，也最难做到，须知平正才见真实工夫。

第四，注重真知灼见，不争天下先。每有新材料出土，商先生并不急于发表文章，而是注重研究，要有新意才命笔。如 1977 年夏，他到河北平山县中山王墓葬的发掘工地参观，专门花了三天时间，精心拓了中山王礜鼎、壶铭文拓本两份，一份留当地、一份带回进行研究。1978 至 1979 年，不少人发表了这方面的研究文章，而商先生则在"热潮"过后，才写成他的学术论文《中山王礜鼎、壶铭文刍议》，于 1980 年 9 月提交中国古文字研究会第三届年会讨论。其他如鄂君启节，帛书等方面的研究也都如此：资料先得，文章后发。

商先生不仅自己谨严治学，身体力行，而对晚辈后学也是严格要求，决不放松。他为人态度和蔼，平易近人，毫无大学者的架子，在指导后学从事研究方面，则是一位严师，炜湛体会尤深。1962 年，炜湛复旦毕业，由沪至穗，从商、容二老治甲骨文字，当时商先生给我规定了几个大原则：一、用心临摹小篆、金文、甲骨文，练好基本功，打好基础。二、广泛阅读原材料，从大量的第一手材料中发现问题，进行研究。三、注意甲骨断代，这是甲骨文研究的基础。炜湛现在之所以能在古文字学方面做点工作，写点有关甲骨文的文章，与商先生当年的指导原则有莫大的关系。而且，炜湛每有文稿呈送商先生审阅，他总是拨冗披阅。从立论、取材以至遣词用字，无不仔细推敲，斟酌再三。如遇不合规范的简化字，或该简而未简的繁体字，哪怕是点画之差，也悉予改正，并写下眉批，予以批评。炜湛每次从商先生处取回文稿，见到文中红笔改动之处和眉批，内心总是十分激动，由衷地感谢他老人家对我的帮助和爱护。

　　研究古文字，常苦于资料匮乏。举凡海外新出版的古文字论著，商先生得到后总是存放在古文字研究室，供大家参考使用。有些贵重的甲骨文书籍，他还特地寄给北京历史研究所《甲骨文合集》编辑组，供他们参考，用毕再寄回。六七十年代以来，海外出版的一些重要甲骨书籍，内地极难见到，而炜湛却能及时看到并经常翻阅，也全得力于商先生。商先生常说："资料公开，不要垄断，供给大家研究，这样才有利于学术文化的交流和发展。"这确是至理名言，然而也只有像商先生这样目光远大、胸怀坦荡无私的前辈学者才能做到。

　　商先生今年已八十五岁高龄，但他仍在不断地探索、研究、著述。这几年他出版了《说文中之古文考》（上海古籍出版社出版）、《先秦货币文编》（与王贵忱、谭棣华合编，书目文献出版社出版）等学术著作，还出版了书法作品《商承祚篆隶册》、《商承祚秦隶册》，他历年发表的学术论文，也于近年汇编成册，将由上海古籍出版社出版。现在，他每天除了接待来访者或参加必要的社会活动外，总是在书斋里不停地工作着，看书、查资料、审稿、作文、写字、题签、复信……日复一日，孜孜不倦。桑榆未晚，谨祝吾师在学术领域继续发射霞光。

（原载《文物天地》1987 年第 1 期）

悼念吾师商承祚先生

1991年5月12日下午六时,是中国学术界的又一个不幸时刻:著名的古文字学家、考古学家、书法家、德高望重的商承祚教授因病医治无效,与世长辞了!

学林巨星陨落,我从此失去了追随近三十年之久的导师,这是何等的不幸,又是何等的悲哀!虽说人固有一死,商老享年九十,亦可谓长寿;但商老本有"活到一百二十岁"、为祖国的学术文化事业竭尽全力的宏愿,只因不慎跌断腿骨,以致卧床不起而日见衰弱,倾注多年心血的《战国楚竹简汇编》、《契斋论述集》、《石刻篆文编字说》等书尚未面世,计划中的论著未及动笔便溘然长逝,岂不痛哉!

近一个月来,商老的音容笑貌常在眼前,商老的谆谆教诲时绕耳际。仿佛夫子依然在书斋里挥毫作书,校道上依然有夫子散步时怡然自得的身影。有时独自坐在客厅里,凝神静对商老所赐墨宝——咏蟹诗金文条幅,缅怀老师的道德文章,总是思绪万千,往事如潮,此起彼伏,不能自已。

我有幸得列商、容(希白)二老门墙,收为弟子,是在1962年。是年我从复旦毕业,由沪至粤,从二老治古文字。由于我志在甲骨文字,商老给我的指导相对地说更具体更多些,也更严格些,我向商老求教请益的机会自然更多些。不过,当我在二老指导下刚刚跨入古文字学殿堂之际,便被卷入了动乱的岁月。1968年秋,我被分配到广西少数民族地区,从事新闻报道工作。正当我在大山沟里奔波,内心困惑彷徨,为无法归队而痛苦莫名的时候,1972年8

月 23 日，我突然收到商老一封亲笔信，不禁欣喜若狂。打开一看，更是惊喜交集，热泪盈眶。商老信中说：

> 知您分配到广西后，尽管未通问，未尝不以为念。关于我的情况，您也略知其详，侧闻彼此就不写信了。
>
> 为争取您归队，系方想了不少办法。在京听王冶秋同志说过，1970 年国务院有个文件，其中强调专业人员要归口。学校查不出此件，昨我函冶秋同志，请其饬人查下文号和抄录这一条文寄给我。我想他会帮忙。这武器一到，广西就要重新考虑对您留放问题，放的成数我看是大的。……

字字句句都饱含着老师对学生的关心与爱护。捧着这封信，我反复诵读好几遍，激动得接连几晚没睡好觉。在商老的支持和争取下，经校系有关同志的努力，我才得以于 1973 年冬奉调回校，在商老的直接领导下真正开始古文字的研究工作，逐渐进入学术研究的领域。

在学术研究方面，商老是我的引路人，我取得点滴成绩，都离不开他老人家的指导与帮助。为了让我（及其他几位同志）尽快了解海外古文字研究的进展，商老总是想方设法搜集、购置世界各地出版的古文字学论著，存放在古文字学研究室，以供参考使用。有些作者赠送给他老人家的甲骨文论著，他略一翻阅，便交代我认真阅读，以拓展视野，吸取营养。而我每有文稿送呈，他总是拨冗审阅，从立论、取材以至遣词用字，无不仔细推敲，斟酌再三。有些地方还写下眉批，予以批评。如对我的《甲骨文简论》一书，商老就花了近半个月的时间，从头到尾，一字不漏地审阅了全部书稿，又欣然赐序，题写书名。这是商老留给我的最珍贵最永久的纪念品。

商老从事学术研究逾一甲子，著作等身，饮誉中外，可他从不以权威自居，更不以权威压人，始终以平正二字自律，认为不论写字、作文、为人，平正最重要，也最难做到，因为平正才见真实工夫。对待学术问题，商老更是虚怀若谷，提倡学术民主，反对一言堂。1975 至 1978 年间，他领导我们几个中年人开展战国楚竹简研究，以他原有的摹本、释文为基础，进行校核、拼接、考释。经过研究，有些原来不识的字被释出来了，不少摹本、释文改动了，句读也不同了，对各批竹简的整体认识也都有很大的不同。商老每闻这些"不同意见"，总是感到很高兴，认为这是有进步的表现。尤其令我不能忘怀的，还有二事：（一）1978年夏，我写成《读〈殷契佚存〉记》一文，逐条记述书中"失察欠妥之处"，"考释之宜加更正或重新考虑之处"，作为一篇学习商老著作的心得，呈请审阅。商老阅后，非但不以为忤，还特地交代，发表后送一抽印本，以附诸书后。（二）1984年春，商老因病住院，我探望他时向他请教《诅楚文》的真伪问题。商老（及容老）一向认为《诅楚文》是真的（《石刻篆文编》曾加摹录），而我对这篇北宋以来大名鼎鼎的文字提出怀疑，实在没有把握，所以想听听商老的意见。商老听我谈了想法后，未即作答。待我告辞时，他才说："刚才说的那篇《诅楚文》，你就好好研究研究吧！"半年后，适值盛夏，我将《诅楚文献疑》一文初稿送请商老审阅。商老很快就批阅一过，并给我一便条："诅楚文献疑之名不妥，以明知其为伪作，前人已有文张之，而您尚在真赝二者之间，何也？又诅楚文可抄入全文附诸篇内，畀读者参考，您可用稿纸抄来，我为之考虑附入。"读到这张便条，我有如吃了颗定心丸。这不仅是商老对我学术观点的赞同与支持，也充分体现了前辈学者坦荡无私的胸怀。

商老常说，他一生经历过三个时期：清末、民国、新中国，由于在旧中国目睹国民党反动派腐败无能、帝国主义横行无忌，因而对新旧社会有鲜明的对比，深刻的认识。商老以他四十多年的言论和行动证明，作为从旧社会过来的老知识分子，他对中国共产党的拥护，对社会主义事业的热爱是极其真诚的，是始终一贯的，是经得起时间和风浪考验的。他曾四次见到毛泽东主席，引为终生荣幸。他以周恩来总理为楷模，而且身体力行。他对林彪、江青反革命集团无比痛恨。到了晚年，尤其渴望祖国统一，港、澳早日回归。

作为追随商老多年的弟子，我是多么希望他老人家能再多活十几年，能亲眼见到祖国统一，人民生活由温饱而达小康，亲眼见到实现四化后的强大中国屹立于世界。但是，商老毕竟永远离开了我们。恩师长逝，痛不堪言。痛定思痛，唯有化悲痛为动力，继承并发扬吾师之优良学风，尽力完成吾师未竟之业，在我国的四化建设中建功立业，庶可不负师恩，而告慰其在天之灵。呜呼，哀哉！

1991 年 6 月 12 日于康乐园

［原载《中山大学校报（校友专刊）》增刊第 2 期 1991 年 7 月］

夕阳红胜火
——商承祚先生晚年生活片断

商承祚先生（1902—1991）字锡永，号契斋，广东番禺人。他是我国古文字学界的泰斗之一，又是著名的考古学家、书法家。在中山大学校园——康乐园里，从50年代起，商先生五十多岁时便被尊称为"商老"。他少容庚先生八岁，学术上与容先生齐名，师生们又习惯地尊称他们为容、商二老。商先生虽无法阻止别人对他的尊称，但他从来不服老，更不以老自居，倚老卖老。到了耄耋之年，他还编了一首年龄歌云："九十可算老，八十不稀奇，七十过江鲫，六十小弟弟……"且自称老中之青，对生活充满着自信，在学术研究与书法艺术中依然执着地追求新的境界，永不止步。

作为一名学者，商老早年以甲骨文、金文的研究著名于世。其成名之作《殷虚文字类编》出版于1923年，其时年方弱冠，王国维以"可以传世"评之，并将商先生与容先生及唐兰、柯昌济并称为当世古文字学四少年。又有《殷契佚存》、《十二家吉金图录》、《殷商无四时说》、《古代彝铭伪字研究》等论著，为世所重。中年以后，研究的兴趣与重点逐渐转向战国秦汉文字，尤其是楚文字楚文化的研究。50年代中，出版《石刻篆文编》（线装一函二册），是为我国唯一的一部石刻篆文字典。60年代初，年过耳顺，发表《鄂君启节考》、《战国楚帛书述略》等重要论文。同时，他用心收集整理50年代以来新出土的战国楚竹简资料。奈何"文革"动乱，研究工作被迫中止。及至60年代末70年代初，河北满城汉墓、湖南长沙马王堆汉墓先后出土大批珍贵文物，后者并有软体女尸及竹简出土。1972年，国家稍稍安定，商老以古稀之年率先恢复研究工作，并带领青年教师北上考察，覆校楚竹简摹本。山东临沂银雀山汉简出土后，商老复应国家文物局之请北上，参与竹简的整理工作。1976年夏，又至湖北荆州考察楚故都纪南城及望山等楚墓群，并以全国人大代表、考古学家的身份考察了黄陵庙、三斗坪、葛洲坝。

"文革"结束后，学术界迎来了科学的春天，年事渐高的商老倍受鼓舞，精神大振，研究学问、著书立说的劲头有增无减，参加各种学术活动更是分外积极。1977年夏天，他亲临河北平山县中山王墓发掘工地，手拓新出重器中山王䗬鼎、壶铭文两份，一留当地，一携归研究。1978年冬，携带珍藏多年的一块龟尾甲（即"契斋藏甲之一"）赴长春出席中国古文字研究会成立大会暨第一次学术讨论会，被推举为理事会召集人，在会上还专就甲骨文辨伪问题与有关专家商榷。1979年秋，赴西安出席中国考古学会成立大会，被推举为名誉理事；是年冬复在中山大学主持召开中国古文字研究会第二次年会。1980年秋，至成都出席中国古文字研究会第三次年会。1983年秋，赴香港出席第一届国际中国古文字学研讨会……

1978年后，商老仍频频发表学术论文，计有《谈西汉软体尸保存问题——从马王堆到凤凰山》、《关于利簋铭文的释读——与唐兰、于省吾同志商榷》、《"韦编三绝"中的韦字音义必须明确》、《中山王䗬鼎、壶铭文刍议》等十余篇。除论文外，还出版专著《说文中之古文考》、《先秦货币文编》（与王贵忱、谭棣华合编）两种，书法作品集《商承祚篆隶册》、《商承祚秦隶册》两种。直到逝世前一年即1990年，商老还孜孜不倦于楚简研究，修订书稿。1991年5月逝世，尚有遗著两种：《石刻篆文编字说》（生前曾发表部分条目于《中山大学学报》、《古文字研究》）和《战国楚竹简汇编》；遗文四篇即《长沙发掘小记》、《长沙古物闻见续记》等，陆续刊布行世。可以说，在学术研究领域，商老确实是活到老，学到老，研究到老，著述到老。

商老与容老从50年代中开始联名招收古文字学研究生，直至"文革"前，共招四届，收弟子9名。"文革"后复招一届，收弟子6名。二老指导研究生，完全是传统方式的学术指导，不像现在这样规定开这门课那门课，要修多少多少学分。不开课,更不考试。二老的指导方式,主要是谈话聊天,答疑解惑,再就是赐赠著作,审阅文稿,视其佳者推荐发表。容老戏称为"土法上马",商老则谓为因材施教。但不管是何"材",商老总要强调几条基本原则:一、注意打基础,加强基本功训练;二、从古文字原材料出发,从细读原拓本中发现问题、加以研究;三、认真钻研罗振玉、王国维、郭沫若等权威学者的著作,从中领悟到治学的门径。十分令人钦佩的是,商老从不要求学生研读他的著作,也从不对学生讲自己写过什么书,发表过什么"重要"论文,只是有新作发表时,随手将新书或论文抽印本赠送给学生(容老亦然)。这在前辈学者中大概也不多见吧。

商老青年时代即习篆书,且好写铁线篆,大者且径尺。拜罗振玉为师后,潜心临摹甲骨文、金文及石刻文字,学问与书艺并进,所书金文尤得罗氏赏识。中年所书甲骨文、金文,已称雄书坛。70年代中,湖北云梦睡虎地出土秦竹简千余枚,秦隶大显于世,引起商老莫大的兴趣,遂以秦隶创作书法作品,在书坛独树一帜,亦堪称一绝。80年代以后,商老为人题字题辞,几乎均以秦隶书之。他认为,写秦隶,既古朴雅致,又容易辨认。康乐园内一些重要建筑物的题字,是商老的手笔,便以秦隶居多,如"陈嘉庚纪念堂"、"哲生堂"、"梁銶琚堂"、"英东体育馆"、"惺亭"、怀士堂的"记"。容老生前书有楷书条幅"百家争鸣,百花齐放"。商老为纪念老友,特以秦隶另书一幅"古为今用,推陈出新"与之相配,成为龙门对。此两幅墨宝今藏中山大学古文字学研究室。

商老晚年求字者日多,应接不暇,又不便拒绝,便将求字者姓名、工作单位及经手人姓名登记在小本子上,待有空时书而付之。故求字者等一年半载始得商老墨宝是常事。1979年,商老尝书张问陶诗以自况:"名笺五色卷奇光,束简如林又满床,颠倒一枝书画笔,闭门转比要人忙。"条幅悬诸客厅,原想令求书者知"忙"而退,但无效,四面八方的求字者依然纷至沓来,照求不误。

"闭门转比要人忙",是商老晚年生活的一个侧面。不过,商老也有"闲"

的时候。那便是有客来访，他放下工作在客厅接待，便算休息。傍晚在校道上散步，怡然自得，是最"闲"的时候。若是夏天，穿一身府绸或本色麻布的唐装衫裤，足踏黑布鞋，手摇一柄小团扇，上书甲骨文"好风"二字，在校园里悠然漫步，更显得超凡脱俗，飘然若仙。而且，商老散步似有规律，一般是自寓所——大钟楼对面的东南区一号出发，沿中区草坪，行至校门口而返。有时还要在门房外小木凳上坐几分钟，一面休息，一面用广州话与工友聊天。兴致好时，还步出校门，至对面一家小铺子里坐下小憩，吃花生，饮酸奶或汽水，并与店主闲聊。他还为这家店铺写过一个大招牌，也是秦隶，并赫然落款盖章，见者莫不称奇：大学者大书家竟肯为个体户小店题写店名。这既是商老平易近人不摆架子的表现，也大概是对店主热情招呼的一种回谢吧。

按学校规定，系级的名牌，只能是三四十公分宽、二三十公分高的豆腐块式的木板，研究室、教研室的名牌只能是二十来公分宽、十余公分高的小木条。商老对此十分不满，认为太小器。1981年秋，在古文字学研究生论文答辩之前，他坚持要为古文字学研究室制一新名牌，且亲自以秦隶直行书之，文曰"中山大学古文字学研究室"。落款为"1981年11月契斋商承祚题"。学校木工师傅答应依时赶制，但求商老赐墨宝一幅。商老笑曰："这个好说。"结果答辩会举行之日，即研究室隆重"挂牌"之时，木工师傅亦得到盼之已久的墨宝，可谓皆大欢喜。此外，商老还主动为学校收发室、教材科和中文系题写了名牌，亦皆秦隶，笔力苍劲，古趣盎然。

商老自幼酷爱文物，毕生收藏甚富，且精于鉴别。他为搜集收藏文物，付出了半个多世纪的艰辛，全家为此节衣缩食。有时甚至不惜借贷典当。但从1963年起以至晚年，他便将家藏文物诸如商周铜器、楚漆竹器、古代书画、石湾陶瓷等约600余件陆续捐赠给故宫博物院、中国历史博物馆、广东省博物馆、广东民间工艺博物馆和广州市文物商店。商老晚年常说，这些文物，传之子孙莫若藏之国家。传之子孙，日后难免散失；藏之国家，万无一失。而且，"藏宝于国，施惠于民"。商老向广东民间工艺博物馆大批捐赠文物是在1965年6月，共赠各个时期的石湾陶瓷以及唐三彩高足盏、五代黄釉碗、潮州白釉双耳炉等共 198 件。他向广东省博物馆大批捐赠文物是在 1973 年、1980 年，共赠明清以至近代名家书画以及明清两代古墨等文物 360 余件。商老最后一次向广东省博物馆捐赠文物是 1991 年 1 月，商老病卧在床，用颤抖的手向前往探望他的博物馆工作人员示意，将一件明代的石湾翠毛釉梅瓶赠送给省博物馆，并一再谢绝给予奖金。商老仙逝后，其哲嗣志醰教授等遵从商老"文物要捐献给国家，不得散失"的遗训，又将明至现代的书画等文物 200 余件，捐赠给新建不久的深圳市博物馆，将长沙出土的战国楚帛书残片捐赠给湖南省博物馆。据商老手札所记，他生前捐赠的文物：故宫博物院 43 件，中国历史博物馆 6 件，广东省博物馆 374 件，广东民间工艺博物馆 201 件，广州市文物商店 11 件，再加上深圳市博物馆 296 件，湖南省博物馆一件，合计 932 件。为表彰商老对国家文物事业的贡献，为弘扬商老无私奉献的爱国主义精神，广东省博物馆、广东民间工艺博物馆和深圳市博物馆特选出商老捐赠的文物精品凡 173 件，编为《商承祚先生捐赠文物精品选》，于 1998 年由岭南美术出版社影印精装行世。

商老将毕生的精力贡献给了祖国的学术文化事业和教育事业，并把毕生收藏的文物无私地奉献给了国家。他晚年生活充实，胸怀坦荡，有如夕阳，晚霞满天，其红胜于火也！他一无所求，唯望祖国统一，港澳回归。80 年代，他曾数度赴香港小住，并与香港、台湾等地学者会面，切磋学问。他生前曾多次表示，如有机会，愿去台湾访问、讲学，会见故友，参观文物，万分遗憾的是，一直到他逝世，这种机会始终没有到来。他的遗愿，只能由他的后人和弟子代为实现了。

（原载吴定宇主编《走进中大》，四川人民出版社，2000 年元月）

商师契斋四绝

我师契斋商承祚教授治古文字学、考古学而擅摹拓，精鉴别，工印章，复以篆隶名世，堪称四绝。环顾当今宇内，鉴赏、摹拓、研究三者结合，学者兼书家，一身而数任者，恐唯商先生一人而已。一般读者多仅知商先生为著名学者，而不知先生有此四绝。笔者从师治学有年，愧不能继师绝学，唯以此文略述管窥之知也。

摹 拓

摹是摹写，拓是传拓。本属两事。因两者关系密切，且常"摹拓"连言，故合而言之。

研究任何学问，总得有研究的对象才行。古文字学的研究对象是古代通行的文字，都是写刻或铸在各种器物上的。要研究必须收集第一手的研究资料特别是新发现的实物资料。这就离不开摹和拓。摹本准确与否，拓本清晰与否，直接关系文字的考释，铭辞的通读。研究者如不会摹拓，即使得到新资料，既不能很好地利用它，也无法把它发表出来"公诸同好"。所以，摹写和传拓是古文字研究的基本功之一。商先生摹拓的工夫极精湛，素负盛名。他的摹本，与原件相较，不仅字形笔划一致，而且富有神韵，很能传神。他的拓本浓淡适宜，清晰精审，尤为研究者所重。读者从《殷虚文字类编》可看到商先生青年时代摹写的甲骨文字，是多么富于刀笔味。而从抗战初撰集、1957年出版的《石刻篆文编》，可以看到商先生中年时期摹写的石刻文字又是多么浑朴敦厚。此书所摹篆文，不论大小，全用双钩，原字有残缺处则听其自然残断，不臆补。从《战国楚帛书述略》一文（《文物》1964年第9期）所附帛书摹本，我们更可体会到商先生那种兢兢业业谨慎从事的工作态度。运笔妥帖匀称，形神俱真的摹写风格。据商先生自述，他从1959年秋起据帛书原大照片摹写，年复一年，至1964年始写定发表。之所以如此，拿商先生的话来说，是因为"摹写工作是研究工作中第一步，如摹写得不正确，牵动内容，影响第二步的研究阶段。因此不能不慎之于始。"为了准确地摹写帛书文字，当时已年近花甲的商先生竭尽心力，克服了由于帛书摺迭、残破而造成的偏旁分家，拼合失形、帛层粘着、断口摺迭以及残空留字等困难，为学术界提供了一幅比较完善的帛书摹本。由于摹本精良，认出的字多出了许多，对帛书的理解也就大大深入了。其他如《鄂君启节考》（《文物精华》第二期，1963年）所附摹本也成了其后的研究者进一步研讨的依据，在学术界享有盛誉。

为什么商先生的摹本能如此精良？一是由于幼承家学，青年时期即临摹过大量古文字材料，基础扎实。二是摹写时全神贯注，从客观出发。他有个自定原则："即摹字就是摹字，全部精力放在摹的上面，不先注意文句和辞义。理由是：古今用辞和语法不同，甚至有很大的区别，假借字亦其问题之一，如这些问题疏于估计，而以类似的今辞生搬硬套，就会先入为主以己意改动字形，而不是原字结构，对工作有损无益。辞义方面并非全然不管，要在文字大致固定以后才进行考虑。"（《战国楚帛书述略》）此乃商先生的经验之谈。同样适用于甲骨、铜器、竹简等古文字材料的摹写。

商先生在青年时代即致力于古文字材料的传拓工作，其法主要得自罗振玉（叔言）的传授。数十年来，一个小绢包，一个发锤，一方小端砚，一块墨，传拓的工具商先生总是随身携带的，每到一地参观访问，遇有重要而可施拓的器物，商先生必精心传拓，虽耗时费日，亦在所不计。我们从《殷契佚存》、

《十二家吉金图录》等著作中，可以见到商先生早年所拓的甲骨文、金文，精美绝伦。郭沫若早年在日本编印《两周金文辞大系》时，许多拓本模糊不清，解放后重印此书，接受容庚师的意见，抽换部分拓本，换入的拓本就有很多商先生的拓本（钤有"商氏吉金"、"锡永手拓"、"商氏所藏墨本"等印）。商先生拓甲骨、铜器，往往同时拓数纸，自留其一，其余分贻同道，共同研究。如著名的"契斋藏甲之一"乃抗战前在北京琉璃厂所购得，因喜其质地晶莹，字大遒劲，即拓数份，分贻胡厚宣、董作宾等先生。胡董两氏后分别著录于《甲骨学商史论丛》、《殷虚文字外编》。

1963年初秋，在长沙湖南省博物馆，为了拓该馆所藏人面方鼎，足足花了一整天时间。当有人谈到这纸拓本的价值时，商先生开玩笑地说："如果卖，起码要值十多元钱，才够我一天的工资啊。"在场的人听他这么一说，都乐了。1976年夏天某日，在武汉参观文物商店，主要的时间也是用来拓铜器铭文。1977年夏赴京度假，因闻平山县战国中山王墓出土鼎壶等重器，特专程前往发掘工地，花了三天时间拓得中山王鼎、壶铭文各二份，一留当地，一携归研究。商先生还一面施拓，一面讲解，给在场的研究生、工作人员传授经验。

辨　　伪

研究古文字必然要接触古器物，常苦其真伪难断。若以伪为真，据以立论，无异将研究工作建立在沙滩之上；而若指真为伪，妄诬古人，也会失去重要的研究资料。是以古文字学家一向十分重视辨伪工作。商先生青年时代即喜收藏古器物，并且精于鉴别。他编著的《福氏所藏甲骨文字》、《殷契佚存》、《十二家吉金图录》、《浑源彝器图》等书，材料均切实可靠，学者都可放心征引。不像有些书那样，真伪杂糅，令人不敢随便引用。当然，商先生鉴别之精也有一个过程，乃是接触实物多，善于比较，深入研究的结果。初时也上过当，受过骗，买过不少赝品。用后来通行的话说，是"交过许多学费"。商先生自述云："我在北京，月薪五百多元，收入甚丰，除家用外，几乎都把它送进琉璃厂的'古董铺'。我的文物爱好方面广泛，举凡金、石、竹、木、陶、瓦……皆在入藏之列。初时买了不少伪品，但我并不因此灰心丧气，定要研究其伪之所在，'学费'才不会白纳。我今天能有这样的鉴别力，即由此得来的。"商先生将对伪器伪字研究的结果，写成专题论文《古代彝器伪字研究》（刊于《金陵学报》第三卷第二期，1933年），列举五项：一，字体受宋人书本之影响。二，拼凑字句。三，删截文字。四，临写铭语。五，摹刻文字。并列举作伪之人，证例详尽，使伪作、伪刻无所遁其形。

1956年，商先生受聘兼任故宫铜器专门委员会委员，同时兼任《甲骨文合集》编委会委员。

颇为有趣的是，上文提到的那块"契斋藏甲之一"在1978年竟被斥为伪刻。起因是《地理知识》1978年第一期《中国的蚕桑》一文摹了这甲片，加以介绍；该刊第五期发表孟世凯的信《谈谈甲骨文中有关蚕桑的真伪资料》即予否定，认为是伪刻。其理由却是："刻有这种蚕桑图的甲骨共有两片，经甲骨学家胡厚宣同志对实物的鉴定，发现都是假的，都是一种伪刻。"该刊还加《编者按》，说此甲片"谬种流传"。这无异是对收藏者——契斋商承祚先生的蔑视与责难。商先生于是将这早已忘却多年的甲片寻出，重新予以鉴定，肯定非伪作。正好这年冬天吉林大学召开中国古文字学术讨论会并酝酿成立中国古文字研究会。商先生特地携此龟甲从广州赴长春参加会议。这块甲片，成了这次讨论会的重要议题之一。会后，商先生还写了《一块甲片的风波——契斋东西南北谈》一文，详细论述了有关甲骨文辨伪的问题，算是对《地理知识》编者按、孟世凯信的答辩，发表在《随笔》丛刊第十集上（1980年8月）。此文还谈及区别甲骨的习刻与伪刻，非常精确："伪刻甲骨文与伪刻青铜器铭文掩盖字口的方法有所不同。真甲骨文刻入伪字以后，掩盖刀痕只能用粘性泥涂附字口。如果我们将这甲骨浸入水中一些时候，再用软毛刷把泥刷掉，新刻痕就即时显露。原刻的甲骨文入土三千余年，土色浸入刻痕肌理，无论你怎样洗刷，是刷不掉笔划内的土色的。以往辨伪，主要看字的工拙及有无文义，如遇那些字刻得较差，又无文理可寻的皆谓不可信之物。其实不然，我曾将所藏百余片甲骨，选出刻字较拙滞及不成文的分作两组，进行观察研究，然后知这些无文义的甲骨是当日师傅将刻字技术授徒以后，徒弟的一种'习刻'甲骨。这类'习作'，目的在于锻炼刀法，自然无文理之可言。"

关于器物真伪的鉴定，商先生曾多次对笔者说过："古文物研究者与鉴定真伪者是两码事，两种人，即研究者不一定是鉴定者，而鉴定者不一定是研究者。我对鉴定方面用了不少气力，也拿了许多学费，言易而行难啊。"既是经验之谈，也是肺腑之言。30年代初，商先生任教于清华大学、北京大学及北京女师大，与容庚师、于省吾先生等过从甚密。据先生回忆，当年常相约游琉璃厂古玩铺，观赏购买古物。每有所得，必论其真伪。有时各执一辞，争得面红耳赤，但争完即了事，无碍于情谊。

篆　　隶

既是古文字学家，又是书法家，精通各类古文字，又擅长书写各类古文字；有理论，又付诸实践，睥睨秦汉，笔削春秋，熔甲骨、铜器、竹帛文字于一炉，自成一格；环顾宇内，除商先生外，恐难觅第二人。

商先生生于诗书世家，幼年苦练铁线篆，临写峄山碑，有扎实的篆书根底。后在罗振玉处见到甲骨文及丰富的金石拓本，眼界豁然开朗，从此将古文字研究与古文字书法紧密结合起来，相辅相成，并驾齐驱。商先生回忆说，当年罗振玉看了他的甲骨文及金文字课后，曾不断点头说："你写的金文将来会有成就，但还须旁及各代石刻文字。"得到罗氏指点后，商先生又进一步临写汉篆如开母庙石阙等。这与他日撰集《石刻篆文编》，著《石刻篆文编字说》亦有莫大的关系。

甲骨文、金文、隶书、楷书，这几种书体商先生都能写出自己的风格。早年主要是清新秀美、飘逸的风格，也有端庄凝重的作品，而以前者为主。几种书体中，尤以金文见长。所写甲骨文，也带有金文韵味。抗战期间在重庆、成都、贵阳等地即开过个人书展，载誉西南。且与徐悲鸿、黄君璧、张大千等画家结交，书画互赠。关于篆书的书法，商先生曾说："我写篆书，包括金文在内，行笔力求刚劲浑厚，以平正为主，决不矫揉造作。须知平正才见真实工夫。'看似寻常最奇崛，成如容易却艰辛。'此可为知者道，难为外人言也。正因字形力求工整，写时还要注意直行的行气和横行的行气互相呼应，这样才能使整幅字的气势协调而不至于偏离松懈。我在书法实践中还考虑李白的话：'清水出芙蓉，天然去雕饰。'向这方面风格而努力。"（《商承祚自传》）

除力求平正外，商先生作字好用铺毫，且常以侧锋取韵。商先生论铺毫与偏锋云："纵观古今名书家的字，其运笔多以侧锋取韵，铺毫亦其中之一种笔法。何谓'铺毫'？铺毫不等于偏锋。偏锋是用锋的一部分。铺毫则是直立而下！使用毫的全部，所谓'万毫齐力'者，写篆书特别是写金文书体，多会出现这种笔法。而这种笔法，在石刻中是无法体现出来的。我写金文，即好用铺毫。"（《商承祚篆隶册·前言》）

自 1975 年湖北云梦睡虎地秦竹简出土后，秦隶大显于世。商先生书法方面的兴趣即转移到秦隶方面，用力至勤。凡求写条幅、匾额、碑记、堂记、书名……先生悉以秦隶应之。极少有写金文、甲骨文或小篆的。先生尝言，秦隶是从小篆过渡到汉隶的一种产物。不论在结构上与行笔之间，皆具有部分篆体的笔势，波挑隐约，蓄而不放。气息渊永，百看不厌。（见《商承祚篆隶册·前言》）这种字体，古朴有篆意，又与今字相近，人皆能识，所以商先生觉得拿它来为社会服务，为四化建设服务，其效果最好。1982 年夏，至香港小憩，寓旧山顶道锦园，又以数月之力，以秦隶书诗文四十余则，成《商承祚秦隶册》一册，与写于 1979 年的《商承祚篆隶册》并刊于世。从这两本书法作品集，可约略窥见吾师八十岁前后书法风格。

商先生以各种古文字书体书赠友朋后学，极少照录原片卜辞或原器铭文，而喜自撰文句！或录古今著名诗文格言，这样就常碰到字少不够用的问题。他运用六书的原则取偏旁相结合，匠心独运，巧妙地也是成功地解决了这一难题。许多后起字以金文、秦隶、小篆的形体出现,与其他字的风格完全一致,但在金文、秦隶或《说文》中是找不到的。这些便是商先生创造之所在,也是为我辈后学作出的榜样。

商先生的书法作品,熔甲骨金石于一炉,独具一格,特别是所书秦隶,举世无二,即使不落款亦可知为先生所书。近一二十年来,后学晚辈向他求教,希望指点迷津者极多。商先生总是以这样的原则相告:"篆写秦篆,可从宋徐铉临的峄山碑入手。""写行书之先必须从唐代有名的书家楷书入手,从颜真卿的字入手。"他不同意学近代人的字,并坚决反对写时人的字。他认为:"必须取法唐人。此所谓取法乎上,仅得乎中,取法乎中,仅得乎下,如取法乎下,所得必然下下,此为不易之理。"(《商承祚自传》)所以他最不赞成学生或后辈学他的字。这与某些人要求学生临摹自己写的字的做法,相去不可以道里计。

印　　章

商先生以治古文字之余暇治印,以临摹甲骨金文之多年功力治印,研究与运用相结合,又为一绝。其用钤于书籍、拓本、摹本及书法作品之各种印章,皆早年自刻者,小印居多,如"锡永手拓"、"商氏所藏墨本"、"商锡永"、"商五"、"商氏五郎"、"古先斋"、"契斋"、"商承祚鈢"、"锡永"、"锡永之鈢"、"承祚信印"、"番禺商氏"。书体多样,如金文、小篆、汉印、缪篆、鸟虫书,或端庄凝重,或雅致清新,都给人以停匀舒适心旷神怡之感。在重庆、贵阳任职盐署期间,闲暇较多,所治之印尤精。1946年春,容庚先生至重庆,商先生方卸盐署职,归自贵阳。至友聚首,商先生"自谓学不进而刻印则工",以数印相示。容先生翌年著《甲骨学概况》(《岭南学报》第七卷第二期),特附笔志之。

又早年在北京,商先生除收集甲骨、铜器等古文字资料外,亦注意玺印的收集。曾得玺印千余方，于金陵大学著《契斋古印存》线装十册，其自序谓此前曾"钤装二十部，分贻同好，藉共赏析"，又述其收藏标准云："余握椠挟书，余力集古，志在有裨学术……于古鉥文字新颖者，官印之符合史地者，私印之形制奇诡、姓名罕见者，皆所偏重，至平凡之印皆以文字精湛者为标准，赝刻劣品，概从芟夷。每著录一印，胥非率尔入谱者，志在供诸艺林，为壤流之助。"明乎此，可知先生治印功力之渊源也。

补　　记

此文属稿于1986年夏，实为未完稿。日前与伟国兄、步云弟等议及纪念吾师百十周年诞辰事，乃检出此文，忽忽二十有五年矣。昔以圆珠笔所草之稿，几经修改，纵横交错，可谓凌乱不堪。步云弟不惮辛劳，悉心为之整理，打印成文，遂复修订一过。关于吾师之书艺成就，王祥君已撰有专书《广东历代书家研究丛书·商承祚》，近期当可面世，远较拙文详尽。读者可参看。

二零一一年七月八日记于三鉴斋

（此文为《师泽绵长——纪念商承祚先生百十周年诞辰专集》之代序，书艺出版社，2012年11月；《诗词》2012年第22期）

记先师商承祚先生写给我的几张便条

上世纪七八十年代，康乐园内只有极少数知名教授家中装有电话，先师商承祚先生便是其中之一。由于大部分教职工家中并无电话，故彼此间联系，电话实在起不了作用。老师欲召见学生，长者约见后辈，依然只能用传统方式：托人带口信或便条，或留片言只字于教研室（研究室）中学生后辈的书桌上。商老便常用写便条的形式召见我，我也因而有幸得到商老于不经意间信手写下的一些"硬笔"书法真迹。虽是片言只字，不仅与工作、学问有关，且有欣赏价值。我保存至今的商老手书便条计有六张，现公诸同好，并将相关情况记述如次。

一

炜湛：

  得空过我。　　祚　十七早

一九七九年十二月十七日，商老留此便条于古文字学研究室。是晚适停电，便前往谒见。商老命将所藏一尾甲（即著名的"契斋藏甲之一"的左尾甲）参照整甲大小予以复原。其时商老正在撰写《一块甲片的风波》一文，故有是命。我遂据《乙编》所载完整龟腹甲推论可容此左尾甲之腹甲大小，以《乙编》第3274版摹本复命。商老然之，采入文中。这一便条实与一次学术论争相关。

二

炜湛：

诅楚文献疑之名不妥，以明知其为伪作，前人已有文张之，而您尚在真赝二者之间，何也？

又诅楚文可抄入全文附诸篇内，畀读者参考。您可用稿纸抄来，我为之考虑附入。

祚书　8.11.

这便条写于一九八四年，商老审阅了我的《诅楚文献疑》一文后用红色圆珠笔写于一宣纸的纸边上（似从废弃之书作上裁下者），而后贴于文稿之首页。关于这张便条，我以前在文章中曾两度提及（具见《陈炜湛语言文字论集》），现公布商老手书真迹，以飨读者。

三

炜湛弟：

今年下半年（月未定）在安阳召开商史研究会，邀我写文章。我久已未搞甲骨，您是熟于此道的，请代为撰一文，如何？

祚　3.22.

此件书于一九八五年。胡厚宣等筹备于安阳召开首次商史学术讨论会,商老接到邀请函后,乃有是命。我思索多日,未有合适题目,后商老以年老不拟出席会议,"代撰"事遂免。

四

  我再看了三遍,加以改动,望抄正后送出。

  行书两行,无上下款,亦无时间,附于《怎样研究古文字》文稿之首页。一九八八年,中国文物报通过商志䫁征稿于夫子,夫子口授要点,命为代笔。草就后呈请审定,阅之再三,以红笔删改定稿,乃命抄正送出。此文于三月十九日属稿,二十日清稿。夫子手札当写于三月二十二日或二十三日。此文发表于《中国文物报》第 23 期,一九八八年六月十日。

五

炜湛:
  有篇郭沫若的征文稿,是否交您?如未记误,可令您的金妻送回。
承祚 九午

  此件书写年月已记不清楚,大约是在上世纪八十年代中期的秋天。其时夫子正修订其论文集,不少文章反复推敲修改,又亲自缮写誊正。所言征文稿,是指发表于《中华文史论丛》第七辑(上海古籍出版社)的《怀念郭沫若同志》一文。后又改为《良师益友郭沫若同志》(收入《商承祚文集》,中山大学出版社,2004 年)。所谓"金妻"即指吾妻金益渠。夫子晚年心胸开朗乐观，不时与学生后辈开玩笑，彼此一乐。如谓诸弟子中"炜湛最富有，家有金妻"，即其一例。

六

炜湛：

　　长台关一号墓竹书文章你清写稿，十六页在我手五页，即十三至十五页止，我因你比过去行笔清劲相差太远，故不拟影用。因此，我的原稿在你手上是无疑的，望为细寻送回。

　　　　　　　　　　　　　　　　　　　　　　　　祚启
　　　　　　　　　　　　　　　　　　　　　　　　五. 二四.

　　此件无书写年份，可能是在一九八七年或一九八八年。其时为缮写《战国楚竹简汇编》书稿，商先生一直未能物色到满意的书手。炜湛应命试写信阳长台关竹书考释，自以为较为工整，先生则嫌拘谨，反不如过去行笔之"清劲"，乃搁置之而命将原稿"细寻送回"。"在我手五页"与"十三至十五页止"不合，"手"后之"五"或是"三"之笔误。

　　　　　　　　　　　　　　　　　　　　二零一三年九月写于三鉴斋

　　附：原件照片见图版一至三。

岭南松柏　容商二老

本世纪20年代初，古文字学大师罗振玉、王国维名满天下、业绩显赫之时，有四位青年崭露头角，显示出非凡才华，深得罗、王赏识，王国维誉之为古文字学四少年。四人之中有两位出自岭南，这便是50年代以来学术界尊称为"容商二老"的东莞容庚先生、番禺商承祚先生。

容先生字希白，号颂斋，生于1894年，卒于1983年，享年九十。商先生字锡永，号契斋，生于1902年，卒于1991年，享年亦九十。二人生于南国，却相识于北方。那是1922年的夏天，容先生自粤北上，至天津，挟《金文编》稿本谒罗振玉于嘉乐里贻安堂，倾谈三四小时，罗翻稿数过，谓乃己所欲作而未成者，属之务竟其成。此前商先生已自南方负笈天津，拜罗氏为师，治甲骨文，在罗氏指导下编撰《殷虚文字类编》。商先生从罗氏处得知容先生有《金文编》之作，志趣相若，遂访之于泰安栈。其时容先生初至北地，不谙国语，二人同操粤语，相见如故交，从此结下了长达一甲子的情谊。

经罗振玉、马衡的推荐、介绍，容、商二先生先后进入北京大学研究所国学门为研究生，遂成同学，一起切磋学问，从事古文字研究。商先生于1923年出版《殷虚文字类编》而少年成名，1925年即受聘于东南大学任讲师，旋于1927年受聘为中山大学教授，复于1930年抵京，任教于师大、北大、清华诸校。容先生则于1925年出版其成名之作《金文编》，翌年燕京大学聘为襄教授，不久即晋升教授，并主编《燕京学报》。短短几年工夫，自学成材复经罗、王指导、提携的容、商二先生由"少年"一跃而为古文字学的中坚人物，成了世人注目的专家、学者。郭沫若1928年到日本，开始研究古文字之时，《金文编》与《殷虚文字类编》便是他常置案头的工具书。

容、商二先生同治古文字学，同为著名的古文字学家、考古学家，可谓同行、同道。但他们各有侧重点。容先生的研究重点是青铜器及其铭文，兼及甲骨文等。商先生则主要从事甲骨文研究，兼及金文等。这只要看一看50年代前二位先生的主要论著便一清二楚了。其间容先生的主要论著有：《金文编》（1925，1939）、《宝蕴楼彝器图录》（1929）、《殷契卜辞》（1933）、《宋代吉金书籍述评》（1933）、《武英殿彝器图录》（1934）、《海外吉金图录》（1935）、《商周彝器通考》（1941）。商先生的主要论著有：《殷虚文字类编》（1923）、《殷虚文字考》（1925）、《殷商无四时说》（1932）、《福氏所藏甲骨文字》（1933）、《殷契佚存》（1933）、《古代彝器伪字研究》（1933）、《十二家吉金图录》（1935）、《浑源彝器图》（1936）、《长沙古物闻见记》（1939）。

1933年，商先生离京南下，任职于金陵大学。抗战爆发后，又经湘、桂、黔入蜀，先后任教于齐鲁大学、重庆女师院、重庆大学等院校。容先生则长居北京，抗战胜利后，于1946年经蜀南归，二人复重逢于重庆。商先生以数印示老友，且戏谓"学不进而刻印则工"。聚首数日，容先生由桂返粤，执教于岭南大学，并主编《岭南学报》。商先生也于1948年由蜀返粤，重回中山大学任教。中华人民共和国成立后，经院系调整，岭南大学并入中山大学，容先生遂与商先生共事于中山大学中文系。二位先生少年北上而同学，中年扬名于四海，壮年殊途而同归，由同乡、同学、同道而为同事，堪称学林佳话。

进入50年代后，容、商二先生以其道德文章被中山大学的师生们尊称为容老、商老。不过，二老从来不服老，也不以"老"自居。容老年过七十，仍以自行车代步，过海珠桥亦从不下车推行，依然直上直下，常令后生小子羞愧难当，从而急起直追。商老亦然。到了耄耋之年，商老还编有年龄歌一首，曰："九十可算老，八十不稀奇，七十过江鲫，六十小弟弟……"且自称"老中之青"，极为乐观。在学术研究方面，二老更如四季常青的松柏，始终保持着向上的活力与生机，不论阴晴寒暑，不论境遇顺逆，总是研究不断，笔耕不止。容老虽尝因言贾祸，横遭批判，但亦决不因此而弃卷搁笔，虚掷岁月。他于1958年出版《殷周青铜器通论》（与张维持合作），又于1959年出版《金文编》第三版。此后复发表《澄清堂帖考》、《清代吉金书籍述评》、《鸟书考》等重要论文。"文革"动乱期间，身处逆境，仍毅然决定再次修订《金文编》，出版第四版（此书后因故于1985年出版）。此外，容老还致力于丛帖、书画的整理与研究，著有《丛帖目》（四册，生前出版一至三册），并有遗著《颂斋书画小记》、《历代名画著录目》稿本两种，凡数十册。商老在50年代便先后出版《广州光孝寺古代木雕像图录》、《长沙出土楚漆器图录》、《石刻篆文编》等专著，并致力于秦汉战国文字研究，发表《鄂君启节考》、《战国楚帛书述略》、《秦权使用及辨伪》等重要论文。"文革"后，又出版《先秦货币文编》、《说文中之古文考》等书，并有遗著《战国楚竹简汇编》、《石刻篆文编字说》、《长沙古物闻见续记》等，于身后陆续问世。可以说，二老之于学术文化事业，确是活到老，学到老，研究著述到老，鞠躬尽瘁，死而后已。

二老治学，向以严谨平正著称。他们都是在罗振玉、王国维指导下走上学术研究道路的，自然而然地接受和继承了罗、王的治学方法和学风。商老更是罗氏的及门弟子。二老都自幼熟习小篆，视《说文》为开启古文字宝库的钥匙。他们都十分注重基本功的训练，都十分注意古文字的临摹与书写。容老有句口头禅："学了古文字，写几个出来看看。""不能满口甲骨文金文，说得天花乱坠，写出来却不成样子。"商老亦视临写古文字为字课。二老继承并发扬了中国古文字学的优良传统，将古文字研究与书法实践相结合，自青年、中年以至壮年，学问与书艺并进，直臻"人书俱老"之境。二老均极重视古文字原材料的收集与整理，强调从原材料（拓本或目验实物）出发从事研究，反对凭空悬想，夸夸其谈。二老长于古文字考释，但均十分谨慎，坚持无征不信的原则，不识之字不妄释，不明之义不妄解，尤不轻言音韵（如对转旁转之类）。证据不足，宁阙疑以俟高明，不妄言而误后学。容老每次修订《金文编》，均广泛征求意见，思虑再三，择善而从之。凡有所疑，宁可将正编中的字移置附录，而决不轻易将附录中的不识字作为已识字移至正编。商老《战国楚竹简汇编》一书之所以未能在其生前出版而成为遗著，其重要原因之一便是他对此稿过于重视，从摹本、释文到考释文字，一而再、再而三地反复修改，虽铢丝之异、点划之差亦不放过，务欲求其完善。如是斟酌多年，书稿粗定，未及付梓，便因病不起而遽归道山。二老晚年指导研究生，言之谆谆，反复强调的，也是如下几条：一、加强基本功训练，多临摹，把字写好。所谓"字"，主要是指小篆、金文、甲骨文。二、广泛阅读第一手材料，从原材料中发现问题，加以研究。研究金文，必须研读《三代吉金文存》等书；研究甲骨文，必须研读《殷虚书契》（前编、后编、续编）、《殷虚文字》（甲编、乙编、丙编）、《甲骨文合集》等书。三、认真阅读罗振玉、王国维、郭沫若等人的著作，从中领悟治学的方法，学会找题目的本领。四、力求平正。不论写字作文乃至为人，"平正"二字甚重要，唯平正方见真功夫。二老最憎恶奇形怪状之字，奇谈怪论之文，故常以此为研究生诫。从这几条原则，也可窥见二老治学的风范和育人的特色。

　　作为古文字学家、考古学家，容、商二老与文物有着不解之缘。他们自幼酷爱古文字，因之而又酷爱古文物。早年在京，便是琉璃厂古董铺之常客，所得薪水，除日常家用外，大都用于搜购文物，赏玩、研究而珍藏之。而后辗转南北，仍尽力搜求。如是数十年不断，二老所藏，如甲骨文、青铜器、陶瓷、书画乃至古砚古墨等等，数量既多，精品亦夥，如容老所得栾书缶，为春秋晋器，首称"正月季春"，极为难得，容老因之而名居室为晋缶庐。商老所藏祝枝山草书《晚晴赋》、《荔枝赋》合卷，郑板桥四面风墨竹等明清书画，均堪称人间至宝。中华人民共和国成立后，二老年事渐高，深感这些珍贵文物藏之于家莫若献之于国，传诸子孙，日后难免散失乃至流于境外，藏之国家，可策万全，并可供人研究。是以从50年代中期起，二老便将所藏文物先后捐赠给故宫博物院、中国历史博物馆、广东省博物馆、广州市博物馆、广东民间工艺博物馆等文博单位。商老逝世后，其哲嗣复遵照"文物要捐献给国家，不得散失"的遗训，又将家藏唐至现代的书画二百余件一举捐赠深圳市博物馆，将国内仅存的战国楚帛书残片捐赠湖南省博物馆。去年，容老后人也将容老珍藏多年的罗振玉、王国维、郭沫若、顾颉刚等名人手札及容老手稿若干册一并捐赠广东省中山图书馆。二老热爱祖国、无私奉献的精神在学术文化界，在人民群众中有着深远的影响。二老辞世后，广州市博物馆举办了容庚先生捐赠文物展，广东民间工艺博物馆举办了商承祚先生捐赠陶瓷展，深圳市博物馆举办了商承祚先生捐赠文物展，广东省博物馆、深圳市博物馆与广东民间工艺博物馆还联合举办了《商承祚先生捐赠文物精品选》首发式暨商承祚先生捐赠文物精品展，以表彰二老的爱国主义精神和对文物事业的贡献。参观这些展览的中外学者及各界人士莫不为二老的高风亮节所感动，深表钦佩。

二老结交逾一甲子，彼此相知甚深，其情其谊经受了历史风雨的检验，非比寻常。但二老之间亦常有论争，或面争，或笔战，据理而言，各不相让。极为可贵的是，这种争论，毫不影响彼此间的友谊与感情。1929年，容先生编著之《宝蕴楼彝器图录》出版于北京，时在广州的商先生读后，即发表《评宝蕴楼彝器图录》一文于中山大学《语言历史学研究所周刊》（百期纪念号）。此文所论，主要在于辨伪，指出该书第一页所谓商鼎，必赵宋之器，第二十二页之鼎、四十六页之敦、八十八页之盉、一百八页之觚，文字必为后刻，并认为书中若干"商器"皆在可疑之列。此文刊出后，容先生作有《答商承祚先生评宝蕴楼彝器图录》一文，商先生复跋其后，一并刊诸中山大学《语言历史学研究所周刊》（第11集第121期）。此《答》与《跋》除互相问难外，于二人之情谊、性格亦有所叙述。容先生之《答》云："他人读商君之评及余之答，必有以此测余两人之交情者。须知余两辩难时，余大声急呼，面红耳赤，吃吃不能自述。而商君则柔色和声，常有以让余者。别来一年，未能纵谈，商君睹此，或笑余故态复萌也。"商先生《跋》则曰："容性燥而余性柔，且与容为老友，故知之深。昔在北平琉璃厂式古斋古玩店每相论难，当其急燥之时，余多缄默，过时余再争辩。"此一评一答复一跋，是二老早年知己之交的最好见证，是正确对待学者之间友谊与学术争论的一个范例，也是本世纪中国古文字学史上一段不可多得的佳话。此后五十余年的历史证明，尽管二老经常"抬杠"（争论），但"抬"过就算，绝不耿耿于怀而影响友情。炜湛在二老门下多年，二老"抬杠"场面也时有所见，争得激烈时，容老急不择言，批评乃至责难老友一两句也是有的。此时商老多默然以对，以示让他三分。争论过后，又复和好如初。

1941年，容老于《商周彝器通考·辨伪》中盛赞商老《古代彝器伪字研究》一文，1947年容老发表《甲骨学概况》于《岭南学报》，其第二章"作家"将商老列为第六位作家予以介绍，说他"精鉴别、富收藏，古物随手散去……"。在六七十年代，在与学生们闲谈时，容老多次自谦地说："文章做不过郭老（沫若），字写不过商老。"1983年3月，容老仙逝。追悼会前与遗体告别时，商老面对老友遗容，追忆六十年情谊，不禁失声痛哭，左右为之动容。此前商老原为祝贺容老九十大寿而作的专文《我与容希白》，遂成悼念之文，先行刊诸《广州日报》（后收入《古文字研究》第12辑，中华书局，1985年）。文章叙述了与容老六十年的交往，情真意切。文中写道："希白于古文字研究造诣深，我不及他，而辨伪鉴别，则他不如我。""1932年春，我在天津从读罗师之时，希白由京来访，寓我家，每长谈至深夜。一日，一觉醒来，发现希白已在我室刻好一方朱文'商氏吉金'小印，章法布局匀称，刀法古朴，实属佳构。边款为'廿一年一月容庚制'。我异常宝爱，带着它到南京、屯溪、长沙、重庆、贵阳、成都，又带着它回广州。直至今日珍藏着，也是我喜用印之一。"文末又写道："希白长我八岁，我兄事之。我们结交垂六十年，不仅同乡，而且同学、同行、同事，真是难得之极。"鲁迅先生当年曾曰："人生得一知己足矣！斯世当以同怀视之。"容商二老，堪称知己也夫！

二老将毕生精力贡献给了祖国的学术文化与教育事业，又将一生收藏的珍贵文物捐献给了国家，以求"藏之于国，施惠于民"。他们之间的友谊随着岁月的推移而不断发展，老而弥笃，亦足为后人法则。他们以高尚风范、等身著作饮誉海内外。今哲人仙逝而风范长存，恰如苍松翠柏，长青长绿，永不凋谢，永为后人景仰。

1999年2月写于中山大学三鉴斋

（原载《学林往事》上册，张世林编，朝华出版社，2000年3月第1版）

我如何教古文字学

我于1982年秋首次为中山大学中文系学生开设选修课古文字学，以后每两年重开一次，至今已讲授八次。每次开课一般让两个年级的学生选修，先是三、四年级，后来是二、三年级。有些以前未有机会修习古文字学的研究生及进修教师也随班听课。由于是选修课，学生有"选"的自由，教师则只有被选的自由，而无选择学生的自由。研究生、进修教师要来（大都是奉指导教师之命）听课，也不便拒绝。故只能是一概欢迎，"有教无类"了。（详见附表1《1982—1997年中文系古文字学课选修情况表》）

古文字学以先秦文字为研究对象和教学内容，其中商代的甲骨文距今已三千多年，战国时代的各类文字距今也有两千多年。这一学科，几十年来发展很快，且已形成几个分支，各自向纵深发展。八九十年代对大学生讲授古文字学，该如何讲法，实无现成经验可供参考。我觉得首先要解决"讲什么"的问题，而"讲什么"便牵涉到开设这门课的目的、要求。根据我校中文系的培养目标和学生的实际情况，我将本课程的教学目的与要求确定为：通过讲授古文字学的基本理论（如古文字学的性质、任务，汉字起源，古文字的考释方法，古文字的演变规律等）和各种古文字原材料（如甲骨文、金文、竹帛文等），开拓学生视野，使之熟悉祖国丰富的古文字遗产，掌握有关古文字的基础知识，具有阅读和钻研古文字原材料的初步能力，为进一步学习和研究古代的语言文字打下基础。

这就是说，既要讲基本理论，又要讲各种古文字的原材料；学生修习本课程后既要掌握有关的基础知识，又要有阅读和钻研古文字原材料的初步能力。基于这样的教学目的与要求，我大致以三分之一的课时讲授基本理论，称为总论；以三分之二的课时讲授甲骨文、金文、竹帛文等各类古文字原材料，称为分论。我始终认为，学习古文字，必须以原材料为出发点，而最终目的也是能够阅读和钻研原材料（这与古代汉语课的性质相似）。

但古文字毕竟只通行于二三千年前的古代中国，是早已被"今"文字所取代了的文字体系，实际上是死字。古文字学又素称绝学，有着一层神秘的外衣，常令人觉得高深难懂，望而却步。如何把死字讲活，令绝学不绝，使"阳春白雪"接近学生，吸引学生，也无现成经验可供参考。好在古文字毕竟有很多是象形字、指事字、会意字，这些字较易辨认，且与客观事物及人体活动关系密切，字形也较生动美观，和"今"文字的联系也容易讲清。我觉得这是古文字学课的优势所在，是引发、培养学习和钻研的兴趣的好原料。所以，我的课便从讲解这些与客观事物和人的生活关系密切的古文字开始，通过讲这些单个的"古文字"来体现古文字"学"理论。而且，要求学生也从单字研究起，从自己的姓名研究起，考察一下它们的来历。先深入浅出，而后由浅入深，由近及远，循序渐进。讲解甲骨卜辞、铜器铭文等古文字原材料，也是如此，先讲浅显易懂的卜辞（短铭），后讲复杂难懂甚至尚有争议的卜辞（长铭）。如此，既不至于一下子先把人吓倒，也不会令程度较高的学生（及研究生等）"吃不饱""不解渴"。为了培养研究的兴趣与能力，在讲课过程中，我有意识地提出一些目前尚未有人撰文探讨的题目，提示研究的途径与方法，表示希望有兴趣的同学作些研究。这些题目，对随班听课的研究生、进修教师颇为有用、有效，而对本科生的作用不大，毕竟理解能力与接受能力不一样。

先师容庚先生常说："学了古文字，写几个出来看看。""不能开口甲骨文、闭口金文，说得天花乱坠，却写不出几个像样的古文字。"这是很有道理的。从大的方面说，古文字学与书法艺术有着天然的密切关系，与书艺相结合本是古文字学的优良传统之一。小而言之，"写"本身也是一种学习的手段。60年代初，我在容、商二老的指导下学习古文字学，光"写"就差不多花了近一年的时间。现在轮到我教学生了，当然不能不"写"。一学期内我要求学生做三次作业：用小篆书写毛泽东诗或词一首；临写甲骨文二至三片；临写铜器铭文一篇。而且，必须用毛笔书写。后来改为两次（免去小篆作业）。布置作业前，我一般先写好几幅字，悬诸课室，让学生识读。谁先读通，就将那幅字赠送给他，留作纪念。十余年来，我赠送的这类纪念品约有四五十幅。如讲"特色"，这大概是这门课所独有而其他课程所无的吧。但我本意只是起示范作用，教学生如何写甲骨文、金文，提高他们做作业的兴趣。这两次作业任何人都必须完成，而且必须以毛笔书写。有些学生说，多年没拿毛笔了，写不了。我说，现在便是机会，拿起来便写得了。大部分学生极其认真地完成了作业，少数学生有应付性质。应付也罢，总算"写"过几片甲骨文，"写"过金文，比起目前某些大谈甲骨文、金文如何如何，却从未读过更未写过甲骨文、金文的人士来，却已略胜一筹了。至于个别学生极不认真的扫地式的作业，则发下去请他重写。"重写"者见老师态度认真，也自不敢再乱涂了。

最初上课时，学生手上只有一本油印的《古文字选读》。全是原材料的摹本，有些学生喻为天书，上课时不得不认真听讲，且作笔记。我也不得不详细地讲，有些重要内容还得书于黑板，很费事。《古文字学纲要》（与唐钰明合著）出版后，听课者人手一册，师生称便，教与学都显得轻松了许多。我可以有重点地讲，讲些书上所无的新内容。学生可以专心致志听课，只需记一些非记不可的内容。也有个别学生自恃"有书"，以为"书上都有"，上课不专心听，下课又不认真读。临到考查（考试），才找出《纲要》来对付，分明书上"有的"也不知在何处了。这种情形相信其他课程也存在。

"逃课"，代写请假条，点名时代人应"到"，上课心不在焉，甚至打瞌睡，这些当代大学生的通病，在我的古文字学课中也时有发现。从爱护学生出发，我不能不管。我曾反省是否因教学不好才有这些现象。后来发现并非如此。确有一些学生不重视课堂纪律，也不努力学习。因此我不得不在课堂上批评一些学生，有时还比较严厉。但学生毕竟是可爱的，凡被我"管"过，甚至"严厉批评"过的学生都能改掉缺点，认真学习，还未发现肆意顶撞或耿耿于怀、心存怨恨者。

　　常言道，一树之果，有酸有甜；一母所生，有愚有贤。其实，一师所授，也是有高有下，有优有劣。这是客观规律，不以人的意志为转移。古文字学课也不例外。由于原有的基础不同，各人努力程度不同，学习的结果也不同。最初几次，我考查的方式是写读书心得，并拟了几十个参考题发给学生。结果是有的学生真有心得，文章稍作修改，便可在一般性刊物上发表；有的学生抓几个字分析一下，敷衍成文；或讲一下修习本课程的体会，讲一通好话；还有些学生是同一篇文章改头换面或增减些段落或词句，显然是一人执笔，多人"参考"而成。更有个别学生写的东西前言不对后语，不知所云。看着这些"心得"或文章，我反躬自问：这种考查方式，对古文字学课合适吗？凭良心说，要在古文字学方面真正有"心得"，是很不容易的事，听了几堂课，便要有"心得"，更非易事。这样的考查很难"查"出实际的学习情况。故从 1989 年开始改为命题开卷考查。当然，一张卷子，体现出教师对学生的要求，我觉得主要是应体现出教学目的与要求，与之相应，故我出的题目分两部分。第一部分占百分之七十，是教材里能找到的或讲堂上讲授过的内容；第二部分占百分之三十，是教材所无也未曾讲授过的。一般的学生应可对付前者，优秀者当可凭借能力应付后者。而平时不认真读书且缺课较多者则有可能连前者也应付不了。我的用意是充分反映学生用功的实际情况，要让优秀的学生脱颖而出，要让平时马虎甚至懒惰的学生得到警示。实践证明，这样的命题方式较能拉开档次：最高成绩可达九十多分，而最低者竟仅二三十分，前者已可为后者师（见附表 2《1989 年以来古文字学课开卷考查情况表》）。一时未能及格的学生，经过努力再补考，一般都能及格。有心存侥幸而仍不认真学习者，则依然不能及格，作为教师，我也爱莫能助矣。

　　十多年来，我为中文系学生讲授古文字学，花了不少心血，但对我的研究工作促进也很大。首先，它逼我要编写教材。编写教材本身便须搞研究。其次，它鞭策我时时关注学科的进展，研究与教学内容密切相关的重大学术问题。再次，青年学生奋发向上的精神和强烈的求知欲也时时感染着我，和他们在一起，我似乎又回复到了青年时代，从不知老之将至焉。我想这也许就是教学相长的一个重要内容吧。

表1 1982—1997年中文系古文字学课选修情况表*

序号	年份	选修年级（学生总数）	该级选修人数	研究生及进修教师	外系学生
1	1982	79级（116）	15	9	
		80级（103）	39		
2	1984	81级（107）	13	2	5
		82级（110）	24		
3	1987	83级（105）	4		8
		84级（112）	14		
		85级（129）	27		
4	1989	86级（119）	20	1	1
		87级（92）	7		
5	1991	88级（95）	21	2	
		89级（47）	8		
6	1993	90级（61）	11	2	
		91级（76）	22		
7	1995	92级（80）	45	3	
		93级（76）	37		
8	1997	94级（63）	23	1	
		95级（91）	65		

*旁听或选修无成绩者不计入。

附表2　1989年以来古文字学课开卷考查情况表

序号	年份	考查年级及人数	最高分	最低分	不及格人数	补考后仍不及格者
1	1989	86级20人	95	56	2	0
		87级7人	80	56	2	0
2	1991	88级21人	83	32	3	0
		89级8人	79	47	1	0
3	1993	91级22人	94	23	6	0
4	1995	93级37人	90	63	0	
5	1997	95级65人	91	46	10	4

说明：1. 90级、92级、94级因外出实习而课程未结束，故以小论文代替考查。

2. 93级37人参加考查，全部及格，为历届选修古文字学课而无补考者的唯一年级。

（原载《中山大学学报论丛》1999年第1期）

《水浒传》所见吴语说略

古稀之岁重读水浒，除人物故事依然引人入胜，令人心不能静外，竟意外发现书中不少词语乃吴方言，且以吴音如吾乡常熟话读之方尽其妙。因以出现先后为次，随手摘录之。去秋过沪谒许师宝华先生，师询近作，以是对。师谓是亦方言研究之语料也，宜稍予诠释，以便学者引用焉。乃退而撰此，求正于同道师友。

差人。意即派人。

第一回：大小官员出郭迎接，随即差人报知龙虎山上清宫住持道众，准备接诏。

第十七回：随即便唤书吏写了文书，当时差人星夜来济州投下。

第十八回：本官看了，便好施行发落，差人去捉。

第四十回：先差人去十字路口打扫法场。

第五十一回：立等知县差人把雷横捉拿到官。

差。使唤、指派也。

第三十五回：我前日听得说来，这两个都差出去了。朱仝差往东京去，雷横不知差到那里去了。

第八十六回：宋江放心不下，遂遣解珍、解宝，扮作猎户，绕山来寻。又差时迁、石勇、段锦住、曹正，四下里去打听消息。

按：吴语"差渠出去买物事""差勿动""差得动"，"差"均为动词，有命令之意，与遣同。"差"用于口语，"遣"则多用于书面语。一文一白区别至为明显。合言之则曰"差遣"，书前引言云："感动天庭，差遣太白金星下界……"是其例。

盘缠。意即路费。

第二回：这柳世权却和东京城里金梁桥下开生药铺的董将士是亲戚，写了一封书札，收拾些人事盘缠，赍发高俅回东京，投奔董将士家过活。

第三回：你父子两个将去做盘缠。

第四回：当时说完了，连夜收拾衣服盘缠，段匹礼物，排担了。

第十七回：盘缠又没了，举眼无个相识，却是怎地好。

第二十四回：哥哥不做得买卖也罢，只在家里坐地，盘缠兄弟自送将来。（度文义，此"盘缠"为日常开用铜钿之意。下引宋太公、宋江语同。）

第三十六回：宋太公道："……盘缠有便人常常寄来……"宋江……道："我自江湖上相识多，见的那一个不相助盘缠，自有对付处……"

第四十六回：杨雄道："既有这条门路，我去收拾了些盘缠便走。"

第六十二回：卢俊义推道："非是卢某说口，金帛钱财家中颇有，但得到北京盘缠足矣。赐与之物，决不敢受。"

按：今吴地常言"盘缠铜钿"，指外出所携费用即往返路费及饮食栈房（旅馆）开支，若谓"盘缠用光哉""呒不盘缠哉"，即已入窘境，必须返回也。

庭心。堂前空地，吴地多指正厅与后堂间之地，亦称小天井。乡间屋内空地亦有谓之庭心者，如命儿童"到庭心里去白相"即是。

第二回：殿下在庭心里和小黄门踢气毬，你自过去。

撮药。北人谓抓药也。

第二回：我有人医心疼的方，叫庄客去县里撮药来，与你老母亲吃。

按：旧时常熟无论城乡，民间延医即郎中治病，郎中开出方子，病家持方至药材店买药，即谓撮药。如称"撮三帖药"，即今所谓"抓（配）三剂药"。"撮药"一语，今常熟、张家港、无锡乡间犹常用之。

掇。音督，双手搬物。

第二回：那后生爬将起来，便去傍边掇条凳子，纳王进坐。

第三回：便叫副手掇条凳子来。

第三十六回：话说当时宋太公掇个梯子上墙头来看时，只见火把丛中约有一百余人。

第三十八回：见那节级掇条凳子从在厅前，高声喝道……

按：掇又称端，"掇条凳子"即"端张凳子"。今日吴地口语仍常用。

家生。器物家具也。亦指兵器，"使家生"，"弄兵器"也。

第二回：史进又不肯务农，只要寻人使家生，较量枪棒。

第四回：两件家生要几两银子。

第七回：这几日见师父演力，不曾见师父家生器械，怎得师父教我们看一看也好。

按：今吴地多以"家生"指室内家具，如谓"一房间家生""红木家生"。"家生"读如 ga sang。

第三十八回：却才鱼汤，家生甚是整齐，鱼却腌了不中吃。

按：此"家生"实指盛鱼汤之器皿。

作怪。奇怪也。犹如有鬼作祟。

第二回：可是作怪，你与我唤他来。

第四十七回：却又作怪！往常这厮不是这等兜搭，今日缘何恁地？

第九十四回：众人道："却是作怪！"口里说道："定是个鬼。我们各自睡去，休要采他。"

第九十五回：可奈那匹马作怪，百般打也不动。

物事。吴语，读如"墨事"，犹言物品、东西、食品。

第二回：不时间只是王四去山寨里送物事，不则一日。

第四十四回：却待向前打那抢物事的人。

第四十五回：叔叔，谁送物事来？

第四十五回：出家人的物事，怎的消受的。

第五十一回：你那里得钱买物事与孩儿吃。

按："送物事""买物事""抢物事""吃物事"以及"啥物事"，今仍为吴地常用口语，"物"均读如"墨"（入声），与粤语近。

扗。背负也。

第三回：却才扗了些包裹，提了短棒，出去了。

第四十一回：宋江叫小喽罗各各扗了沙土布袋及芦柴，在城边堆垛了。

第五十一回：朱仝扗在肩上，转上府衙内前来。

闹热。热闹也。热，读如聂（入声）。

第三回：入得城来，见这市井闹热。

亏杀。多亏也。

第四回：亏杀了他，就与老汉女儿做媒，结交此间一个大财主赵员外，养做外宅，衣食丰足，皆出于恩人。

撒尿撒屎。撒音 ca 入声。

第四回：夜间鼻如雷响，如要起来净手，大惊小怪，只在佛殿后撒尿撒屎，遍地都是。

担桶。

第四回：正想酒哩，只见远远地一个汉子挑着担捅，唱上山来。……鲁智深观见那汉子担担捅上来，坐在亭子上，看这汉子也来亭子上歇下担捅。

第十六回：没半碗饭时，只见远远地一个汉子，挑着一副担桶，唱上冈子来。

按：担桶，指大木桶，一副担桶，两只大木桶也，一条扁担挑二桶，故曰"一副"。"担担桶"，前"担"义如"挑"。

真个。犹言真的、确实，吴语常用词。

第四回：和尚，你真个也是作耍？

第九回：两个教师就明月地上交手，真个好看。

第二十四回：武大忍气吞声，由他自骂，心里只依着兄弟的言语，真个每日只做一半炊饼出去卖，未晚便归。

第二十四回：便差一两岁，也不打紧，真个几岁？

第三十七回：真个是我哥哥！早不做出来！

第四十三回：那驴鸟真个信我，饶了我性命。

第四十五回：说这和尚们真个厉害。

做生活。干活也，亦吴地口语常用词。

第四回：我这酒挑上去，只卖与寺内火工道人、直厅轿夫、老郎们做生活的吃。

第二十四回：老身央及娘子在这里做生活，如何颠倒教娘子坏钱？

生活，待做或已做之事。

第二十四回：王婆便踅过来相请去到他房里，取出生活，一面缝将起来。

第二十四回：两个厮见了，来到王婆房里坐下，取过生活来缝。

第二十四回：那妇人慌心放下生活，还了万福。

第二十四回：这位娘子怎地传得这手好生活，神仙一般的手段。

日常。平常、时常也。

第五回：这和尚便是我日常和你说的，三拳打死镇关西的便是他。

亭柱。吴语大柱子，或曰柱头。

第五回：到得寨里，打一看时，只见两个小喽罗捆做一块在亭柱边。

第四十二回：两廊下尽是朱红亭柱，都挂着绣帘。

过房。即过继。

第七回：原来高俅新发迹，不曾有亲儿，无人帮助，因此过房这高阿叔高三郎儿子在房内为子。

连忙。立即。

第七回：娘子听得，连忙央间壁王婆看了家，和我跟那汉子去。

娘子。吴语"子"读如"则"，娘子，妻也。如尊称已婚妇女，义与"夫人"近。

第七回：胡梯上一个年小的后生，独自背立着，把林冲娘子拦着道……林冲娘子红着脸道……

原来高衙内不认得他是林冲娘子，若还认得时，也没这场事。

……恰待下楼，只见前日在岳庙里罗唣娘子的后生出来道："娘子少坐，你丈夫来也。锦儿慌慌下的楼时，只听得娘子在楼上叫'杀人'……"

林冲……只听得娘子叫道……只听得高衙内道："娘子，可怜见救俺……"

林冲……问娘子道，"不曾被这厮点污了？"娘子道："不曾。"林冲把陆虞候家打得粉碎，将娘子下楼。

第八回：……只见林冲娘子号天哭地叫将来。……林冲见了，起身接着道："娘子，小人有句话说……今去沧州，生死不保，诚恐误了娘子青春，今已写下几字在此。万望娘子休等小人，有好头脑，自行招嫁，莫为林冲误了贤妻。"

众邻舍亦有妇人来劝林冲娘子，搀扶回去。

按：林冲称其妻张氏为娘子，义同贤妻，女使锦儿与高衙内口中的"娘子"，义同夫人。林冲娘子即林冲的娘子，林冲之妻也。今俗称老婆，然江南农村仍通行娘子一语，称某人之妻即谓某某娘子，"子"均读如"则"，而极少呼之为某某老婆者。又第八十一回燕青称李师师为"娘子"，则又义近美人、美女、姐姐：燕青道："请娘子来，小人自有话说。"……燕青道："须是娘子出来，方才说的。"……燕青道："小人实诉衷曲，花魁娘子休要吃惊。……当初俺哥哥来求见娘子，……只是久闻娘子遭际今上……则娘子是梁山泊数万人之恩主也。……不敢惊吓娘子……"

燕青道："小人是个该死的人，如何敢对花魁娘子坐地？"

燕青答道："小人颇学的些本事，怎敢在娘子跟前卖弄过？"……燕青笑道："小人贱体虽有些花绣，怎敢在娘子跟前揎衣裸体！"……燕青……心生一计，便动问道："娘子今年贵庚多少？"……燕青说道："……娘子既然错爱，愿拜为姐姐。"

面汤。吴语洗脸之热水也，亦称揩面水，面汤水。

第八回：薛霸起来烧了面汤，安排打火做饭吃。

第二十回：次日早起，那妇人慌忙起来烧洗面汤，舀漱口水……。

第五十六回：多时汤滚，捧面汤上去。

回。转让、转买（从别人手上求购）。

第九回：打两角酒来吃，回些面米打饼。

第三十八回：你休去，只央酒保去回几尾来便了。

第四十三回：我与你一贯足钱，央你回些酒饭吃。

第四十六回：杨雄取出一只钗儿，把与店小二，先回他这瓮酒来开了，明日一发算账。

还。付也。

第九回：收拾了行李，还了酒钱，出离了村店。

第十五回：幸得你们弟兄今日做一处，眼见得这席酒不肯要小生还钱。

第二十三回：宋江取些碎银子，还了酒钱。

第二十三回：次日早起来，打火吃了饭，还了房钱。

第四十六回：与我抬上翠屏山去，我自多还你些轿钱。

按：今苏州、常熟、张家港、无锡各地，以"还"为"付款"仍极通行。农妇小贩推销自制食品，多言"吃出还钿"，意即可吃过满意才付款，甚自信。

转去。同回去。去读 kei。

第九回：却是坏了我们的勾当，转去时怎回话。

第十七回：如何回转去见得梁中书。

第二十三回：武松……寻思道："我回去时，须吃他耻笑，不是好汉，难以转去。"

撑。即划船，摇船。撑，读如吴。

第十五回：阮小二笑了一声，便把船撑开。

第十九回：晁盖看时，只见七八个小喽啰撑出四只哨船来。

第二十回：赶不过三二里水路，黄安背后一只小船，飞也似撑来报道："且不要赶……"

按：撑船、撑龙船，今日犹是吴地口语，农村尤甚。

一歇。一会儿，一阵子。

第十五回：撺了一歇，早到那个小阁酒店前。

第十八回：白胜又捱了一歇，打熬不过。

巴。巴望之省，亦有努力意、又有盼望之意。读 bu 去声。

第十六回：你们不要怨怅，巴到东京时，我自赏你。

第十六回：只见两个虞候和老都管气喘急急，巴到冈子上松树下坐了喘气。

按：今江南常熟、张家港、无锡等地乡间常言"巴则（了）相公杀只鸭，大家落点汤呷呷"，"巴"亦属期望、盼望之意。

第二回：来到这里，前不巴村，后不巴店，欲投贵庄借宿一宵，明日早行，依例拜纳房金。

第三十七回：如今闪得前不巴村，后不着店，却是投那里去宿是好？

按："前不巴村，后不巴店"（或称"后不巴巷"），"巴"有靠近、可见之意，多指人在旅途而日暮，进退两难之时。

第四十五回：又有那一等小百姓们，一日价辛辛苦苦挣扎，早晨巴不到晚，起的是五更，睡的是半夜。

闲常。意即平常。口语"闲常日里"。

第十六回：闲常太平时节，白日里兀自出来劫人，休道这般光景，谁敢在这里停脚。

对过。对面，对门。

第二十回：宋江却信步走出县来，去对过茶房里坐定吃茶。

筛酒。意即倒酒，斟酒。筛读 sa。

第二十三回：满满筛一碗酒来。……店家即再筛一碗酒。武松吃了道：

"好酒!"又筛下一碗。恰好吃了三碗酒,再也不来筛。武松敲着桌子叫道:"主人家,怎的不来筛酒?"……武松道:"休要胡说。没地不还你钱,再筛三碗来我吃。"酒家见武松全然不动,又筛三碗。武松吃了道:"端的好酒!……只顾筛来。"……一连又筛了三碗。……再筛了三碗酒。……再筛了六碗酒与武松吃了。

第二十四回:三个人坐下,武大筛酒在各人面前。

第二十五回:小二一面铺下菜蔬果品按酒之类,即便筛酒。

头先。犹言先前,以前。

第二十四回:便是老身十病九痛,怕有些山高水低,头先要制办些送终衣服。

直头。实在,确实也。

第二十四回:大郎直恁地晓事直头。

趁船。意即搭船、坐船。

第二十五回:我倒不曾见,你是个把柁的,我是趁船的。

第六十五回:要趁船快来。

第六十五回:认得前日雪天趁船的客人么?

第九十六回:行至海盐县前,到海边趁船。

撺掇。鼓动、怂恿也。

第二十六回:且说王婆一力撺掇那婆娘,当夜伴灵。

第三十五回:又怕你一时被人撺掇落草去了。

第三十九回:黄文炳就撺掇蔡九知府写了家书,印上图书。

初头。

第二十六回：去时新春天气，回来三月初头。

没脚蟹。吴语，意谓毫无办法。

第二十六回：亏杀了这个干娘！我又是个没脚蟹，不是这个干娘，邻舍家谁肯来帮我。

手脚。

第二十九回：有几个当撑的酒保，手脚活些个的，都抢来奔武松。

布衫，即贴身上衣。

第二十九回：身上穿了一领土色布衫，……

　　　　　武松早把土色布衫脱下，上半截揣在腰里……

先头。

第二十九回：先头三个人，在三只酒缸里，那里挣扎得起。

馒头。

第二十七回：酒家，这馒头是人肉的？是狗肉的？

第二十七回：我从来走江湖上，多听得人说道："大树十字坡，客人谁敢那里过？肥的切做馒头馅，瘦的却把填河。"

按：吴地馒头是有"心"（馅）的，如称"肉心馒头""蟹肉心馒头""菜心馒头"，至今依然如此。而北地如京津冀鲁则皆称包子。南北对比至为鲜明。

作死。

第二十七回：这贼配军却不是作死，倒来戏弄老娘。

相帮。

第三十回：今被师父和张团练定计，使小人两个来相帮防送公人，一处来害好汉。

灶下。吴语，又称"灶前"。

第三十一回：次到厨房里，灶下杀死两个丫鬟。

相打。吴语，今言打架。民间多称"打相打"，义近斗殴。

第三十二回：恰才和兄弟相打的便是孔太公小公子。

问信。吴地口语，犹言询问，读如"门信"。

第三十三回：小弟闻得，如坐针毡，连连写了十数封书去贵庄问信。

气力。力气也。

第十七回：何清道："不要慌，且待到至急处，兄弟自来出些气力拿这伙小贼。"

第三十五回：宋太公道："你兄弟宋清未回之时，多得朱仝、雷横的气力。"

讨饶。吴语，认错知改，求勿责。

第三十六回：都替他去知县处告说讨饶。

贼骨头。吴语小贼也。

第四十回：这贼骨头不打如何肯招。

第六十九回：董平便道："两边公吏狱卒牢子，这等贼骨头，不打如何肯招！"

叉袋。吴语叉读 cu，长形布袋也。

第四十一回：有烦穆太公对付八九十个叉袋。

第六十一回：我那车子上叉袋里，已准备下一袋熟麻索。

淘米。

第四十三回：那妇人向厨中烧起火来，便去溪边淘了米，将来做饭。

后门头。吴语，即后门外。"后门首"同意。

第四十四回：我们后门头是一条断路小巷。

第四十五回：约定后门首但有香桌儿在外时，便是教我来。我却难去那里蛰，若得你先去看探有无，我才可去。又要烦你五更起来叫人念佛时，可就来那里后门头，看没人便把木鱼大敲报晓，我便好出来。

通疏头。吴语，诵读告天神地祇之文书。

第四十五回：通罢疏头，便化了纸，请众僧自去吃斋，着徒弟陪侍。

讨，讨过，讨了。吴语，犹言要了，求取，索要。

第三十五回：花荣便问他讨过一张弓来。

第四十五回：哥哥如此豪杰，却恨讨了这个淫妇。……饭罢，讨了一遭赊钱。

按：北人称男子结婚为"娶媳妇"，吴地则通称"讨娘子""讨家主婆"，农村尤盛行。此"讨"义为讨取，求取，自低女方一格，以示其诚也。

算还。

第四十五回：两个再饮了几杯，算还了酒钱。

踏床。床前之踏脚板也，其长与床等，故又称踏步床，吴地民间常见。余外祖母家即有此床，儿时常与表兄嬉戏于床之上下。

第四十五回：那妇人也不应，自坐在踏床上，眼泪汪汪，口里叹气。

杨雄就踏床上扯起那妇人在床上，务要问道为何烦恼。

见成。吴语即现成。

第四十九回：你家也见当里正，官府中也委了甘限文书，却没本事去捉，倒来就我见成。

爷面上的：父亲方面的。**姑娘的女儿**：姑母（姑妈）的女儿。

第四十九回：我有个房分姐姐，是我爷面上的，却与孙提辖兄弟为妻，见在东门外十里牌住。原来是我姑娘的女儿，叫做母大虫顾大嫂。……孙新、孙立的姑娘，却是我母亲，以此他两个又是我姑舅哥哥。

寄个信。犹言传个信，报个信。

第四十九回：央烦的你暗暗寄个信与他，把我的事说知，姐姐必然自来救我。

忒毒。吴语过曰忒。

第五十二回：是则是你们弟兄好情意，只是忒毒些个！

屋里。即家里。

第六十一回：自古道："出门千里，不如屋里"。

按：今苏南各地均有"出门一里，弗如屋里"之语，极言外出之不习惯或不如意，贫富皆然。

把细。十分细心谨慎之意。把读 bu。

第六十四回：你若这般把细，何年月日能勾建功。

日脚。即日子，吴语又有"好日脚""拣个日脚""日脚好过"等语。日读如聂（入声）。

第七十四回：大哥休怪，正是要紧日脚，先说得明白最好。

日里。即白天，与"夜里"相对。日读如聂（入声）。

第十六回：若不是日里赶过去，谁敢五更半夜走？

日头。义与"日脚"同。

第三十八回：今日是个闲暇日头，因此下来取时，不想却是仁兄。

左手右手。吴语犹言左边右边。

第七十六回：左手是丑郡马宣赞，右手是井木犴郝思文。

火着。吴地口语，失火，着火也，又称火烧，起火。

第七十九回：却说牛邦喜见四下官船队里火着，也弃了戎装披挂，却待下水。

筛锣。即敲锣。

第八十回：选十数船只，遍插旌旗，筛锣击鼓。

第八十三回：恐怕力怯，就中军筛起锣来。

油油腻腻、剌剌塌塌。皆吴语。脏极，令人恶心者也。

第八十二回：裹一顶油油腻腻旧头巾，穿一领剌剌塌塌泼戏袄。

腌臜、腌腌臜臜。义与油腻、刺塌近，令人讨厌、恶心。

第八十回：孙二娘、顾大嫂两个，穿了些腌腌臜臜衣服，各提着个饭罐，随着一般送饭的妇人，打哄入去。

第八十三回：厢官指着手大骂道："腌臜草寇，拔刀敢杀谁？"

《水浒传》所见吴语略如上述。判断并摘录这些词语，所凭仅是身为"吴人"之直觉，未必条条正确。有可能失之于宽，将未必是吴语者算作了吴语，亦有可能失之于疏，一些道地的吴语却漏录了。值得探讨的是，为何《水浒传》中有如此多的吴语词汇？是否因作者谙熟吴语，故信手拈来，写入书中？窃以为正是如此。据有关专家考证，《水浒传》之写定者施耐庵祖籍苏州，曾出仕钱塘。《兴化县续志》载明人王道生撰《施耐庵墓志》则谓施氏原籍苏州，后迁淮安（1979年版《辞海》"施耐庵"条引）。或谓施氏钱塘人。钱塘者，今浙江杭州也。概而言之，施氏生于吴地，长于吴地，其谙熟吴语，无可置疑。《水浒传》中的吴语词汇与作者施氏籍贯生平，正可相互印证。不审治文学史治方言诸先生以为然否？

二零一七年初夏草于岭南三鉴斋

附白：

本文所据《水浒传》乃中华书局"中华大字经典本"（全四册，一百回），2009年10月第1版第1次印刷。

《文字训诂论集》序

读到姚炳祺先生这部文字训诂论集，不禁使我想起二十多年前的往事，想起二十余年来与姚先生交往的情谊。

1980 年春，先师容（庚）商（承祚）二老受教育部委托主办古文字教师进修班。学员人数不多，却来自全国各地，多为资深讲师。其中最年长者便是年过半百的姚先生，他是广东民族学院（即今广东职业技术师范学院）中文系副主任，广东省人大代表，闻知二老开班讲学，特从海南赶至广州，拜二老为师，潜心研究古文字学。我奉师命，为进修班及 1978 年入学之研究生讲授甲骨文研究，每周三课时，讲一学期。由是我得以与姚先生相识，承他不弃，结为忘年之交（姚先生长我十有四岁），经常在一起辨析文字，切磋学问。尤其令人感动者，姚先生年长不倨，且不耻下问，为了商讨甲骨文，常冒雨枉顾寒舍，往返步行一个多小时，亦在所不计。学而思，思而学，知之为知之，不知为不知，孔子提倡的这种治学精神，姚先生确是心领神会，与他交往，我实受益良多。《论"之"字》《"其"字的早期用法》《"之"的词性及其语法上的功能》诸文便是姚先生进修期间研究心得的结晶。

一年后，进修班结束，姚先生返回海南，山海阻隔，音问稍希。未几，广东民族学院回迁广州，乃得时相过从。1988 年，在亡友李新魁兄倡议下，广州国学研究社成立（隶属广东省中国语言学会），提倡以形音义三结合之方法研究传统语言文字学（文字、音韵、训诂）。国学社成员为广州地区高校中国学研究的志同道合者，共十一人：李新魁（社长）、曾宪通（副社长）、唐钰明（秘书）、姚炳祺、陈炜湛、陈焕良、张桂光、陈初生、麦耘、黄文杰、陈伟武。国学社以中山大学古文字学研究室为主要活动场所，每隔三周或一月，在星期日聚会一次，交流学术信息，报告研究心得，或讨论论文初稿，辩论质疑，或互赠新刊论著，签名留念。有时活动一天，有时活动半天（上午开会，午餐后分散自由活动）。诸"社员"中，姚先生年最长，参加活动很积极，经常是一早从民族学院出发，乘坐公共汽车，辗转近两个小时赶到中大。不论酷暑严寒，刮风下雨，莫不如此，其精神感人至深。在国学社成员中，姚先生是实践形音义三结合方法，成绩较为显著的一位。

姚先生早年从事古代语言文学的教学，亦曾致力现代文学研究，从上世纪80年代初起即专事文字训诂研究，孜孜不倦，用力至勤。1986年晋升为副教授，1987年退休后，更是淡泊名利，不慕浮华，潜心著述，成果累累。本书便是他二十余年来所撰文字训诂论文的结集。文章大致分三个方面，一是对若干单字形音义的研究，如《说"封"》《说"士"》《"军"字的古义及其得声问题》《说"伐"》《说"最"》《说"虚"》等，这类文章还往往涉及到古代文化、哲学、典章制度等问题，可谓因"小"见大者也。二是对文字形义演变及语法功能的历史考察，除上文提及的《论"之"字》等三篇外，《说"憂"及其简化形体"忧"》《左差同源说》《导、得之分合及其与惪、德之通假》《左右二字的形义孳变及其文化内涵》等文均属此类。三是对《说文》有关问题的研究，如《简论〈说文〉中之亦声、省声和省》《〈说文〉心部训为"忧也"之字辨》《〈说文〉中之鬧、亂、𤔔三篆辨析》《〈说文〉声训二十五则》等文便是，其中《〈说文〉声训二十五则》是姚先生研究《说文》声训的力作，亦为本书中极具特色的一篇论文。历来阐述许君声训之旨者毁誉参半，本文则以大量例字证明："《说文》中之声训，主要不在说明二字间的语源关系，而是与形训配合，以揭示形析、义训难以深达的历史文化内涵。""经籍多通假，不明声训则难以达诂。"谓《说文》声训的主要作用即在"揭示文化层面和反映通假关系"，善哉斯言！此实言声训者所不可不读者也。

姚先生研究文字训诂之学，不仅坚持形音义三结合，而且善于运用甲骨文、金文等古文字资料，善于吸纳当代古文字学研究成果。姚先生对传世典籍亦极为重视，每著一文，必检视相关典籍，求取书证，不作空泛之论。本书各类文章，长短不一，以我观之，均不失平正二字，均为平实之作，在当今语言文字学界，有其存在价值，有其一席之地。商老生前常引用王安石诗句"看似寻常最奇崛，成如容易却艰辛"，以激励子孙、后学。今观姚先生此"寻常"之书，其奇崛，其艰辛，尽在其中矣。

姚先生于治学之外，复精于弈。上世纪60年代初曾专程自海南至穗参加比赛，名列前茅，载诸报章。姚先生尝言：为此耗去不少精力与光阴，意颇可惜。我谓不然。所谓有失亦有得，弈亦助学，精弈善谋，思维敏捷不滞，大脑常用不衰，文章源源不断。愚以为，姚先生之所以能年逾老而志弥笃，才思不减当年，与他精弈大有关系。当然学者之弈旨在怡情养性，磨炼思维，调节生活，与专业棋手不可同日而语也。

承姚先生不弃，书中不少论文在正式发表前都先让我读过，我是这些文章的第一名读者。拜读之余，倘有一得之愚，我便直言相告，有时甚至直接在姚先生手稿上妄加增损改易。姚先生非但不以为忤，均极表欢迎，并择善而采纳之。这也是姚先生坦荡无私的长者风范的具体体现。现在结集出版，又蒙姚先生错爱，命我作序。长者命，固不敢辞，更何况我是姚先生二十余年来勤奋治学的见证人之一，对姚先生治学的艰辛不易与坚忍不拔精神感受甚深，确有不能已于言者。是以不揣浅陋，略述所见以应命，并向治文字训诂之学的同道们，向有志于祖国传统语言文字之学的读者们郑重推荐此书。

常熟陈炜湛序于中山大学三鉴斋
2002年4月17日

（原载姚炳祺《文字训诂论集》，广东人民出版社，2007年）

《文字训诂论集》的启示
——学习姚炳祺先生的治学精神

《文字训诂论集》，是姚炳祺先生几十年来特别是近二十余年来有关文字训诂研究成果的结晶，是他几十年心血凝聚而成的一部学术著作。此书经历了一些曲折过程后终于在姚先生耄耋之年出版发行，是很值得庆贺的一件事。

关于这部书的主要内容及学术价值，我在六年前即2002年所作的《序》中已有评述。今天我要补充的是，《论集》除了其本身之学术价值外，对我们，尤其是年轻读者（青年学生）还有重要的启示，那就是从各篇文章的字里行间所透露或云显示出来的姚先生的治学精神，很值得大家学习并发扬广大之。这启示，大致有三。

启示之一：朴实不华，求真为上。卷内诸文，不论长短，均以扎实胜，重证据，靠事实说话。论字，形、音、义相结合；说理，古文字与传世文献相结合。实事求是，不尚空谈。从众多实例（实证）中归纳出条理形成观点。姚先生关于《说文》声训的研究最值得称道，亦足为此种治学精神之代表。

启示之二：立足《说文》，避短扬长。众所周知，《说文》乃沟通古今文字之桥梁，是打开古代语言文字宝库的钥匙。熟知《说文》，是研究古代语言文字的前提之一。而对《说文》取何种态度亦直接关乎治学之成败得失。《论集》再度证明了这一点，并显示出姚先生正是以《说文》为立足点并以对《说文》之深入研究为基础，从事文字训诂相关问题之研究。姚先生又熟悉古代典籍，对于古文字，则基本上取利用与借鉴的原则，而非对本体之专门研究。他尽力汲取现有研究成果以解决文字训诂中的问题，或解释或纠正《说文》析形、释义中疑难之处或失误。综观《论集》全书，不难看出，姚先生治学之基础在《说文》，而助其成功者则为古文字与古文献。此亦本书有别于其他训诂学论著处。读者不可不察也。

学术研究中避短扬长，实亦言易而行难，这便需要有自知之明。在这方面，姚先生也是成功者，是智者。

启示之三：坚忍不拔，积极进取。学人进入老境后，因精力渐衰，难免有滞暮之气，或因稍有成就声望而不敢或不愿再有所作为。当然，这也无可非议。姚先生则全属另外一种境界。《论集》的主干部分，皆作于上世纪80年代、90年代，且大部分作于1987年之后亦即姚先生退休之后。由于历史及客观的原因，姚先生接触古文字原材料较晚，研读甲骨卜辞之时已年过半百。但姚先生靠着这种坚忍不拔积极进取的精神，孜孜不倦，持之以恒，日复一日，年复一年地努力，终于取得了丰硕成果，在文字训诂领域作出了令人刮目相看的贡献，在当今语言文字学界争得了一席之地。

《论集》的写作与出版，再度证明一个真理：契而不舍，金石可镂，世界上怕就怕认真二字。

姚先生常说，他是"学术养生"，即视学术为生命之一部分，以做学问为养生之道。此言大有深意。我退休后近十年来也常以姚先生为榜样，以"学术养生"自勉，希冀在学问上也能有所长进。

我与姚先生是忘年之交，承他不弃，多年来时相过从，切磋学问，辨析疑难，又常棋枰对弈，其乐融融。现在姚先生固年过八旬，我亦步入古稀之列，真所谓不知老之已至也。

愿姚先生的治学精神在读者中，在姚先生工作生活了几十个春秋之广东技术师范学院的师生中，在学术界发扬光大。

更愿姚先生保重身体，健康长寿，颐养天年。

2008年11月21日草于三鉴斋

[本文系在"庆贺姚炳祺先生从事学术研究六十周年座谈会"上的发言。原刊于《广东技术师范学院报》第21期（总第259期），2009年11月15日]

《广东历代书家研究丛书·商承祚》序

先师商锡永承祚先生,既是饮誉海内外的知名学者,又是兼擅多种书体、于书学深有研究的著名书法家,乃我国为数不多的集学者与书家于一身的前辈之一。然先生书名为其学术所掩,其书论更为其篆隶所掩。先生仙逝后,炜湛尝撰小文数篇,阐述其学术成就及为人治学之道,以寄缅怀之忱,于先生之书法书论，则仅附带言及未能详述，不免遗憾。二零零六年《商承祚书法集》由文物出版社印行，炜湛亦颇思以专文述说先生书艺书学的成就与贡献以及炜湛从师学书的心得。但思则思矣，数年过去，一字无成。上月初，先师嫡孙尔从世侄持王祥君此稿来见，嘱为一阅。一看书名及目录，便知乃专述先师书艺书论者，作为商氏弟子，没有理由拒绝。乃抽暇穷三日之力阅之。阅毕掩卷而叹，此诚炜湛欲为而未成者也，今由王君成之，岂不快哉。世人但知商先生家学渊源，少年成名，而商氏家学究竟如何，当年羸弱儿童如何成长为大学者大书家则知之者甚少；世人但知商先生精鉴别、富收藏，在文博书画界广有影响，而商先生与许多知名人士的交往与情谊，则知之者亦寡；书法爱好者但知商先生篆隶精妙，而商先生篆隶何以臻至妙境，则鲜有知之者也。凡此种种，此书皆有详述，足释诸疑。而且，由于得到先生哲嗣、嫡孙的鼎力支持，为作者提供了许多珍贵的实物资料，并允许在本书中首次披露，显得极为珍贵，不同凡响。如一九六一年七月锡永师与希白师交换藏品时希白师所作跋；一九六四年五月希白师为锡永师所藏明末僧人之行草书《赠别石友道兄之三衢郡丞序》题字并作跋；锡永师一九八三年三月七日（即希白师逝世后一日）与一九八四年三月十八日的日记等等，皆炜湛辈所未闻未见者。这些珍贵资料无疑是此书有别于同类著作的重要因素。当然，书稿中宜斟酌修订者尚不在少，出于对先师的尊敬与怀念，竭诚希望书稿字斟句酌、精益求精，俾读者多得教益，乃通过尔从世侄建议作者再作修订。上月末，尔从引王祥君来见，并索序。今复校阅其修订稿，实已再上层楼，足可荐之于读者，故亦乐为之序。

二零一零年十一月十九日
常熟陈炜湛序于岭南三鉴斋

（原载《广东历代书家研究丛书·商承祚》，王祥著，岭南美术出版社，2012年4月）

《籁寂轩印存》序

去秋返里，经友人引见，初识王淳先生于石梅园，共论甲骨文书法，交谈片刻，相见恨晚。不数日，淳之先生偕夫人拄杖过余，以手刻白文印一枚相赠，文曰"陈炜湛印"，古朴典雅，衷心喜之。复出示历年所存印稿约四五百纸，而问曰：可编集而面世乎？余即时翻阅一过，深知此乃先生多年心血之所在也。印文内涵颇广，虽未必皆精绝，然多平正可观，字形或有讹误，然大多有据可信，若予删汰，当可成书也。乃直言答之曰可，惟宜细加斟酌商量耳。先生复曰：愿赐一序。余亦漫应之曰可。越半载，今岁清明归里扫墓，探视亲友。日前与虞山诸文友相聚于读书台品茗叙旧，淳之先生与焉。寒暄数言，即出示此卷，曰：是书经顾纯学兄策划，高鹏兄摄影设计，韩献良兄删削审定，并倩言恭达兄题签，业已弄假成真矣，唯待君一序矣。余接卷在手，良有感叹，亦深自愧赧焉。

所感叹者何？感叹于斯书成之不易也。淳之先生幼承父教，诵经习字，且好攻印，虽伤指流血而无悔。及长，参加革命，应命奔走，便无暇及此。建国之后，先后供职于常熟各文化部门逾四十年，书与印皆业余事也，及一九九一年离休，方得专致于斯，精研印学，孜孜不倦。远绍虞山印派诸先贤，近复求教时彦，亦尝请益于赵林、归之春诸先生，治印逾千，纵尽力删汰，可存而传者亦当有二三百，此岂易为者哉。即以卷中所载而论，或虞山风物，或警句格言，或世间大事，或自述情趣，莫不有精妙传神之品在焉。先生耳顺之后，厕身于书法篆刻之林，其作品得刊诸报刊，所凭者何，坚忍不拔，老而弥坚之志趣与毅力也。读其印，能不肃然起敬乎。

所愧赧者何？余治古文字学近五十年，于甲骨文亦略有著述，然数十年间未尝施一刀于甲骨，治一印于玉石，于篆刻一道，实茫茫乎无所知也。吾师容希白、商锡永二老于学问之外，皆善治印，享誉中外，而余不能继承而发扬之，是弟子不如师也。从余游者，颇有好此而名世者，若吴鸿清、蔡照波、谢光辉辈，京穗两地印坛之佼佼者也，而余不能，则是师不如弟子也。今以不能而序能者之书，岂不愧赧之至。然有诺在先，而成书在后，又岂可食言哉。是以述其始末，言其大略以告读者。至其刀法技艺，则实无置喙之地，不敢妄言也，唯愿识者察之，读者谅之也。

辛卯三月十七日陈炜湛序于常熟西横板桥

（《籁寂轩印存》即《王淳印汇》，二零一一年自印本）

《古楚语词汇研究》序

先师商锡永契斋夫子有言：治学贵恒而求新知，不争天下先。又曰：潜于学不争一日之短长。炜湛谨记师训历数十年而不敢有违。今垂垂老矣，虽欲争之，亦无能为也矣。而展视谭君步云此稿，诚恒而潜心以不争而后成者也。忆昔步云之从我游也，专注于殷虚文字，著《甲骨文动物名词研究》而获学士学位。旋以《甲骨文时间状语断代研究》一文而获硕士学位。嗣后转事战国文字，得曾先生宪通教授指导而著此篇，获博士学位。时在一九九八年也。迄今已逾一纪。其间楚地古文字复屡有出土，重见人间。尤以竹书为盛。步云乃屡予增损改易，累月经年，不惮烦劳，遂成今日之规模。至不易也。苟趋时而慕浮华，不甘人后而争先，则此文或已面世多年矣。后之览者则难免有遗逸之憾焉。

夫楚，大国也。素匹敌于秦，太史公固已详叙。其文化涵盖鄂、湘、豫、皖，影响及于吴、越。其言其文尤殊于齐、秦、三晋，向为学界所重。潜心于斯者不乏名流。今步云君专就其词汇考索探究，可谓以小见大者也。观其搜罗古楚语用力之勤，所获之丰，实足惊人。举凡经史所载，屈宋所赋，子云、叔重所录，近世所出竹帛之文，靡不罗之网之，先贤时彦所论，师友朋辈所言，凡涉楚语者，莫不援以为据论之证之。所辑楚语词汇千有四百，且从当下方言及少数民族语言中辑得百余，悉数分别部居，录入文内。其第六章考楚语词三十例，成一家之言；第七章楚语词汇辑录略解，为全文精华之所在。步云十余年心血之所在也。诚楚语之集大成者。目之为论文主体固宜，目之为楚语词典亦可。虽子云复起，亦当刮目而视，引为千年知音也。是文所论未必尽善，炜湛亦不敢保其百是而无一误。然后之治楚语者治古方言者不可不读此文，治汉语词汇史者不可不读此文，欲编古方言字典者尤当以此为基石，则可断言也。

二零弌二年岁在壬辰四月初四日陈炜湛序于常熟西横板桥

[《古楚语词汇研究》，谭步云著，收入许锬辉主编之中国语言文字研究辑刊八编（第五至七册），花木兰文化出版社，2015年3月]

《学步斋文集》序

日前老友李兄炎锠将历年所作各类文章约五十万言编为一集，颜之曰《学步斋文存》，来电命作一序，我欣然应之。

应命之后，不禁沉思良久。二十年前，即1994年之夏日，我回虞度假，因言兄巩达之介，得识炎锠兄于某次筵席间。炎锠兄为常熟市报（即今常熟日报）编委、副刊编辑。遂应约长谈数小时，并遵嘱为其主持之《海虞书话》专栏撰文自我介绍《甲骨文简论》。是为订交之始。越二载，1996年春节，复与炎锠兄相聚于虞山饭店，之后炎锠兄撰文于常熟市报，介绍拙著《甲骨文田猎刻辞研究》。又越八载，2004年清明，返里扫墓，与李兄再度相逢畅叙。其后李兄竟以《甲骨文专家陈炜湛》为题撰文刊诸《常熟通讯》"常熟名人"专栏及《姑苏晚报》"人物"专版，令我汗颜（此文经增订后又刊于常熟日报）。邑人之知有陈某，多缘炎锠兄此文也。此后我几乎每年回虞，小住一至二月，与炎锠兄亦多次晤谈，相聚甚欢。且因其介，得识诸多文化艺术界友人。所谓友之友亦友也。悠悠二十载，怳若瞬间。期间既互赠著作，亦时有书信往来。二十年交往，二十载情谊至足珍贵也。今炎锠兄命序其集，敢不应之哉！

乃先索其篇目览之，洋洋大观也；继取各类文章之代表作拜读之，诚作家、编辑之笔也。旋通读其全稿，名城之历史之化气息扑面而至，终卷而不止，为之击节三叹。世有欲知历史文化名城常熟之今昔者，实不可不读此书也。世有欲知作家李炎锠其人者，不可不读是书也。

《文存》收录之文凡百有七十余篇，长者逾万字，短者数百言，各有精采，论其内容，大别有四：人物通讯、文史掌故、古城风物、杂感及小说，以首项最具特色。作者自上世纪80年代初由赣返里后即致力于此，着力采访学有专长、事业有成之常熟籍人士，特别是在文化、教育、艺术、科技诸领域卓有影响之常熟籍人士，记述其业绩而宏扬之，俾广为邑人知闻，且为古城增光。作者历年记叙之当代常熟"人物"计有驻西德大使王殊，画家李咏森、殷培华、顾纯学，作家高旅，影剧编导严寄洲，演员吕恩（俞晨）、顾也鲁、李松年，教育家陈旭轮、周宝璜，名医陶君仁，学者仲剑平、邓绍基、时萌、钱从龙、丁达夫等三十余人。其中李咏森、吕恩、顾也鲁、时萌、邓绍基等十余人已先后辞世。本书所录相关诸文即为永恒之纪念，其历史文献价值不言而喻。有关文史掌故诸文，如《"神明"严虞惇》、《席雍惩猾》、《清小郎中》、《冯舒之死》、《翁同龢轶事》、《翁氏父子轶闻录》等等；有关古城风物诸文，如谈虞山十八景，言子故宅与言子墓、方塔，剑门；谈"六月十三日"，"湖桥串月"，三官经、七月十五吃茄饼；介绍得意楼之新老"八样"等等，莫不与常熟之历史文化有关，于读者了解古城之前世今生，理解名城之所以为名城，均大有裨益，毋庸赘言也。

炎锴兄少年从戎，弱冠即事写作，转辗南北，笔耕不辍，六十余年来已刊著作逾百万言。《文存》一书，锦上添花也。年届耄耋，自无精力再事增删更易，乃一仍其旧而存原貌，亦事之常也。其拾遗补阙，有待来者焉。

冬去春来，羊年将临，炎锴兄将健步入八十，《学步斋文集》于羊年面世，适足为寿，拙序亦得附骥而寿之，至幸也、至乐也。

甲午之岁小雪之日陈炜湛序于常熟西横板桥

（《学步斋文集》，李炎锴著，天马出版社，2014年12月）

《石味居印粹》序

今世之治印者，多求布局之精当，刀法之娴熟，以期参展干誉；而其印文正误，则颇不在意。治印而首求其文字确凿无误者鲜矣！或以屡经讹变以至伪讬之古文入印，自谓高古；或沿汉印之误，或袭明清印人之谬，自称有据。人与之言某字误，则曰"汉印如是也"。与之言某字非，则曰"某名家如是也"、"某大字典收有此形也"。振振有词，而终不悟其失。此等沿误袭谬之印屡见于各类报刊、印谱，常人所不能辨，以至赞誉有加，识者固叹息之而无可如何。予则悲而悯之焉，斯皆不谙六书，不明文字源流之故也。

今有石味居主人韩君献良者，则异于是。韩君，吴中人也，寓居吾邑廿余载，治印亦逾二十秋。其治印也，首重形正，仿古玺则依古玺，采甲骨文、金文则据其确切可信者。形正则心安，心安而后谋布局，而后施刀工，方寸之地尽显才华。予以古文字学衡其印文，是者十九而可商者不过十一，诚难能可贵者矣。论其篆艺，则典雅与豪放俱备，金石味与书卷气并存，其以商周古文入印者，非惟形正，且具神韵，尤异凡响。有同道论之曰：古而不拙，秀而不媚，堪称知音矣。

三年前因王淳之先生之介，初识韩君，知其工书善印。近日韩君持此印册过予而论篆刻之道，临别略谓堪序则序之，否则为题一签云。予展玩再三，亦思之再三，斯乃韩君廿载治印之精粹也，颜之以石味居印粹不亦宜乎哉？不审献良兄以为然否？读者诸君首肯否？

甲午之岁十有一月廿有四日陈炜湛序于常熟西横板桥

附录一　答《书画史记》主编彭一超八问

一、君子有三鉴：鉴乎古，鉴乎人，鉴乎镜

《书画史记》：陈教授，您好！古今学人都有一个书斋名，以寄托着自己的理想、志趣、情怀和担当，您的斋名号"三鉴斋"，是哪"三鉴"？

陈炜湛：唐·虞世南《北堂书钞》卷一百三十六"垢颜不鉴"下注引汉·荀悦《申鉴》云："君子有三鉴：鉴乎古，鉴乎人，鉴乎镜。"宋·欧阳修《新唐书·魏徵传》引唐太宗语云："以铜为鉴，可正衣冠。以古为鉴，可知兴替。以人为鉴，可明得失。"并谓"朕尝保此三鉴，内防己过。今魏徵逝，一鉴亡矣"。我取以名斋，旨在自律自警防过。以古为鉴，用之于今，见贤思齐，见人之恶，恶之而以为诫。

二、甲骨文通假，我主张借鉴金文或其他古文字

《书画史记》：大凡从事古文字研究的学者，他们在书法或篆刻方面均有所造诣；您能否谈谈对学习古文字书法的体会？当我们创作一幅甲骨文书法作品遇到某字需要通假时，是查找通假字借用？还是直接按《说文解字》六书

原理进行偏旁合成?

陈炜湛:关于古文字研究与书法篆刻的关系,我前后撰写过若干文章:《书法美学漫谈》《古文字与篆刻》《请正确书写古文字——向书法家进一言》,均载《陈炜湛语言文字论集》;《古文字与书法》《中国文字与书法》均载《三鉴斋杂著集》中西书局 2016 版;《甲骨文与线条》载《三鉴斋甲骨文论集》,《甲骨文书法之我见》载《治契者言》2020 自刊本。凡数万言,这里不能一一展开,有兴趣的读者或可参看上述拙论。

如何学习古文字书法,我个人的体会大概可以一语以蔽之:除了勤练多看,别无他法。勤练,就是临池练习。多看,就是博览历代名家佳作,潜心研求,悟其气韵笔法,以为借鉴。学习古文字书法篆刻,古文字的修养不可或缺。所谓古文字的修养,大致包括:一、熟悉各种古文字字体,如甲骨文、金文、石鼓文、古玺文、小篆等等,能够使用各种古文字的工具书;二、善于书写各种古文字字体,或擅长某一种也好;三、具备古文字学的一些基础知识,如文字结构方式、文字演变规律、古文字的特殊性,等等。

评判甲骨文书法之标准,一要正确,二要美观。何为正确?字形摹写,忠于原片,一丝不苟,得其神韵,堪称上乘。临写亦当依原文而为,行款大小,容有改易,阙文缺笔,亦可据文例补足以再现原貌,结构用笔亦一遵原片,自属精品。其要在美观,给人以美感。甲骨文是刀刻线条的组合。倘若能用毛笔写出刀刻韵味,描出纵、横、曲、折各种线条的变化及其组合的和谐,自是符合美观要求。创作中遇到甲骨文没有的字,可以通假字借用,但不可乱"通"。切忌不循规矩,以意为之,不可沿袭误说,以讹传讹。我主张借鉴金文或其他古文字,无可借鉴,则仿六书原理,以甲骨文笔法书之。

三、趋简避繁,古今一理;书写求便,人心所同

《书画史记》:您曾撰写论文提出"汉字简化始于甲骨文说",发表于商务

印书馆 2002 年出版的《语文现代化论文集》一书中，甲骨文时期能够证实汉字存在简化现象的实例有哪些？甲骨文为何会出现简化现象？

陈炜湛：您提到的这篇文章列举了二十个甲骨文简化的例证，可内证于甲骨文的有：鼎、渔、易、涉、尽（盡）、兽（獸－狩）、车、蛊（蠱）、子，可外证于殷金文的有：保、伐、化、步－徙、正、枚、剢、获、屰、牧。此外，还引述了高明先生所列的三十个例证，如：好、韦、旅等。证明了汉字简化始于甲骨文。

甲骨文产生简化现象，原因很简单：趋简避繁，古今一理；书写求便，人心所同。

四、甲骨文构形特点：合文、一字异形、异字同形、反书

《书画史记》：我从您近 40 年来出版的多种著作中发现一个规律，每过 8 年时间您就会出版一种关于甲骨文研究的专著，说明您对甲骨文研究工作在持续不断深入之中。当代甲骨文研究主要包括哪些方面？甲骨文在文字构形上有何特点？

陈炜湛：我著述不多，疏漏不少。研究甲骨文用力多而成绩微。当代甲骨文研究可分为本体研究、应用研究、相关研究，而以本体研究最为重要——释字、通读、断代、缀合。应用研究指利用甲骨文进行各种研究。诸如商代的历史和语言，中国社会科学出版社 2010 出版的 11 卷本《商代史》，便是主要利用甲骨文以重构晚商史的重要成果。此外，商代地理、天文历法、文学、礼制、经济、文化、宗教等也属于应用研究范畴。所谓相关研究，是指与甲骨文相关的各种研究。诸如占卜术之源流、甲骨的钻凿形态以及兆文、兆侧刻辞与占辞的关系、贞人与书手的同异、甲骨的流传与收藏等等。此外，甲骨文专书的研究与述评，借以明源流、辨得失，对于批判继承前辈学者的治学道路与治学方法，发扬百年来几代学者形成的优良学风，同样是不可或缺的一个重要方

面。甲骨文在文字构形上的特点可归纳为：第一，合文。即把两个或三个字写（刻）在一起，在行款上只占一个字的位置。两字合文居多，三字合文较少。多数不借笔，也有少数借笔。两字合文有左右相合，也有上下相合或内外相合。若是三字合文，则或先上下相合，或先左右相合，然后再与第三字相合。第二，一字异形，偏旁位置不固定，繁简并存。或偏旁位置移易，或改变或增加偏旁结构，或偏旁结构相同而笔划有所增损变易。第三，异字同形。诸如下—人、甲—七、山—火等，皆一形而指代二字。第四，反书。甲骨文字形体的不固定性还表现在正书（刻）与反书（刻）同时并存，通行不悖。独体的象形字固然正反皆可，合体的会意字、形声字也大都可以反书。

五、郭沫若将董作宾的甲骨文"五期断代法"誉为"凿破鸿蒙"

《书画史记》：我们如以现有甲骨文拓片材料为范围，一般采用什么方法对甲骨文进行分组分类？甲骨文怎么分期断代？其标准是什么？

陈炜湛：就现有甲骨文拓片材料而言，甲骨学者一般根据其内容及用途把甲骨文分为卜辞与记事刻辞两大类。前者用于占卜吉凶：无时不卜，无事不卜，事无巨细，皆可入卜辞；后者或为干支表，或记录龟甲的入贡收藏情况，或记录商王的重要活动或有关事件。然后又根据卜辞的内容分为祭祀、求年、风雨、旬夕、田猎、往来、方国征伐、使令、疾梦等若干类。学者们又根据甲骨的出土地及其时代分为殷墟甲骨、周原甲骨、大辛庄甲骨、周公庙甲骨等。还有些学者根据自身研究，认为甲骨文应作王室卜辞和非王卜辞之区分。

上世纪 30 年代，彦堂董作宾（1895—1963）氏谓甲骨文断代有十项标准：一世系、二称谓、三贞人、四坑位、五方国、六人物、七事类、八文法、九字形、十书体，详见董氏著《甲骨文断代研究例》，其核心为"贞人说"。根据一百多位贞人在甲骨刻辞中的同版关系，把贞人分为若干隶属于某位商王的"贞人集团"。现代著名古文字学家、考古学家陈梦家（1911—1966）改称为

"组"。今天学界多从陈说。这样就大体上把自盘庚迁殷后,见于武丁、祖庚、祖甲、廪辛、康丁、武乙、文丁、帝乙、帝辛等九位晚商帝王的甲骨文分为武丁期、祖庚祖甲期、廪辛康丁期、武乙文丁期、帝乙帝辛期五个时代,是为著名的"五期断代法"。董氏的甲骨文断代学说,当年即被鼎堂郭沫若(1892—1978)誉为"凿破鸿蒙"的重大发现。经过九十多年来的研究检验,证明五期断代法切实可行。《甲骨文合集》《小屯南地甲骨》等书即采董说。我在拙著《甲骨文简论》中,调整为八项标准:世系、称谓、贞人、人物、事类、辞例、字形、书体。

六、时至今日甲骨文识字依然为第一要务

《书画史记》:2016年11月,中国文字博物馆首次发布的一篇"悬赏公告",宣布对破译未释读的甲骨文,单字奖励10万元;对存争议的甲骨文做出新的释读,单字奖励5万元,但这两个奖项均须经专家委员会鉴定通过的研究成果。2019年5月23日,中国文字博物馆再次发布《征集评选第二批甲骨文释读优秀成果的奖励公告》,重申了上述奖励措施。您对此有何见解?

陈炜湛:研究甲骨文,识字第一。迄今所见,甲骨文单字逾四千,为学界所接受之确识者不过千余。所以,时至今日甲骨文识字依然为第一要务。然识新字至难,为众所公认尤难。然而,重金之下必有勇夫。待以时日,当见其效。此举体现出国家对甲骨文研究的高度重视、强力支持与殷切期盼。我极为赞赏,倾心支持,所抱恨者年老,只能作评议者、欣赏者而无力作创新者。唯寄希望中青年学者莫负好时代,努力进取,多释新字。

七、今日无法指明《诅楚文》出于何人之手，但并不能反证其无可疑

《书画史记》：您于1986年在中华书局出版的《古文字研究》第14辑发表了一篇论文《诅楚文献疑》，迄今过去35年了，从当下的学术视野和现有材料来看，您对"诅楚文"的研究是否有新的发现和论述？"诅楚文"是什么年代和书体的文字？其字形有何特点？

陈炜湛：诅楚文依然可疑。当然，我当年所言也仅仅是"疑"而已，乃缘于诅楚文确实存在可疑之处：首先是文字可疑。从内容上看，诅楚文当是战国中晚期之物，但相较于战国时期的出土文献，其文字形体却颇有出入，通篇的字体主要是小篆，甚至出现晚至秦汉年间才见的字形。其次是情理可疑。从历史上秦楚的交往看，似应是楚诅秦，而非秦诅楚。第三，史实可疑。如秦楚"十八世之诅盟"显然子虚乌有，又如"楚王熊相之多罪"也纯属浮夸虚妄之辞，经不起推敲的。第四，词语可疑。有些词语晚至汉代才出现，显然不应出现在战国的文献中。文章刊发后，支持者少而反对者多。驳我文者谓无可疑，却也没有真确的证据。概言之，所有与我商榷的文章并未能尽释我所疑。十五年前《陈炜湛语言文字论集》出版时，该文之末有《补记》千余言，可视为答辩。这里择要复述如次：一、著名文人学士"都是受骗"，有无可能。受骗上当，本属难免。正如青铜器专家尚且有时误收伪器，甲骨文专家尚且就伪片作考释一样，文学家、诗人们被假古董所欺，也就不足为怪，亦可原谅。二、唐宋间文人有无"伪造"的能力。通过诸如唐人所书《碧落碑》、宋人所编《汗简》《古文四声韵》，可知唐宋间的古文字研究水平并不低。换言之，若有"好事之徒"，作伪断乎可能。三、作伪者不明可否反证器物（作品）为真。今日无法指明《诅楚文》出于何人之手，但并不能反证其无可疑。熹平石经、正始石经即三体石经均有残石存于今世，唐代发现的十枚石鼓，虽然许多字已磨灭蚀泐，原物至今尚在。唯独煊赫一时的《诅楚文》，号称有三石，"出土"

不久便不知所在，连残石碎片都不传于世。薛尚功著《历代钟鼎彝器款识》，收录"岐阳石鼓"十枚（卷十七）而不及《诅楚文》，也颇值得注意。是薛氏未见其文，还是虽见之而认为不真，不得而知，亦不可妄加猜测。设若哪一天真有秦时《诅楚文》原石再次出土，哪怕是残石也好，重见人间，则真伪立辨，诸疑尽释，毋庸再费笔墨，区区小文自当废弃，毫不足惜也。

就通篇文字而论，诅楚文的字体主要是小篆，而不是战国文字，全文三百多字，不见一处合文形式。如文中所见"上帝"一语，而其他古文字文献多作合文。

八、碧落碑的书写者精通六书，博览古文奇字，熟知钟鼎篆籀

《书画史记》：您在2002年第2期《故宫博物院院刊》发表了"碧落碑研究"；2003年又在科学出版社出版的《考古学研究》第五辑下册中发表了"碧落碑中之古文考"，请问"碧落碑"是何年代、何种字体的文字？"碧落碑古文"和《说文解字》中的古文，两者之间有何区别和联系？

陈炜湛：您提及的这两篇文章，今均已收入《陈炜湛语言文字论集》。读者朋友可参看。1981年秋，我陪饶宗颐（1917—2018）先生游晋南，至新绛，伫立于此碑前良久，慨叹书艺之精湛，复恨其古文之难识，于是有了上述二作。

碧落碑乃唐代碑刻无可疑。唐高宗咸亨元年（公元670年），韩王李元嘉之子李训、李谊、李撰、李谌为纪念其亡母房氏（房玄龄女）而立此碑，因碑文有"栖真碧落，飞步黄庭"之语，故名。碑在山西绛州（今新绛县），高8.1尺，广4.3尺，碑文共21行，每行32字，其中：第二行3字，末行24字。不署书者名。

碧落碑的书写者精通六书，博览古文奇字，熟知钟鼎篆籀，实非等闲之辈。因此，碑文主体为小篆，也有许多"古文"，与《说文》古文有同有异，

或远承竹帛铜器文字乃至与甲骨文暗合,又有若干"古文"至今无考,不知其何所据。因此,书法篆刻若选取碧落碑中的字,务必慎重,切勿滥用。

[刊于《书画史记》第 4 期(总第 36 期),题为《炜烛龟甲　湛若闲云——访中山大学中文系教授陈炜湛》2020·4·28。谭步云整理]

附录二　答学棣谭步云十四问（二零二零年七月）

①谭步云：记忆所及，类似的访谈先前就有过（如中山大学电视台制作的《学海人生》、常熟电视台制作的《学有本源》）。最近一次是北京的《书画史记》（2020年4月28日总36期）邀约的访谈，尽管主要是谈书法以及书法与古文字的关系，但也涉及甲骨文、战国古文研究等内容。前年陈伟武教授给您祝寿的文集（《古文字论坛·陈炜湛教授八十庆寿专号》，上海中西书局2018年），则有门弟子对您的学术研究作了全面的梳理。这次访谈，完全不涉及以往所述显然不切实际。因此，步云希望能以轻松一点儿的格调，全方位地对您的治学历程作一回顾，以为后学镜鉴。以您的墨宝"以古为鉴用之于今"作题目，用意也在于此。那么，开场白就从去年您到北京人民大会堂参加纪念甲骨文发现一百二十周年庆典开始吧。

陈炜湛：在甲骨文发现之初，国家积贫积弱，根本无暇顾及，研究者乃至关注者实际上都不多，甚至有目为伪作者。后来民国政府组织了大规模的发掘，甲骨文才从少数学者的案头逐渐地为世人所知。新中国成立以后，甲骨文的整理研究也得到党和政府的重视。由郭沫若主编胡厚宣总编辑的十三巨册《甲骨文合集》就是在解放后不久就开始编撰的，只是因为"十年浩劫"而延宕至1982年才得以悉数出版。在人民大会堂举行纪念甲骨文发现一百二十周年庆典，习近平总书记亲自发信祝贺，表明了党和政府对传统文化的高度重视，乃在于弘扬民族历史文化，是民族自信、文化自信的充分体现。甲骨文的发现及其研究，其重要价值无论怎样评说都不过分。甲骨文出现的时候，欧洲——更不用说美国了——还处于蒙昧阶段。不同于古埃及文明、两河文明，以汉字为重要特征的华夏文明是唯一一个从未中断过的文明。2016 年，中国文字博物馆首次发布一篇"悬赏公告"，宣布对破译未释读的甲骨文，单字奖励 10 万元；对存争议的甲骨文做出新的释读，单字奖励 5 万元。重视传统文化、重视基础研究的用意显而易见。我个人十分赞赏，绝对支持，寄希望于年轻一代，甲骨文研究必将百尺竿头更进一步。当然，党和国家以前所未有的力度支持甲骨文乃至传统文化的研究，一方面固然得益于国力强大，使之可以增加基础研究的投入，另一方面也说明了今可以厚而古不必薄。甲骨文研究，我自问用力多而成绩少，却受到国家政府的肯定而应邀出席庆典，也颇感欣慰，与有荣焉。此举无疑可增强民族自信心，弘扬民族正气。较之当年容先生所言南归后不受重视没能做研究写文章自是不可同日而语，明显有了长足进步。

②谭步云：您是 1957 年考进上海复旦大学的，那时举国上下向苏联学习，大学也趋时推行所谓的"专门化"，像中文系，有的学校便分为文学和语言两个专业。一般而言，文学专业比较受学子青睐，可您为什么选择了语言专业并视作为之奋斗终生的事业呢？

陈炜湛：中国语言文学系，简称中文系，民国时期叫"国文系"，研习中国历史、哲学、文学、语言等。解放后则析为中文、哲学、历史三个学系。中文系其实都是文学语言并重的。之所以改称为"汉语言文学专业"，牵涉到民族政策，例如有所谓的藏语言文学专业、维吾尔语言文学，等等，本来都放在中文系。当然没有成功。在大学推行"专门化"时期，北京大学中文系分为文学、语言和文献三个专业，却非全国一致。当年复旦大学和中山大学一样，就没有分专业，而在"汉语言文学专业"之下，类别为"语言专门化"和"文学专门化"，学生则分为古典文学组、现代文学组、语言组等。虽然没有造成特别偏科的恶果，有所影响则毋庸讳言。我对文学也很感兴趣，譬如鲁迅的书，百读不厌。为什么选了语言为研究方向呢？是因为语言难学，要多下功夫，但学了以后就受用终生。此外，学的人也少，那么得到老师的指导就多。

而文学大可以自学，读书便是。有很多文学名篇，像巴尔扎克、托尔斯泰等大作家的小说，都是我到了中大后才读的。再说，文学和语言密不可分，相辅相成。然而，小学、甲骨文非有名师指导不可为，无师不能自通。此外，语言文字，尤其是古文字，繁难之学也。正对我的脾性：越是繁难的越想去了解，去学习，知难而上嘛。

③谭步云：事实上，复旦大学中文系语言研究方面的力量很强，譬如时任校长的陈望道先生撰写过《漫谈〈马氏文通〉》、《修辞学发凡》等，就是著名的语言学家，此外还有张世禄、胡裕树、濮之珍、许宝华等等大家。可是，您毕业的时候偏偏选择了古文字学，南下中大跟随容、商二老学习古文字学。这肯定不是一时冲动，那又是基于什么原因呢？

陈炜湛：我立志学甲骨文，始于上世纪50年代求学于复旦之时，1958年有过一次声势浩大的大辩论，叫"厚今薄古"大辩论。当时我只是个一年级生，不知天高地厚，提出"今可厚，古不可薄"。被同学取了个外号叫"双厚派"。那个时候，我就朦朦胧胧有好古的愿望，说：我们没有资格薄古，因为我们对古的了解还很少，学得不够。好古敏求，才是真好古。于是下决心要在这方面下功夫。当年在上海旧书店购得一部段玉裁的《说文解字注》（线装本一函八册），开始的时候读不懂，后来参考有标点的大字本读，逐字圈点。历时八月撰成毕业论文《论许慎及其〈说文解字〉》。指导老师郑权中先生评曰："冠年有此造诣，颇为难得。"还打了最高的评分。经过这段时间的研读写作过程，算是打下了研究古文字的基础。但是，复旦大学没有古文字学专业。欲学甲骨文，非南下不可。当然也是机缘巧合，卒业之时适逢容、商二先生定向（校）招生，全国止复旦、南开、北大的学子有资格经推荐应试。在复旦读书的时候，尽管没有古文字方面的课程，但对古文字已略有了解，在图书馆读过容先生的《金文编》，见过《商周彝器通考》。当时是读不懂的。商先生就不是很熟悉，也没读过他的书。当时复旦招研究生，多为文学专业，刘大杰、朱东润、郭绍虞、蒋天枢等等先生，语言专业就陈望道、张世禄和吴文祺先生招生。后来才知道，当年我南下中大读研，系里面还专门讨论过要不要批准。如果我愿意留下来继续深造，可以跟陈先生学语言学、文法修辞，跟张、吴二先生学音韵训诂。后来放行，是由于当时国家有这样的政策：抢救老专家的学问，让老专家培养得意门生培养接班人。这是事隔二十多年后，80年代中胡裕树先生南下造访告诉我的。

④谭步云：上海复旦大学和广州中山大学都是海内的名校，尽管同是中文系，相信因师资、学生、治校理念等等因素的不同而相异，各有所长各有所短想来是必然的。作为两所大学的学子，您对两校的观感如何？

陈炜湛：两者皆名校，求学于斯者本不得妄议而比较。事近甲子，回首细望，深感荣幸。实事求是地说，民国时期，私立的复旦大学（1941年才改为"国立"）远远不及自创校伊始就是"国立"的中山大学，两校不在同一个档次上。新中国成立以后院系调整，上海暨南大学、浙江大学、交通大学、南京大学、安徽大学、金陵大学、圣约翰大学、沪江大学、震旦大学、大同大学、光华大学、大夏大学、上海学院、中华工商专科学校、中国新闻专科学校等高校的文、理科相关院系并入复旦大学，许多名师随之调入复旦，大大壮大了复旦的师资队伍。诸如苏步青、陈建功、谈家桢、卢鹤绂等知名教授，都是这个时期入职复旦的。恰恰相反，中大原八个下属学院有四个独立组建为华南工学院、华南农学院、华南师范学院和华南医学院（后与岭南大学医学院联合组建为中山医学院），调出了许多教授，例如语言师资王力、岑麒祥、吴三立等，师资队伍有所削弱。中大八十周年校庆时，我曾书写贺词："大师云集，贤人万千。"是说中大名师多，仅就中文系而论，民国时有鲁迅、郭沫若、胡小石等，新中国成立后则有王力、容庚、商承祚、王起、方孝岳等。尤其是中大有两位世界知名的学者：一位是数学巨擘姜立夫，一位是历史学宗师陈寅恪。八十年来，培养学子万千，人才不知凡几。这八个字用于复旦大学也合适。两所学校在治学方面都很重视第一手资料的研究，都很重视开拓创新；都很反对人云亦云；都以培养创新性人才为己任。差别在哪儿呢？我读书的那阵子，复旦中文系权威的、顶级的、具有全国性影响的学者比中大多，如刘大杰先生讲中国文学、郭绍虞和朱东润先生讲文学批评史、蒋天枢先生讲诗经楚辞，张世禄先生讲古代汉语、汉语音韵学,胡裕树先生讲现代汉语,都是一流的学者。他们的著作,像《中国文学发展史》、《中国文学批评史》、《中国文学批评史大纲》、《楚辞校释》等等都独树一帜,在学界广有影响;陈望道先生是学部委员,但文章写得不多。吴文祺先生学问也很大,就是不怎么写文章。此外,赵景深先生的戏剧研究,蒋孔阳先生的文艺理论研究,都可以独当一面。但就古文字学而言,则复旦不如中大,那是有和无的差别了。中山大学的古文字学一直到上世纪 80 年代都是学界的领头羊,其优势无与伦比。这些我都写到文章里了。当时海峡两岸就两个古文字研究室,一在中大,一在台湾。学习古文字的条件最好:首先是容、商二老在古文字学界中的泰山北斗地位。其次是富藏图书资料,一时无两,海内外凡有新研究、新资料,都给二老寄送。例如许进雄《怀特氏等收藏甲骨文集》、严一萍《甲骨缀合新编》、岛邦男《殷墟卜辞综类》、李孝定《甲骨文字集释》等资料,大陆的其他大学都没有。举一个例子:1980 年,我发表《读〈美国所藏甲骨录〉》(载《三鉴斋甲骨文论集》,上海古籍出版社 2013 年),海内的学者才知道周鸿翔其人,才知道美国藏有甲骨,数量仅次于日本和加拿大。同年,我发表《〈郭沫若《释五十》补说〉再补》(载《三鉴斋甲骨文论集》,上海古籍出版社 2013 年),引许进雄《怀特氏等收藏甲骨文集》文例,国内同道始知其人其书。1979 年冬中国古文字研究会第二次年会在中大举行。会议期间安排游览,裘锡圭却宁愿待在研究室读书。可见当时中大古文字研究室藏书之丰富。现在的研究条件嘛,则有所不如,这也是事实。以前我在古文字研究室,还有一桌之地。资料室的藏书,皆可随手取阅,必要时还可借回家细细阅读。俱往矣!

⑤谭步云:您有一方闲章,辞曰"江南布衣容商弟子",言下之意是说,那一届研究生止您一人,而导师有二。可见当时培养研究生是相当严格的。您追随二老多年,对二老的言传身教有什么特别深切的感受呢?

陈炜湛:先说说"江南布衣容商弟子"这方印章。容、商二位先生弟子很多。容先生在燕京时招过一名江南弟子,苏州人瞿润缗,协助容先生编《殷契卜辞》,也作甲骨文考释。但瞿没拜在商先生门下。后来容先生南归后和商先生合招了若干研究生，同时拜在容、商二老门下的江南弟子唯我一人。所以这方是防伪章，只有我能用，盖有此章的就是陈炜湛的字。关于二老，我写过不少文章，闲谈间也谈过容、商二老待人接物的故事。今天可以特别讲讲容、商二老如何善待学生。为什么呢？因为有人颇不以为然，认为二老是放鸭式教学，不怎么管学生的，挂个名而已，只能靠自学。事实上，容、商二老很关心学生，也非常认真负责。究其根底，二老强调启发性教学，鼓励创新，即创造性。总问学生找到题目写文章没有，言下之意是说下过功夫研究没有。有文章拿来给我看，我推荐发表。一旦学生找到题目，写了文章，二老总是认认真真披阅，大到选题立论，小到标点符号，一一为之正，然后推荐发表。指导优秀的学生，老师很轻松。指导不好学或学不好的学生，老师往往劳而无功。古人云："善学者，师逸而功倍，又从而庸之；不善学者，师勤而功半，又从而怨之。"（《礼记·学记》）说二老"不管学生"，完全不懂大匠予人以巧的道理。容先生常说："师傅领进门，修行在自身。"又说：我的研究都写到书里去了，不用给你们开什么课。你们去读便是，有什么问题再来问。我刚入学中大，容先生就领我去他的书房。直到70年代我从广西回来，容先生的藏书已被移到法学院的地下室。容先生也领我去看过，说：这些书，还有研究室的书，要好好读，有什么问题再来找我。在学期间，每隔半月左右我就去谒见先生，问字质疑。无论何时前往，先生总是立即接见，解答疑难，指点迷津，有问必答，从不知疲倦。有时谈完正事，便海阔天空，谈"山海经"。通常是先生侃侃而谈，我洗耳恭听。商先生同样如此。我每有文稿送呈，他总是拨冗审阅，从立论、取材以至遣词用字，无不仔细推敲，斟酌再三。如遇不合规范的简化字，或该简而未简的繁体字，哪怕是点画之差，也悉予改正，并写下眉批，予以批评。两位先生指导学生，也就是孔夫子那样的传统教学方法：好学深思，生疑则问。老师再给你答疑解惑。《论语·季氏》上有段话，很形象地描述了古人是如何教学的："（孔子）尝独立，鲤趋而过庭。曰：'学诗乎？'对曰：'未也。''不学诗，无以言也。'鲤退而学诗。他日又独立，鲤趋而过庭。曰：'学礼乎？'对曰：'未也。''不学礼，无以立也。'鲤退而学礼。"孔门七十二贤人中唯一的江南弟子言偃,字子游,最为好问,所以得到孔子的教益也多,终就列于文学卓有成就者。我呢,忝为当代言偃,千里迢迢从江南来从容、商二夫子游。有问题就问,有文章就请二老披阅。这里还可以再举几个例子以说明问题。段玉裁认戴震为师,实际上二人只见过几次面,通过三次信。戴震承认这位学生,称他为"段君"。师生关系就是如此,哪有天天给你讲课的。当年商先生拜罗雪堂(罗振玉,1866—1940,字式如、叔蕴、叔言,号雪堂)为师,罗先生也不是天天给讲课。所谓的指导,就是自由地在老师的书房读书。罗先生交代长子福成(字君美)说:"锡永要什么书,就给他什么书。"所以极珍贵的书商先生都可阅读。找到合适的题目,可以为文。商先生阅读抄录老师的《殷虚书契考释》,然后著成《殷虚文字类编》一书,王观堂(王国维,1877—1927,字静安,亦字伯隅,初号礼堂,晚号观堂)誉为"可传世之作",一跃成为"古文字四少年"之一。这就是学有所成了。容先生见罗雪堂,执弟子礼,也不过就是拿《金文编》出来请益。罗先生很高兴,说容先生做了他想做而没做成的工作。然后时相过从,问学论道。可见,容、商二老所谓的"言传",如此而已。而耄耋之年还汲汲于学问,那就是"身教"了。"文革"十年期间,容先生身处逆境,备受迫害摧残,依然埋首著述,成《丛帖目》、《颂斋书画小记》上百万言。而"文革"后几乎天天到研究室读书写字,修订增补其成名之作《金文编》。商先生虽不常去研究室,但在家里也未尝一刻忘怀于学问。年近八十,还撰文与于省吾、唐兰讨论利簋的若干问题,和胡厚宣争辩契斋所藏尾甲的真伪问题。据其公子说:晚年的商老常常在所藏的楚帛书残片前若有所思(商志馥《记商承祚教授藏长沙子弹库楚国残帛书》,《文物》1992年第11期)。两位先生真的是活到老,学到老,研究到老,著述到老。倘若弟子们能践行二老这样的言传身教,何愁一无所成。

⑥谭步云:您研究生行将毕业之际,恰好"文革"爆发,您被分配到广西的河池地区,成了一名新闻工作者。我们都能理解,在那样的环境下,许多学人往往荒废专业转而从事别的工作去了,但您并未远离古文字学并很快回到学校从事科研教学工作。而由于这段经历,促使您写下了《古文字趣谈》等

一系列普及古文字的文章，影响了相当一部分年轻人的学术志向。可以给我们讲讲其中有趣的故事吗？

陈炜湛：1968 年到的广西，1973 年奉调回中大，在广西河池地区整整待了五年时间，也不算短的一段时间了，学业荒疏那是肯定的，但始终谨记师言，不敢懈怠，古文字学始终未能忘怀。正因为在学期间比较刻苦用功，所以容、商二老都比较器重我。商先生说："陈炜湛学得好好的，却把他送到广西去了。"我有个 1962 年冬至 1963 年春临写的《金文编》抄本，后来迻录了容先生所增补的内容，呈送先生过目。先生欣然命笔，用篆书赐题《金文编钞本》，楷书落款，并钤以"颂斋八十岁后作"朱文印。老师勉励晚辈扶掖后学的拳拳之心至今仍感慨良多。1972 年，商先生从当时的文物局领导王冶秋口中得知 1970 年国务院颁布了一个让专业人员归队的文件，于是想方设法把我调回来。期间，要调动何其困难。学校费尽九牛二虎之力，广西方面总是不放。据说有政策谓：边远地区，人才只进不出。后来广东省委书记王首道到中大视察，学校向其反映，于是通过两省（区）省委协商调动。商先生也出了很多力，通过他认识的广西宣传部长贺亦然从旁协助，说：新闻报道工作略通文墨者即可为之，而古文字学的研究就非等闲之辈可为的了。其时正是用人之际（整理战国、西汉竹简），尤其是像陈炜湛那样优秀的学生，理应回到高校从事研究教学工作。终于得偿所愿，比刘雨等拜托全面落实政策回归早了很多年。我在《夜思晨悟录》（载《古文字论坛》第三辑，上海中西书局 2018 年）里提过，在广西工作五年，尽管学业有所荒疏，但也不算虚度时光。所获至少有三端：一是观察社会，了解社会。五年间足迹遍及桂西十县，壮乡苗寨，穷乡僻壤，莫不留下深刻印象。二是了解人民群众，跟很多少数民族兄弟结成朋友，推心置腹，交杯换盏，赤诚相待，真切地体会到纯真的民族情谊。三是开阔了视野，目光所及，诉诸笔端，对锻炼笔杆子很有好处。此外，归来后撰成《古文字趣谈》一书，也算是这段经历的意外收获了，可视为对当年山区的朋友的回报。书中有些趣谈，或是当年说到过，或是受当年所见启发，或是直接得题于其中。

⑦谭步云：我们知道，古文字学大致分为三个方向，甲骨文、铜器铭文及春秋战国文字研究，而您在甲骨文研究方面用力尤多，且取得可观的成就，像《甲骨文简论》、《甲骨文田猎刻辞研究》等都在学界颇有影响。能谈谈您和甲骨文的因缘吗？

陈炜湛：商先生是罗雪堂弟子，甲骨文研究的权威学者，其甲骨学研究的地位毋庸置疑。1999年7月14日出版的《中国文物报》以《百年甲骨学勿忘奠基人》为题，介绍了在甲骨学方面卓有影响的十位学者，商先生即其一。既然我来中大学古文字，既然要学最古老的文字，当然就是跟随商先生学甲骨文了。如果商先生当时不在中大，我自然会跟随容先生学金文了。我来中大读书的时候，商先生的研究兴趣已不在甲骨了。一方面，甲骨没有新的重大的发现，像《甲骨文合集》，不过是既有材料的汇集。后来即便有小屯南地甲骨的大宗出土，也难以寓目摩挲。另一方面，则是放不下手头已有的战国文字资料，如楚帛书，如古玺等等。况且，自上世纪50年代至70年代，商老还奉命整理湖南长沙仰天湖、河南信阳、湖北望山等地所出楚简，整理湖北江陵凤凰山、山东临沂银雀山西汉墓所出竹简，整理湖南长沙马王堆西汉墓所出帛书。一心不能多用。不过，甲骨文未能忘怀则是可以肯定的。1978年，和胡厚宣先生辩论契斋藏甲的真伪，即可见一斑。因此，他老人家鼓励我说：抗战以后我就没怎么研究甲骨文了。你好好研究。入学之初，商先生给我规定了几个大原则：一、用心临摹小篆、金文、甲骨文，练好基本功，打好基础。二、广泛阅读原材料，从大量的第一手材料中发现问题，进行研究。三、注意甲骨断代，这是甲骨文研究的基础。四、宜多读甲骨四堂（罗振玉、王国维、郭沫若、董作宾）论著。在商先生的心目中，甲骨文还是最为重要的学问，尽管那时奉命整理楚简和汉简。因此，凡有甲骨方面的著述，总不忘备上一部，诸如上述的海内外甲骨著作。还说：这都是给你准备的。希望我能继承其衣钵的殷殷之情可以想见。1965年，毕业论文选了《甲骨文辞例导论》为题，成文而未发表，若干内容后来抽出来成了《卜辞文法三题》一文。当年做了几千张分类卡片，准备做成索引，其中《甲骨文辞例·田猎篇》后来大部分内容成了《甲骨文田猎刻辞研究》一书，其体例类似于岛邦男的《殷墟卜辞综类》以及后来姚孝遂的《殷墟甲骨刻辞类纂》，如果条件许可，如果没有"文革"，也许真比上述二书早出。不过，历史容不得假设的。

⑧谭步云：实事求是地说，您研究古文字几十年，成绩斐然，最为得意的论作是哪一部（篇）呢？其成功的门径何在？

陈炜湛：我在甲骨文研究方面用力多而成绩微，也就三本书。《甲骨文田猎刻辞研究》是研究没有完成的著作，而《甲骨文论集》不过是若干篇文章的结集而已。《甲骨文简论》算是我研究甲骨文的一个交代吧，估计可以传世。1973年回中大不久，在一次闲谈中，容老鼓励我"写本书"，见我有疑虑，又鼓励说："有书总比没书好，现在不能出版，说不定十年后能出版呢。"1976年"文革"结束，我决意先做一本关于甲骨文的书，顺便把自己的学习心得整理一番。先拟了个初步的纲目，但书名起什么好呢？曾考虑叫"甲骨文浅说"或"甲骨文漫谈"。容老看了我的写作提纲后说："不要写浅说，也不要叫漫谈，应该写通论、通考之类的著作。"容老的意见是应该写学术专著，不要去弄一般性的东西。《甲骨文简论》扉页有容先生的题耑，便是老师当年谆谆教导的印记。商先生更是费时半月，从头到尾一字不漏地审阅了全部文稿，欣然赐序，题写书名。当时，不记得1987还是1988年，上海古籍出版社总编辑推荐两本书，其中一本就是在下的《甲骨文简论》。此书出版后，影响比较大，中华书局所编的《书林》杂志都有推介。我研究甲骨文的学术思想、观点，包括与李、裘、林关于断代的论辩，关于命辞性质的看法，书里都有所体现。《甲骨学一百年》（王宇信、杨升南主编，社会科学文献出版社1999年）花了两千多字的篇幅予以推介，认为："《甲骨文简论》'牵涉到有关甲骨文的许多重要问题，作者的介绍、论述，实际上也是对八十余年来我国甲骨文研究的一个小结'，较严一萍1978年出版的《甲骨学》，从广度和深度方面要大大前进了一步。"因此，《甲骨文简论》是我比较满意的著作。林志强学棣评论我的文风有一句话，叫"敢说善辩"。善辩之文，与裘锡圭论争有两文，一篇是讨论"历组"卜辞断代的问题，一篇是讨论关于命辞性质的问题。敢说之文有一篇，批李敏生、李涛的《昭雪汉字百年冤案——安子介汉字科学体系》，当年很多人不敢言。首先，倡导所谓"汉字科学体系"的安子介先生是香港爱国人士、知名实业家、政协副主席。其次，为其书作序的，一位是中科院学部委员（院士）、政协副主席钱伟长，一位是社科院研究生院教授、国家图书馆馆长任继愈。给其题写书名的是中国佛教协会会长、政协副主席赵朴初，都是赫赫有名的人物。这篇文章可视为敢言的代表之作，或可流传。我有过一个讲演《我如何研究古文字（甲骨文）》（载《三鉴斋杂著集》，上海中西书局2016年），实际上可视为我做研究的法门。讲演总结了几条体会：一、练好基本功。指熟习摹写《说文解字》、《金文编》和《甲骨文编》。二、直接研读原始材料。三、认真向前辈学者学习。四、注意甲骨文断代。另有一个讲演《认真读书与学术勇气》（载《三鉴斋杂著集》，上海中西书局2016年），则强调写文章必须坚持两个原则：第一，认真读书是做文章的前提。反复研读，有所疑才可动笔，而下笔务必慎重，方可避免常识性的低级错误。第二，学术勇气，不光指面对权威，只讲真理，不计利害；也指对自己，要有纠正自身错误的勇气。还有一个讲演《与研究生谈治学》（载《三鉴斋杂著集》，上海中西书局2016年），谈到个人治学，总结起来就十个字：静心（或曰潜心，即陶渊明所谓的"不慕荣利"）、认真（指刻苦读书）、老实（即孔夫子所谓"知之为知之不知为不知"）、无畏（真理在手，不畏权威）、严谨（立论须正，反复推敲）。这跟复旦、中大的学风很有关系。刘杰博士评论我三部著作，得出这样的结论：1. 好古敏求，创见多方。2. 求实无畏，笔有锋芒。3. 以古为鉴，用之于今。4. 互为表里，相互印证，身体力行。［刘杰《以古为鉴用之于今——评〈甲骨文论集〉、〈陈炜湛语言文字论集〉和〈古文字趣谈〉》，载《中山大学学报》2006年第5期，又《好古敏求以为今用——读陈炜湛先生的三本论集》，载《中山大学研究生学刊（社会科学版）》第28卷第2期，2007年］罗振跃学棣归纳我的学术争鸣原则，说我的文章讲道理摆事实，观点鲜明，一是一，二是二。（见谭步云、谢光辉、罗振跃、林志强《三鉴斋夫子之治学及其他·三、学术研究初探》，载《古文字论坛》第三辑，上海中西书局2018年。）这些评价，我认为都是中肯的。

⑨谭步云：众所周知，农民种坏了庄稼，工人造出了废品，商人做了赔本买卖，都很正常。依此类推，学者之学术研究失败也理所当然。那么，在您的学术生涯中，有过痛彻心扉的经验教训吗？这正是后学小子所应当避免的。

陈炜湛：不满意的文章是写过的。或者说，当年写得很得意，今天看来不满意。有两篇，一篇是在广西的时候批孔，并非政治任务，没人逼着写的。1973年发在《广西日报》，当时很是自鸣得意。回中大来的时候，哲学系的叶汝贤先生也十分推许。说陈炜湛你批孔的文章写得很好啊，我拜读过。文章后来还给收进某个文集里去。其实啊，就是把《论语》里若干章节和《庄子》里非孔的内容炒成一碟肆意发挥而已，根本无足称道。另一篇则是1974年秋冬之交"评法批儒"时期，我和张振林合写的批许慎的文章。《光明日报》来函约稿，其中有一个关于《说文解字》的题目，于是由我主笔，合撰成《〈说文解字〉中尊孔复古思想必须批判》一文。《光明日报》大字标题予以刊发，当时也很得意。稿子成文后容先生读过，说："许慎死了一千八百多年，还去批他干什么？"又说："你们批许慎，不要把我牵扯进去。"又指出文稿中一处笔误，不该将"微言大义"的"义"写成"意"。按容老的意见，批孔无必要，批许更无必要，这类文章更不必做，做了也罢，不必发表。我们没有认真考虑容老的意见，还是将文章寄出去了。文章发表后，容先生对我说："你射了许慎一箭。"后来又好几次说道："陈炜湛射许慎一箭。"颇有微词，十分不满。还有一篇论文《释屯》，认为北大的同道把湖南长沙仰天湖楚简所见的"𡳿"字释为"中"不确，应改释为"屯"。上世纪八九十年代以来，湖北包山、郭店、河南新蔡等地陆续出土了不少楚简，均有类似的字形，证明改释为"屯"是不对的。前两篇，是紧跟形势的"时文"，纯属历史的产物，不必厚非。柳宗元说"休将文字占时名"，应当汲取教训。后一篇则说明证据必须足以支持深入的论证，也就是先前所说的"严谨"吧，要经得起反复推敲。不能攻其一端，不及其余。前面已说过，写文章选题目极其重要。题目选对与否,立论是否合适,决定了文章的成败。至于赞同少反对多的《诅楚文献疑》一文,至今我仍持保留态度:设若哪一天真有秦时《诅楚文》原石(哪怕是残石也好)再次出土,重见人间,则真伪立辨,诸疑尽释,毋庸再费笔墨,区区小文自当废弃,毫不足惜也。学术研究容许讨论争辩,一点儿问题没有。不过,如果有人以此攻讦诬陷,就不免等而下之了。

⑩谭步云:您常说,作为一位学者,读书写字只是本分而已。像罗雪堂、颂斋、契斋,既是学者,也都是著名的书法家。您在这方面颇得真传,不但撰写过多篇读书与书法方面的文章,也在业内颇有书名。书法与读书做学问的关系密切相关无可置疑。然而,时下某些学者名闻天下,其书写功夫却实在不敢恭维。您怎么看?

陈炜湛:某些学者名闻天下,而不善书的原因何在?主要原因当然在学者本人:求名心切,不愿或不屑于习字临池,误以为虚耗光阴,有碍于著书作文。成名前急于成名,成名后飘飘然,更不愿用力于笔墨间。此外,也与近四五十年以来缺乏书法教育有莫大关系,特别是中小学。我读书的时候,从初中到高中,写作文都是要自己磨墨,毛笔誊写。在复旦所撰毕业论文即刚才提到的论许慎及其《说文解字》,也是毛笔誊写后呈奉导师的。中国科学院院士、复旦大学校长苏步青先生是数学家,其楷书极见功力。费孝通先生是社会学家,其书法也是别有意趣,只是书名为学名所掩罢了。可见学无论文理,专不分所长,都可以把字写好,且丝毫不逊职业书法家。不特语言文字之学者如此。这说明昔日的书法教育是很有成效的。你看容先生审阅研究生入学考试卷子,如果字写得一塌糊涂,根本就不会考虑让其进门。商先生也一样,容不得写错字,写劣字。中大各部门所悬挂牌匾,原来大小、字体、版式等参差不齐,商先生一一为之重新书写,其爱护学校声誉之良苦用心可以想见。饱学者善书,说明应用促进研究。罗、王二公,容、商二老,就都是饱学而善书者。字写不好,学问也不见得好。反之,字写得好,学问也不至于太差。当然,字好坏的程度不一样,有的一般差,有的很差,有的极其差。一般人能做到"不差"也就可以了。此外,即便名家,也有所不逮。像饶公(饶宗颐,1917—

2018，字固庵，号选堂），大字写得很好，小字就一般般。总而言之，做学问与书法相辅相成。饱学善书最好，饱学而不善书也可以，但不能劣书。一个学人写的字，犹如人的颜面，可以看出其风貌。因此，"名闻天下"而不善书，其学问不能无疑。

⑪谭步云：您是一位学者，也是一名教师。我记得您当年给我们年级开古文字学选修课，学生报名踊跃。此后，古文字学始终是中文系一热门课程。许多选修过古文字学的同学尽管日后并不从事相关工作，却大都表示受益匪浅。古人说：教学相长。您是如何指导学生的，又有哪些体会呢？

陈炜湛：当时为你们和80级一起开的课，包括研究生、进修教师，选修者六十余人。多年来，我为中文系学生讲授古文字学，花了不少心血，但对我的研究工作促进也很大。首先，它逼我要编写教材。编写教材本身便须搞研究。其次它鞭策我时时关注学科的进展，研究与教学内容密切相关的重大学术问题。再次，青年学生奋发向上的精神和强烈的求知欲也时时感染着我，和他们在一起，我似乎又回复到了青年时代，从不知老之将至焉。我想这也许就是教学相长的一个重要内容罢。这都是我写进《我如何教古文字学》（载《陈炜湛语言文字论集》，上海古籍出版社2005年）的肺腑之言。至于具体教什么，怎么教，有兴趣的可以读读这篇文章。这里我再强调几点：首先自身要正，认真备课认真讲学。其次是培养学生兴趣，譬如讲"妻"字，不是从《说文》小篆形体而是从甲骨文形体进行解说，再结合文献、民俗，那就把"妻"字讲活了。又拿来商老及古文字研究所所藏甲骨，让学生近距离接触实物，学生自然兴趣盎然。再次，由浅入深，先易后难，循序渐进。先概论，诸如文字结构、文字演变等；后读文选，从甲骨文到战国文字的范文，逐字细读。从理论到实践，回过头来对理论又有了新的理解。最后，强调动手能力，能用毛笔临摹书写，进而独立钻研，从单字研究起，使学生粗具研究能力。悬挂字幅以作示范：如何临摹，如何用笔，使之明章法，知旨趣，进而让学生认字，墨迹便可以取走。历年上课送学生的字，总数大概有七八十幅吧。若不喜字，则送《古文字趣谈》等著述一册，以示奖掖。估计是天下只此一家，别无分店。

⑫谭步云：孔子说：友直、友谅、友多闻，益矣；友便辟、友善柔、友便佞，损矣。（《论语·季氏》）您在学界，免不了与前贤、同侪、晚辈时有交往：或论争，或指瑕，或琢磨切磋。怎样掌握批评的分寸，怎样维系同道间正常的关系，实在是超乎学术之外的学问，很想听听您的教诲。

陈炜湛：前贤，和胡厚宣先生讨论过契斋藏甲真伪的问题。同侪，和李、裘、林等有过"历组"卜辞断代的论争。批评晚辈可能有过，倒没有形成文章。不过，争论归争论，友谊归友谊，两码事嘛。我曾经说过：认真读裘兄文章的，天下无几人。因为你的文章不好懂啊，又难又长。说我是裘兄文章的知音一点儿不为过。其实我跟裘锡圭就几个论争：一个是关于"汉字起源"的问题，一个是"历组"卜辞断代，还有一个是命辞性质的问题。都是事关全局的原则性问题，不能含糊。文字规范之汉字繁简问题，观点有所不同，却没有付诸文字。至于是"无害"还是"无它"，是"无祸"还是"无咎"，无关痛痒，可以不论。你讲你的，我讲我的。尽管争辩多年，却不影响私交。在复旦大学举行的《裘锡圭学术文集》（复旦大学出版社2012年）新书发布和学术研讨会上，我说：相比裘兄，自愧弗如，望尘莫及。论学问，他比我好；论研究，其广度和深度远胜于我；论成文字数，我仅及其一半。但是，他并不是每篇文章我都赞成。这些话都是白纸黑字有案可查的。这就是君子风度。待人以诚信，重友情，讲信义，这是容先生与人交往的原则，弟子我不敢须臾以忘的。交友和做学问可以并行不悖。

⑬谭步云：回过头来再谈谈那方"江南布衣容商弟子"闲章。您曾担任过中文系的党总支书记、文学院分党委副书记。据说当时在高校中教授而兼任党总支书记的，即便不是绝无仅有也少之又少。经法夫子曾经说：你都是书记了，还布衣啊？古人对"布衣"的定义是"未仕"，经法夫子所疑显然是有道理的。张政烺先生曾对林小安先生说：千万别去当官，进了官场就无法安心读书做学问了。请问您是如何平衡政务和治学的关系的？

陈炜湛："布衣"一词儿，除了"未仕"的义项外，还有"庶人（普通老百姓）"的义项。三国时诸葛亮说："臣本布衣，躬耕于南阳。"（《出师表》）我本来就是布衣啊。宋·陈东《登闻检院上钦宗皇帝书》云："今更诛此六贼，以快其愤，孰不効死为陛下用？臣等虽布衣一介之贱，亦岂不能捐躯报陛下耶？"（《少阳集》卷一页九）是入仕犹可自称曰"布衣"之证。何况致仕后仍是布衣啊。关于从政与治学，张先生的话未必尽善。古有为官而精于学者，"祭酒许慎"是一例。此外，吴大澂、阮元、段玉裁、刘墉、纪昀、翁同龢等皆其例。这些学者中有的甚至官至巡抚或大学士，政务不可谓不繁忙，但从政之余皆可治学，致仕之后更是倾力于学问。不过，从政对治学有一定的影响却不必讳言。其实我当总支书记有点儿勉为其难，当时党内选举我得票最低。后来学校党委还是决定由我担任书记。作为党员，组织的安排应无条件服从，尽管党总支书记也不是多大多重要的官，不过是基层党组织一个管理者罢了。有人说我拿做学问的方法做总支书记。这话说对了一半：明辨是非，是即是，非即非，不能含糊。但是，治政有时是必须含糊的，委婉的。跟平时不喜欢的人也得打交道，是我党的统战工作之一。当时确实是把很多时间和精力放到处理党务上了，做学问只好利用不开会不上课的闲暇时间，只能尽量兼顾。你看，1992年到南京开会，我只写了篇〈《穆天子传》疑难字句研究〉的小文章。1994年，纪念容先生诞辰一百周年的学术会议，只写了篇《包山楚简研究》，是读书札记类的文章，不大算学术论文，所以另外写了一篇《容庚先生与甲骨文研究——为纪念容庚先生百年诞辰而作》，是老师的著作的读后感，也没有多少创造性。一直到1997年，都没什么著述。实话说，我个人治学的影响还是相当大的。卸任总支书记之后，才回复正常的读书写字状态。据说季羡林先生担任北京大学副校长时，有时甚至利用开会的时间写东西，的确很难做到理政治学两不误。

⑭谭步云：您说过，您不像某些学者那样一天到晚泡在书斋里，别无所好。的确，您闲暇时既观赏电视，也下下棋，喝喝小酒，品品美食，甚至读平江不肖生、还珠楼主的武侠小说。生活有滋有味。我记得您给姚炳祺先生的论

文集作的序中约略提到下棋与做学问可以并行不悖，能给我们谈谈业余爱好与做学问的辩证关系吗？

陈炜湛：我常说，做学问一定要有所爱好。古今中外的小说也读，古今中外题材的电影、电视剧也看，目的在于让思维处于活跃状态，从文学中汲取营养，滋润笔端；靠文学滋润文字，文章焕乎文采，时有神来之笔，即得益于此。喝点儿酒，下下棋，调节身心，保持敏捷清醒的思维，力通呆滞。关于下棋与治学的关系，给姚先生写的序中稍有言及，就是我的观点，不妨在这儿复述一遍："姚先生尝言：为此（步云案：指下围棋）耗去不少精力与光阴，意颇可惜。我谓不然。所谓有失亦有得，弈亦助学，精弈善谋，思维敏捷不滞，大脑常用不衰，文章源源不断。愚以为，姚先生之所以能年愈老而志弥笃，才思不减当年，与他精弈大有关系。"（《文字训诂论集序》，载《陈炜湛语言文字论集》，上海古籍出版社 2005 年）关于我的文学修养，犬子评曰：老子的文学根柢不差的。算是对我"只懂甲骨文"的额外褒奖了。因此，读小说、下棋并不浪费时间，并不影响做学问，而只有促进作用。一天到晚啃甲骨文，不见得做得出甲骨文的研究文章。最近我重读《水浒传》，得《〈水浒传〉所见吴语说略》一文，就是读小说的意外收获，乃至得到许宝华老师的称誉。人们现在谈武侠小说，言必称梁羽生、金庸、古龙，那都是平江不肖生的徒子徒孙罢了。至于喝喝小酒，尝尝美食，算是劳逸结合吧。有美酒无佳肴辜负了美酒，有佳肴无美酒辜负了佳肴。美酒佳肴相得益彰，皆利于养生。饮酒有助于睡眠、休息，美食有助于营养吸收。拥有健康强壮的体魄，才能从事繁重的体力劳动脑力劳动。中国人自古及今都很重视饮食养生之道，目的乃在于更有效率地工作。这也是以古为鉴用之于今呀！今天人们所谓的"酒文化"、"饮食文化"，只不过是古人的饮食养生之道的翻版而已。再说，美酒佳肴也是待客之道，中国的传统礼仪啊！容先生平时极少喝酒，唯南园宴客，每次必饮白兰地一二杯，且必举杯致辞以表欢迎之诚，辞中常有"不成敬意"之类的谦辞。夫子有言曰：设宴待客，无酒不成宴；有酒而主人不喝，客人也喝不成或虽喝也不痛快了。

谭步云：今天谈了差不多三个小时，也算尽兴了吧。藉以了解您的求学历程、治学经验、学术成就、生活态度等等，我想：虽不中亦不远矣。后学小子自是获益良多。谢谢老师！

2020 年 6 月 29 日访谈
2020 年 7 月 30 日整理完毕

（刊于《中山大学学报》2021 年第 1 期，题为《以古为鉴　用之于今》）

附录三　陈炜湛著作简目

《古文字趣谈》，花城出版社，1985年1月出版，5月发行。收文三十一篇，卷首有自序一篇。

《甲骨文简论》，上海古籍出版社，1987年5月第1版。全书九章，卷首有商师锡永先生序。商师题写书名，容师希白先生题写扉页。

《古文字学纲要》（与唐钰明合著），中山大学出版社，1988年1月第1版。书分上中下三编，分别为总论、分论及选读。卷首有曾宪通序及陈炜湛所撰前言。卷末附引书简称表。

《汉字古今谈》，语文出版社，1988年8月第1版。本书收入文章二十八篇，卷首有费锦昌序，卷末有后记，略述写作主旨及成书始末。

《汉字古今谈续编》，语文出版社，1993年10月第1版，本书收入文章凡二十九篇。

《甲骨文田猎刻辞研究》，广西教育出版社，1995年4月第1版。此为中山大学高等学术研究中心首批资助项目研究成果之一。卷首有作者彩照一帧及简介约三百言，卷末有后记叙成书始末。全书文字部分约二十万言，甲骨文摹本计二百四十五纸。

《甲骨文论集》，上海古籍出版社，2003年12月第1版第1次印刷。卷前有照片一帧，并附著者简介、手迹、自序，卷末有后记，书分上下两卷，上卷收文二十篇，下卷收文十七篇。

《陈炜湛语言文字论集》，上海古籍出版社，2005年10月第1版第1次印刷。卷首有自序一篇，收文凡三十二篇，又附录两篇。

《古文字趣谈》，上海古籍出版社，2005年12月第1版第1次印刷。合原《古文字趣谈》、《汉字古今谈》及《续编》三书为一，重予类次，共收文九十二篇。卷首有前言及原序，卷末附《汉字古今谈》费锦昌序及后记。

《古文字学纲要》（第二版），中山大学出版社，2009年12月版（谭步云、黄文杰、禤健聪参与修订），此为普通高等教育十一五国家级规划教材。

《三鉴斋甲骨文论集》，上海古籍出版社，2013年10月第1版第1次印刷。此为《甲骨文论集》增订本，卷首有前言，字形改繁体为简体。

《三鉴斋杂著集》，中西书局，2016年11月第1版第1次印刷。卷首载照片4帧，手稿五十余页，自序。正文分学术讲演录及北行日记两部分。

《甲骨文田猎刻辞研究》，收入吴承学、彭玉平主编，中国语言文学文库·典藏文库，中山大学出版社，2018年11月第1版。

附

《三鉴斋余墨》，三鉴斋门人编，澳门原木出版及文化推广有限公司，2008年8月第1版（印1000册，非卖品）。

《三鉴斋余墨续编》，谢光辉、赵志清编，中国文艺家出版社，2017年9月第1版。

《北行日记与虞山四记》（自刊本），2014年7月第1版（印500册，非卖品）。

《学海影存·陈炜湛八十寿庆影集》（自刊本），陈望南、颜湘茹编，2019年10月第1版（印200册，非卖品）。

《治契者言》（自刊本），陈望南编校，2020年3月第1版（印500册，非卖品）。